21 世纪全国应用型人才培养规划教材

国际金融

徐立新　马润平　主编

内容简介

本书从国际金融基础、国际金融实务和国际金融管理三个角度把内容分为九章：外汇与汇率、汇率制度与外汇管制、国际收支、外汇交易与外汇风险管理、国际储备、国际金融市场、国际资本流动、国际货币体系、国际金融机构。

本书的特点：一是强调国际金融的基础理论和基本原理，由浅入深，便于学生学习和理解；二是理论与实践相结合，并辅之以例题分析，以提高学生的实践操作能力和学习兴趣；三是系统性和全面性强，使学生对国际金融学科体系有一个全面的认识。

本书适合高等院校经济类、管理类专业学生使用，也适合成人自学考试和干部培训使用。

图书在版编目（CIP）数据

国际金融/徐立新，马润平主编. —北京：北京大学出版社，2012.3
（21世纪全国应用型人才培养规划教材）
ISBN 978-7-301-20199-2

Ⅰ. ①国… Ⅱ. ①徐… ②马… Ⅲ. ①国际金融—高等学校—教材 Ⅳ. ①F831

中国版本图书馆 CIP 数据核字（2012）第 022027 号

书　　　名：国际金融
著作责任者：徐立新　马润平　主编
策划编辑：桂春
责任编辑：桂春
标准书号：ISBN 978-7-301-20199-2/F·3078
出版发行：北京大学出版社
地　　　址：北京市海淀区成府路205号　100871
电　　　话：邮购部 62752015　发行部 62750672　编辑部 62765126　出版部 62754962
网　　　址：http://www.pup.cn
电子信箱：zyjy@pup.cn
印　刷　者：北京鑫海金澳胶印有限公司
发　行　者：北京大学出版社
经　销　者：新华书店
　　　　　　787 毫米×1092 毫米　16 开本　17.5 印张　421 千字
　　　　　　2012 年 3 月第 1 版　2016 年 6 月第 3 次印刷
定　　　价：38.00 元

未经许可，不得以任何方式复制或抄袭本书之部分或全部内容。
版权所有，侵权必究
举报电话：010 - 62752024　电子信箱：fd@pup.pku.edu.cn

前　　言

国际金融是一门研究跨国界货币资金运动规律的学科，理论性与实务性都比较强，为世界各国政府的宏观金融管理和金融机构、企业等经济主体的涉外经济活动提供了理论与实践指导。

随着经济与金融全球化的发展，国际金融领域的变化日新月异，如国际资本流动加速、国际金融交易迅猛增长、金融创新层出不穷、国际金融合作日趋加强等。同时，国际金融领域的风险也凸显，如投机盛行、美国次贷危机引发的金融海啸、欧债危机等。这引起了大家对国际金融更多的关注与思考。

为了更好地服务于本科生教学工作，让学生从不同视角更加系统、全面地学习和深入了解国际金融，我们编写组全体教师依据自己在该学科多年的教学与研究经验，并在吸纳国内外学者研究成果的基础上，编写了本书。本书主要强调以下特点：

1. 注重国际金融基础理论知识，由浅入深，通俗易懂。本书一开始就介绍外汇与汇率、汇率制度与外汇管制、国际收支这些基本概念和基础理论，在此基础上再介绍微观金融和宏观金融知识。

2. 理论与实务有机结合。在相关国际金融理论知识基础上，重点介绍国际金融业务的操作程序、交易技巧和外汇风险防范措施，并辅之以例题。

3. 反映国际金融领域的新发展，包括最新的一些汇率与国际收支理论、新情况和新问题。

4. 结构完整、层次清晰，既包括微观金融与宏观金融，也注重理论与实务的有机结合，每章之间都有一定的逻辑关联性。

本书从国际金融基础、国际金融实务和国际金融管理三个角度把内容分为九章：外汇与汇率、汇率制度与外汇管制、国际收支、外汇交易与外汇风险管理、国际储备、国际金融市场、国际资本流动、国际货币体系、国际金融机构。

本书是编写组全体教师集体智慧与团结协作的结晶，由兰州商学院金融学院徐立新和马润平担任主编，各章节编写人员及分工如下：徐立新编写第一章、第二章、第三章、第四章，马润平编写第五章、第七章，吴炳辉编写第八章，史安玲编写第六章，王源编写第九章，最后由徐立新统稿。在本书的资料收集和校对过程中，兰州商学院金融学院马留赟老师和王源、赵敬、杨玮婧、徐阳光、李宝莹等研究生做了大量的基础工作，在此向他们表示感谢。

在本书的编写过程中，参考了国内外大量的文献，在此谨向这些文献的作者、编者及出版社表示深切的谢意，最后还要特别感谢北京大学出版社的编辑们对本书的编写和出版所付出的辛劳。

由于编者水平有限，书中难免有疏漏和错误之处，敬请广大读者批评指正。

作　者

2012 年 1 月

目　　录

第一章　外汇与汇率 ··· 1
第一节　外汇与汇率的基本概念 ··· 1
一、外汇的概念 ··· 1
二、外汇的种类 ··· 2
第二节　汇率 ··· 3
一、汇率的标价方法 ··· 3
二、汇率的分类 ··· 4
第三节　汇率的决定与变动 ··· 8
一、汇率的决定 ··· 9
二、汇率的变动 ··· 10
三、汇率变动的经济影响 ··· 14
四、制约汇率发挥影响的基本条件 ··· 17
第四节　汇率决定理论 ··· 17
一、国际借贷理论 ··· 18
二、购买力平价理论 ··· 18
三、利率平价理论 ··· 20
四、国际收支说 ··· 23
五、资产市场理论 ··· 25
本章小结 ··· 26
复习思考题 ··· 27

第二章　汇率制度与外汇管制 ··· 28
第一节　汇率制度 ··· 28
一、固定汇率制度 ··· 28
二、浮动汇率制度 ··· 30
三、国际货币基金组织对汇率制度的分类 ································· 32
四、影响汇率制度选择的主要因素 ··· 33
五、汇率制度选择理论 ··· 34
第二节　外汇管制 ··· 35
一、外汇管制的概念 ··· 35
二、外汇管制的机构、对象、类型及方法 ································· 35
三、外汇管制的主要内容与措施 ··· 36
四、外汇管制的作用和弊端 ··· 38
第三节　我国的外汇管理 ··· 39
一、1994 年以前我国外汇管理的发展历程 ······························· 39
二、1994—1996 年我国的外汇体制改革 ··································· 40
三、2005 年人民币汇率制度改革 ··· 42
四、我国现行外汇管理框架 ··· 42

第四节 人民币自由兑换 ··· 45
　　一、货币自由兑换的概念 ··· 45
　　二、货币自由兑换的类型 ··· 45
　　三、货币自由兑换的条件 ··· 45
　　四、人民币区域化动向 ··· 46
　　五、人民币自由兑换的展望 ·· 47
本章小结 ·· 48
复习思考题 ··· 48

第三章 国际收支 ·· 50
第一节 开放经济下的国民收入账户 ·· 50
　　一、封闭经济条件下的国民收入账户 ·· 50
　　二、开放经济下国民收入的恒等式 ··· 51
　　三、国民收入账户的宏观经济分析 ··· 52
第二节 国际收支与国际收支平衡表 ·· 52
　　一、国际收支内涵的历史演变 ··· 52
　　二、国际收支的定义 ··· 53
　　三、国际收支平衡表及其内容 ··· 53
　　四、国际收支平衡表的编制 ·· 57
　　五、国际收支平衡表的差额 ·· 58
第三节 国际收支的分析、失衡与调节 ·· 59
　　一、国际收支的分析方法 ··· 59
　　二、国际收支平衡的判断 ··· 60
　　三、国际收支与主要宏观经济变量之间的关系 ······································ 61
　　四、国际收支失衡的类型 ··· 62
　　五、国际收支失衡的影响 ··· 63
　　六、国际收支调节的一般原则 ··· 63
　　七、国际收支的调节机制 ··· 64
第四节 国际收支理论 ··· 66
　　一、弹性分析理论 ·· 67
　　二、对外贸易乘数理论 ··· 70
　　三、吸收分析理论 ·· 71
　　四、货币分析理论 ·· 73
　　五、结构论 ·· 75
　　六、政策配合理论 ·· 75
　　七、一般均衡理论 ·· 77
第五节 我国的国际收支 ·· 80
　　一、我国国际收支统计的发展演变 ··· 80
　　二、1994年以来我国的国际收支状况 ·· 81
　　三、我国调节国际收支的主要手段 ··· 89
本章小结 ·· 90
复习思考题 ··· 90

第四章 外汇交易与外汇风险管理 ······ 92
第一节 外汇市场概述 ······ 92
一、外汇市场概念 ······ 92
二、现代外汇市场的特点 ······ 93
三、外汇市场的类型 ······ 94
四、外汇市场的主要功能 ······ 95
五、世界主要外汇市场 ······ 96
六、中国外汇市场 ······ 98
第二节 外汇市场业务 ······ 101
一、即期外汇交易 ······ 101
二、远期外汇交易 ······ 102
三、掉期交易 ······ 105
四、套汇交易 ······ 106
五、套利交易 ······ 108
六、外汇期货交易 ······ 109
七、外汇期权交易 ······ 113
第三节 外汇风险管理 ······ 116
一、外汇风险 ······ 116
二、外汇风险的种类 ······ 117
三、三种外汇风险的区别 ······ 120
四、外汇风险管理战略 ······ 120
五、防范外汇风险的方法 ······ 121
本章小结 ······ 128
复习思考题 ······ 130

第五章 国际储备 ······ 131
第一节 国际储备概述 ······ 131
一、国际储备的概念及特征 ······ 131
二、国际储备的构成 ······ 131
三、国际储备与国际清偿能力 ······ 134
四、国际储备多元化 ······ 135
五、国际储备的作用 ······ 136
第二节 国际储备管理 ······ 137
一、国际储备管理的概念 ······ 137
二、国际储备管理的基本原则 ······ 137
三、国际储备规模管理 ······ 137
四、国际储备结构管理 ······ 145
第三节 我国的国际储备 ······ 147
一、我国国际储备的特点 ······ 147
二、我国国际储备的影响因素 ······ 151
三、我国外汇储备规模较大的影响 ······ 156
四、优化我国国际储备的对策建议 ······ 157
本章小结 ······ 160

复习思考题 161

第六章 国际金融市场 162
　第一节 国际金融市场概述 162
　　一、国际金融市场的概念 162
　　二、国际金融市场的划分 162
　　三、国际金融市场的形成与发展 163
　　四、国际金融市场的作用 164
　第二节 传统国际金融市场 165
　　一、国际货币市场 165
　　二、国际资本市场 167
　　三、世界黄金市场 169
　第三节 新兴国际金融市场 170
　　一、欧洲货币市场 171
　　二、亚洲货币市场 175
　第四节 国际金融市场创新 176
　　一、国际金融市场创新原因 176
　　二、国际金融创新工具 177
　　三、国际金融市场金融创新的影响 179
　本章小结 180
　复习思考题 181

第七章 国际资本流动 182
　第一节 国际资本流动概述 182
　　一、国际资本流动的含义 182
　　二、国际资本流动的类型 183
　　三、国际资本流动的原因 185
　　四、国际资本流动的特点 187
　　五、国际资本流动的来源 189
　　六、国际资本流动的影响 189
　第二节 国际资本流动的基本格局 190
　　一、19世纪70年代以前的国际资本流动概况 191
　　二、19世纪70年代至1914年第一次世界大战爆发前国际资本流动的基本格局 191
　　三、两次世界大战期间国际资本流动的基本格局 191
　　四、第二次世界大战结束至20世纪80年代国际资本流动的基本格局 192
　　五、20世纪90年代以来国际资本流动的基本格局 192
　第三节 国际债务与国际债务危机 193
　　一、国际债务的概念 193
　　二、国际债务的衡量指标 194
　　三、国际债务危机 195
　第四节 投机性资本流动与货币危机 200
　　一、投机性资本的含义 200
　　二、投机性资本流动对国际金融市场发展的负面作用 200

三、货币危机的含义 201
　　　四、货币危机的发生机制 201
　　　五、货币危机的危害 202
　　　六、货币危机的解决方案 202
　　　七、货币危机理论 203
　第五节　国际资本流动理论 206
　　　一、国际直接投资理论 206
　　　二、国际间接投资理论 208
　第六节　资本外逃 209
　　　一、资本外逃的含义 209
　　　二、资本外逃的测算 209
　　　三、资本外逃的主要方式和渠道 210
　　　四、资本外逃的影响因素 210
　　　五、我国资本外逃的状况 212
　　　六、资本外逃的经济影响 212
　　　七、抑制资本外逃的对策 213
　本章小结 213
　复习思考题 214

第八章　国际货币体系 215
　第一节　国际货币体系概述 215
　　　一、国际货币体系的概念 215
　　　二、国际货币体系的内容 215
　　　三、国际货币体系的作用 216
　　　四、国际货币体系的划分 216
　第二节　国际金本位制度 217
　　　一、金本位制度的类型 217
　　　二、国际金本位制的特点 218
　　　三、国际金本位制的作用 218
　　　四、国际金本位制的优缺点 219
　　　五、国际金本位制的崩溃 220
　第三节　布雷顿森林体系 221
　　　一、布雷顿森林体系的建立 221
　　　二、布雷顿森林体系的内容 222
　　　三、布雷顿森林体系的运作 223
　　　四、布雷顿森林体系的特点、作用及缺陷 223
　　　五、布雷顿森林体系的崩溃 225
　第四节　牙买加体系 228
　　　一、牙买加体系的主要内容 228
　　　二、牙买加体系的特点 229
　　　三、牙买加体系的评价 230
　第五节　国际货币体系改革 232
　　　一、亚洲金融危机前的国际货币体系改革主张 232

二、亚洲金融危机后出现的国际货币体系改革的主张 …………………… 233
　　三、建立新的国际货币体系 …………………………………………………… 234
　　四、国际货币体系改革的前景 ………………………………………………… 235
　第六节　金融全球化与国际货币合作 …………………………………………… 236
　　一、金融全球化 ………………………………………………………………… 236
　　二、区域货币合作 ……………………………………………………………… 240
　　三、欧洲货币一体化 …………………………………………………………… 242
　　四、亚洲货币合作概况 ………………………………………………………… 244
　本章小结 …………………………………………………………………………… 247
　复习思考题 ………………………………………………………………………… 247

第九章　国际金融机构 ……………………………………………………………… 248
　第一节　国际货币基金组织 ……………………………………………………… 248
　　一、国际货币基金组织的成立与宗旨 ………………………………………… 248
　　二、国际货币基金组织的结构 ………………………………………………… 249
　　三、国际货币基金组织的资金来源 …………………………………………… 250
　　四、国际货币基金组织的业务活动 …………………………………………… 250
　第二节　世界银行集团 …………………………………………………………… 253
　　一、世界银行 …………………………………………………………………… 253
　　二、国际开发协会（IDA） ……………………………………………………… 257
　　三、国际金融公司（International Finance Corporation，IFC） …………… 258
　　四、多边担保机构（Multilateral Investment Guarantee Agency，MIGA） … 259
　　五、解决投资争端国际中心（International Center for Settlement of Investment Disputes，ICSID） ……………………………………………………………… 259
　第三节　区域性国际金融组织 …………………………………………………… 260
　　一、亚洲开发银行 ……………………………………………………………… 260
　　二、非洲开发银行 ……………………………………………………………… 264
　　三、泛美开发银行 ……………………………………………………………… 264
　本章小结 …………………………………………………………………………… 265
　复习思考题 ………………………………………………………………………… 266

参考文献 ………………………………………………………………………………… 267

第一章　外汇与汇率

各国在自己领土范围内使用本国货币可以自由流通，一旦跨越国界，它们便失去了自由流通的特性。由于各国所用货币不同，国际上又没有统一的世界货币，各国从事国际间政治、经济、文化交往必然要涉及本国货币与外国货币之间的兑换问题，由此产生了外汇和汇率这些概念。汇率的变化受国内外宏观、微观经济中许多因素的影响，反过来也会影响一国宏观经济运行和微观经济活动。因此外汇和汇率作为国际金融的基本要素，是我们学习和研究国际金融的基础和重点。

第一节　外汇与汇率的基本概念

外汇与汇率是国际金融学最基本的概念，它既是国际间货币收支往来的产物，同时又影响着国际收支往来关系。通过理解和把握外汇的内涵和外延，了解不同形式的汇率，可以帮助我们更好地学习和全面理解国际金融知识、分析当前国际金融问题和发展趋势。

一、外汇的概念

外汇（Foreign Exchange）是国际汇兑的简称，本意指将本国货币兑换成外国货币，或者将外国货币兑换成本国货币以清偿国际间债权债务关系的行为。外汇有动态和静态两种含义：

（一）动态含义

动态意义上的外汇，是指人们将一种货币兑换成另一种货币，清偿国际间债权债务关系的行为。这个意义上的外汇概念等同于国际结算，是人们通过特定的金融机构（外汇银行）将一种货币兑换成另一种货币，借助各种金融工具对国际间债权债务关系进行非现金结算的行为。

（二）静态含义

静态的外汇概念是从动态的国际兑换行为中衍生而来的，它强调外汇作为一种金融工具所具有的功能。我们通常所说的外汇就是静态意义上的外汇。对于静态的外汇又可以从广义和狭义两个方面来理解：

广义的静态外汇是指一切用外币表示的资产。

国际货币基金组织（IMF）的解释是："外汇是货币行政当局（中央银行、货币管理机构、外汇平摊基金组织及财政部）以银行存款、国库券、长短期政府债券等形式所持有的在国际收支逆差时可以使用的债权。其中包括中央银行之间以及政府间协议而发行的在市场上不流通的债券，而不论它是以债务国货币还是以债权国货币表示。"

《中华人民共和国外汇管理条例》第三条规定：外汇是指以货币表示的可以用做国际清偿的支付手段和资产，包括：（1）外国货币、铸币等；（2）外币支付凭证，包括票据、银行存款凭证、邮政储蓄凭证等；（3）外币有价证券，包括政府证券、公司债券、股票等；（4）特别提款权、欧洲货币单位；（5）其他外币资产。

狭义的静态外汇是指以外币表示的、可直接用于国际结算的支付手段和工具。

狭义的静态外汇就是我们通常所说的外汇,是外汇最基本的定义。只有存放在国外银行的外币存款,以及索取这些存款的外币票据和外币凭证才是真正意义上的外汇,主要包括:银行汇票、支票、本票和电汇凭证等。外国货币、外币有价证券、黄金不是狭义的外汇,因为它们不能直接用于国际结算。国外银行存款是狭义外汇的主体,因为银行汇票等外汇支付凭证需以外币存款为基础,而且外汇交易主要是运用国外银行的外币存款来进行的。

全球主要货币名称及标准代码如表1-1所示。

表1-1 全球主要货币名称及标准代码

货币名称	ISO 符号	符号或简称	货币名称	ISO 符号	符号或简称
美元	USD	$	欧元	EUR	€
加拿大元	CAD	Can $	日元	JPY	JP¥
瑞士法郎	CHF	SF	新加坡元	SGD	S $
人民币	CNY	¥	澳大利亚元	AUD	A $
韩元	KRW	W	泰铢	THB	B
英镑	GBP	£	墨西哥比索	MXP	Mex. $
港元	HKD	HK $	俄罗斯卢布	RUB	Rbs,Rbl
印度卢比	INR	Rs	挪威克朗	NOK	NKr
澳门元	MOP	P/Pat	瑞典克朗	SEK	SKr
新加坡元	SGD	SMYM	丹麦克朗	DKK	DKr
马来西亚吉特	MYR	MMYM	特别提款权	SDR	SDRs

严格地说,一种货币称为外汇必须具备三个特征:第一,外币性。外汇必须是以外币表示的资产、债权或支付手段。第二,清偿性。外汇必须是在国外能够得到补偿的债权,空头支票和遭到拒付的汇票都不是外汇。第三,自由兑换性。外汇必须具有充分的可兑换性,持有者可自由地将其兑换成其他货币或以其表示的支付手段。因此,外汇的本质就是对外国商品和劳务的要求权,即外汇是以本国的商品和劳务换来的别国的商品和劳务。其中可兑换性是外汇的本质特征。

二、外汇的种类

(一)按外汇的限制程度不同可分为:自由兑换外汇、有限自由兑换外汇和记账外汇

1. 自由兑换外汇

自由兑换外汇是指不需要货币发行国批准,可以对任何国家自由支付,并自由兑换成其他国家货币的外汇。自由外汇可在国际外汇市场上自由买卖,在国际支付中得到偿付,在国际结算中被广泛使用。我们通常说的外汇就是自由外汇,比如美元、欧元、英镑、日元和加元等。

2. 有限自由兑换外汇

有限自由兑换外汇是指未经货币发行国批准,不能自由兑换成其他货币或对第三国进行自由支付的外汇。这些货币在交易时,受到一定限制。IMF规定,凡对国际性经常往来的付款和资金转移有一定限制的货币均属于有限自由兑换货币。

3. 记账外汇

记账外汇又称双边外汇、协定外汇或清算外汇，是指在两国政府间签订的双边贸易或多边清算协定中所引起的债权债务，不是用现汇逐笔结算，而是通过在对方国家的银行设置专门账户进行相互冲销所使用的外汇。这种外汇不能兑换成自由外汇，也不能对第三国进行支付，只能在双方银行专门账户上使用。当存在经常性贸易往来的两国缺乏自由外汇时，可彼此采用记账外汇进行交易。一般在年度终了时，双方对进出口额及相关费用进行账面轧抵，结算差额。对差额的处理方式包括：（1）转入下一年度贸易项下平衡；（2）采用双方预先商定的自由外汇清偿；（3）以货物清偿。

（二）按其来源和用途的不同可分为贸易外汇和非贸易外汇

贸易外汇是指因进出口贸易及其从属费用而收付的外汇，包括对外贸易中因收付贸易货款、交易佣金、运输费和保险费等。贸易外汇在国际收支平衡表中占有重要地位。非贸易外汇是指因非贸易业务往来而发生收付的外汇。主要是由于资产流动而产生的外汇，如跨国投资、工程承包、侨汇、捐赠等收付的外汇。随着经济全球化的发展，非贸易外汇在一些国家的外汇收支中占有的比重也在逐渐增加。

（三）按外汇买卖的交割期限不同可分为即期外汇和远期外汇

即期外汇，又称现汇，指在国际贸易或外汇买卖中即期进行收付的外汇，具体是指在外汇买卖成交后的两个营业日内办理交割的外汇。远期外汇，又称期汇。指交易双方事先签订买卖合约，规定外汇买卖的币种、数量、期限和汇率等，到约定日期才按合约规定的汇率进行交割的外汇。远期外汇的交割期限一般为1～6个月，最长可达1年。

（四）按外汇形态不同可分为外币现钞和外币现汇

外币现钞是指外国钞票、铸币。现钞主要从国外携入，属于广义外汇。

外币现汇：其实体是在货币发行国本土银行的存款账户中的自由外汇，现汇是由境外携入或寄入的外汇票据，经本国银行托收后存入，为狭义外汇。

第二节 汇 率

汇率（Foreign Exchange Rate）又叫外汇牌价、外汇行市或汇价，是两种货币之间的兑换比率，即以一种货币单位表示另一种货币的价格。外汇是实现两国之间商品交换和债务清偿的工具，汇率是买卖外汇的价格。汇率对一国经济是一个非常重要的变量，汇率的变动不仅影响进出口的盈亏和出口商品的竞争力，而且会通过各种传导机制对一国经济产生重要影响。

一、汇率的标价方法

外汇汇率是两种货币折算的比率。折算两国货币时，既可以用本币表示外币的价格，也可以用外币表示本币的价格。由于确定哪一国货币作为标准的不同，便产生了不同的外汇汇率标价方法。基本的标价方法是直接标价法和间接标价法，还有一种特殊的标价法——美元标价法。

（一）直接标价法

直接标价法（Direct Quotation）又称应付标价法（Giving Quotation），是以固定单位的外国货币为标准（如1、10、100），折合成一定数额本国货币的表示方法，即以本国货币来表示外国货币的价格。其实质是将外国货币视为一种普通商品，用本国货币来给外国货币这种商品标价。在直接标价法下，外币是标准货币，本币是标价货币。

在这种标价法下，外国货币数额固定不变，汇率涨跌都以相对的本国货币数额的变化来表示。一定单位外币折算的本国货币越多，汇率上涨，说明外币币值上升，本币币值相对下降，反之，一定单位外币折算的本国货币越少，汇率下跌，说明外币币值下降，本币币值相对上升。可见，在直接标价法下，汇率数值的变化与外币价值的变化是同向的，因此以直接标价法来表示汇率有利于本国投资者直观地了解外汇行情变化。

目前，除了美国、英国和欧盟等少数国家外，大多数国家都采用直接标价法来表示汇率。我国国家外汇管理局公布的外汇牌价也采用直接标价法来表示。例如：2011 年 7 月 27 日中国外汇交易中心公布的外汇汇率中间价为：USD1 = CNY6.442 6，EUR1 = CNY9.355 6，GBP1 = CNY10.588 4。

（二）间接标价法

间接标价法（Indirect Quotation）又称应收标价法（Receiving Quotation），是以固定单位的本国货币为标准（如1、10、100），折算成一定数额的外国货币来表示其汇率，即以外国货币来表示本国货币的价格。在间接标价法下，本币是标准货币、外币是标价货币。

在间接标价法下，本币数额固定不变，汇率的涨跌都是以相对的外国货币数额的变化来表示。一定单位本币折算的外国货币越多，汇率上升，说明本币升值、外币贬值；反之，一定单位本币折算的外币越少，汇率下降，说明本币贬值，外汇升值。与直接标价法相反，在间接标价法下，汇率数值的变化与外币价值的变动呈反方向变化。在国际外汇市场上，美元、欧元、英镑、澳元等货币发行国均采用间接标价法。

（三）美元标价法

第二次世界大战以后，国际经济和欧洲货币市场的迅猛发展，使得国际金融市场间的外汇交易激增。为了方便国际间的外汇交易，世界各大金融市场逐渐使用交易量最大的美元作为标准货币来表示其他各国货币。这就是美元标价法。

美元标价法（US Dollar Quotation）是以固定单位的美元为标准来计算应兑换多少其他国家货币的汇率表示方法。在美元标价法下，美元是标准货币，其他国家的货币是标价货币。美元的数额始终固定不变，汇率的变化通过其他国家货币数量的变化来表现。

上述三种标价方法的相同之处在于，都是用标价货币来表示标准货币（也称为基础货币）的价格。直接标价法下，基础货币是外国货币，标价货币是本国货币；间接标价法下，基础货币是本国货币，标价货币是外国货币；美元标价法下，基础货币是美元，标价货币是其他各国货币。

二、汇率的分类

在实际应用中，外汇汇率可从不同角度，划分不同种类：

（一）从银行买卖外汇的角度划分为买入汇率、卖出汇率、中间汇率和现钞汇率

1. 买入汇率（Buying Rate）又称买价或银行出价，是指银行向同业或客户买入外汇时所使用的汇率。在直接标价法下，外币折合本币数额少的那个汇率，即双向报价的前一个数字为买入价；在间接标价法下，本币折合外币数额多的那个汇率，即双向报价的后一个数字为买入价。

2. 卖出汇率（Selling Rate）又称卖价或银行要价，是指银行向同业或客户卖出外汇时所使用的汇率。在直接标价法下，外币折合本币数额多的那个汇率，即双向报价的后一个数字为卖出价；在间接标价法下，本币折合外币数额少的那个汇率，即双向报价的前一个数字为卖出价。中国银行人民币即期外汇的买入价、卖出价如表 1-2 所示。

表 1-2　中国银行人民币即期外汇牌价

日期：2011 年 8 月 1 日　　　　　　　　　　　　　　　　　　　　　　　　人民币/100 外币

币　种	现汇买入价	现钞买入价	卖出价	基准价	发布时间
英镑 GBP	1 052.39	1 019.9	1 060.85	1 059.69	17:15:27
港币 HKD	82.39	81.73	82.71	82.64	17:15:27
美元 USD	641.88	636.74	644.46	643.99	17:15:27
瑞士法郎 CHF	810.58	785.56	817.1		17:15:27
新加坡元 SGD	533.81	517.33	538.09		17:15:27
瑞典克朗 SEK	102.53	99.37	103.36		17:15:27
丹麦克朗 DDK	124.02	120.19	125.02		17:15:27
挪威克朗 NOK	119.69	116	120.65		17:15:27
日元 JPY	8.275 5	8.02	8.341 9	8.268 5	17:15:27
加拿大元 CAD	673.24	652.46	678.65		17:15:27
澳大利亚元 AUD	707.2	685.37	712.88		17:15:27
欧元 EUR	923.99	895.47	931.41	925.99	17:15:27
澳门元 MOP	80.03	79.36	80.34		17:15:27
菲律宾比索 PHP	15.28	14.81	15.41		17:15:27
泰国铢 THB	21.57	20.91	21.75		17:15:27
新西兰元 NZD	564.32		568.85		17:15:27
韩国元 KRW		0.591	0.640 9		17:15:27
卢布 RUB	23.21		23.4		17:15:27

数据来源：中国银行网站 http://www.boc.cn

如表 1-2 中，USD1 = CNY6.418 8～6.444 6 这个汇率就是直接标价法，那么 6.418 8 就是美元的人民币买价，而 6.444 6 就是美元的人民币卖价。在间接标价法下，如 GBP1 = USD1.644 8～1.645 3，即在伦敦外汇市场上，银行卖出美元的汇率是 GBP1 = USD1.644 8，银行买入美元的汇率是 GBP1 = USD1.645 3。

外汇市场上，银行报价通常采用"双向报价"，即同时报出买入价和卖出价。外汇银行等金融机构买卖外汇都是以盈利为目的的，他们通过低价买进、高价卖出来赚取买卖差价，二者的差价一般为 1‰～5‰。外汇市场越发达，交易量越大，这个差价就越小。关于买价和卖价，需要注意：第一，买价和卖价都是站在银行的角度来讲的，而不是客户的角度。如果客户要买入外汇，则需要按照银行的卖价进行交易，因为对银行来讲是卖出外汇，如果客户需要卖出外汇则需要遵循银行的买价。如果是两家银行进行交易，这个买价和卖价则是报价银行的买价和卖价；第二，买价和卖价的对象是外汇，而不是本币。因为外汇市场交易的是外汇而非本币；第三，如果在一个汇率等式中，没有本币可以参考，可以这样对买价和卖价进行区分：处于等式左端的基础货币，其买价在前，卖价在后；而处于等式右端的报价货币，其卖价在前，买价在后。

3. 中间汇率（Middle Rate）又称中间价，是买入汇率和卖出汇率的算术平均数。用公式表示，即：

$$中间汇率 = （买入汇率 + 卖出汇率）/2$$

人们在报道、了解和研究汇率变化时往往参照的是中间汇率，但它不是在外汇交易中使用的实际成交价，而是为了方便计算或报道简洁而使用的汇率。

4. 现钞汇率（Bank Note Rate）也称钞价，是指银行买卖外币钞票（包括铸币）的价格。买入汇率、卖出汇率是指银行购买或出售外币支付凭证的价格。银行在购入外币支付凭证后，通过航邮划账，可很快存入国外银行，开始生息，调拨动用；而银行买进国外的钞票，要经过一段时间，积累到一定数额后，才能将其运送并存入外国银行调拨使用。在此前买进钞票的银行要承受一定的利息损失，同时，将现钞运送并存入外国银行的过程中还有运费、保险费等支出，银行要将这些损失及费用开支转嫁给出卖钞票的顾客。因此，银行买入外国钞票的价格低于买入各种形式支付凭证的价格，即钞买价低于汇买价。

（二）按制定汇率的不同方法划分为基础汇率和套算汇率

1. 基础汇率（Basic Rate）又称基准汇率，是指各国选择某一国货币充当基准货币，并制定出本国货币和基准货币的汇率。世界各国几乎都有自己的货币，外汇市场不可能把所有货币间的汇率表示出来，因此需要确定本币与某一种国际上普遍接受的基准货币的汇率——基础汇率，对其他国家货币的兑换比率则采用套算的方法求得，不再单独测定。第二次世界大战后，美元很快成为世界流通最广泛、国际结算中使用最普遍的基准货币，所以大多数国家都选取美元作为基准货币，制定基础汇率。

2. 套算汇率（Cross Rate）又称交叉汇率，是在各国基准汇率的基础上套算出来的各种货币之间的汇率。制定出基本汇率后，其他各种外国货币与本币之间的汇率可以通过基本汇率套算出来。

一国制定汇率是否合理在很大程度上取决于基准货币的选择合理与否，因而各国对基准货币的选择一般都遵循以下原则：第一，必须是该国国际收支中，尤其是国际贸易中使用最多的货币；第二，必须是在该国外汇储备中所占比重最大的货币；第三，必须是可自由兑换的、在国际上可以普遍接受的货币。

（三）按外汇买卖成交后交割时间的长短不同划分为即期汇率和远期汇率

1. 即期汇率（Spot Rate）又称现汇汇率，是指交易双方成交后在2个营业日内办理交割时所使用的汇率。即期汇率就是现时外汇市场的汇率，反映了外汇市场上绝大多数交易者对即期交割价格的预期。

2. 远期汇率（Forward Rate）也称期汇汇率，是指买卖双方成交时，约定在未来某一日期进行交割时所使用的汇率。远期汇率是预约性外汇交易使用的汇率，在远期外汇交易成交时确定，合约到期时按此汇率交割，不受汇率变动的影响。远期汇率是以即期汇率为基础约定的，远期汇率在一定程度上代表着即期汇率的变动趋势，且与即期汇率存在一定的差价，当远期汇率高于即期汇率时，成为升水（Premium）；当远期汇率低于即期汇率时，成为贴水（Discount）；当远期汇率和即期汇率相等时，称为平价（Par）。汇率的升水、贴水或平价主要受短期利率差异、外汇供求关系以及汇率预期等因素的影响。

银行外汇报价一般直接报出即期汇率，但对远期汇率报价主要有两种方式：

一是直接报价，即直接将不同交割日的远期汇率的买入价和卖出价表示出来，与即期汇率报价方式相同。

二是用远期差价或掉期率（即期汇率和远期汇率之间差额）进行报价，即银行在报出即期汇率的基础上再报出远期汇率与即期汇率的价差。价差用基本点表示，每个基本点为万分之一，即 0.0001（个别货币因面值很大、单位购买力低，一个点是百分之一，即 0.01。比如日元)。交易者可根据即期汇率和远期差价计算出远期汇率。

(四)按外汇支付方式的不同划分为电汇汇率、信汇汇率和票汇汇率

1. 电汇汇率(Telegraphic Transfer Rate,T/T Rate)也称电汇价,是指外汇银行卖出外汇时用电讯方式通知境外联行或代理行支付外汇给收款人时所使用的汇率。电汇外汇的交收时间最短,外汇解付迅速,银行很少占用客户的资金,能减少汇率波动风险。因此,国际支付大多采用电汇方式,银行同业买卖外汇或资金划拨也都使用电汇汇率。目前,电汇汇率是外汇市场的基础汇率,其他汇率的确定都以电汇汇率为基础。由于交付时间快,而且国际间电信费用较高,电汇汇率价格最高。

2. 信汇汇率(Mail Transfer Rate M/T Rate)也称信汇价,是指外汇银行买卖外汇时以信汇方式支付外汇所使用的汇率。信汇采用信函方式通知解付行支付外汇,因此所用的时间比电汇长,银行可以在一定时期占用客户资金,因此信汇汇率通常比电汇汇率低一些。信汇汇率在国际结算中很少采用,过去主要用于中国香港和东南亚地区。

3. 票汇汇率(Demand Draft Rate D/D Rate)也称票汇价,是指外汇业务银行,在卖出外汇以后,开出一张由其国外分支机构或代理行解付汇款的汇票交给汇款人,由汇款人自带或寄往国外进行解付时所采用的汇率。汇票从卖出外汇到实际支付外汇有一定的时间,因此,票汇汇率也比电汇汇率低。票汇的凭证主要是银行汇票,有即期和远期之分,相应的票汇汇率也有即期票汇汇率和远期票汇汇率之分,由于远期票汇汇率使银行能更长时间地占用客户资金,因此价格比即期票汇汇率低一些。

(五)按外汇管制的宽严程度不同划分为官方汇率和市场汇率

1. 官方汇率(Official Rate)又称法定汇率,是外汇管制较严的国家由货币当局(中央银行、财政部或外汇管理局)制定并公布的汇率,这些国家禁止自由外汇交易,要求一切外汇交易都要按官方汇率进行。官方汇率虽比较稳定,但不能客观反映外汇市场供求关系,一般从本国利益出发不是高估就是低估。官方汇率又分为单一汇率和多重汇率。单一汇率是货币当局只规定一种汇率,所有外汇收支全部按此汇率计算;多种汇率是一国政府对本国货币规定的两种及两种以上的对外汇率,是外汇管制的一种特殊形式。其目的在于奖励出口限制进口,限制资本的流入或流出,以改善国际收支状况。

2. 市场汇率(Market Rate)是指在外汇市场上自由买卖外汇的实际汇率。它由市场上的外汇供求关系所决定,随外汇供求关系的变化而自由波动。市场化程度较高的发达国家都采用市场汇率,货币当局只能通过外汇市场活动来干预汇率的不正常波动。

(六)按银行营业时间的不同划分为开盘汇率和收盘汇率

1. 开盘汇率(Opening Rate)又称开盘价,是指外汇银行在一个营业日刚开始营业,进行首批外汇买卖时所使用的汇率。

2. 收盘汇率(Closing Rate)又称收盘价,是指外汇银行在每日营业结束时,最后一批外汇买卖时所使用的汇率。

开盘汇率和收盘汇率反映了外汇市场汇率在本营业日内的变化状况。目前,由于全球各个金融中心的外汇市场在营业时间和价格上是相互衔接和相互影响的。因此,一个外汇市场的开盘汇率往往受到上一个时区外汇市场的收盘汇率的影响。

(七)按是否考虑通货膨胀影响划分为名义汇率和实际汇率

1. 名义汇率(Nominal exchange Rate)是官方公布的汇率或在市场上通行的、没有剔除通货膨胀影响的汇率。由于名义汇率并没有充分考虑货币购买商品和劳务的实际能力,其升值和贬值并不一定表明一国商品国际竞争力的增减。因此,名义汇率并不能完全反映两种货币实际所代表的价值量的对比。

2. 实际汇率（Real Exchange Rate）是在名义汇率的基础上剔除了通货膨胀影响的汇率，反映了通货膨胀对名义汇率的影响。它是在名义汇率的基础上，通过同一时期两国相对物价指数调整而得来的，计算公式为：

$$E = SP^*/P$$

其中，E 为实际汇率，S 为名义汇率（直接标价法下），P^* 为外国的物价指数，P 为本国的物价指数。实际汇率可反映两国货币间汇率的实际变动趋势，在研究汇率调整、货币购买力、倾销调查与反倾销措施时，经常被使用。

（八）按外汇买卖对象的不同划分为银行间汇率和商业汇率

1. 银行间汇率（Inter-Bank Rate）又称同业汇率，指银行与银行之间买卖外汇所使用的汇率。由于外汇银行是外汇市场的主要参与者，银行间的外汇交易是整个外汇交易的中心，所以银行间汇率一般代表市场汇率。银行间汇率由外汇市场供求关系决定，交易量大、买卖差价很小。

2. 商业汇率（Commercial Rate）俗称零售价，指银行与客户之间买卖外汇所使用的汇率。商业汇率是根据银行同业汇率适当增减而形成的，交易量相对较小，所以买卖差价要大于同业汇率。

（九）按国际货币制度的演变划分为固定汇率和浮动汇率

1. 固定汇率（Fixed Rate）是指一国货币同另一国货币的汇率保持基本固定，汇率的波动限制在一定幅度以内。固定汇率是在金本位制和布雷顿森林货币制度下各国货币汇率安排的主要形式。

2. 浮动汇率（Floating Rate）是指一个国家不规定本国货币对外的固定比价，也没有任何汇率波动幅度的上下限，而是听任汇率随外汇市场的供求关系自由波动。浮动汇率按一国政府是否对外汇市场进行干预可分为管理浮动和自由浮动；按一国货币价值是否与其他国家保持某种特殊联系可分为单独浮动、联合浮动和钉住浮动三种。

（十）按汇率使用的范围不同划分为双边汇率和有效汇率

1. 双边汇率（Bilateral Exchang Rate），是指两种货币之间的兑换比率，可反映两种货币之间的相对价值变动。我们日常所指的汇率即双边汇率，主要用于具体的国际经济交易。

2. 有效汇率（Effective Exchang Rate），是指一种货币相对于其他多种货币双边汇率的加权平均数。有效汇率主要用于反映一国货币对外整体的升贬值幅度和趋势以及在国际贸易中的总体竞争力。有效汇率与双边汇率的关系好比商品价格指数与各种商品价格的关系，所以也称为汇率指数。有效汇率一般选取对外贸易比重为权数（一国对某国的贸易值占全部对外贸易值）。有效汇率的计算公式为：

$$E_n = \sum_{i=1}^{n} e_i \times \frac{q_i}{q}$$

其中：E_n 代表有效汇率，e_i 代表一国对第 i 国的双边汇率，q_i 代表一国对第 i 国的贸易值，q 代表一国对外全部对外贸易值

第三节　汇率的决定与变动

汇率的本质是两国货币各自所代表或所具有的价值的比率，因此，各国货币所具有或所代表的价值是汇率决定的基础。但由于货币制度、货币发行基础、货币种类和形态等因素的不同，汇率变动的幅度和方式也不尽相同。

一、汇率的决定

(一) 金本位制度下汇率的决定

金本位制度（Gold Standard System）指以黄金为本币货币的制度，先后有金币本位制、金块本位制和金汇兑本位制三种类型，其中金币本位制是典型的金本位制。第一次世界大战前，1861 年英国率先实行金币本位制，随后世界大多数国家相继实行了金本位制度。金块本位制和金汇兑本位制出现于由金铸币流通向纸币流通过渡和第二次世界大战后对黄金与货币兑换实行限制时期，存在的时间较短，属于不完全的金本位制度。我们常提及的金本位制度主要是指金币本位制。

在金本位制度下，流通中的货币是以一定重量和成色的黄金铸造而成的金币，各国货币的单位价值就是铸造该金币所耗用的黄金的实际重量，两国货币汇率的确定，就是两国货币各自的单位含金量来决定的，即由铸币平价来决定的。铸币平价与外汇市场上的实际汇率是不相同的，铸币平价是法定的，一般不会轻易变动，而实际汇率受外汇市场供求的影响，经常上下波动。当外汇供不应求时，实际汇率就会超过铸币平价；反之，实际汇率就会低于铸币平价。实际汇率一般因供求关系围绕铸币平价上下波动。在典型的金币本位制下，由于黄金可以不受限制的输入输出，不论外汇供求的力量多么强大，实际汇率的波动都被自动限制在黄金的输出点和输入点之间。

黄金输出点和输入点统称黄金输送点（Gold Point），是指金币本位制下，汇率因供求关系而围绕铸币平价上下波动的界限。它由铸币平价和运送黄金费用（包装费、运费、保险费、运送期的利息等）两部分构成。铸币平价是比较稳定的，运送费用是影响黄金输送点的主要因素。以直接标价法表示，汇率波动上限即黄金输出点等于铸币平价加运送黄金费用，汇率波动下限即黄金输入点等于铸币平价减运送黄金费用。第一次世界大战之前，英镑和美元所含纯金之比即铸币平价为：1 英镑 = 4.866 5 美元。在英国和美国之间运送黄金的费用和利息约为黄金价值的千分之五到千分之七，按均值千分之六计算，在英美之间运送 1 英镑的黄金的费用合计为：$4.086\,65 \times 0.6\% = 0.03$（美元），则黄金输送点为：$4.866\,5 \pm 0.03 = 4.896\,5 / 4.836\,5$（美元），所以，当一英镑汇率上涨到黄金输送点 4.896 5 美元以上时，美国债务人就宁愿输送黄金至英国而不愿购买英镑支付，而当 1 英镑汇率跌至黄金输送点时，美国债权人愿意自己花费运费从英国输入黄金，可见，黄金输送点限制了汇价的变动，而且由于单位货币黄金运送费用在黄金价值的比例很小，汇率的变动幅度就很小，基本上保持稳定。

由此可见，金币本位制下，汇率波动的规则是：汇率围绕铸币平价，根据外汇市场的供求状况，在黄金输出点与输入点之间上下波动。当汇率高于黄金输出点或低于黄金输入点时，就会引起黄金的跨国流动，从而自动地把汇率稳定在黄金输送点所规定的幅度之内。所以金币本位制下，汇率的波动幅度很小，具有单一性和稳定性，属典型的固定汇率。

(二) 金块本位和金汇兑本位制度下汇率的决定

金币本位制度发展到后期，由于黄金产量跟不上经济发展对货币的需求，黄金参与流通、支付的程度下降，其作用逐渐被以其为基础的纸币（银行券）所取代，只有当大规模需要时，黄金才以金块的形式参与流通和支付。这种形式的货币制度，被称为金块本位制。金块本位制本质上仍然是一种金本位制，因为在这种制度下，纸币的价值以黄金为基础，代表黄金流通，并与黄金保持固定的比率，黄金在一定程度上也参与清算和支付。

后来随着经济的发展，黄金的流通和支付手段的职能逐渐被纸币所取代，货币制度逐渐演变为金汇兑本位。金汇兑本位也是一种金本位制，但属于较广义的范围。在金汇兑本位制度下纸币成了法定的偿付货币,即法币;政府宣布单位纸币的含金量并维持纸币黄金比价,纸币充当价值尺度,流通手段和支付手段,黄金只发挥贮藏手段和稳定纸币币值的职能。

在这两种货币制度下,国家都以法律规定货币的含金量,货币的发行以黄金或外汇作为准备金,并允许在一定限额内与黄金或外汇兑换,这时,汇率由各自货币所代表的含金量之比决定,即法定金平价。法定金平价也是金平价的一种表现形式,在这两种货币制度下,实际汇率也会因供求关系而围绕法定金平价上下波动,但其波动幅度已不再受制于黄金输送点,因为输送点已不复存在,汇率波动的浮动由政府设立的外汇平准基金来决定和波动在一定幅度内,因而在这两种制度下,汇率失去了稳定的条件,相对于金币本位制,汇率的稳定性大大降低。

(三) 纸币制度下汇率的决定

1929—1933 年的经济大萧条使西方各国的金本位制相继崩溃,并先后实行纸币流通制度。在纸币制度下,纸币不再代表或代替金币流通,而金平价(即铸币平价和法定平价)也不再是决定汇率的基础。

第一次世界大战以及 1929—1933 年资本主义经济大危机期间,各主要资本主义国家为筹集资金应付战争和刺激经济,大量发行货币,最终导致纸币与黄金之间的固定比价无法维持。金汇兑本位制在几经反复后最终瓦解,随后各国普遍实行纸币本位制。在纸币本位制下,虽然一些国家以法律形式规定纸币的含金量,即纸币所代表的黄金平价,但由于纸币不能兑换黄金,若纸币超量发行,其价值就会降低。事实上,由于纸币贬值,纸币的金平价就同它所实际代表的黄金量完全背离,这样,金平价就不能继续成为决定汇率的基础,而被贬值了的纸币所代表的黄金量取而代之。

在纸币本位制下,汇率变动的规律受通货膨胀的影响和国际收支的制约。通货膨胀越严重,纸币实际代表的黄金量就越少,外汇汇率上涨幅度就越大,以本币表示的外国货币价格上涨幅度越大;国际收支状况越恶化,外汇汇率也越上涨,因此,汇率的波动性特征表现非常明显。

经常发生的通货膨胀使得以纸币为基础的外汇行市十分脆弱。第二次世界大战后,以美国为首的世界各国为了稳定汇率,于 1944 年建立了布雷顿森林体系。在这一货币体系下汇率决定方式是:美元与黄金挂钩,确定美元与黄金的比价,其他货币也规定含金量或与美元挂钩,即双挂钩制度;同时,美国承担为各国政府兑换美元的义务,其比价为 1 盎司黄金兑换 35 美元,而其他货币之间的汇率,则根据各自与美元的货币平价而确定。因此在布雷顿森林体系下,各国货币与美元的货币平价是汇率决定的基础;这一制度是以美元和黄金为核心的,亦成为黄金——美元本位制。

20 世纪 70 年代初以美元为核心的固定汇率制——布雷顿森林体系瓦解以后,世界各国普遍实行浮动汇率制,加之世界各国持续性的通货膨胀,纸币所代表的含金量已没有实际意义。各国也就不再规定纸币的含金量。因此,在浮动汇率制下,汇率的决定基础就演变为纸币所代表的实际价值,即购买力之比。

二、汇率的变动

影响汇率变动的根本原因是外汇市场的供求关系,而影响外汇供求关系的具体因素有很多。这些因素通过影响外汇供求关系引起汇率的变动,而汇率变动又会反作用于经济的运行,对一国的国内经济和国际经济产生影响。因此,汇率成为各国宏观调控的重要经济杠杆之一。要充分发挥汇率的经济杠杆作用,必须把握货币价值和汇率变动的基本方向、了解汇率变动的经济影响。

(一) 货币的升值与贬值

1. 法定升值和贬值

在固定汇率制度下，货币的法定升值和贬值是两种重要的形式。当政府正式宣布提高（降低）本国货币的法定平价，或者提高（降低）本国货币与外国货币的基准汇率，即是法定升值（贬值）。

2. 上浮与下浮

汇率的上浮与下浮是指货币汇率随外汇市场供求关系的变化而上下波动，是货币相对价值变动的一种现象，其法定平价并未调整。在自由浮动汇率制下，货币的汇率主要取决于外汇市场供求。当外汇供不应求时，其汇率上浮，当外汇供过于求时，其汇率下浮。在直接标价法下，外汇汇率上浮意味着该国货币贬值，外汇汇率下浮意味着该国货币升值。

3. 高估与低估

汇率的高估与低估是指货币的汇率高于或低于其均衡汇率。在固定汇率制下，官方汇率如能正确反映两国之间的经济实力对比和国际收支状况，就等于或接近均衡汇率。在浮动汇率制下，外汇市场上的供给与需求相平衡时，两国货币的兑换比率便是均衡汇率。当官方确定的汇率或市场现行汇率高于或低于均衡汇率时，汇率就是被高估或低估了。

(二) 汇率变动的计算

货币的贬值与升值都是指一种货币相对于另一种货币而言的，贬值和升值的幅度都可以通过变化前后的两个汇率计算出来。

在直接标价法下：

$$本币汇率变化的幅度（\%）=（旧汇率/新汇率-1）\times 100\%$$
$$外币汇率变化的幅度（\%）=（新汇率/旧汇率-1）\times 100\%$$

在间接标价法下：

$$本币汇率变化的幅度（\%）=（新汇率/旧汇率-1）\times 100\%$$
$$外币汇率变化的幅度（\%）=（旧汇率/新汇率-1）\times 100\%$$

(三) 影响汇率变动的长期因素

汇率在国内外商品市场和金融市场发挥着重要的纽带作用，其变动受到多种经济因素的制约和影响。不仅许多经济因素的变化会导致汇率水平的变化，而且汇率的变化对其他经济因素具有不同程度、不同形式的作用和影响，使其发生相应的变化。尤其是浮动汇率制度下汇率变化频繁，对各国经济产生的冲击日益深刻。汇率政策及其调整已成为各国经济政策的重要组成部分。

1. 国际收支

国际收支是影响汇率变动的最主要因素和直接因素。国际收支是一国对外经济活动的综合反映，其收支差额直接影响外汇市场上的供求关系，并在很大程度上决定了汇率的基本走势和实际水平。一国国际收支持续顺差，外汇供给大于需求，外汇市场对该国货币的需求将增加，推动外币贬值、本币升值，该国货币趋于坚挺；一国国际收支持续逆差，外汇需求大于供给，推动外币升值、本币贬值，则该国货币趋于疲软。所以一国国际收支状况直接决定外汇的供求状况而影响本国货币的汇率。长期的巨额国际收支差额，一般来说肯定会导致本国汇率变动，而暂时的小规模的国际收支差额可以比较容易地被国际资本流动等有关因素所抵消，不一定会最终影响到汇率发生变动。国际收支实质是由经常账户和资本与金融账户的交易构成。当国际间资本流动规模较小时，经常账户的交易尤其是贸易收支是影响汇率变动的主要因素，但随着国际资本流动的日益增长，其对汇率变动的影响越来越大。

在实际经济运行中，一国国际收支状况对汇率的影响是很大的，美元汇率的演变就有力地说明了国际收支对汇率的影响。第二次世界大战结束后不久，美国巨额贸易顺差促使美元成为外汇市场上最抢手的货币，甚至出现了"美元荒"，美元成为金融体系中的核心货币。而随后而来的 20 世纪 60—70 年代美国贸易逆差的不断扩大，美元成为外汇市场竞相抛售的对象，迫不得已分别在 1971 年和 1973 年两次大幅度法定贬值。近几年来，美元的持续贬值也和美国的国际收支逆差扩大有着一定的关系。

2. 通货膨胀率差异

国内外通货膨胀率的差异是影响汇率变动的一个长期的基本因素。在纸币流通条件下，两国货币的汇率是由各自所代表的实际价值量决定的，即购买力之比，而物价水平与购买力呈反比。因此一国货币价值的总水平是影响汇率变动的最基本因素。当一国发生通货膨胀，该国货币所代表的价值量就会减少，物价相应上涨，即货币对内贬值；而该国货币的购买力随物价上涨而下降，于是该国货币的汇率就会趋于下跌，即货币对外贬值。如果对方国家也发生了通货膨胀，并且幅度恰好一致，两者就会相互抵消，两国货币间的名义汇率可以不受影响，然而这种情况比较少见。一般，两国通货膨胀率是不一样的，通货膨胀率高的国家货币汇率下跌，通货膨胀率低的国家货币汇率上升。

国内外通货膨胀率差异主要是通过两个渠道影响汇率变动的：

（1）影响经常账户，主要是影响进出口贸易，改变外汇供求、进而引起外汇汇率变动。一国通货膨胀率高于外国，会削弱该国商品的国际竞争力，抑制出口、刺激进口，导致外汇需求大于外汇供给，推动外汇汇率上升、本币汇率下跌。

（2）影响资本与金融账户，通货膨胀率差异通过影响两国实际利率差异引起国际间资本流动，并导致预期变化，改变外汇供求、进而引起外汇汇率变动。一国通货膨胀率高于外国，其实际利率下降，资本是逐利性的，会因此转移到国外；同时通货膨胀率上升会使本币购买力下降，使人们产生减持的预期。这些都会导致外汇市场对该国货币需求下降，外汇汇率上升、本币汇率下跌。

一国货币从对内贬值到对外贬值要有一个过程，需要经过一段时间才能显现，因为它的影响往往要通过诸如商品劳务贸易机制、国际资本流动渠道和心理预期渠道等一些经济机制才能体现出来。但这种影响一旦起作用，其延续的时间会比较长，有时可能会持续好几年。

3. 经济增长率差异

经济增长率在多方面对汇率产生影响。就经常账户而言，当一国经济增长率提高时，一方面反映该国经济实力增强，其货币在国际外汇市场上的地位提高，从而使该国货币汇率有上升趋势。尤其是经济高增长是劳动生产率提高所推动的，本国产品竞争力上升，本币会趋于升值；另一方面，由于经济高速增长，该国国民收入增加，从而促使该国进口需求上涨，如果该国出口不变的话，那么就会使该国国际收支经常项目逆差，最终导致本币汇率下降。究竟经济增长会导致本币升值还是贬值，要取决于这两种力量的对比。但如果该国经济是以出口导向型为主，那么经济的增长就意味着出口的增加，使经常项目产生顺差，最终导致本币汇率上升。

就资本与金融账户而言，经济高增长也促使其货币处于上升状态，商业利润也较高，会吸引外资流入该国进行投资，进而改善国际收支的资本账户，推动本币升值。但经济的高增长伴随高通胀时，则资金外流又会导致本币贬值。

整体而言，一国经济高增长会推动本币汇率走势的增强，并且这种影响持续的时间较长。

（四）影响汇率变动的短期因素

1. 利率差异

利率是金融资产的价格。利率的高低代表了一国金融资产对外的吸引力，会直接引起国际间套利资本的流动，并导致汇率波动。当一国提高利率水平或本国的利率水平高于外国利率时，意味着本国金融资产的收益率更高，对投资者更具有吸引力，则资金流入增加，对本国货币的需求增加，本国国币汇率趋向上涨；相反，当一国降低利率水平或本国的利率水平低于外国利率时，就意味着本国金融资产的收益率降低，则资金流出增加，对外国货币的需求增加，外汇汇率上升，本国货币汇率趋于下降。这里所说的利率差异，是指实际利率差异，在西方国家，实际利率是指长期政府债券利率与通货膨胀率的差额。

短期资金在不同国家流动时，除了受利率影响之外，还要考虑汇率变动。当国际利差导致套利资金流动而促使汇率变化后，汇率的变动往往会反过来遏制资金的进一步流动，这就是利率平价理论。只要当一国利率加上汇率的预期变动率之和有利可图时，才会吸引资金的不断流入。利率对汇率的长期影响是十分有限的。与国际收支、通货膨胀、经济增长不同，利率在很大程度上属于政策工具范畴，它具有一种被动性，因而对短期汇率会产生较大的影响。

2. 市场心理预期

心理预期对汇率的影响很大，其程度有时远远超过其他因素对汇率的影响。预期有稳定型和破坏型之分。稳定型预期，是指人们预期一种货币汇率不会再进一步下跌时，就会买进该货币，从而缓和该货币汇率下跌程度；反之则抛出该货币，从而降低该货币汇率升值幅度。显然，按这种预期心理进行的外汇买卖行为有助于汇率的稳定。破坏型预期则相反，按这种预期心理进行的外汇买卖，会在汇率贬值时进一步抛出该货币，在汇率升值时进一步买入，从而导致汇率暴涨暴跌，加剧汇率的不稳定。

影响人们心理预期的因素主要有三个方面：第一，与外汇买卖和汇率变动相关的数据资料信息；第二，来自各种媒体的经济新闻和政治新闻；第三，社会上人们相互传播未经证实的消息。这些因素都会通过影响外汇市场交易者心理预期进而影响汇率。

3. 中央银行干预

不论是在固定汇率制度下，还是在浮动汇率制度下，中央银行都会被动地或主动地干预外汇市场，稳定外汇汇率，以避免汇率波动对经济造成不利影响，实现自己的政策目标。这种干预直接影响外汇市场供求的情况，虽无法从根本上改变汇率的长期走势，但对汇率的短期走向会有一定的影响。

通常，一国中央银行干预外汇市场的措施有四种：第一，直接在外汇市场上买卖外汇，这种方式对汇率的影响最明显；第二，调整国内财政政策和货币政策；第三，在国际范围内公开发表具有导向性言论以影响市场心理；第四，与国际金融组织和有关国家配合进行直接和间接干预。

4. 投机活动

在浮动汇率制为主的今天，西方各国对外汇管制和国际资本流动管制的放松，外汇市场投机活动日趋普遍和活跃。在外汇市场的投机活动中，投机基金和跨国公司凭借其雄厚的资金实力和网络平台，利用汇率和利率的变动买空卖空谋取巨额的投机利润。一方面大量的投机活动导致汇率剧烈波动，造成外汇市场动荡不安；另一方面当外汇市场暴涨暴跌，投机活动也会起到平抑行市的稳定作用。

5. 突发事件

世界经济发展不平衡和各国政治军事力量的差异，经常会因国家、民族和地区间的争端，导致突发事件。比如局部战争、恐怖组织的恐怖行为、种族屠杀等，都会对汇率变动造成巨大影响。此外，地震、海啸等自然灾害的突发事件也会对汇率造成冲击。

总之，影响汇率变动的因素是多种多样的，有时多种因素共同发生作用，有时各因素作用又相互抵消和制约，有时某些因素起主导作用。因此我们在分析汇率变动时要综合考虑各种因素及其相互影响。但无论有多复杂，所有因素都是通过影响外汇市场供求关系引起汇率变动的。

三、汇率变动的经济影响

在以浮动汇率制度为主的今天,汇率受各种因素影响频繁波动。汇率变动对一国的国内经济、国际收支乃至整个世界经济都有重大影响。货币升值或贬值的影响就结果而言正好相反。因此我们仅从本币汇率下跌(本币贬值)的角度分析其对经济影响,对本币升值的经济影响不再赘述。

(一) 对国际收支的影响

1. 对贸易收支的影响

一般而言,进出口商品以供应国货币计价。本币贬值以后,如果出口商品的本币价格不变,外币价格则下降,这就相应提高了出口商品在国际市场上的竞争力,刺激出口;同时若进口商品的外币价格保持不变,因本币贬值本币价格则上升,这会削弱进口商品在国内市场上的竞争力,使进口减少。因此,在不考虑其他因素的情况下,一国货币贬值有利于该国商品出口、抑制进口,改善该国的贸易收支。

但是,本币贬值改善贸易收支会受到下列因素的影响:

(1) "弹性"问题。本币贬值对贸易收支的影响有两方面的作用:一是数量方面的影响,即出口增加、进口减少;二是价格方面的影响,若贸易品以供应国货币计价,那么出口的本币价格不变、进口的本币价格上升,意味着本国贸易条件恶化(贸易条件是指出口商品单位价格指数与进口商品单位价格指数之间的比例),这对本国贸易收支具有不利影响。只有当进出口数量方面的优势超越进出口价格方面的劣势时,贸易收支才会改善。即要满足马歇尔-勒纳条件:本币贬值以后,只有当进出口供给弹性足够大,同时进出口需求弹性之和大于1时,出口数量增加和进口数量减少的影响将超过贸易条件恶化的影响,从而使贸易收支得以改善。

(2) "时滞"问题(即 J 曲线效应)。贬值对出口的刺激作用和对进口的抑制作用,会因原进出口合同的约束、生产结构的调整以及需求变动滞后等因素影响而难以发挥,导致贬值后,进出口数量不能发生变化,贸易差额会因贸易条件的恶化而进一步加大。只有经过一段时间时滞结束以后,进出口数量的影响发挥作用才会使贸易收支得以改善。这一过程的时间轨迹好似英文 J 字母,因此亦称为 J 曲线效应。

(3) "通胀"问题。短期来看,本币贬值可能扩大出口,但从长期来看,由于贬值影响会因出口数量的增加和进口成本的上升推动国内物价水平上涨。随着国内物价上涨,出口商品的成本上升,竞争力反而下降,又会抑制出口。因此,一国实行货币贬值欲改善贸易收支,往往必须同时采取紧缩的货币政策,以保持国内币值和物价的稳定。

(4) 外国"报复"问题。一国通过贬值改善贸易收支将必然导致贸易伙伴国贸易差额的加大,贸易伙伴国可能会采取同步贬值或贸易管制等报复措施,抵消其贬值效果。在当今以本国利益为主的社会,这些相互报复和制约的现象是比较普遍的。

(5) "外汇倾销"问题。通过贬值刺激出口时,若货币对外贬值幅度大于对内贬值幅度,就构成外汇倾销(foreign exchange dumping)。外汇倾销的手段是本币对外贬值,以低于世界市场的价格输出商品,击退竞争对手,占领海外市场,改善贸易收支。但是,如果汇率的贬值幅度小于因国内通货膨胀引起的货币购买力的贬值幅度,将不能达到实际的贬值,倾销无效。本币的对内贬值程度可以用一定时期内的物价指数来计算,物价指数越高,意味着货币购买力越低,货币对内贬值程度越大。当货币的对内贬值幅度大于对外贬值幅度时,外汇倾销是无法实现的。

此外,外汇倾销将使本国产品冲击对方国家市场,并抢占其他国家在该国的市场,因此容易遭到贸易伙伴和其他有关国家竞争对手的反对。如果这些国家采取一些反倾销措施，也会使外汇倾销失败。这也是报复现象。

2. 对国际资本流动的影响

一般来说，一国货币的贬值将对本国资本与金融账户收支产生不利影响。一般而言，一国货币贬值后，本国资本为了防止货币贬值的损失，会大量抛出该国货币，买进其他升值货币，从而使资金从国内流向国外。但本币贬值对资本流动的影响还会受到人们对本币变动趋势预期的影响。如果人们认为贬值幅度不够，再贬值不可避免，则资本流出增加；若人们认为贬值已使得本国汇率低于均衡水平，市场汇率会出现反弹，则资本流入增加。

一国货币贬值将对来自国外的直接投资产生双重影响。一方面有利于吸引以合资或独资形式出现的直接投资的流入。因为汇率下跌可使按贬值国货币计算的投资额增加，而且同量的外币投资可以购得比以前更多的劳务和生产资料。在汇率贬值国汇率调整前投资更合算，从而扩大外国投资人对贬值国的投资。另一方面本币贬值，将又不利于外国投资人把投资所得的利润折成外币汇回，因为按照贬值后的汇率折算的外币将比原来少一些。

此外，汇率的变动还会影响借用外债的成本。一国从国外借款，该国货币贬值将对债务国（即本国）不利，而对债权国有利。因为随着外汇汇率上升将加重本国债务还本付息的负担。如果这些债务负担沉重的国家形成了债务危机，则不会有国际资本流向这些国家。

一般来说，贬值对以直接投资为代表的长期资本的流动影响较小，因为长期资本的流动主要取决于投资的利润和投资的风险；而贬值对于短期投机性资本流动将产生不利影响，会引起短期资本迅速逃离，引起市场动荡和资本与金融账户的短期差额。

3. 对外汇储备的影响

本币汇率变动，通过影响进出口贸易、非贸易资本流动，直接影响国际收支账户，从而影响外汇储备的增减。如果是储备货币贬值，以该种货币持有的外汇储备价值将下降，使保有该储备货币的国家遭受损失；而储备货币发行国则将因此减轻债务负担，从而转嫁货币贬值的损失，并从中获利。因此，一国应尽可能选择持有币值稳定的储备货币，并尽量使储备货币多元化，通过分散化投资保持储备资产的稳定。

(二) 汇率变动对一国国内经济的影响

在开放经济条件下，汇率变动会对一国国内经济产生很大影响。这种影响一般会引起国内物价的变动，进而影响一国国内产业结构、资源配置、收入分配以及就业等各个方面，从而对整个国内经济产生深远影响。

1. 对物价的影响

汇率变化直接影响贸易品价格。从出口方面来看，贬值以后，本国出口商品的本币价格不变，但相应的外币价格下降，会刺激国外市场对本国出口商品的需求，在出口品供给弹性较低的情况下，即在出口商品的供给不能随国外需求增加而相应增加的情况下，致使部分内销产品转为外销，国内市场上的商品将供不应求，促使国内物价上涨，引起需求拉上型通货膨胀。从进口方面来看，本币贬值以后，如果进口商品的外币价格不变，以本币表示的价格将会上升，从而引起使用进口原料加工的商品价格上涨。在该国对进口品的需求弹性较低的情况下，即需求不因价格上升而减少，就会推动国内同类商品以及使用进口原料生产的产品价格的上升，致使整个国内物价上升，引起成本推动型通货膨胀。

汇率变化对非贸易品价格的影响是间接的，汇率变化对贸易品价格的影响会传递到非贸易品价格上。我们可将非贸易品分为三类：第一类，随价格变化随时可以转化为出口的国内商品；第二类，随价格变化随时可以替代进口的国内商品；第三类，完全不能进入国际市场或替代进口的国内商品。若一国货币贬值使出口增加，将促使第一类商品转化为出口商品，从而其国内供给减少，国内价格上升；货币贬值使得进口产品的本币价格上升，将促使第二类商品的价格自动上升；本币贬值出口增加，使出口商利润增加，在平均利润率规律的作用下，这将促使第三类商品的生产厂商随之提高价格或转向生产出口产品减少供给，结果促使其价格水平上升。

可见，汇率与价格的关系非常密切，在纸币制度下，以价格指数衡量的货币的购买力是决定汇率变化的长期和基本因素。而汇率变化反过来又影响价格水平。在现实经济运行中，一国如果发生通货膨胀，必然导致本币对外贬值（本币汇率下跌），而本币汇率下跌又会对物价上涨造成压力。因此，汇率与价格水平之间的关系是汇率理论与政策研究中的一项重要内容。

2. 对生产结构、资源配置、收入分配及就业的影响

一方面，本币贬值以后，出口商品的国际竞争力增强，出口扩大，出口产品的生产企业、贸易部门的收入会增加，这将促使其他产品部门转向从事出口产品的生产，由此引起资金和劳动力等资源从其他行业流向出口产品制造和贸易部门。另一方面，本币贬值以后，进口商品成本增加，价格上升，会使原来对进口商品的一部分需求转向国产的替代品，于是国内进口替代品行业会繁荣起来。也就是说，在一定程度上，本币贬值具有保护民族产业的作用。出口导向型产业和进口替代产业的快速发展也会改变产业结构、创造就业，国民收入分配也会向这些行业倾斜。客观地说，我国沿海加工制造为主的出口导向型产业的过速过大增长是跟1994年汇改后人民币大幅度贬值不无关系。但货币的过度贬值使以高成本低效益生产出口产品和进口替代品的企业也得到鼓励，因此，它也具有保护落后的作用，不利于企业竞争力的提高，同时也不利于社会资源的配置优化。而且，货币的过度贬值，使本该进口的那些商品尤其是高科技产品或因国内价格变得过于昂贵而进不来，或是虽然进来了，但需支付高昂的进口成本，不利于通过技术引进实现经济结构的调整和劳动生产率的提高。

可见，汇率的变动会引起一国生产结构的调整和生产资源的重新配置。相应地，各部门的收入也会重新分配，同时会影响就业状况。

（三）汇率变化对微观经济活动的影响

汇率变化对微观经济活动的影响主要表现在，浮动汇率制度下汇率的频繁波动给从事涉外经济活动的经济主体带来的外汇风险。

在对外贸易中，以某一外国货币计价和结算，若该种外币的汇率上涨，则出口商的应收货款价值以本币表示就增加了，出口收入增加；而进口商的应付货款价值以本币表示就增加，进口成本上升。相反，若该种外币的汇率下跌，则出口商的应收货款以本币表示价值减少了，出口收入减少；而进口商的应付货款以本币表示价值降低，进口成本下降。

在国际借贷活动中，当计价和结算货币的汇率上涨，则债权人受益，其收入增加；而债务人的债务负担因此而加重。如果汇率下跌，则债务人受益而债权人受损。

可见，对出口商和外债的债权人来说，外汇汇率上涨的影响是有利的，而外汇汇率下跌将产生不利影响；对进口商和外债的债务人来说，影响正好相反。外汇风险的预测和防范是国际金融微观经济管理的重要内容。

（四）对国际经济的影响

1. 影响国际贸易的发展

汇率稳定，有利于核算进出口成本和利润，可促进国际贸易的正常发展；而汇率频繁变动，则会加大外汇风险，不利于国际贸易的顺利发展。如果一国实行以促进出口为目的的本币贬值，会使对方国家的货币相对升值，尤其是以外汇倾销为目的的本币贬值必然引起对方和其他利益相关国家的报复，他们或同步货币贬值，或采取贸易保护措施，由此引发贸易战、货币战，硝烟四起，将破坏国际贸易的正常秩序。

2. 影响国际资本流动

汇率稳定有利于长期资本的输出和输入,使资金的余缺能在世界范围内得到调节,从而提高资金的使用效率,促进世界经济的共同增长;而汇率不稳定会阻碍生产性资本的国际流动,同时导致投机性的短期资本在国际间频繁流动,对有关国家的国际收支造成冲击,引发国际金融市场的动荡,甚至引发国际金融危机。

3. 影响国际经济关系

通过货币的竞相贬值促进各自国家的商品出口是国际上很普遍的现象,由此造成不同利益国家之间的分歧和矛盾也层出不穷;而西方金融市场上某些货币的持续坚挺同样会引起国际经济矛盾的产生。如1981—1985年美元汇率在高利率支持下居高不下,使其他各国货币(包括日元、德国马克等硬货币)对其大幅贬值,这种因美元升值造成的多种货币贬值对许多国家的国内经济、贸易和货币信誉都是一种沉重打击,进一步恶化了20世纪80年代席卷拉美的债务危机。1992年德国马克的大幅度升值引发了欧洲货币危机,英国因此退出了欧洲货币体系。

此外,汇率的波动给外汇投机带来更多的机会。外汇投机的盛行,也加剧了国际金融市场的动荡不安。近30年大大小小的国际金融危机大部分都是外汇投机这一导火索引爆的。

四、制约汇率发挥影响的基本条件

上述汇率变动对一国经济乃至世界经济的影响是汇率变动的一般影响,对于不同国家、不同时期这些影响的程度和范围是不同的。这种差异主要取决于以下几个基本条件:

(一)对外开放程度

一国对外开放程度越大,外汇管制少,对外贸易往来、资本流动频繁、规模大,其经济对国际环境的依赖程度高,汇率变动影响自然较大,反之越小。

(二)对外贸易系数

对外贸易系数即外贸依存度,它是一国对外贸易额与国民生产总值的比值。一国的对外贸易依存度越高,汇率变化的影响越大;反之则越小。

(三)商品结构的多样化程度

商品结构单一的国家,供给和需求弹性较小,汇率变化对其进出口及整体经济状况影响较大;商品结构多样化程度高的国家,其供给和需求弹性大,汇率变化影响则较小。

(四)国内金融市场与国际金融市场的联系程度

一国的国内金融市场越开放,与国际金融市场的联系越密切,外汇交易币种多、规模大,资本流动较频繁,汇率变化的影响越大;反之影响则较小。

(五)货币的兑换性

一国货币的自由兑换程度越高,在国际支付中使用越频繁,汇率变化的影响就越大;货币的自由兑换程度越低,汇率变化的影响就越小。

第四节 汇率决定理论

汇率决定理论是国际金融理论的核心之一,是专门研究决定和影响汇率变动因素以及这些因素之间相互关系的理论。在不同的经济环境下,经济学家从不同角度、选择不同的经济指标来分析汇率的决定与变动,就形成了不同的汇率决定理论。从经济背景和经济学基础理论的演变的角度,我们主要介绍国际借贷理论、购买力平价理论、利率平价理论和资产市场理论。

一、国际借贷理论

国际借贷理论（Theory International Indebtedness）是由英国经济学家戈森（G. J. Goschen）于 1861 年在其所著的《外汇理论》一书中正式提出的，戈森是第一个较为系统地解释外汇决定和变动的学者。

（一）国际借贷利率的核心观点

国际借贷理论是第一次世界大战前在金本位制盛行的基础上形成的，用以说明外汇汇率决定与变动的主要理论。戈森综合了亚当·斯密、大卫·李嘉图和约翰·穆勒等人有关国际贸易及外汇方面的理论，用古典经济学理论中的供求法则来解释汇率的变动，其主要观点为：

1. 汇率取决于外汇的供给和需求，而外汇的供给和需求又源于国际借贷，因此国际借贷关系的变化是汇率变动的主要因素。

2. 国际借贷的内容是宽泛的，包括商品的进出口、劳务的输出入、股票和公债的买卖、利润和利息股息的收付、捐赠和旅游以及资本交易等都会引起国际借贷。

3. 根据流动性的大小，把国际借贷分为固定借贷和流动借贷。只有已经进入实际支付阶段的借贷即流动借贷，才会对外汇的供求产生影响，而已经形成借贷关系，但尚未进入实际支付阶段的固定借贷，则不会影响外汇的供求。

4. 在一定时期内，如果一国国际收支中对外收入增加，对外支出减少，对外债权超过对外债务，则形成国际借贷出超；反之，对外债务超过对外债权，则形成国际借贷入超。出超说明该国对外收入大于对外支出，资金流入，外币供给相对增加，于是外币汇率下跌，本币汇率上涨；反之，入超说明该国对外收入小于对外支出，资金流出，外币需求相对增加，于是外币汇率上涨，本币汇率下跌。当一国的流动借贷平衡时，外汇收支相等，于是外汇汇率处于平衡状态。

5. 物价水平、黄金存量、利率水平和信用关系等也都对汇率产生影响，但这些因素都是次要因素。

（二）对国际借贷理论的评价

戈森的国际借贷理论第一次较为系统的从国际收支的角度解释外汇供求的变化，分析汇率波动的原因，因此该学说又被称为国际收支论或外汇供求说。该学说以金本位制为前提，把汇率变动的原因归结为国际借贷关系中债权与债务变动导致的外汇供求变化，在理论上具有重要意义，在实践中也有合理之处。因此，该学说在现实生活中很容易被人们所了解和接受。

但是受当时经济环境的制约，国际借贷说难免存在一些缺陷：首先，戈森仅说明了国际借贷差额不平衡时，外汇供求关系对汇率变动的影响，而未说明国际借贷平衡时汇率是否会变动，更没有说明汇率的变动是否围绕着一个中心，即汇率的本质是什么？汇率的本质即决定基础——不同货币所代表的价值量，却并未加以论证。因此，在国际货币制度发生变化、纸币流通制度代替金本位制后，汇率因通货膨胀、短期利率等各种因素波动时，国际借贷说却无法解释这些复杂现象。其次，它仅注意到实际经济与汇率间的因果关系，对汇率与外汇供求和国际资本流动之间相互作用的关系却未做深入细致的研究。最后，对于一些汇率的其他重要因素，该学说也没有提出足够充分的解释。因此，在金本位制变为纸币本位制后，国际借贷学说的局限性就日益显现出来了。

二、购买力平价理论

购买力平价理论（Theory of Purchasing Power Parity）是西方诸多汇率理论中最有影响力的

理论之一，它可以追溯到16世纪的西班牙萨拉蒙卡学派关于货币购买力的论述。1802年，英国经济学家桑顿（H. Thornton）最早提出了购买力平价思想。其后，它又成为英国古典经济学家李嘉图的经济理论的组成部分。1922年瑞典经济学家卡塞尔（G. Cassel）在其出版的《1914年后的货币和外汇》一书中清晰而强有力地对购买力平价理论进行了系统阐述，世人公认卡塞尔为购买力平价理论的创立者。

（一）购买力平价理论的核心观点

本国人之所以需要外国货币，是因为这些货币在外国市场上具有对一般商品的购买力；而外国人之所以需要本国货币，是因为这些货币在本国市场上具有对一般商品的购买力。因此，货币的价格取决于它对商品的购买力，两国货币的兑换比率就由两国货币各自具有的购买力之比决定的，购买力比率即是购买力平价。进一步说，汇率变动的原因在于购买力的变动，而购买力变动的原因又在于物价的变动，物价与购买力呈反比。这样，汇率的变动最终取决于两国物价水平之比。

（二）购买力平价的前提条件

购买力平价的前提条件是国际范围内的一价定律。所谓"一价定律"（The Law of One Price）是指在不存在价格黏性和同质性的条件下，不同地区的同种商品价格应当是一致的。任何对一价定律的偏离都会因商品交易者的套购行为重新满足一价定律，即价格趋于一致。国内经济中的一价定律容易理解，但国际范围内的一价定律要涉及汇率。这是因为国内外用不同货币来表示商品价格，比较两国商品价格要转化成同种货币，而且跨国套购首先要进行外汇交易。国际范围内的一价定律公式如下：

$$P_i = eP_i^f \text{ 或 } e = P_i^f / P_i$$

其中，P_i 代表国内 i 商品的本币价格，P_i^f 代表国外 i 商品的外币价格，e 代表即期汇率。

（三）购买力平价的两种形式

在卡塞尔的购买力平价理论中，购买力平价被分为两种形式：绝对购买力平价和相对购买力平价。

1. 绝对购买力平价

绝对购买力平价的（Absolute Purchasing Power Parity）基本观点是：依据一价定律，任何一种商品都满足一价定律，那么由商品构成的国内外物价水平也会满足一价定律。因此在某一时点上，一个国家的货币与另外一个国家的货币之间的比价是由两种货币在各自国内的购买力之比决定的。由于货币的购买力可表示为一般物价水平（通常以物价指数表示）的倒数，故两国货币的汇率就由两国一般物价水平之比决定。绝对购买力平价公式为：

$$e = \frac{P}{P_f} \text{ 或 } P = eP_f$$

其中，e——直接标价法表示的汇率；

P——本国的一般物价水平；

P_f——外国的一般物价水平。

从上式可以看出绝对购买力平价实际上是一价定律的扩展。

2. 相对购买力平价

绝对购买力平价只有在各国计算一般物价水平的商品篮子及其权重相同时才成立，但现实生活中很难满足这些条件。各国一般物价水平的计算中商品及其相应的权重存在差异，因此，各国一般物价水平以同一种货币计算时并不完全相等，而是存在一定的较为稳定的偏差。因此两国货币汇率水平应该是两国一般物价水平调整之比：

$$e = \frac{\theta \cdot P}{P^f}, \theta \text{ 为常数}$$

对上式求导,推出变动率的关系:$\Delta e = \Delta P - \Delta P^f$,这即相对购买力平价的表达式。

其中 $\Delta e = \dfrac{e_{t+1} - e_t}{e_t}$,$\Delta e$ 代表汇率变动率,ΔP 代表国内通货膨胀率,ΔP^f 代表外国通货膨胀率。相对购买力平价表达式的含义是:汇率变动率大体上等于两国通货膨胀率的差异,国内通胀高于国外通胀,汇率将上升(本币贬值外币升值),反之若国内通胀低于国外通胀,汇率将下降(本币升值外币贬值)。

相对购买力平价的其他形式:

$$s_{t+1} = s_t \times \left(\frac{1+\pi}{1+\pi^f}\right) \quad (1)$$

$$\Delta s = \frac{s_{t+1} - s}{s} \quad (2)$$

将(1)代入(2)可得到:

$$\Delta s = \pi - \pi^f$$

与绝对购买力平价相比,学术界对相对购买力平价更感兴趣,因为其更具有应用价值。它从理论上避开了一价定律的严格假设,通货膨胀的数据更易于得到,而且相对购买力平价可以用来预测实际汇率。在预测期内,如两国经济结构不变,两国货币间汇率的变动便反映着两国货币购买力的变化。

(四)对购买力平价理论的评价

购买力平价理论的合理性在于:通过物价与货币购买力的关系去论证汇率的决定及基础,这在研究方向上是正确的。虽然卡塞尔没有做更加深入的研究,但他离揭示汇率的本质已相距不远了。卡塞尔还直接把通货膨胀因素引入汇率决定的基础之中,这在物价剧烈波动、通货膨胀日趋严重的情况下,有助于合理地反映两国货币的对外价值。此外,购买力平价的理论基础是货币数量说。它从货币的基本功能(购买力)出发研究汇率的决定与变动,其表达形式简单、易于理解。所以,购买力平价说被广泛运用于对汇率水平的分析和政策研究。另外,购买力平价理论中所牵涉的一系列问题都是汇率决定中最基本的问题。无论在实际操作中,还是在理论研究中它均具有较强的参考意义。

购买力平价也存在一些不足:

1. 购买平价理论过分强调物价对汇率的作用,但这种作用不是绝对的,汇率变化也可以影响物价。在过分强调物价对汇率的影响的同时,忽视了如资本移动、生产成本、贸易条件、政局变化、战争与其他偶发事件等对汇率变动的影响;特别在国际金融高度自由化的今天,国际资本跨国界流动往往是有关国家货币汇率在短期内偏离购买力平价的根本原因。

2. 购买力平价理论能够说明汇率的长期变化趋势,但对短期与中期汇率的变化趋势来说,它是无能为力的。

3. 购买力平价的运用有严格的限制和一定的困难。首先,它要求两国的经济形态相似,生产结构和消费结构大体相同,价格体系还相当接近,不然的话,两国货币的购买力就没有可比性。其次,在物价指数的选择上,采用何种物价指数最为恰当很难确定。即使能够确定,由于经济活动千变万化和商品结构在各国不一致,在计算汇率时也会面临一些技术性困难。最后,在计算相对购买力平价时,要求选择一个均衡或基本均衡的即期汇率,但选择哪一个时点的即期汇率更为客观和准确,是难以确定的。

三、利率平价理论

利率平价理论(Interest Rate Parity Theory)是随着生产与资本国际化的不断发展,国际间的资本流动规模日益扩大,并且成为货币汇率的重要影响因素的背景下产生和发展起来的。利率平价理论最早是由英国经济学家凯恩斯在1923年出版的《货币改革论》一书中提出的,后来的经济学者(以英国学者艾英齐格为代表)相继对远期汇率、即期汇率与利率关系进行了探讨,逐渐形成了现代利率平价理论。利率平价理论分为非抛补利率平价(Uncovered Interest Rate Parity,UIP)和抛补利率平价(Covered Interest Rate Parity,CIP)两种。无论哪一种形式的机制都源于一价定律。

(一)非抛补利率平价(Uncovered Interest Rate Parity,UIP)

1. 非抛补利率平价的核心观点

非抛补利率平价的核心观点是预期的汇率变动率是由两国利率差异决定的,当非抛补利率平价成立时,市场预期高利率货币现在升值,未来将贬值;低利率货币现在贬值,未来将升值。

2. 非抛补利率平价的方程式

假设本国年利率水平为 i,外国同期利率水平为 i^*,即期汇率为 S,市场预期一年后的即期汇率为 E,S、E 均为直接标价法下的汇率。若投资者用1单位本国货币在本国投资,到期的收益是 $(1+i)$;若投资者选择在国外投资,则必须先将1单位本币兑换为 $1/S$ 的外币,再进行投资,到期是收益是 $(1+i^*)/S$;一年后按照预期汇率 E 兑换,则可以收回本币 $(1+i^*)E/S$。投资者比较在两国的投资收益,以确定投资方向。

若 $(1+i) > (1+i^*)E/S$,即在本国的投资收益大于国外的投资收益,于是资本将从国外转移至国内,本币的即期汇率上升而预期汇率下降,外币汇率的变化正好相反。

若 $(1+i) < (1+i^*)E/S$,即在国外的投资收益大于本国的投资收益,资本将从国内转移至国外,外币的即期汇率上升而预期汇率下降,本币汇率的变化正好相反。

最终,套利性的资金流动使得在两国的投资收益相等,即:

$$(1+i) = (1+i^*)E/S$$

或者

$$\frac{E}{S} = \frac{1+i}{1+i^*}$$

将上式两边减去1,可得:

$$\frac{E-S}{S} = \frac{i-i^*}{1+i^*}$$

从上式可以看出,若 $i > i^*$,则 $E > S$,说明市场预期外汇出现升水;反之,若 $i < i^*$,则 $E < S$,说明市场预期外汇出现贴水。

令 $\frac{E-S}{S} = \frac{i-i^*}{1+i^*} = Y$,则有:$i - i^* = (1+i^*) \times Y$,

从而 $i - i^* = Y + Y \times i^*$。

由于 $Y \times i^*$ 是两个小于1的百分比的乘积,通常很小,故 $Y \times i^* \approx 0$。因此:

$$Y = \frac{E-S}{S} = i - i^*$$

上式就是非抛补利率平价方程式,表明:低利率国家的货币,其预期汇率会升水;高利率国家的货币,其预期汇率会贴水,预期汇率的升、贴水率大约等于两种货币的利率差。

但预期汇率本身就具有很大的不确定性,实际意义不大,随着远期外汇市场的发展,非抛补套利活动越来越少,抛补套利活动更加普遍。

(二)抛补利率平价(Covered Interest Rate Parity,CIP)

1. 抛补利率平价的核心观点

抛补利率平价的核心观点是远期差价即远期升贴水率是由两国利率差异决定的,高利率国家货币远期贴水，低利率国家货币远期升水。在两国利率存在差异的情况下，资金将从低利率国家流向高利率国家牟取利润。但套利者在比较金融资源共享产生的收益率时，不仅会考虑两种资产利率所提供的收益率，还会考虑两种资产由于汇率变动所产生的收益变动。套利者往往将套利与掉期业务结合进行，以避免汇率风险。大量掉期外汇交易的结果，使低利率货币的现汇汇率下降，远期汇率上升；高利率货币的现汇汇率上升，远期汇率下降。远期差价为远期汇率与现汇汇率的差额，伴随抛补套利活动的不断进行，远期差价就会不断加大，直到两种资产所提供的收益率完全相等，这时抛补活动就会停止，远期差价正好等于两国利差，实现抛补利率平价。

2. 抛补利率平价的方程式

假设本国年利率水平为 i，外国同期利率水平为 i^*，即期汇率为 S，远期汇率为 F，S、F 均为直接标价法下的汇率。若投资者用 1 单位本国货币在本国投资，到期的收益是 $(1+i)$；若投资者选择在国外投资，则必须先将 1 单位本币兑换为 $1/S$ 的外币，再进行投资，到期时收益是 $(1+i^*)/S$；按照约定的远期汇率 F 兑换，则可以收回本币 $(1+i^*)F/S$。投资者比较在两国的投资收益，以确定投资方向。

若 $(1+i) > (1+i^*)F/S$，即在本国的投资收益大于国外的投资收益，于是资本将从国外转移至国内，本币的即期汇率上升而远期汇率下降，外币汇率的变化正好相反。

若 $(1+i) < (1+i^*)F/S$，即在国外的投资收益大于本国的投资收益，资本将从国内转移至国外，外币的即期汇率上升而远期汇率下降，本币汇率的变化正好相反。

最终，套利性的资金流动使得在两国的投资收益相等，即：

$$(1+i) = (1+i^*)F/S$$

或者

$$\frac{F}{S} = \frac{1+i}{1+i^*}$$

将上式两边减去 1，可得：

$$\frac{F-S}{S} = \frac{i-i^*}{1+i^*}$$

从上式可以看出，若 $i > i^*$，则 $F > S$，说明远期外汇出现升水；反之，若 $i < i^*$，则 $F < S$，说明远期外汇出现贴水。

令 $\frac{F-S}{S} = \frac{i-i^*}{1+i^*} = \lambda$，则有：$i - i^* = (1+i^*) \times \lambda$，

从而 $i - i^* = \lambda + \lambda \times i^*$。

由于 $\lambda \times i^*$ 是两个小于的百分比的乘积，通常很小，故 $\lambda \times i^* \approx 0$。因此：

$$\lambda = \frac{F-S}{S} = i - i^*$$

上式就是抛补利率平价方程式，表明：低利率国家的货币，其远期汇率升水；高利率国家的货币，其远期汇率贴水，远期汇率的升、贴水率大约等于两种货币的利率差。

(三) 非抛补利率平价和抛补利率平价的关系

外汇市场两种不同类型的套利活动使得非抛补利率平价和抛补利率平价都各自成立，但外汇市场的投机活动会使这两种利率平价逐渐统一。如果远期汇率与市场投机者预期的汇率发生偏差，投机者就认为有利可图，并采取相应的投机活动。假设 $E < F$，说明投机者预期汇率低于远期汇率，远期汇率高估，就会按远期汇率抛售外汇，期满后再按较低的即期汇率买入交割获取价差。当市场大部分投机者持这种观点并套利时，会使得 F 下降直至与 E 相等，市场均衡套利活动结束，非抛补利率平价和抛补利率平价同时成立并统一起来。假设 $E > F$，说明投机

者预期汇率高于远期汇率，远期汇率低估，就会按远期汇率买入外汇，期满后交割再按较高的即期汇率卖出获取价差。当市场大部分投机者持这种观点并套利时，会使得 F 上升至与 E 相等，市场均衡套利活动结束，非抛补利率平价和抛补利率平价同时成立并统一起来。

（四）对利率平价理论的评价

利率平价理论将汇率决定理论的研究角度从商品流动转移到资金流动，从资金流动的角度指出了汇率与利率之间的密切关系，合理地解释了利率变动和资本流动对即期汇率和远期汇率变动的影响，有助于人们对外汇市场形成机制的认识和了解，具有很高的实践价值，被广泛运用于外汇交易中，成为央行对外汇市场调节的有效途径和手段。

尽管利率平价说在理论上是严密的，但在实践中却很难得到准确的验证，因为此理论也存在缺陷：

1. 利率平价理论没有考虑交易成本。交易成本是很重要的因素，如果各种交易成本过高，就会影响套利收益，从而影响汇率与利率的关系。如果考虑交易成本，国际间的抛补套利活动在达到利率平价之前就会停止。

2. 利率平价说假定不存在资本流动障碍，假定资金能顺利、不受限制地在国际间流动。但实际上，资金在国际间流动会收到外汇管制和外汇市场不发达等因素的阻碍。目前，只有在少数国际金融中心才存在完善的期汇市场。

3. 利率平价说还假定套利资金规模是无限的，故套利者能不断进行抛补套利，直到利率平价成立。但现实却是抛补套利的资金并不能无限制地供应。

四、国际收支说

利率平价说利用资本市场上汇率与利率之间的关系讨论了汇率的决定，但在分析时忽略了国际贸易在汇率决定中的作用。国际收支说则考虑了贸易收支对汇率的影响，认为国际收支状况决定着外汇供求，进而决定了汇率。

国际收支说的早期形式是英国学者戈森（G. J. Goschen）提出的国际借贷理论（Theory International Indebtedness）。国际借贷说的基本观点是，一国汇率的变动取决于外汇市场的供给和需求对比。但其缺陷是，没有说清楚哪些因素具体影响外汇供求，这限制了这一理论的应用价值。这一缺陷在现代国际收支说中得到了弥补。第二次世界大战以后，许多学者应用凯恩斯模型来说明影响国际收支的主要因素，进而分析了这些因素如何通过国际收支影响汇率，从而形成了国际收支说的现代形式。

（一）现代国际收支说的主要内容

现代国际收支说认为，在分析汇率决定时，可以从两方面对国际借贷理论加以修正和改进。一是将国际资本流动纳入汇率决定的分析。二是进一步应用贸易收支和国际资本流动的有关理论来探讨深层次的汇率决定因素。现代国际收支说形成于布雷顿森林体系崩溃之后，是凯恩斯主义的汇率理论。其主要观点是外汇汇率取决于外汇供求，而国际收支状况又决定了外汇供求，因而汇率实际上取决于国际收支。

国际收支均衡的条件是经常账户差额（CA）加上资本与金融账户差额（K）的和等于零，即 $CA + K = 0$。经常账户差额主要是商品和服务的进出口，其中出口（X）是由外国国民收入水平（Y^f）和国内外相对价格（P/Ep^f）决定的；进口（M）是由本国的国民收入（Y）和国内外相对价格（P/Ep^f）决定的。所以

$$CA = X - M = X(Y^f, p^f, P, E) - M(Y, P, p^f, E) = CA(Y, Y^f, P, p^f, E)$$

资本与金融账户收支差额取决于国内外的相对利率水平（i/Ei^f）以及人们对汇率变化的预期

(E^e),所以

$$K = K(i, i^f, E^e, E)$$

E 是一国国际收支达到均衡时的汇率,也就是外汇供求平衡时的汇率,可以表示为

$$E = E(Y, Y^f, P, P^f, i, i^f, E^e) \qquad (1)$$

式(1)表明影响国际收支,或者说,影响汇率变化的因素有国内外的国民收入、国内外价格水平、国内外利率水平以及人们对未来汇率的预期,这些因素通过影响外汇供求来决定汇率的水平。可用图1-1表示如下。

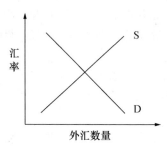

图 1-1 外汇供求与汇率决定

在图 1-1 中,D 曲线是外汇的需求曲线,S 曲线是外汇的供给曲线。D 曲线和 S 曲线的移动都将会导致汇率的变动。上述各变量变动对汇率的影响传导机制如下:

1. 国内外国民收入的变动:当本国国民收入上升或下降时本国进口的增加或减少将引起 D 曲线向右或向左移动,从而导致均衡外汇汇率的上升或下降,即本币在外汇市场的贬值或升值;当外国国民收入上升或下降时,本国出口的增加或减少将引起 S 曲线向右或向左移动,从而导致均衡外汇汇率的下降或上升。

2. 国内外价格水平的相对变动:当本国物价水平相对于外国物价水平下降时,本国的出口将增加,进口将减少。这将同时通过 S 曲线的右移和 D 曲线的左移,导致均衡外汇汇率的下降,即本币升值、外币贬值;当本国物价水平相对于外国物价水平上升时,本国的出口将减少,进口将增加。这将同时通过 S 曲线的左移和 D 曲线的右移,导致均衡外汇汇率的上升,即本币贬值、外币升值。

3. 国内外利率的相对变动:当本国利率相对于外国利率上升时,资金的内流将引起 S 曲线的右移和 D 曲线的左移,导致均衡外汇汇率的下降,即本币升值、外币贬值;当本国利率相对于外国利率下降时,资金的外流将引起 S 曲线的左移和 D 曲线的右移,导致均衡外汇汇率的上升,即本币贬值、外币升值。

4. 对未来汇率预期的变动:当市场预期外汇汇率将出现上升时,资金的外流将引起 D 曲线的左移和 S 曲线右移,导致均衡外汇汇率立即上升,即本币贬值、外币升值;当市场预期外汇汇率将出现下降时,资金的内流将引起 D 曲线的右移和 S 曲线左移,导致均衡外汇汇率立即下降,即本币升值、外币贬值。这是所谓"预期会自我实现"这一金融市场理论在外汇市场的体现。

如果将除汇率以外的其他变量视为给定的外生变量,则汇率将在这些因素的共同作用下变化至某一水平,以平衡国际收支。

(二)对国际收支说的评价

1. 国际收支是重要的宏观经济变量,国际收支说是从宏观经济角度(国民收入、国内吸收、储蓄投资等)出发来研究汇率,而不是从货币数量角度(价格、利率)来研究汇率,是现代汇率理论的一个重要分支。

2. 国际收支说是关于汇率决定的流量理论，它认为国际收支引起的外汇供求流量决定了汇率水平及其变动。但是在国际资本流动迅速发展的今天，决定汇率的主要因素是金融资产的存量变化，而不是实物资产的流量变动。

3. 国际收支说不能被视为完整的汇率决定理论，而只是说明了汇率与其他宏观经济变量存在的种种联系，而没有深入分析各宏观经济变量之间的相互关系以及对汇率的综合作用。现实生活中影响国际收支的众多宏观经济变量之间及其与汇率之间的关系是错综复杂的。例如：本国国民收入的增加，会刺激进口，推动汇率上升、本币贬值；但本国国民收入增加又造成社会总需求的上升，促使利率提高，这又带来了资本流入，推动汇率下降、本币升值；此外，本国国民收入的增加也可能导致对未来汇率预期的改变。这使得它对现实生活中的一些经济现象很难作出解释。国际收支说的这一缺陷在新的汇率理论——资产市场理论中得到了弥补。

五、资产市场理论

资产市场理论是在 20 世纪 70 年代出现的一种汇率决定理论。该理论的特点是将商品市场、货币市场和证券市场结合起来进行汇率决定的分析。

（一）资产市场理论产生的背景

资产市场理论是在国际资本流动高度发展的历史背景下产生的。20 世纪 70 年代以来，资金的跨国流动远远大于国际商品的流动。统计数据显示，在外汇市场上，90% 以上的交易量与国际资金流动有关，加之当时浮动汇率制度成为各国汇率制度的主流，外汇市场上的汇率变动频繁、波幅大，外汇市场上的汇率呈现出与股票等资产的价格相同的特点，例如变动频繁、受心理预期因素的影响等。传统的汇率理论显然不能解释汇率的这种易变性，经过 20 多年的研究，新的汇率理论——资产市场理论诞生了。新的理论对传统理论的假定进行了质疑与修正。应用一般均衡分析代替局部均衡分析，用存量分析代替流量分析，用动态分析代替静态分析，并将长短期分析结合起来，因而为全面、客观地进行汇率研究创造了条件。该理论将汇率看成一种资产价格。这一价格是在资产市场上确定的，从而在分析汇率的决定时应采用与普通资产价格决定基本相同的理论。

（二）资产市场理论的类型

1. 汇率的货币理论

汇率的货币理论由美国经济学家约翰（H. G. Johanson）、蒙代尔（R. A. Mundel）等经济学家在 20 世纪 70 年代初提出，认为汇率变动是一种货币现象，强调货币市场上货币供求对汇率的决定性作用。当国内货币供给大于货币需求时，本国物价会上涨，这时，国际商品的套购机制就会发生作用，其结果会使外币汇率上浮，本币汇率下浮。相反，当国内货币需求大于货币供给时，本国物价则会下跌，从而通过国际商品套购机制，使本币汇率上浮，外币汇率下浮。该理论实际上是购买力平价理论的现代翻版。汇率货币论认为，国民收入、利息率等因素是通过影响货币需求对汇率发生的作用，本国国民收入增加，会扩大货币需求，从而使本币汇率上浮；本国利息率上升，会缩小货币需求，从而使本币汇率下浮。汇率的货币理论认为：一国货币疲软，是由货币增长过快所致。因此，该理论主张：货币的增长率要控制在与 GNP 增长率相一致的水平上，才能保持汇率的稳定，否则，汇率将是不稳定的。

汇率货币论有助于说明汇率的长期趋势，但是，它过于绝对地把物价与货币市场均衡相联系，而忽略了影响物价的其他因素。另外，实证分析也表明，汇率符合购买力平价的现象极为少见。

2. 汇率的超调模式

汇率的超调模式是由美国经济学家鲁迪格·多恩布什（Rudiger Dornbusch）在1976年提出的。多恩布什接受资产市场理论的汇率变动是由货币市场失衡引起的观点，但他认为，从短期来看，商品市场价格由于具有黏性，对货币市场失衡的反应很慢，而证券市场的反应却很灵敏，因而利息率会立即发生变动。这样，货币市场的失衡就完全由证券市场来承受，从而形成利息率的超调，即利率的变动幅度大于货币市场失衡的变动幅度。如存在资本在国际间自由流动的条件，利息率的变动必然引起套利活动和汇率超调现象。从长期来看，商品价格由于利率、汇率的变动也会慢慢变化，最终达到资产市场理论说明的长期汇率均衡。正因如此，汇率的超调模式与资产市场理论同属汇率货币论，只不过汇率的超调模式是一种静态分析，有助于人们认识短期内的汇率变动。这是汇率的超调模式的贡献。但不足之处是，它将汇率的变动完全归因于货币市场的失衡，则有失偏颇。

3. 汇率的资产组合平衡模式

汇率的资产组合平衡模式是托宾（J. Tobin）的资产选择理论的应用，由P. 库礼（P. Kouri）等人提出。该理论赞同多恩布什的价格在短期内具有黏性的观点，因而认为在短期内，汇率取决于资产市场（包括货币市场和证券市场）的均衡。由于各国货币和证券之间具有替代性，一国居民既持有本国资产，也持有外国资产。当国内外利息率、货币财政政策、经常项目差额和对汇率的预期发生变化时，人们就会进行资产组合的调整，从而引起资本的国际流动、外汇供求与汇率变动。在长期内，物价也会慢慢调整，物价与经常项目差额相互发生作用，共同影响汇率。

（三）对资产市场理论的评价

资产市场理论针对以往外汇理论界迷惑不解的汇率剧烈波动现象提出了独到的见解，强调货币因素和预期因素的作用，这对研究储备货币汇率有一定的借鉴意义。但是，由于资产市场理论的前提条件是各国储备资产具有完全的流动性，而在实践中，尽管当前世界各国经济相互依赖、相互影响不断加强，但由于发达国家垄断资本之间利益冲突、南北差距越来越大，国际资本流动不可能实现完全自由化。因此，资产市场说的基础也具有脆弱性。此外，资产市场以国内金融市场十分发达的工业国为分析对象，因此，这种分析方法难以适应于广大发展中国家，其应用有很大的局限性。

本 章 小 结

1. 外汇是国际汇兑的简称，有动态和静态之分。动态外汇是指人们将一种货币兑换成另一种货币，用以清偿国际间的债权债务的行为，它等同于国际结算。静态的外汇又有广义和狭义之分。广义的静态外汇泛指一切以外国货币表示的资产，狭义的外汇是指以外币表示的可用于国际结算的支付手段和工具。一种外币资产能够成为外汇必须具有外币性、清偿性和自由兑换性。

2. 汇率是一国货币用另一国货币表示的价格。汇率的标价方法有直接标价法，间接标价法和美元标价法三种。汇率种类繁多，从不同的角度可以将汇率划分为不同的种类。

3. 货币制度不同，汇率决定的基础不一样。在金币本位制度下，汇率的决定的基础是铸币平价，其波动的幅度受制于黄金输送点。在金块本位和金汇兑本位制度下，汇率由法定金平价决定，汇率波动的幅度由政府来规定和维护。在纸币本位制度下，纸币代表的价值量是决定汇率的重要基础。

4. 在纸币本位制度下,汇率受到各种因素的影响,通过外汇市场供求,围绕其所代表的价值量上下波动。其中经常项目差额、通货膨胀率和经济增长率的差异是影响汇率变化的长期因素,决定汇率的基本走势。利率差异、市场心理预期、中央银行干预,投机活动、突发事件等是影响汇率变化的短期因素。各个因素往往交织在一起共同对汇率产生影响,这些影响因素相互作用,相互制约,使得汇率变动比较复杂,难以预测。

5. 汇率变动反过来又会影响国内外经济的运行。这些影响主要体现在对国际收支、物价等国内宏观经济、微观经济活动、国际经济及其国家关系等方面。

6. 许多经济学家在不同的经济背景下,从不同的角度分析和研究汇率的决定与变动,形成了诸如购买力平价理论,利率平价理论,国际借贷理论,国际收支说、资产市场理论等各具特色的汇率理论。

复习思考题

1. 广义外汇和狭义外汇的比较。
2. 什么是汇率,汇率有哪些标价方法?
3. 按照不同的标准汇率有哪些分类?
4. 在不同的货币制度下汇率的决定基础是什么?
5. 影响汇率变动的主要因素有哪些?
6. 分析汇率变动对经济的影响。
7. 什么是一价定律,它有何前提条件?
8. 试述购买力平价理论的主要内容,并对其进行简要评述。
9. 试分析利率平价理论的主要内容及其贡献与缺陷。
10. 试述资产市场理论的主要内容。

第二章　汇率制度与外汇管制

汇率制度的选择与汇率的高低，对一国国际贸易的关系至关重要。随着世界一体化和全球化趋势的加强，越来越强调各国在选择自身汇率制度方面的自主性。汇率制度作为国际货币体系的重要组成部分，在不同国际货币体系下，有着自身的特点和运行规律。本章主要介绍不同汇率制度的类型和特点、选择汇率制度的依据、外汇管制的概念及方式方法等以及人民币汇率制度的演变和特点。

第一节　汇率制度

汇率制度（Exchang Rate Regime or Exchang Rate System），又称汇率安排，是指一国货币当局对本国汇率变动的基本方式所做的一系列安排与规定。根据安排与规定的内容不同，有不同的汇率制度。一般按照汇率的波动幅度，分为固定汇率制和浮动汇率制两大类型。一般而言，汇率制度主要包括：汇率决定的基础、汇率波动幅度、汇率的调节、汇率协调管理机构等。西方主要发达国家在第二次世界大战后的汇率经历两个时期：从1945年到1973年，建立的是以美元为核心的双挂钩的固定汇率制度；1973年以后，建立的是以浮动汇率制为主的多元化的汇率制度。大部分发展中国家仍实行不同形式的固定汇率制度。

一、固定汇率制度

（一）固定汇率制度的概念

固定汇率制度（Fixed Exchang Rate System）就是货币当局将本币对外汇率基本固定，并把汇率波动幅度控制在一定范围之内的汇率制度。一国货币当局一般会选择某种参照物（黄金、某种可兑换货币、篮子货币），来维持本币与其之间的固定比价。

（二）货币当局维持固定汇率制度所采取的措施

1. 提高贴现率

贴现率是利息率的一种，是各国中央银行用以调节经济与汇价的一种手段。例如，布雷顿森林体系下，在美国外汇市场上如果英镑的价格上涨，接近 4.070 3 美元的上限水平，美国货币当局则提高贴现率，贴现率一提高，其他利率如存款利率，也随之提高，国际游资为追求较高的利息收入，会将原有资金调成美元，存入美国，从而增加对美元的需求，引起美元对外汇价的提高。如果英镑价格下跌至下限水平 3.989 7 美元，则美国货币当局就降低贴现率，结果相反。

2. 动用黄金外汇储备

黄金外汇储备不仅是国际交往中的周转资金，也是维持该国货币汇率稳定的后备力量。例如，本币汇率下跌，低于官定下限时，则该国可动用黄金外汇储备，投放市场购买本币，从而缓和供求，阻止本币贬值；反之，则抛售本币，增加本国黄金外汇储备，增加本币市场供应，阻止本币升值。

3. 外汇管制

若一国黄金外汇储备的规模有限,一旦遇到本币汇率剧烈下跌,就无力在市场上大量投放黄金外汇以买进本币,因此,还会借助于外汇管制的手段,直接限制某些外汇支出,以维持汇率的稳定。

4. 举借外债或签订货币互换协定

某国外币在本国外汇市场短缺,则向该国借用短缺货币投放市场,以平抑汇率。1962年3月以后,美国曾与14个国家签订货币互换协议,签约国一方如对某种外汇需求急迫时,可立即从对方国家取得,投放市场,无须临时磋商。

5. 公开实行货币升贬值

一国国际收支逆差严重,对外汇需求数额巨大,靠上述措施不足以稳定本币汇率时,就常常实行公开贬值。在布雷顿森林体系下,一国发生巨额逆差并取得国际货币基金组织的允许下,可降低本国法定金平价,相应提高外币价格。在新的金平价比率基础上,减少外汇需求,增加出口收入,追求新的汇率的稳定。

(三) 固定汇率制度的优缺点

1. 与浮动汇率制度相比较,固定汇率制的主要优点有:

(1) 具有内在稳定机制:由于政府有稳定汇率的承诺,当汇率波动有可能超过上下限时,投资者预期政府将干预外汇市场,并由此改变买卖行为,所从事的外汇投机交易有助于市场汇率的稳定。

(2) 可以减少外汇风险:由于汇率稳定,使国际贸易和投资在能够预见的环境中进行,从而减少风险降低成本,便于进出口成本核算以及国际投资项目的利润评估,从而有利于对外贸易的发展,对某些西方国家的对外经济扩张与资本输出有一定的促进作用。

(3) 具有自我约束机制:在固定汇率制下,政府有稳定汇率的义务,不敢贸然采用制造通胀刺激经济的扩张性政策,必须自我抑制通货膨胀以稳定汇率,可防止政府滥用货币政策。

2. 固定汇率制度的主要缺点有:

(1) 汇率变动缺乏弹性,通过汇率政策调节国际收支的能力有限,无法通过汇率变动扭转国际收支差额。

(2) 一国为维持汇率的稳定会在一定程度上削弱货币政策的独立性和有效性,当资本流动规模日益扩大时尤为明显。如一国国内经济过热应当实行高利率的紧缩性货币政策,但高利率又会引起资本流入、本币升值。因此为了汇率的稳定丧失货币政策独立性和有效性,被迫扩张。在布雷顿森林体系下,这一现象十分明显,很多国家为了保持汇率的稳定被迫随美国的政策而动。

(3) 国际储备需求较大以及联盟成员国经济发展的不同步性增加了固定汇率管理的难度。一国为维持汇率稳定干预外汇市场随时需要准备大量的外汇储备,干预外汇市场则会消耗大量的外汇储备。在货币联盟内成员国间实行固定汇率制,则会因经济发展不同步、从本国利益出发互相推诿责任而引发矛盾,如20世纪90年代德国马克大幅升值,引起英国和意大利的强烈不满而宣布推出欧洲货币体系,引发欧洲货币危机。

(4) 易引发破坏性投机冲击导致货币危机。在外汇市场动荡时期,固定汇率制度也易于招致国际游资的冲击,引起国际外汇制度的动荡与混乱。当一国国际收支恶化,国际游资突然从该国转移换取外国货币时,该国为了维持汇率的波动幅度,不得不拿出黄金外汇储备在市场供应,从而引起国际储备流失、本币回笼,经济因资金紧张而迅速下滑。这又会引起影响与其经济关系密切的国家,从而导致危机蔓延开来。

(5) 将被动进口汇率钉住国的通胀(输入型通胀)。汇率钉住国发生通胀,会导致本国贸易收支顺差，推动本币升值，迫使货币当局投放本币买外汇以稳定汇率，从而导致本国通货膨胀。

（四）固定汇率制度的特点和类型

1. 国际金本位制和布雷顿森林体系下的固定汇率制

从国际货币体系的演进来看，在世界范围内实行固定汇率制度的国际货币体系有国际金本位体系和布雷顿森林体系两个。在这两种货币制度下，汇率决定于金平价，各国货币之间的汇率依靠自身调节机制或货币主管当局运用各种手段进行干预和控制，汇率在基本固定的、很小幅度内波动。在国际金本位制度下，各国货币之间的固定汇率是由各国货币的铸币平价决定的；在布雷顿森林体系下的固定汇率制也可以说是以美元为中心的固定汇率制，它是美元与黄金保持固定比价，其他货币与美元保持固定比价的"双挂钩"制度。

这两种货币制度的相同点：（1）各国对本国货币都规定有金平价，中心汇率是按两国货币各自的金平价之比来确定的。（2）外汇市场上的汇率水平相对稳定，汇率围绕中心汇率在很小的限度内波动。不同点：（1）国际金本位制下的固定汇率制度是自发形成的；在布雷顿森林体系下，固定汇率制则是通过国际间的协议认为建立起来的。（2）在国际金本位制度下，各国货币的铸币平价一般不会变动。而在布雷顿森林体系下，各国货币的法定金平价则是可以调整的，其汇率制度又被称为"可调节的钉住汇率制度"。

2. 联系汇率制

联系汇率制是指本国法律明确规定本币与某一可自由兑换外币保持固定兑换比率，并且本币的发行要受制于本国外汇储备数量约束的一种汇率制度。这一制度也称为货币局制，是因为采用这一制度的国家其货币当局是货币局，而不是中央银行。最具有典型代表意义的是香港的联系汇率制。联系汇率制源于英联邦成员国的货币发行制度。中国香港1983年10月开始实行港元与美元的联系汇率制。香港金融管理局本身不发行港币，而是委托汇丰银行、渣打银行和中国银行三家机构发行港币。港元的发行必须要以100%的美元储备作为后盾，金融管理局与这三家发行机构永远保持美元与港元1:7.8的兑换比率，即三家机构要发行7.8港元必须向金融管理局缴纳1美元。而其他银行等主体需要港元则按市场汇率进行。由此就形成官方汇率和市场汇率两种汇率。当官方汇率与市场汇率不一致时，会因为银行的跨市场套利活动使市场汇率围绕官方汇率在很小的范围内上下波动，具有自动稳定机制作用。联系汇率制的优点主要体现在：联系汇率制与货币发行机制和汇率机制完美的结合，具有稳定汇率和自动调节国际收支平衡的作用；其次有利于市场机制作用的充分发挥，行政干预大大减少，可以防止政府滥发纸币故意制造通货膨胀。与此同时，联系汇率制也有其弊端，如削弱联系汇率制国家或地区执行货币政策的独立性；易于招致国际游资的冲击；不能利用汇率杠杆进行一定程度的下浮，有时对本地区的经济发展不利。

二、浮动汇率制度

（一）浮动汇率制度的概念

浮动汇率制度（Floating Exchang Rate System）是指一国不规定本币与外币的比价，也不规定汇率波动的上下限，而是根据外汇市场供求状况的变化而波动的汇率制度。它是西方主要国家在固定汇率制度瓦解以后从1973年开始普遍实行的一种汇率制度。1971年1月国际货币基金组织正式承认了浮动汇率制的合法地位，并与1978年4月在牙买加签署通过《关于第二次修改协定条例》，废除以美元为核心的布雷顿森林体系，进入牙买加体系的浮动汇率制时代。

（二）浮动汇率制度类型

1. 按政府是否干预划分

按照政府是否干预汇率变动，可以将浮动汇率制度划分为自由浮动和管理浮动两种。

（1）自由浮动。自由浮动又称"清洁浮动"，是指政府对外汇市场不加任何干预，完全听任外汇市场供求的变化，自发地决定本国货币的汇率。实际上没有真正意义上的自由浮动，即使是英美等市场化程度很高的国家也会对汇率的不正常波动适时加以干预，只是一般不干预而已。

（2）管理浮动。管理浮动又称"肮脏浮动"，是指政府对外汇市场适时进行或明或暗的干预，以使市场汇率朝有利于自己的方向浮动。

2. 按汇率浮动方式划分

按汇率浮动方式划分，可划分为单独浮动、联合浮动、钉住浮动。

（1）单独浮动。单独浮动指一国货币不与其他任何国家货币发生固定联系，其汇率根据外汇市场的供求变化而自行调整。如英镑、美元、日元等货币均属单独浮动。

（2）联合浮动。联合浮动又称共同浮动，是指在一些货币联盟内各成员国之间实行固定汇率，同时对非成员国货币实行一致升降的浮动汇率。20世纪70年代，以美元危机为主要内容的资本主义货币危机时断时续，对世界经济的发展产生了不利影响。1973年3月11日，欧洲经济共同体9国财政部长会议达成协议，率先建立联合浮动集团，3月19日开始实行联合浮动。参加国有共同体成员比利时、丹麦、法国、联邦德国、荷兰、卢森堡及非成员国瑞典和挪威。另外3个共同体成员国英国、爱尔兰和意大利则因货币危机极不稳定和其他原因，暂不参加联合浮动，继续实行单独浮动。参加联合浮动的国家货币之间保持固定比价，汇率上下浮动幅度定位2.25%。当成员国间汇率波动超过这一限幅时，有关国家中央银行就要进行干预。而对集团以外其他货币的汇率，则随市场供求关系变化任其自由浮动。成员国中任何一国货币一旦受到抛售或抢购等冲击，参加联合浮动的各国则采取一致行动。

（3）钉住浮动。大部分发展中国家都采取这种汇率制度。钉住浮动汇率制是指一国货币与某种参照物保持固定比价关系，随该参照物的浮动而浮动的汇率制度。按钉住货币的不同，钉住汇率制可分为钉住单一货币浮动和钉住一篮子货币浮动。钉住单一货币，是指有些国家由于历史上的原因，对外经济往来主要集中于某一发达国家，或主要使用某种外国货币。当今被钉住的关键货币主要是美元，全世界有20多个国家实行的是钉住美元的汇率制度。钉住一篮子货币，是指有些国家为了摆脱本币受某一货币支配的状况，将本币与一篮子货币挂钩，这一篮子货币或是复合货币单位，或是以贸易额为权数确定出来的与本国经济联系最为密切的国家的一篮子货币组合。如缅甸、以色列、沙特阿拉伯和阿联酋货币钉住特别提款权，我国目前是钉住一篮子货币的管理浮动汇率制。

3. 按浮动幅度划分

（1）钉住浮动汇率制，指钉住某一参照物（黄金、某种可兑换货币、篮子货币），而随之浮动的汇率制度

（2）有限弹性浮动，指一国货币的汇率以一种货币或一组货币为中心而上下浮动，但不高度依赖于该外币，而且波动幅度也不大（一般在上下2.25%）。

（3）较大弹性浮动制，指一国货币的汇率不受波动幅度限制，在独立自主原则下对汇率进行调整（一般超过2.25%）。

（三）浮动汇率制度的优缺点

1. 浮动汇率制度的主要优点有：

（1）调节国际收支的能力增强。汇率随外汇市场的供求变化自由浮动，可以自动调节国

际收支的不平衡。当一国国际收支持续逆差，出口额小于进口额，外国货币供给减少，该国货币汇率呈下降趋势，意味着该国出口商品以外币表示的价格下降，反而将利于出口，抑制进口，从而扭转国际收支逆差；相反，当一国国际收支持续顺差，出口额大于进口额，外国货币供给加大，该国货币的汇率呈现上浮趋势，该国出口商品以外币表示的价格上涨，又会抑制出口，刺激进口，从而使国际收支顺差减缓。

（2）减少国际储备的流失。在浮动汇率制度下，汇率没有固定的波动幅度，政府也没有义务干预外汇市场。因此，当本国货币在外汇市场上被大量抛售时，该国政府不必为稳定汇率动用外汇储备，大量抛售外币，吸购本币；相反，当本国货币在外汇市场上被大量抢购时，该国政府不必大量抛售本币，吸购外币。

（3）货币政策的独立性和有效性增强。与固定汇率制度相比，浮动汇率制度下一国无义务维持本国货币的固定比价，因而可以根据本国国情，独立自主地采取各项经济政策，无须受到汇率钉住国的政策影响。

（4）有利于隔绝通胀的国际传递。国外发生通货膨胀导致本国贸易收支顺差，引起本币升值，本国政府无须投放本币买外币，任其市场汇率升值。

（5）投机活动有可能扩大汇率波动，但又具有稳定汇率的功能。浮动汇率制下投机盛行，会加大汇率波动，但投机反过来又会阻止汇率的过度波动，具有自动稳定机制作用。

2. 浮动汇率制度的主要缺点有：

（1）加大了国际经济的外汇风险。在浮动汇率制度下，汇率有可能暴涨暴跌，国际贸易往来无安全感。汇率的剧烈波动使得商品的报价、计价货币的选择、成本的核算变得十分困难，这对国际贸易和国际投资的发展是不利的。

（2）助长了外汇市场上的投机。在浮动汇率制度下，汇率的波动取决于外汇市场的供求关系，汇率波动频繁，波动幅度大，外汇投机者就有机可乘，会加大外汇汇率的波动，在一定程度上加大国际金融市场的动荡和风险。

（3）各国将国内经济目标置于首位，易推行竞相贬值的"以邻为壑"的政策。一些国家欲拉动国内经济，往往通过贬值手段刺激出口，借此也可达到占领海外市场、冲击外国竞争对手的目的。这会加大国际间矛盾，促使大家竞相贬值。

由此看来，浮动汇率制度的利弊互见，优缺点并存。尽管它不是最理想、最完整的国际汇率制度，但仍不失为一种适应当今世界经济的适时、可行的汇率制度。

三、国际货币基金组织对汇率制度的分类

目前世界各国汇率制度呈现出多样化的局面。1999年国际货币基金组织根据世界各国和地区汇率的内在生成机制和特点，将会员国的汇率制度归纳为八种类型：

1. 放弃独立法定货币的汇率制度（Exchange arrangements with no separate legal tender）：一国不发行自己的货币，而是使用他国货币作为本国唯一法定货币；或者在一个货币联盟中，各成员国使用共同的法定货币。典型代表国家有巴拿马、厄瓜多尔和欧元区国家。

2. 货币局制度（Currency board arrangements）：货币当局作出明确的、法律上的承诺，以一固定的汇率与一指定自由外币间进行兑换，并且货币发行受制于该外汇储备约束的一种汇率制度。典型代表国家和地区有中国香港、保加利亚、波斯尼亚等。

3. 传统的固定钉住汇率制度（Conventional fixed peg arrangements）：一国将其货币以一固定的汇率钉住某一外国货币或外国货币篮子，汇率在1%的狭窄区间内波动。典型代表国家有中国、乌克兰、巴基斯坦、埃及等。

4. 水平波幅内（带状）的钉住汇率制度（Pegged exchange rates within horizontal bands）：与第三类的区别在于，波动的幅度宽于1%的区间。比如，丹麦的波幅为2.5%，塞浦路斯的波幅为2.25%，埃及则为3%。

5. 爬行钉住汇率制度（Crawling pegs）：一国货币当局以固定的、事先宣布的值，对汇率不时进行小幅调整；或根据多指标对汇率进行小幅调整。典型代表国家是伊朗和尼加拉瓜等。

6. 爬行波幅（带状）汇率制度（Exchange rates withining）：一国货币汇率保持在围绕中心汇率的波动区间内，但该中心汇率以固定的、事先宣布的值，或根据多指标，不时地进行调整。如以色列的爬行波幅为22%，白俄罗斯的爬行波幅为5%，乌拉圭则为3%。

7. 不事先宣布汇率轨迹的管理浮动汇率制度（Managed floating with no preannounced path for exchange rate）：一国货币当局在外汇市场进行积极干预以影响汇率，但不事先承诺或宣布汇率的轨迹。货币当局没有明确、固定的汇率干预目标，管理汇率所依据的指标也很宽泛。典型代表国家有泰国、印度、蒙古等。

8. 独立浮动汇率制度（Independent floating）：本国货币汇率由市场决定。货币当局偶尔进行干预，这种干预旨在缓和汇率的波动、防止不适当的波动，而不是设定汇率的水平。市场化程度很高的美国、英国、加拿大、瑞士和日本都采用独立浮动汇率制。

四、影响汇率制度选择的主要因素

1. 本国经济的结构特征

一国选择怎样的汇率制度，主要取决于其经济特性：① 经济规模，即国民生产总值（GNP）和人均GNP的规模；② 对外贸易依存度，即对外贸易值/GNP；③ 国内金融市场发达程度及其同国际金融市场一体化程度；④ 通货膨胀率同世界平均水平的差异；⑤ 进出口商品结构与外贸的地域分布。一个经济规模宏大、对外贸易依存度低、国内金融市场发达并与国际金融市场联系密切、通货膨胀率明显不同于世界平均水平，进出口商品结构与外贸地域分布多元化的国家，一般倾向于单独浮动，反之，则倾向于实行固定汇率制或钉住汇率制。

2. 特定的政策目的

固定汇率有利于控制国内的通货膨胀，在政府面临高通胀时，如果采用浮动汇率制往往会产生恶性循环。而在固定汇率制下，政府政策的可行性增强，在此基础上的宏观政策调整比较容易收到效果。浮动汇率制下，一国的货币政策自主性比较强，从而赋予了一国抵御通货膨胀于国门之外、同时选择适合本国通胀率的权利。可见，政策意图在汇率制度的选择上也发挥着重要的作用。

3. 地区性经济合作情况

一国与其他国家的经济合作情况也对汇率的选择有着重要的影响，当两国存在非常密切的贸易往来时，两国间货币保持固定汇率比较有利于相互间经济关系的发展。尤其是在区域内的各个国家，其经济往来的特点往往对他们的汇率制度选择有着非常重要的影响。

4. 国际、国内经济条件的制约

一国在选择汇率制度时还必须考虑国际、国内条件的制约。如在国际资金流动量非常庞大的背景下，对于一国内部金融市场与外界联系非常紧密的国家来说，如果本国对外汇市场干预的实力因各种条件限制而不是非常强的话，采用固定性较强的汇率制度无疑是更合理的。进出口商品结构与外贸地域分布多元化的国家，一般倾向于实行单独浮动。

由于20世纪90年代逐步形成的金融全球化环境中金融危机频频爆发，经济学家对于汇率制度的看法发生了深刻变化。汇率制度在资本自由流动条件下的可持续性和对危机的防范能力,成为判断一国汇率制度是否适当的重要标准。

五、汇率制度选择理论

1. 原罪论(doctrine of the original sin)

原罪是指这样一种状况:一国的货币不能用于国际借贷,甚至在本国市场上,也不能用本币进行长期借贷。因此,一国的国内投资不是出现货币错配,便是出现期限错配。这不仅仅是由于该国货币不可兑换,而且更是由于该国金融市场发展不完全。

这种"原罪"的直接后果是:汇率或利率稍有波动,便会有一批企业应声倒地,进而银行也被拖入。于是整个金融体系变得十分脆弱。这一理论揭示了,为何与发达国家相比,发展中国家较易发生金融危机。非常关键的是,货币和期限的错配之所以出现,不一定是因为公司和银行不谨慎。

2. 害怕浮动论(fear of floating)

由 Calvo 和 Reinhart 提出。"害怕浮动"指这样一种现象:一些归类为实行弹性汇率制的国家,却将其汇率维持在对某一货币(通常为美元)的一个狭小幅度内,这反映了这些国家对大规模的汇率波动存在一种长期的害怕。

"害怕论"的主要发现是:那些声称允许其货币自由浮动的国家,实际上其货币大部分并未能真正浮动。这些国家实际观察到的汇率变动率相当低,并不是因为这些经济体未受到实际或名义的冲击。这种很低的汇率可变动性,是由政策行动有意识地造成的,因它们的国际储备的变动性相当高,(名义和实际)利率的变动性异乎寻常的高。

"害怕浮动"的原因有多种。Calvo 和 Reinhart 还证明,在新兴市场国家中,汇率变动对贸易的影响,比在发达国家中要大得多。贬值通过国内物价而传递到国内通货膨胀的程度也高出许多;还有可能害怕贬值降低本国产品竞争力或担心贬值损害政府的公信力,使本国难以进入国际金融市场等原因。这些都是新兴经济体不愿汇率波动,特别是贬值的重要原因。

3. 两极论(the two poles)或中间制度消失论(hypothesis of the vanishing intermediate regime)

"两极论"或"中间制度消失论"的主要观点是,在金融开放环境中,适合于发展中国家的汇率制度只有自由浮动汇率制和具有非常强硬承诺机制的固定汇率制度;介于两者之间的中间性汇率制度正在消失或应当消失,形成所谓"空缺的中部"。

"两极论"或"中间制度消失论"认为,日益增长的资本流动性,使政府对汇率的承诺变得十分脆弱。在资本自由流动的情况下,政府不可能同时实现汇率稳定、货币政策独立性和国际资本流动这三个目标,必须放弃其中的一个,即三元悖论或不可能三角理论。

4. 退出战略(exit strategy)

据 Klein 和 Marion 的研究,除了非洲一些法郎区的国家,大部分国家钉住某一货币的时间都很短。从1957年到1990年,在拉美和加勒比国家的87项钉住事例中,钉住的平均时间只有10个月。其中,1/3 的钉住在第七个月就被放弃,有一半以上的钉住在第一年年底被放弃。因此,从钉住的固定汇率制中退出,实际是相当频繁的事件。

关于"退出战略"的研究,首先要考察的是退出的动机。从根本上说,一国之所以要退出钉住汇率制,是基于成本和收益方面的考虑。关于退出战略的研究还涉及在什么条件下退出较好,以及怎样退出和退往何处的问题。国际货币基金组织在1998年发表了关于退出战略的研究报告(Eichengreen and Masson,1998),其主要结论是:

(1) 对大部分新兴经济体来说,较高的汇率弹性是有利的;

(2) 当有大规模资本内流时放弃钉住汇率，这时的退出战略的成功可能性较大；

(3) 在试图退出钉住汇率前，有关国家需改善和加强其财政和货币政策。

当决定退出时，如这种退出发生在外汇市场平静和汇率升值时，可采取缓慢的步骤，逐渐推进到新的较有弹性的汇率制度。如是在压力或危机下被迫退出，则一般无法缓慢退出，因而须迅速行动。政府应当迅速采取一些政策以防止"过度贬值"和防止贬值一轮轮地出现。至于一国从钉住汇率制退出来以后应采用何种制度，应根据本国情况而定。

第二节 外汇管制

一、外汇管制的概念

外汇管制（Exchange Control）也称外汇管理（Exchange Management），是指一个国家为了减缓国际收支危机，减少本国黄金外汇储备的流失，而对外汇收支、买卖、借贷、外汇资金调拨、转移、国际结算、汇率、外汇市场以及外汇和外汇有价物等进出国境直接加以限制，以控制外汇的供给和需求，维持本国货币对外汇率的稳定所实施的政策措施。外汇管制是当今世界各国调节外汇和国际收支的一种常用的强制性手段，其目的就是为了谋求国际收支平衡，维持货币汇率稳定，保障本国经济正常发展，以加强本国在国际市场上的经济竞争力。

二、外汇管制的机构、对象、类型及方法

（一）外汇管制的机构

在实行外汇管制的国家中，一般都是由政府授权中央银行或成立专门机构作为执行外汇管制的机关。法国、意大利专门设立了外汇管制机构——外汇管制局，负责外汇管制工作；英国指定财政部为决定外汇政策的权利机关，而英格兰银行派代表财政部执行外汇管制的行政管理工作，并指定其他商业银行按规定办理一般正常的外汇收付业务；在日本则由大藏省负责外汇管制工作；还有一些国家是由它的中央银行指定一些大型商业银行作为经营外汇业务的银行来管制外汇。

（二）外汇管制的对象

1. 对人的外汇管制

即对自然人和法人的管制。自然人和法人按居住或营业地区的不同又分为居民和非居民。所谓居民，是指长期（一般在1年以上）居住在本国的任何自然人（包括本国人和外国侨民）和设立在本国境内的具有法人地位的机关、团体、企业。对居民和非居民一般在外汇管理政策上有所区别，大多数国家居民的外汇管制较严，而对非居民的外汇管制较宽。

2. 对物的管制

即对外汇及外汇有价物的管制，是指广义的外汇，主要包括：外国纸币和铸币；用外币表示的有价证券，如政府公债、国库券、公司债券、股票、票息等；用外币表示的支付凭证，如汇票、本票、支票、银行存款凭证、邮递储蓄凭证等；贵金属，如黄金、白银等；携出、入国境的本国货币也属于外汇管制的范畴。

3. 对地区的管制

有些国家对本国的不同地区实行不同的外汇管制政策，例如一国实施外汇管制，但对本国的出口加工区或自由港、保税区，实行较宽松的外汇管制。另外，还有些货币联盟，联盟内外采取不同的管制政策：成员国之间几乎不存在管制，对外统一实施外汇管制。

（三）外汇管制的类型

1. 全面管制型

这些国家和地区对贸易收支、非贸易收支和资本与金融项目收支，都实行严格的外汇管制。大多数发展中国家，如印度、赞比亚、秘鲁、巴西、阿根廷等均属于这一类。这些国家和地区经济不发达，出口创汇有限，缺乏外汇资金，市场机制不成熟，为了有计划地使用外汇资源，加速经济发展，不得不实行严格的外汇管制。

2. 部分管制型

这些国家和地区对经常账户项下的贸易和非贸易收支，原则上不加管制，但对资本项目的收支则仍加以不同程度的管制。这类国家经济相对比较发达，市场机制在经济活动中起主导作用，并已承诺了国际货币基金组织基金协定的第八条款，即不对经常项目的收支加以限制，不采取有歧视性的差别汇率或多重汇率。这一类国家被称为"第八条款国"。我国于1996年12月1日正式成为"第八条款国"，完全取消经常项目的外汇管制。

3. 松散型

这些国家对经常项目和资本与金融项目的外汇交易不实行普遍的和经常性的限制，但不排除从政治和外交需要出发，对某些特定项目或国家采取包括冻结外汇资产和限制外汇交易等制裁手段。这些国家的汇率一般为自由浮动制，其货币也实行自由兑换。这类国家经济发达，黄金和外汇储备充足，国际收支整体情况良好，如美国、澳大利亚、加拿大等。

（四）外汇管制的方法

1. 行政管制

行政管制指一国货币当局以行政手段对外汇买卖、收支、借贷等实施的监督与控制。具体一般采取进出口用汇许可证制、登记制度、结售汇制、垄断外汇买卖以及控制资本的输出入等。

2. 数量管制

数量管制是指一国货币当局对外汇收支数量进行控制。比如对贸易外汇和非贸易外汇实现配给制、分成制；在资本与金融账户上限制资本输出入额度；限制外汇交易数量等。

3. 价格管制

价格管制是指一国货币当局实现不同形式的复汇率制，包括公开的复汇率制和隐蔽的复汇率制。具体包括实行贸易汇率和金融汇率、对不同的进出口商品规定不同的汇率、预付存款制、出口退税或补贴、进口用汇征税等。

三、外汇管制的主要内容与措施

实行严格外汇管制的国家和地区，一般对贸易外汇收支、非贸易外汇收支、资本输出入、汇率、黄金和现钞的输出入等都会采取一定的管制办法和措施。

（一）对贸易外汇的管制

贸易收支，通常在一国的国际收支中所占的比例最大，所以，实行外汇管制的国家大多对贸易外汇实行严格管制，以增加出口外汇收入、限制进口外汇支出、减少贸易逆差、追求国际收支平衡。

1. 对出口收汇的管制

对出口实行外汇管制，一般都规定出口商须将其所得外汇及时调回国内，并结售给指定银行。也就是说，出口商必须向外汇管制机构申报出口商品价款、结算所使用的货币、支付方式和期限。在收到出口外汇后，又必须向外汇管制机构申报、交验许可证和信用证，并按官方汇价将全部或部分外汇收入结售给指定银行。剩余部分既可用于自己进口，也可按自由市场的汇率转售给他人。

2. 对进口付汇的管制

实行外汇管制的国家，除对进口外汇实行核批手续外，为了限制某些商品的进口，减少外汇支出，一般都采取下述措施：进口存款预交制，进口商在进口某项商品时，应向指定银行预存一定数额的进口货款，银行不付利息，数额根据进口商品的类别或所属的国别按一定比例确定；购买进口商品所需外汇时，征收一定的外汇税；限制进口商对外支付使用的外币；进口商品一定要获得外国提供的一定数额的出口信贷，否则不允许进口；提高或降低开出信用证的押金额；进口商在获得批准的进口用汇以前，必须完成向指定银行的交款工作，增加进口成本；根据情况，允许（或禁止）发行特定的债券，偿付进口货款，以调节资金需求，减少外汇支出，控制进口贸易。

（二）对非贸易外汇的管制

非贸易外汇收支的范围较广，贸易与资本输出入以外的外汇收支均属非贸易收支。主要包括：与贸易有关的运输费、技术劳务费等；与文化交流有关的版权费、稿费、奖学金、留学生费用等；与外交有关的驻外机构经费；旅游费和赡家汇款。其中与贸易有关的从属费用，如运输费、保险费和佣金等，基本按贸易外汇管制办法处理，一般无须再通过核准手续，就可以有指定银行供汇或收汇。其他各类非贸易外汇收支，都要向指定银行报告或得到其核准。

（三）对资本输出入的管制

资本的输出入会直接影响一国的国际收支，每个国家都十分重视对资本输出入的管制。发展中国家由于外汇短缺，一般都限制外汇输出，同时对有利于发展本国民族经济的外国资金，则实行各种优惠措施，积极引进，例如：对外商投资企业给予减免税优惠；允许外商投资企业的利润用外汇汇出等。相比较来说，发达国家一般较少采取措施限制资本输出、输入，即使采取一些措施，也是为了缓和汇价和储备所受的压力。

（四）对汇率的管制

汇率管制是一国从本国的经济利益出发，为调节国际收支、稳定本币价值，而对本国所采取的价格管制方法，主要有：

1. 直接管制汇率

一国政府指定某一部门制定、调整和公布汇率，这一官方汇率对整个外汇交易起着决定性作用。各项外汇收支都必须以此汇率为基础兑换本国货币。但这种汇率的形成人为因素较大，很难反映真实水平，极易造成价格信号的扭曲。此外，采取这种形式的汇率管制，通常都伴之对其他项目较严格的外汇管制。

2. 直接调节市场汇率

由市场供求决定汇率水平的国家，政府对汇率不进行直接的管制，而是通过中央银行进入市场吸购或抛售外汇，以达到调节外汇供求、稳定汇率的效果。为进行这一操作，许多国家都建立了外汇平准基金，运用基金在市场上进行干预；有的则是直接动用外汇储备进行干预；除通过中央银行在外汇市场上直接买卖外汇以外，中央银行还通过货币政策的运用，主要是利率杠杆来影响汇率。利率水平的提高和信贷的紧缩，可以减少市场对外汇的需求，同时抑制通胀，吸引国外资金的流入，阻止本币汇率贬值；反之，则可减轻本币汇率上升。

3. 实行复汇率制度

当一国货币对另一国货币的汇价因用途和交易中的不同而规定有两种或两种以上的汇率时，IMF把一国政府或其财政部门所采取的导致该国货币对其他国家的即期外汇的买卖差价和各种汇率之间的买入与卖出汇率之间的差价超过2%的任何措施均视为复汇率。此外，出口补贴、退税，进口用汇征税等是隐蔽的复汇率制。

（五）对黄金、现钞输出入的管制

实行外汇管制的国家对黄金交易也进行管制，一般不准私自输出或输入黄金，而由中央银行独家办理。对现钞的管理，习惯的做法是对携带本国货币出入境规定限额和用途，有时甚至禁止携带本国货币出境，以防止本国货币输出用于商品进口和资本外逃以及冲击本国汇率。

四、外汇管制的作用和弊端

（一）外汇管制的作用

1. 防止资本外逃

国内资金外逃是国际收支不均衡的一种表现。在自由外汇市场下，当资金大量外移时，如果无法阻止或调整，一方面势必造成国家外汇储备锐减，引起汇率剧烈波动，另一方面资本的稀缺和稳定性差也对一国经济长期发展极为不利。因此，为制止一国资金外逃，避免国际收支危机，有必要采取外汇管制，直接控制外汇的供求。

2. 维持汇率稳定，实现外部均衡

汇率大起大落，会影响国内经济和对外经济的正常运行，所以通过外汇管制，可控制外汇供求，稳定汇率水平，使之不发生经常性的大幅度波动。通过外汇管制可以扭转贸易逆差和阻止资本外流，实现外部均衡。

3. 维护本币在国内市场的统一地位，实现经济的安全

实行外汇管制，可以分离本币与外币流通的直接联系，维持本币在国内流通领域的唯一地位，增强国内居民对本币的信心，抵御外部风潮对本币的冲击，在一定程度上可避免国际通胀、国际货币危机等风险对国内的冲击。

4. 保护民族工业

通过外汇管制可达到"奖出限入"的目的。发展中国家工业基础薄弱，一般工艺技术有待发展完善，如果不实行外汇管制及其他保护贸易政策，货币完全自由兑换，则发达国家的廉价商品就会大量涌入，从而使其民族工业遭到破坏与扼杀。实行外汇管制，一方面可管制和禁止那些可能威胁本国新兴工业产品的外国商品输入，同时可鼓励进口必需的外国先进的技术设备和原材料，具有积极发展民族经济的意义。

此外，实行外汇管制，可集中外汇资财、节约外汇支出，一定程度上可提高货币的对外价值，增强对本国货币的信心；通过外汇管制鼓励进口涉及国计民生的必需品、限制非必需品、奢侈品的进口，有利于国内人民生活的稳定。

（二）外汇管制的弊端

1. 阻碍国际贸易的发展，加深国际矛盾

采取外汇管制措施，虽有利于双边贸易的发展，但由于实施严格的管制后，多数国家的货币无法与其他国家的货币自由兑换，必然限制多边贸易的发展。另外，官方对汇率进行干预和控制，汇率不能充分反映供求的真实状况，常出现高估或低估的现象，对贸易伙伴国造成不利影响，加剧国际间矛盾。

2. 限制资本的流入

在一定情况下，实行外汇管制，限制资本流入，虽能实现资本项目的均衡，但不能充分利用外国资本，不利于本国经济的发展。

3. 价格机制失调，资源难以合理配置

实施外汇管制，汇率不能客观反映外汇市场供求的真实状况，其价格信号失灵。外汇管制也

会造成国内商品市场和资本市场与国际相分离,国内价格体系与国际相脱节,使一国不能充分参加国际分工和利用国际贸易的比较利益原则来发展本国经济,资源不能有效地分配和利用。

4. 高昂的管制成本和滋生腐败

外汇管制需要投入大量的人力和物力,管制越严管制成本越高。外汇管制越严,外汇资源和管理权越集中,容易滋生腐败。

第三节 我国的外汇管理

我国外汇管理的基本任务是:建立独立自主的外汇管理体制,正确制定国家的外汇法规和政策,保持国际收支的基本平衡和汇率的基本稳定,有效地促进国民经济的持续稳定发展。

一、1994 年以前我国外汇管理的发展历程

（一）1949—1952 年,国民经济恢复时期

这一阶段,我国外汇的主要任务是取缔帝国主义在中国的经济、金融特权;禁止外币在市场上的流通;稳定国内金融物价;利用、限制、改造私营进出口商和私营金融业;建立独立自主的外汇管理制度和汇价制度;扶植出口;鼓励侨汇;建立供汇与结汇制度;集中外汇收入和合理使用外汇,促进国民经济的恢复和发展。

（二）1953—1978 年,实行全面计划经济时期

从 1953 年起,中国实行计划经济体制,对外贸易由国营对外贸易公司专管,外汇业务由中国银行统一经营,逐步形成了高度集中、计划控制的外汇管理体制。国家对外贸和外汇实行统一经营,用汇分口管理。外汇收支实行指令性计划管理,一切外汇收入必须售给国家,需用外汇按国家计划分配和批给。国际收支平衡政策"以收定支,以出定进",依靠指令性计划和行政办法保持外汇收支平衡。实行独立自主、自力更生的方针,不借外债,不接受外国来华投资。人民币汇率作为计划核算工具,要求稳定,逐步脱离进出口贸易的实际,形成汇率高估。因此,这一阶段的主要任务是:进一步巩固和完善各种外汇管理制度,加强对国有企业贸易外汇和非贸易外汇的管理,开源节流,努力增加外汇收入。

（三）1979—1993 年,实行有计划的商品经济时期

党的十一届三中全会后,我国全面实行了对内搞活、对外开放的政策,并开始进行经济体制改革,建立有计划的商品经济。随着经济体制改革的逐步深入和对外开放的不断扩大。我国外汇管理体制进行了一系列重大改革,使外汇管理工作跨入了一个新的里程。

1. 设立国家外汇管理局

1979 年 3 月,国务院批准设立了国家外汇管理局,并赋予其管理全国外汇的职能。1983 年,国家外汇管理局由中国银行划出,中国人民银行代管。1988 年 6 月,国务院决定国家外汇管理局为国务院直属总局级机构,次年升为副部级,仍由中央银行归口管理。

2. 公布并实施了《中华人民共和国外汇管理暂行条例》及一系列实施细则

1979 年 7 月公布了《中外合资经营企业法》,1980 年 12 月公布了《中华人民共和国外汇管理暂行条例》,1981 年 3 月 1 日起实行。随后又公布了一系列外汇管理实施细则及其他外汇管理办法。

3. 改革了外汇分配制度,实行了外汇留成办法

为进一步调动企业出口创汇的积极性,增加国家外汇的收入,国务院提出在外汇由国家集

中管理、统一平衡、保证重点的同时，实行贸易和非贸易外汇留成，根据不同地区、不同部门和不同行业，确定了不同的留成比例。

4. 建立了外汇调剂市场

在实行外汇留成制度的基础上，产生了调剂外汇的需要。为此，1980年10月起中国银行开办外汇调剂业务，允许持有留成外汇的单位把多余的外汇额度转让给缺汇的单位。以后调剂外汇的对象和范围逐步扩大，开始时只限于国有企业和集体企业的留成外汇，以后扩大到外商投资企业的外汇，国外捐赠的外汇和国内居民的外汇。调剂外汇的汇率，原由国家规定在官方汇率的基础上加一定的幅度，1988年3月放开汇率，由买卖双方根据外汇供求状况议定，中国人民银行适度进行市场干预，并通过制定"外汇调剂用汇指导序列"对调剂外汇的用途（或外汇市场准入）加以引导，市场调节的作用日益增强。

5. 建立了外债管理体制和外债统计监测系统

实行改革开放以后，我国开始大规模利用外资，鼓励外商来华投资，加强了对外借债的计划管理和向外借款的窗口管理，建立较为健全的借款审批制度、外债的统计监测制度和外债担保制度。

6. 建立了多种金融机构并存的外汇经营体制，打破了中国银行独家经营外汇的局面

1984年9月，中国工商银行深圳分行首先获得外汇业务的经营权，此后又陆续批准各专业银行总行及分行、交通银行、建设银行、农业银行、中信实业银行、光大银行、华夏银行、上海浦东发展银行、广东发展银行、深圳招商银行、福建兴业银行、中国投资银行及民生银行等经营外汇业务。我国还批准设立了经营外汇业务的外资银行和中外合资银行。

二、1994—1996年我国的外汇体制改革

1993年11月14日，党的十四届三中全会通过的《中共中央关于建立社会主义市场经济体制若干问题的决定》中明确要求，"改革外汇管理体制，建立以市场供求为基础的、有管理的浮动汇率制度和统一规范的外汇市场，逐步使人民币成为可兑换货币"。这为外汇管理体制进一步改革明确了方向。1994年至今，围绕外汇体制改革的目标，按照预定改革步骤，中国外汇管理体制主要进行了以下改革。

（一）1994年对外汇体制进行改革，实现人民币经常项目下有条件可兑换

1. 建立单一的、以市场供求为基础的有管理的浮动汇率制

1994年1月1日起，实行人民币汇率并轨，即把调剂外汇市场与官方牌价，只保留一个汇价。同时实行以市场供求为基础的、有管理的浮动汇率制度，人民币由中国人民银行根据前一日银行间外汇交易市场形成的价格，每日公布人民币兑美元交易的中间价，并参照国际外汇市场变化，同时公布人民币对其他主要货币的汇率。

2. 实行外汇收入结汇制，取消外汇留成

境内所有企事业单位、机关和社会团体的各类外汇收入必须及时调回境内。凡属于下列范围的外汇收入（外商投资企业除外），均须按银行挂牌汇价，全部结售给外汇指定银行：出口或转出口货物及其他交易行为取得的外汇；交通运输、邮电、旅游、保险业等提供服务和政府机构往来取得的外汇；银行经营外汇业务应上缴的外汇净收入；境外劳务承包和境外投资应调回境内的外汇利润；外汇管理部门规定的其他应结售的外汇。

3. 实行银行售汇制，取消用汇的指令性计划和审批

1994年实行售汇制后，取消了经常项目正常对外支付用汇的计划审批。境内企事业单位、机关和社会团体在经常项目下的对外支付用汇，持有效凭证，用人民币到外汇指定银行办理兑

付；实行配额或进口控制的货物进口，持有关部门颁发的配额、许可证或进口证明以及相应的进口合同；除上述两项以外，其他符合国家进口管理规定的货物进口，持支付协议或合同和境外金融、非金融机构的支付通知书；非贸易项下的经营性支付，持支付协议或合同和境外、非金融机构的支付通知书。非经营性支付购汇或购提现钞，按财务和外汇管理有关规定办理，对境外投资、贷款、捐款的汇出，继续实行审批制。

4. 建立银行间外汇市场，改进汇率形成机制

保持合理及相对稳定的人民币汇率实行银行结汇、售汇制后，建立全国统一的银行间外汇交易市场。外汇指定银行是外汇交易的主体。银行间外汇交易市场主要职能是为各外汇指定银行相互调剂余缺和清算服务，全国统一的外汇交易市场与1994年4月1日开始运行，中国人民银行通过国家外汇管理局管理。

5. 强化外汇指定银行的依法经营和服务职能

外汇指定银行办理结汇所需人民币资金原则上应由各银行自有资金解决。国家对外汇指定银行的结算周转外汇实行比例管理。各银行持有超过其高限比例的结算周转外汇，必须出售给其他外汇指定银行或中国人民银行；持有结算周转外汇降到低限比例以下时，应及时从其他外汇指定银行或中国人民银行购入补足。

6. 对资本项目的外汇收支仍继续实行计划管理和审批制度

我国对资本项目进行管理，主要是对外债进行管理，其基本原则是：总量控制，注重效益，保证偿还。管理的主要内容如下：对境外资金的借用和偿还，国家继续实行计划管理、逐笔审批和外债登记制度。为确保国家的对外信誉，继续加强外债管理，实行"谁借谁还"的原则；境外外汇担保履约用汇，持担保合同、外汇管理局核发的核准证到外汇指定银行购汇，发行人须持相应的批准文件向外汇管理局申请，持外汇管理局核发的《开户通知书》到开户银行办理开户手续；对资本输出实行计划管理和审批制度。

7. 对外商投资企业外汇收支的管理

对外商投资企业外汇收支的管理基本上维持原来的办法，准许保留外汇账户，外汇收支自行平衡。

8. 停止发行外汇兑换券，取消境内外币计价结算，禁止外币在境内流通

自1994年1月1日起，取消任何形式的境内外币计价结算；境内禁止外币流通和指定金融机构以外的外汇买卖；停止发行外汇券，已发行流通的外汇券，在限期内逐步兑回。

(二) 1996年实现人民币经常项目完全可兑换

1. 将外商投资企业外汇买卖纳入银行结售汇体系。将外商投资企业外汇买卖纳入银行结售汇体系，并将外商投资企业的外汇账户分为用于经常项目的外汇结算账户和用于资本项目的外汇专用账户。

2. 提高居民用汇标准，扩大供汇范围。1996年7月1日大幅提高居民因私兑换外汇的标准，扩大了供汇范围。

3. 取消尚存的经常性用汇限制。1996年我国还取消了出入境展览、招商等非贸易非经营性用汇的限制，并允许驻华机构及来华人员在境内购买的自用物品、设备、用具等出售后所得人民币款项可以兑换外汇汇出。

经过1994年和1996年的外汇管理改革，我国彻底实现了经常账户下的完全可兑换，于1996年12月1日正式成为国际货币基金组织第八条款国。

三、2005年人民币汇率制度改革

1. 自2005年7月21日起，我国开始实行以市场供求为基础、参考一篮子货币进行调节、有管理的浮动汇率制度。人民币汇率不再钉住单一美元，形成更富弹性的人民币汇率机制。

2. 中国人民银行于每个工作日闭市后公布当日银行间外汇市场美元等交易货币对人民币汇率的收盘价，作为下一个工作日该货币对人民币交易的中间价格。

3. 2005年7月21日19时，美元对人民币交易价格调整为1美元兑8.11元人民币，作为次日银行间外汇市场上外汇指定银行之间交易的中间价，外汇指定银行可自此时起调整对客户的挂牌汇价。

4. 现阶段，每日银行间外汇市场美元对人民币的交易价仍在人民银行公布的美元交易中间价上下千分之三的幅度内浮动，非美元货币对人民币的交易价在人民银行公布的该货币交易中间价上下一定幅度内浮动。

5. 中国人民银行将根据市场发育状况和经济金融形势，适时调整汇率浮动区间。同时，中国人民银行负责根据国内外经济金融形势，以市场供求为基础，参考一篮子货币汇率变动，对人民币汇率进行管理和调节，维护人民币汇率的正常浮动，保持人民币汇率在合理、均衡水平上的基本稳定，促进国际收支基本平衡，维护宏观经济和金融市场的稳定。

四、我国现行外汇管理框架

（一）人民币经常项目可兑换

1. 经常项目外汇收入实行银行结汇制度。境内机构经常项目下的外汇收入，除国家规定准许保留的外汇可以在外汇指定银行开立外汇账户外，都须及时调回境内，按市场汇率卖给外汇指定银行。凡经有权管理部门核准或备案具有涉外经营权或有经常项目外汇收入的境内机构（含外商投资企业），经注册所在地国家外汇管理局及其分支局批准均可开立经常项目外汇账户，在核定的最高金额内保留经常项目外汇收入。

2. 取消经常项目外汇支付限制。境内机构经常项目用汇，可以按照市场汇率凭相应的有效凭证用人民币向外汇指定银行购汇或从其外汇账户上对外支付。佣金等超过一定比例或数额，经外汇管理局进行真实性审核后，可以在银行办理兑付。个人因私用汇，标准以内的可以凭有效凭证直接到银行办理，超过标准的可以持有效凭证到外汇管理局进行真实性审核后到银行购汇。

3. 实行进出口收付汇核销制度。1991年1月1日，中国开始实行出口收汇核销制度；1994年8月1日始，又实行了进口付汇核销制度。出口收汇核销是指货物出口后，由外汇管理局对相应的出口收汇进行核销；进口付汇核销是指，进口货款支付后，由外汇管理局对相应的到货进行核销。出口收汇核销和进口付汇核销制度，成为监督进出口外汇资金流动，进行经常项目下银行结售汇真实性审核，防范外汇资源流失和违规资本流动冲击的重要手段。1999年5月1日起实行出口收汇考核办法，以出口收汇率为主要考核指标，对出口企业收汇情况分等级进行评定，并对不同等级的企业采取相应的奖惩措施，扶优限劣，支持出口，并督促企业足额、及时收汇。

4. 通过进出口报关单联网核查系统进行贸易真实性审核。1999年1月1日，海关、外汇指定银行和外汇管理局之间的进出口报关单联网核查系统正式启动，大大便利了企业进出口项下结、售、付汇的真实性审核，提高了工作效率。

（二）资本项目外汇严格管理

根据外汇体制改革的总体部署和长远目标，中国资本项目外汇收支管理的基本原则是，在取消经常项目汇兑限制的同时，完善资本项目外汇管理，逐步创造条件，有序地推进人民币在资本项目下可兑换。在上述总原则下，目前中国对于资本项目外汇还进行严格管理并执行三个共同原则：一是除国务院另有规定外，资本项目外汇收入均需调回境内；二是境内机构（包括外商投资企业）的资本项目下外汇收入均应在银行开立外汇专用账户，外商投资项下外汇资本金结汇可持相应材料直接到外汇管理局授权的外汇指定银行办理，其他资本项下外汇收入经外汇管理部门批准后才能卖给外汇指定银行；三是除外汇指定银行部分项目外，资本项目下的购汇和对外支付，均需经过外汇管理部门的核准，持核准件方可在银行办理售付汇。现阶段，中国国际收支资本项目中主要是对外借债、外商来华直接投资和对境外直接投资三种形式。

1. 对外债和对外担保的管理

中国对外债实行计划管理，中资金融机构和中资企业借用1年期以上的中长期外债需纳入国家利用外资计划。1年期以内（含1年）的短期外债由国家外汇管理局管理，国家外汇管理局分别给有关省市金融机构或企业下达余额控制指标。有短贷指标的机构可以在余额范围内借用短期国际商业贷款，期限不超过一年，可以在余额范围内周转使用。外商投资企业借用国际商业贷款不需事先批准。

所有的境内机构（包括外商投资企业）借用外债后，均需及时到外汇管理局定期或者逐笔办理外债登记。实行逐笔登记的外债，其还本付息都需经外汇管理局核准（银行除外）。境内机构（财政部代表国家在境外发行债券除外）在境外发行中长期债券经国家发展和改革委员会审核并会签国家外汇管理局后报国务院审批。在境外发行短期债券由国家外汇管理局审批，其中设定滚动发行的，由国家外汇管理局会同国家发展和改革委员会审核。地方政府不得对外举债。境内机构发行商业票据由国家外汇管理局审批，并占用其短贷指标。已上市的外资股份公司对外发行可转换债券，按境内机构对外发债的审批程序办理。

对外担保属于或有债务，其管理参照外债管理，仅限于经批准有权经营对外担保业务的金融机构（不含外资金融机构）和具有代位清偿债务能力的非金融企业法人可以提供。除经国务院批准为使用外国政府贷款或者国际金融组织贷款进行转贷外，国家机关和事业单位不得对外出具担保。除财政部出具担保和外汇指定银行出具非融资项下对外担保外，境内机构出具对外担保需经外汇管理局逐笔审批。对外担保也须向外汇管理局登记，对外担保履约时需经外汇管理局核准。

2. 对外商直接投资的管理

为鼓励外商直接投资，中国对外商投资企业资本项目下的外汇收支活动采取以下的管理办法：（1）为筹建外商投资企业外方投资资本金可以开立外汇账户保留外汇，外资非法人合作企业（合作项目）可开立投资专项账户保留外汇，外商投资项下外汇资本金结汇可持相应材料直接到外汇管理局授权的外汇指定银行办理，其他资本项下外汇收入经外汇管理局批准后可以结汇；（2）外商投资企业可以直接向境内外银行借款，自借自还，事先不需报批，事后须向外汇管理局登记，但中长期对外借款余额不得超过外商投资企业总投资与注册资本的差额；（3）中外合作经营企业外方先行收回投资、外商投资企业依法停业清算、减资、股权转让等所得资金，经批准后可以从其外汇账户中汇出或者购汇汇出；（4）允许外商投资企业用人民币利润、企业清算、股权转让、先行回收投资、减资等所得货币资金进行再投资，享受外汇出资待遇；（5）为进行监督和管理，对外商投资企业实行外汇登记和年检制度。

3. 对境外投资的管理

中国对资本输出进行严格管理。目前负责境外投资项目审批的主管部门是国家计委和外经贸部及其授权部门，国家外汇管理局是境外投资的外汇管理机关，核心内容包括：（1）境内机构进行境外投资，需购汇及汇出外汇的，须事先报所辖地外汇分局（外汇管理部）进行投资外汇资金来源审查；全部以实物投资的项目、援外项目和经国务院批准的战略性投资项目免除该项审查；（2）境外投资项目获得国家境外投资主管部门批准后，境内投资者应到外汇管理部门办理境外投资外汇登记和投资外汇资金购汇汇出核准手续；（3）境内投资者应按时将境外投资企业有关情况（含境外企业的财务报表）报外汇管理局备案；（4）境外投资企业重大资本变更（如增资、再投资、中方转让股权、中方收购外方股权等）的审查或核准；（5）国家对境外投资实行联合年检制度，境内投资者应按时参加境外投资联合年检。

（三）不断改进的人民币汇率形成机制

1994年1月1日汇率并轨后，中国开始实行以市场供求为基础的、单一的、有管理的浮动汇率制。中国人民银行按照前一营业日银行间外汇市场形成的加权平均汇率，公布人民币对美元、欧元、港元、日元四种货币的市场交易中间价。银行间外汇市场人民币对美元买卖价可以在中国人民银行公布的市场交易中间价上下0.3%的幅度内浮动，对港元和日元的买卖可以在中国人民银行公布的市场交易中间价上下1%的幅度内浮动，对欧元的买卖可以在中国人民银行公布的市场交易中间价上下10%的幅度内浮动。外汇指定银行在规定的浮动范围内确定挂牌汇率，对客户买卖外汇。各银行挂牌的美元现汇买卖价不得超过中国人民银行公布的市场交易中间价上下0.17%，欧元、港元、日元现汇买卖价不得超过中国人民银行公布的市场交易中间价的1%。四种货币以外的其他外币汇率，则按美元市场交易中间价，参照国际市场外汇行市套算中间汇率，买卖汇率之间的差价不得超过中间汇率的0.5%。对超过100万美元的交易银行与客户可以在规定的幅度内议价成交。各银行挂牌的美元、港币现钞买入价不得超过其现汇买卖中间价的0.75%，欧元、日元现钞买入价不得超过其现汇买卖中间价的1%，所有货币的现钞卖出价与现汇卖出价相同。中国人民银行对人民币汇率进行宏观调控和必要的市场干预，以保持汇率的合理和稳定。

（四）不断完善的国际收支宏观管理体系

国际收支是一国对外经济活动的综合反映，国际收支平衡表是对一定时期内一国国际收支活动的综合记录，是宏观经济决策的重要依据。中国从1980年开始试编国际收支平衡表，1982年开始对外公布国际收支平衡表，1996年开始实行新的《国际收支统计申报办法》。在1996年推出通过金融机构进行国际收支间接申报的基础上，1997年又推出了直接投资、证券投资、金融机构对外资产负债及损益、汇兑等四项申报工作。国际收支统计申报和分析预测在中国宏观经济调控体系中发挥了重要的作用。

（五）加强对金融机构外汇业务的监督和管理

建立银行间外汇市场和实现经常项目可兑换后，经常项目的外汇收支基本上直接到外汇指定银行办理；资本项目的外汇收支经外汇管理部门批准或核准后，也在外汇指定银行办理。银行在办理结售汇业务中，必须严格按照规定审核有关凭证，防止资本项目下的外汇收支混入经常项目结售汇，防止不法分子通过结售汇渠道骗购外汇。1994年以来，加强了对金融机构外汇业务经营中执行外汇管理政策的监管、检查和处罚，并建立了相应的管理制度和办法。

（六）逐步建立适应社会主义市场经济的外汇管理法规体系

1980年12月，中国颁布了《中华人民共和国外汇管理暂行条例》，此后又公布了一系列外汇管理法规及办法。1994年改革后，对《暂行条例》进行了修改，1996年2月颁布了《中华人民共和国外汇管理条例》（以下简称"条例"）；1996年年底实现人民币经常项目下可兑换后，又对该"条例"进行了修订；2008年8月1日修改并公布施行了新的外汇管理条例，主要从对外汇资金流出流入实施均衡管理、完善人民币汇率形成机制及金融机构外汇业务管理、强化对跨境资金流动的监测、健全外汇监管手段和措施四个方面加以完善。"条例"是中国外汇管理法规体系中的一个极为重要的基本法规。近年来，又对新中国成立以来的各项外汇管理法规进行了全面清理和修订，重新制定和公布。这些法规体现了1994年以来外汇体制改革的成果。总之，根据中国国情和外汇管理工作实践，不断充实、完善外汇管理法规，逐步建立健全"科学、合理、有效"的外汇管理法规体系，对于保证经常项目外汇自由兑换和对资本项目外汇进行有效控制，对于加强国际收支宏观调控和维护外汇市场正常运行起着重要的法制保障作用。

第四节　人民币自由兑换

货币之间不能自由兑换的一个重要原因就是各国当局实行的外汇管制。在外汇管制条件下，外汇是一种稀缺资源，社会公众和厂商不能够把持有的本国货币自由地兑换成外汇或外国货币，本币的流动被界定在本国范围内，本币成为所谓的非自由兑换货币。

一、货币自由兑换的概念

货币自由兑换，一般是指一个国家或某一货币区的居民，不受官方限制地将某种外币兑换成本币或其所持有的本国货币兑换成其他国家或地区的货币，用于国际支付或作为资产持有。

二、货币自由兑换的类型

（一）按货币可兑换的程度，可分为完全可兑换和部分可兑换

完全可兑换是指一国或某一货币区的居民，可以自由地将其所持有的本国货币兑换成其他国家或地区的货币，用于经常项目和资本项目的国际支付和资金转移。

部分可兑换是指一国或某一货币区的居民，可以在国际支付的部分项目下，自由地将其所持有的本国货币兑换成其他国货币，用于国际间的支付和资金转移。

实行完全自由兑换还是实行部分自由兑换，在一定程度上取决于一个国家对资本管制的宽严程度，以及一国货币政策和财政政策的运筹能力。

（二）按货币可兑换的范围，可分为国内可兑换和国际性可兑换

国内可兑换是指一国或某一货币区的居民能够自由地、不受限制地将本币兑换为外币，但这种货币并不是国际化的货币，在国际支付中接受这种货币的持有者，可以将所持有的此种货币用于向发行国支付，也可以向发行国兑换为其他国货币。

国际性可兑换是指一国或某一货币区的货币不仅能够在国内自由兑换成为其他国货币，而且在国际市场上也能自由的兑换为其他国货币，也就是货币国际化。

三、货币自由兑换的条件

货币自由兑换和可自由兑换的程度，与一国经济在国际上的地位密切相关，受一国商品、劳务在国际国内市场上的竞争能力、资本余缺状况等许多因素制约。

（一）有充分的国际清算支付能力

国际收支平衡体现了一国的外汇收入满足了国民对外汇的需求，这样才能保持国家外汇储备的稳定增加，为本币自由兑换提供基础。如果国际收支长期逆差，国家外汇储备会很快减少甚至消失，从而失去货币自由兑换的基础。

（二）具有合理的汇率水平和开放的外汇市场

货币自由兑换要求避免和取消外汇管制，任何企业和个人都可以在外汇市场上买入和卖出

外汇，这就要有开放的外汇市场。同时还要求汇率能够客观的反映外汇的供求，从而正确的引导外汇资源的合理配置。

（三）具有完善有效的宏观调控体系

在财政方面，收支平衡没有过大的财政赤字而导致收支逆差；在金融方面，中央银行有较强的实施货币政策的能力，具有较强的外汇市场干预政策和操作能力，包括外汇风险管理与控制，储备资产投资战略以及与这些业务有关的会计和监督能力。同时，还应具备良好的宏观经济政策环境。

（四）树立国民对本币的信心

抑制通货膨胀，维持物价基本稳定，建立货币政策的可信性，增强国民对本币的信心。随着上述过程的深入和国民对本币信心的树立，对经常项目交易以及对所有外汇交易的限制即可取消，实现本币的自由兑换。

（五）具有宽松的外汇管制政策或取消外汇管制

一国货币能否自由兑换，与一国的外汇管制程度密切相关。换句话说，一国实现货币自由兑换的过程，就是一国逐渐取消外汇管制的过程。当然，一国要放松或取消外汇管制，应具备一定的条件，必须依据一国的整体经济发展状况、金融市场的成熟程度以及相应的管理水平来进行。

（六）微观经济实体对市场价格迅速做出反应

货币自由兑换与微观经济实体如银行、企业等关系密切，只有微观经济实体能对市场价格迅速做出反应，才会加强对外汇资源的自我约束能力，自觉参与市场竞争，提高国际市场的竞争能力，而要做到这一点，一国必须实现货币的自由兑换。

四、人民币区域化动向

（一）人民币亚洲化

随着中国经济的高速增长，人民币已经出现区域化趋势。但国际社会在研讨东亚区域货币合作或区域性汇率制度安排时，并没有重视人民币，大多提议将美元作为核心货币，或是主张钉住美元、日元和欧元等货币篮子制度。鉴于现阶段中国经济发展与东南亚经济关联度不断增强，以及未来中国在东亚地区经济地位和作用的提升，中国需要参与东亚区域货币合作，积极同东亚其他成员国进行货币协调，进一步促进人民币亚洲化，进而成为国际货币。

人民币亚洲化是指人民币在中国国界外可以自由兑换、流动，并且主要在国际贸易、国际金融、国际投资、国际储备等领域中，发挥价值尺度、支付手段、储藏手段的职能，通过参与亚洲区域货币金融领域合作，争取成为亚洲关键货币的经济过程。它是人民币国际化进程中的一个关键步骤。

1. 人民币亚洲化的必要性

当今国际货币体系实质上是一种"美元体制"，任何国家货币的国际化都需要依赖区域货币合作才有可能实现。美元依旧是世界上最主要的国际主导货币。根据经济学者研究，在银行之外流通的美元总量达到了将近4 000亿，其中大部分在美国境外作为国际货币而存在。只有10%～15%的美元在美国境内流通，这不仅使美国有能力承受巨额的经常收支赤字，也使美国得以影响其他国家货币的国际化。

欧元的产生不仅为"最优货币区"理论提供了经验支持，而且为其他非霸权货币国家的货币国际化提供了一个经验模式。在美元主导的现行国际货币体系中，通过区域性制度合作，可以大幅度降低成为国际货币的成本。但目前的欧债危机对欧元也造成不小的冲击。

日元的国际化是一个失败的过程。日本自 1964 年正式成为 IMF "第八条款"国，开始承担日元自由兑换义务后，也逐渐推行日元的国际化政策，20 世纪 80 年代中期以来，日元国际化进程全面展开并取得一定成效。但自 1991 年泡沫经济破灭后，日元的国际化进程明显受阻，在各国的官方储备及国际货币和资本市场上的融资工具计价货币的选择方面，日元均表现的不理想，其"经济大国，货币小国"的形象并没有得到改善。

在当今货币体系中，区域因素已经成为制约一国汇率制度选择和一国货币成为国际货币的重要条件。当前，东亚区域货币合作机制不健全，对该地区的金融稳定和经济发展产生了严重的消极影响。个别国家和地区在应对国际资本大规模移动方面的努力将无助于防止货币金融危机的再次发生。在 1997 年亚洲金融危机期间，中国确保了人民币兑美元汇率的稳定，为稳定东亚的经济局势发挥了重要作用，成为促进东亚地区金融稳定的核心力量。但由于人民币资本项目的完全自由兑换尚未实现及日元国际化战略失败的教训，人民币直接国际化非但不能实现参与金融全球化，合理配置金融资源的目的，相反，可能会给中国经济发展带来巨大的风险和损失。为了东亚经济的稳定发展和中国经济的持续增长，中国必须将人民币国际化纳入东亚区域货币体系的构建中，通过人民币的亚洲化实现人民币的国际化。

2. 人民币亚洲化的可行性

人民币目前尚不具备成为完全的国际货币的条件，但从现阶段中国及东亚地区的情况来看，人民币已经初步具备了实现区域化的一些前提条件：

（1）中国经济的总量在迅速扩张，并成为东亚经济增长的重要稳定力量，作为东亚地区"市场提供者"的地位日益增强，为人民币的亚洲化提供了基础条件。

（2）中国的对外开放程度不断提高。

（3）人民币在周边国家和地区的流通不断增多，具备了一定范围内的国际可接受性。

（4）亚洲金融危机爆发后，中国货币政策当局的国际公信力大幅提高。

（5）人民币亚洲化的国内制度环境正在逐步完善，但依然存在许多问题。

3. 人民币亚洲化的策略与路径选择

为顺利实现人民币亚洲化，需要从战略、经济政策和路径选择等方面进行必要的思考，采取切实可行的策略与步骤。

（1）正确处理人民币同区域内主要国家货币之间的关系。积极展开人民币同日元的合作，正确处理人民币与美元的关系。

（2）在内外经济政策上，深化国内金融体制改革，同时注重增强中国作为东亚地区"市场提供者"的作用。

（3）在路径选择上，人民币的亚洲化要实现市场的自发演进与政府的制度协调相结合；实行局部推进同系统整合的有机结合。

（4）必须率先推进人民币次区域化。加强同东盟的全方面经济合作，推动同东盟的货币金融领域的合作，初步建立以人民币为核心的东亚区域货币合作格局，使人民币成为区域性的关键货币之一。

五、人民币自由兑换的展望

人民币汇率制度随着我国经济的发展以及与世界经济依存度的不断提高，将从以市场供求为基础的、参考一篮子货币管理浮动起步，最终实现人民币的自由兑换，并不断推进人民币的国际化进程。

我国外汇管理体制改革的长远目标是实现人民币完全可兑换。从国际经验来看，实现资本项目完全可兑换需要具备一定的前提条件，而我国当前的国情决定了人民币资本项目可兑换还是将一个中长期的渐进过程。同时，实现资本项目可兑换是一个系统工程，涉及各种金融活动领域和大量的非金融机构，需要各部门共同参与、各项改革配套到位，逐步从严格有限的可兑换过渡到较宽松限制的可兑换，再到基本取消限制的可兑换。

国际货币基金组织规定的43个资本项目主要分为国际直接投资和国际资本流动两大类。目前，我国有一半左右的资本项目交易基本不受限制或者有较少的限制，在国际直接投资方面的开放程度很高，在防止境外投机资本流入上仍需监控和限制，这是维护金融市场稳定的需要。目前我国离完全开放资本项目管制还有一定的距离，未来将遵循"先流入后流出，先长期后短期，先直接投资后间接投资，先机构投资者后个人投资者"的原则，逐步开放。

从国际上货币可兑换的进程来看，在经常项目实现可兑换之后，逐步推进资本项目可兑换大体需要10～15年的时间，也可能更长，而人民币的国际化进程则需要更加漫长的时间。一旦人民币成为国际货币，它将成为国际结算和支付手段，减少对美元等国际储备货币的依赖，大幅提高我国金融机构在国际市场上的竞争力，提升我国在世界金融版图上的地位。

本 章 小 结

1. 汇率制度又称汇率安排，是指一国货币当局对本国汇率变动的基本方式所做的一系列安排与规定。根据安排与规定的内容不同，有不同的汇率制度。一般按照汇率的波动幅度，汇率制度分为固定汇率制和浮动汇率制两大类型。汇率制度主要包括：汇率决定的基础、汇率波动幅度、汇率的调节、汇率协调管理机构等。

2. 外汇管理是指一国对外汇收支、买卖、借贷、外汇资金调拨、转移、国际结算、汇率、外汇市场以及外汇和外汇有价物等进出国境直接加以限制，以控制外汇的供给和需求，维持本国货币对外汇率的稳定所实施的政策措施。外汇管制是当今世界各国调节外汇和国际收支的一种常用的强制性手段，其目的就是为了谋求国际收支平衡，维持货币汇率稳定，保障本国经济正常发展，以加强本国在国际市场上的经济竞争力。

3. 在国际上根据管制的内容和程度不同，将实行外汇管制的国家分为全面外汇管制的国家和地区、部分管制型外汇管制的国家和地区、松散型外汇管制的国家和地区。外汇管制方法分为行政管制、数量管制和价格管制。

4. 人民币汇率制度改革是我国金融体系改革的重要组成部分，也是我国发展完善社会主义市场经济不可或缺的配套措施。人民币汇率制度改革的核心是改进人民币汇率生成机制，实现人民币汇率市场化，最终成为自由兑换货币。

5. 货币自由兑换是指在外汇市场上，能自由的用本国货币购买（兑换）成某种外国货币，或用某种外国货币购买（兑换）本国货币。货币的自由兑换涉及经济生活的各个领域，也是国际货币体系的重要内容之一。一国货币走向完全可自由兑换通常需要经历经常项目的有条件可兑换，经常项目可兑换加上资本项目可兑换。人民币目前已经实现了经常项目可兑换。人民币的目标是要逐渐实现人民币国际化。

复 习 思 考 题

1. 什么是汇率制度，它有哪些类型？

2. 一国如何选择合理的汇率制度?
3. 试比较分析固定汇率制度和浮动汇率制度的利弊。
4. 什么是货币自由兑换?它包含哪些含义?
5. 阐述一国货币实行自由兑换的条件。
6. 分析外汇管制的利弊。
7. 描述目前我国的人民币汇率制度的基本内容。
8. 简述人民币国际化的背景、条件和前景。

第三章 国际收支

国际收支是衡量一国经济对外开放的主要工具,也是国际金融研究的一个基础性分析工具,它是一国对外经济、金融关系的综合反映。国际收支平衡是一国经济政策的主要目标之一。它记录了一国与其他国家间的商品与服务以及资本和劳动力等生产要素的国际流动。一国的国际收支状况不仅影响本国国内的经济运行,也会影响本国的对外经济交往。本章主要介绍开放经济下的国民收入账户,国际收支的基本概念,国际收支平衡表的结构、内容及相互关系;国际收支平衡的经济判断,国内经济行为与商品、资本的国际流动之间的关系;国际收支不平衡的形成原因和经济影响,以及调节国际收支的方法和措施。此外,本章还介绍国际收支的相关理论。

第一节 开放经济下的国民收入账户

国民收入指一国在一定时期内投入全部的生产资源所产出的最终产品和服务的市场价值。国民收入账户描述了一国在一定时期内的生产水平,它记载了一国的收入和产出。国民收入账户是一组会计恒等式,描述了开放经济条件下一国的产出水平,反映了开放经济下各经济实体交易变量间的关系。

封闭经济是指没有和外部发生经济联系的经济。在经济学意义上,封闭经济指一国在经济活动中不存在与国外发生经济往来,如没有国际贸易或国际金融、劳动力的交流,仅仅存在国内的经济活动。

在现实生活中不存在真正的封闭经济。但为了更好地分析开放经济下的国民收入账户,需要先分析封闭经济条件下的国民收入账户。

一、封闭经济条件下的国民收入账户

在封闭经济中,所有产品和劳务都是由本国居民在本国领土内生产出来的,也就是说,本国商品和劳务的出口均为零。如果从总需求的角度来观察国民收入,那么在封闭经济中,国民收入可以分解为私人消费、私人投资和政府购买三个部分。这意味着任何不直接进入私人消费和政府购买的最终产品或服务都会形成企业的厂房设备或存货投资。

以 Y_d 代表国民收入,C 代表私人消费,I 代表私人投资,G 代表政府购买,可以得出封闭经济条件下的一个基本的恒等式

$$Y_d = C + I + G \tag{3.1}$$

如果从总供给的角度来看国民收入,那么在封闭经济下,国民收入的总供给就是产量的总和,也是各种生产要素供给的总和。这一总和可以用各种生产要素相应地得到的收入的总和来表示,即工资、利息、地租和利润的总和来表示。这些收入最终分解为私人消费、私人储蓄和政府税收三个部分。从这个意义上说,在封闭经济下,国民收入可以分解为私人消费、私人储蓄和政府税收。

以 Y_s 代表国民收入,以 S_p 代表私人储蓄,T 代表政府税收,可以得出封闭经济下的另一

个基本的恒等式

$$Y_S = C + S_p + T \tag{3.2}$$

当总需求与总供给相等时达到均衡,即

$$C + I + G = C + S_p + T \tag{3.3}$$

又因为储蓄分为私人储蓄和政府储蓄两部分,以 S 代表储蓄,以 S_g 代表政府储蓄,则有

$$S = S_p + S_g \tag{3.4}$$

将(3.4)式移项得

$$S_p = S - S_g \tag{3.5}$$

政府储蓄等于政府税收减去政府购买,则有

$$S_g = T - G \tag{3.6}$$

将(3.6)式代入(3.5)式得

$$S_p = S - T + G \tag{3.7}$$

将(3.7)式代入(3.3)式得

$$I = S \tag{3.8}$$

(3.8)式表明,在封闭经济下,一国的总投资完全由国民储蓄提供,要使总需求等于总供给,则必须使投资等于储蓄。

二、开放经济下国民收入的恒等式

开放经济指一国与其他国家和地区有贸易往来的经济。在开放经济下,商品、资本和劳动力等生产要素能够跨国界自由流动,一国经济与他国经济相互联系、相互依存。开放经济下,一国将本国生产的部分商品和劳务出口到他国,并从他国进口一部分商品和劳务。一国的国内外的商品和劳务市场通过对外贸易发生联系,一国国内外的金融市场通过国际资本的流动发生联系,由此国内外经济形成一体,相互影响。在开放经济下,投资与储蓄不一定相等,因为一国可以通过进出口来增加或减少储蓄。开放经济下一国的进出口使开放经济下的国民收入的恒等式发生了变化。

在开放经济下,一国的国民收入(Y)是由以下因素构成的:

从总需求角度看

$$Y_d = C + I + G + X \tag{3.9}$$

从总供给角度看

$$Y_S = C + S + T + M + R_f \tag{3.10}$$

其中:C 代表消费支出,I 代表投资,S 代表储蓄,G 代表政府购买支出,T 代表税收,X 代表出口,M 代表进口,R_f 代表转移支付净额。

当总需求等于总供给时,国民经济处于均衡状态,

$$Y_d = Y_S \tag{3.11}$$

即

$$C + I + G + X = C + S + T + M + R_f \tag{3.12}$$

将(3.12)式移项得

$$(I - S) + (G - T) + (X - M - R_f) = 0 \tag{3.13}$$

其中,$(I-S)$ 是投资与储蓄的差额,表示私人部门对商品和劳务的超额需求;$(G-T)$ 是政府收支差额,表示政府对商品和劳务的超额需求,$(X - M - R_f)$ 是经常账户差额,它表示非居民对商品和劳务的超额需求。

三、国民收入账户的宏观经济分析

如果政府收入与支出相等,无财政赤字,那么 G 与 T 抵消,可将(3.13)式变为

$$I + X = S + M + R_f \tag{3.14}$$

(3.14)式表明,投资和出口相当于储蓄和进口以及对外转移支付净额的总和。假设对外转移支付的净额为零,若储蓄超过投资,出口就会超过进口,那么就会产生经常账户顺差,最终导致国际收支顺差。若投资超过储蓄,进口就会超过出口,那么就会发生经常账户逆差,最终导致国际收支逆差。若投资等于储蓄,进口会等于出口,那么经常账户就会均衡,最终导致国际收支的均衡。(3.14)式意味着一国经济达到内部均衡。

在(3.13)式中,$(X - M - R_f)$ 为经常账户差额,将(3.13)式通过移项得

$$X - M - R_f = (S - I) + (T - G) \tag{3.15}$$

令(3.15)式中的 $(X - M - R_f)$ 为 CA,若政府财政无赤字,则

$$CA = S - I \tag{3.16}$$

将(3.16)式通过移项得

$$S = CA + I \tag{3.17}$$

(3.17)式表明,开放经济下国民储蓄可以通过增加资本存量或增加对外净资产形成。开放经济下投资的增加不必依靠提高国民储蓄率,即使保持国民储蓄不变,一国仍可以通过增加对外借款来提高投资水平,即以外债来支付投资所需原料的进口,这时该国经常项目会出现相应的赤字。反之,由于一国国民储蓄超过总投资的部分可以被其他国家借入以增加后者的资本存量,一国经常项目盈余通常被称为对外净投资。可见,资本总是从经常项目的盈余国流向赤字国,为后者国内资本存量的增加提供融资。

由 $S = S_P + S_G$,进一步可将(3.17)式变为

$$S_P + S_G = CA + I \text{ 或 } S_P = CA + I - S_G = CA + I + (G - T) \tag{3.18}$$

(3.18)式在私人储蓄和国内投资、经常项目差额和政府储蓄之间建立了联系。$(G - T)$ 为政府预算赤字,则(3.18)式表明,一国的私人储蓄可以用于购买国外资产(CA),进行国内投资(I),为政府债务($G - T$)提供融资三个方面。

(3.18)式可写为

$$CA = S_P - I - (G - T) \tag{3.19}$$

虽然私人储蓄、国内总投资、经常项目差额及政府赤字是相互关联的变量,但仅从(3.19)式还不能完全确定影响经常项目差额变动的因素。从(3.19)式可知,在其他条件不变的情况下,私人储蓄的上升必然导致经常项目差额的增加,而国内投资和政府预算赤字的增加则导致经常项目差额的减少。

第二节 国际收支与国际收支平衡表

为了全面认识开放经济,就必须详细解读国际收支的定义、国际收支平衡表的内容及其编制。其中,国际收支平衡表是衡量经济开放性的主要工具。

一、国际收支内涵的历史演变

国际收支这一概念最早出现在 17 世纪,国际收支在当时被解释为一国在特定时期内的对外贸易收支。第一次世界大战后,国际经济交易的内容发生了变化,由原先的商品交易扩展为

国际间的资金往来、劳务输出等。国际收支被解释为一国在特定时期内的外汇收支。此释义是建立在支付基础上的，是狭义的解释。第二次世界大战后，国际经济交易的内容和方式发生了很大的变化，为了便于一国的货币当局掌握对外经济交易的总体情形，国际收支的概念就不再以支付为基础，而是以交易为基础。此即广义的国际收支概念。

二、国际收支的定义

国际收支的内涵有狭义与广义之分。狭义的国际收支指一国或一个地区在一定时期的外汇收支，凡是涉及外汇收支的国际经济交易，都列入国际收支账户。广义的国际收支包括了一国或一个地区在一定时期内的全部国际经济交易，即除了涉及外汇收支的国际经济交易外，还包括各种不涉及外汇收支的经济交易，如记账贸易、易货贸易等。

从以下三个方面可以正确把握广义国际收支的概念：

（1）国际收支记录的是一国的国际经济交易。国际经济交易反映的是一国居民与他国居民之间所发生的货物、服务、资产的交易。

（2）国际收支是以经济交易为统计基础的。所谓经济交易是指商品、劳务、资产的所有权从一国转移到另一国的行为。一国的国际收支所记录的各项对外交易，不仅包括具有外汇收支的国际交易，还包括不涉及外汇收支的国际交易。

（3）国际收支是一个流量概念。国际收支反映的是一国统计期内国际经济交易的发生额、变动额。统计期可以是一年，也可以是半年或一个季度。国际收支是对已发生的交易进行记录。

国际货币基金组织在《国际收支手册》中对国际收支的定义为：国际收支是以统计报表的方式，系统记载特定时期内一经济体与世界其他地方的各项经济交易，交易大部分在居民和非居民之间进行，包括货物、服务和收益、对世界其他地区的金融债权和债务的交易以及单向转移。

三、国际收支平衡表及其内容

国际收支平衡表是按照一定的编制原则和格式，系统记录一个国家在一定时期内发生的国际经济交易的统计报表，也称作国际收支账户。

（一）国际收支平衡表的编制原理与规则

国际收支平衡表是按照"有借必有贷，借贷必相等"的复式簿记原理编制的，每笔交易都由两笔价值相等、方向相反的项目表示。无论是实际资源还是金融资源，借方表示该国资产持有量的增加或负债的减少，贷方表示资产持有量的减少或负债的增加。国际收支平衡表的记账规则是：凡是对外国支出货币（即引起外汇需求）的交易计入借方，亦称负号项目；凡是从国外获得货币收入（即引起外汇供给）的交易计入贷方，亦称正号项目。

（二）国际收支平衡表的账户设置

国际收支平衡表按国际货币基金组织出版的《国际收支手册》第五版的标准内容，主要由经常账户、资本与金融账户、平衡账户三大项组成。

1. 经常账户

记录实际资源在国际间转移的科目，是国际收支平衡表中最基本和最重要的往来项目。经常账户由货物、服务、收益和经常转移四个项目构成。

（1）货物

货物又称贸易收支或有形贸易，记录货物的进出口，是经常账户乃至整个国际收支账户较为重要的项目。进（出）口值为进（出）口的数量与其价格的乘积，根据国际收支统计口径的要求，出口、进口都采用离岸价格计价（FOB）。在国际收支平衡表上，出口记贷方，进口记借方。

（2）服务

服务又称劳务收支或无形贸易，记录服务的进出口，包括运输、通信、旅游、建筑服务、保险服务、金融服务、计算机和信息服务、专有权使用费和特许费、咨询、广告、宣传、电影和音响及其他商业服务等劳务的收入与支出。在平衡表上，服务的收入记贷方，服务的支出记借方。

（3）收益

收益是记录生产要素（劳动力和资本）在国际间流动所形成的收入和支出，主要包括职工报酬和投资收入。职工报酬指个人在非居民经济体获得的职工报酬。投资收益包括直接投资收入、证券投资收入以及其他投资收入。直接投资收入指股本收益（即利润和再投资收益）和债务收入（即利息）；证券投资收入指股息、利息等；其他投资收入指其他资本（贷款等）产生的利息。职工报酬和投资收益所形成的收入记贷方，职工报酬和投资收益所形成的支出记借方。

（4）经常转移

经常转移又称单方面转移或无偿转移，记录无须等价交换或不要求偿还的经济交易。主要包括私人转移与政府转移。私人转移包括侨汇、年金、捐赠、赡养费等。政府转移包括经济和军事援助、战争赔款、债务豁免、捐款等。经常转移是将其视为一项市场交易，按市场价格的交易额计入该项目。经常转移形成的收入计入贷方，支出记入借方。

2. 资本与金融账户

资本与金融账户记录居民与非居民之间资产所有权的转移，包括资本项目和金融项目。贷方反映资本流入，对外金融负债的增加和金融资产的减少。借方反映资本流出，对外金融资产的增加和金融负债的减少。

（1）资本账户

资本账户记录非居民与居民之间的资产转移，主要包括资本转移与非生产、非金融资产交易。资本转移包括固定资产所有权的资产转移，同固定资产收买或放弃相联系的或以其为条件的资产转移。非生产、非金融资产交易是指记录与商品和劳务的生产相关但本身却不能被生产出来的有形资产（如土地和地下资源等）及非生产性的无形资产（如商标、专利权、版权等）在一国和他国之间的交易。非生产、非金融资产的收买记借方；非生产、非金融资产的放弃记贷方。

（2）金融账户

金融账户记录居民与非居民之间投资与借贷的增减变化，包括本国对外资产和负债的所有权变动的所有交易。它由直接投资、证券投资、其他投资构成。

直接投资，记录一个经济体的居民（直接投资者）在本国以外运行企业（直接投资企业）获取有效发言权为目的的投资。直接投资的形式有：直接设立企业、收购国外已有企业（购股10%以上）、收益的再投资。借方表示本国对外直接投资增加，或者外商企业的撤资和清算资金汇出本国；贷方表示本国撤资和清算以及母子公司资金往来的外部资金流入，或者外国投资者在本国的直接投资增加。

证券投资，记录在证券市场上购买他国政府发行的债券、企业发行的中长期债券以及股票所进行的投资。借方表示本国持有的外国证券资产增加，贷方表示本国持有的外国证券资产减少。

其他投资，记录直接投资、证券投资、储备资产所未包括的金融交易，包括长短期贸易信贷、贷款、货币和存款，以及应收应付账款等。一般而言该项目的流动性很强。

3. 平衡账户

（1）储备资产

储备资产，也称官方储备，记录一国货币金融当局拥有的对外资产，包括外汇、货币黄金、特别提款权、在国际货币基金组织的储备头寸。当国际收支出现顺差或盈余时，储备资产增加，记在该项目的借方；当国际收支出现逆差或赤字时，储备资产减少，记在该项目的贷方。可以看出，储备资产的变动，轧平了国际收支的差额，使国际收支从账目上达到平衡。

（2）错误与遗漏项

国际收支平衡表采用复式记账法，所有项目的借方总额和贷方总额总是相等的。由于统计资料来源不同或资料不全，或资料本身错漏或未记录，造成统计上的误差和遗漏，导致国际收支借方与贷方金额不相等。为了编制出完整、准确的国际收支平衡表，故设立这一项目，使借贷双方总额人为地达到平衡。因此，如果借方总额大于贷方总额，其差额计入错误与遗漏账户的贷方；反之，记入借方。错误与遗漏项能够在一定程度上反映一国国际收支统计质量的高低。根据国际惯例，只要错误遗漏项占国际收支口径的货物进出口额的比重不超过5%，则都可以接受。

上述账户可见表3-1国际收支平衡表的标准组成部分。

表3-1 国际收支平衡表：标准组成部分

	贷方	借方
I. 经常账户		
A. 货物和服务		
a. 货物		
① 一般商品		
② 用于加工的货物		
③ 货物修理		
④ 各种运输工具在港口采购的货物。包括燃料、给养和物资等		
⑤ 非货币黄金		
b. 服务		
① 运输		
② 旅游		
③ 通信服务		
④ 建筑服务		
⑤ 保险服务		
⑥ 金融服务		
⑦ 计算机和信息服务		
⑧ 专有权力使用费和特许费		
⑨ 其他商业服务		
⑩ 个人文化和娱乐服务		
B. 收入		
a. 职工报酬		
b. 投资收入		
① 直接投资		
② 证券投资		
③ 其他投资		

（续　表）

	贷　方	借　方

- C. 经常转移
    - a. 各级政府
    - b. 其他部门
        - ① 个人的汇款
        - ② 其他转移
- II. 资本和金融账户
    - A. 资本账户
        - a. 资本转移
            - ① 各级政府
            - ② 其他部门
        - b. 非生产、非金融资产的收买或放弃
    - B. 金融账户
        - a. 直接投资
            - ① 国外直接投资
            - ② 在报告经济体直接投资
        - b. 证券投资
            - ① 资产
            - ② 负债
        - c. 其他投资
            - ① 资产
            - ② 负债
- III. 错误与遗漏账户
- IV. 储备资产
    - A. 货币黄金
    - B. 特别提款权
    - C. 在基金组织的储备头寸
    - D. 外汇
        - a. 货币和存款
            - ① 货币当局
            - ② 银行
        - b. 有价证券
            - ① 股本证券
            - ②（中）长期债券
            - ③ 货币市场工具和派生金融工具
    - E. 其他债权

资料来源：国际货币基金组织：《国际收支手册》（第五版）（中文版），国际货币基金组织语言局译。

四、国际收支平衡表的编制

国际收支平衡表是按照复式记账原理编制出来的会计报表。复式记账原理是国际会计的通行准则,即每笔交易都是由两笔价值相等、方向相反的账目构成。即以借贷作为符号,按照"有借必有贷,借贷必相等"的原则来记录每笔国际经济交易。借方记录资产的增加和负债的减少,贷方记录资产的减少和负债的增加,每笔交易都会产生一定金额的一项借方记录和一项贷方记录。根据复式记账原理,每笔经济交易用两个或两个以上的有关账户同时进行记录,从而全面的、相互联系的反映因每项经济交易所引起的外汇资金来源和运用的增减变动。

在会计上,商品劳务的进出口和从外国获得的要素收入等经济行为都对应着一国对外资产负债的相应变化,通常一笔贸易流量对应着一笔金融流量。因此,可以运用复式记账原理将国际收支的各种经济行为归入两类账户:反映商品劳务的进出口和净要素支付等实际资源流动的纳入"经常账户";反映所有权流动的纳入"资本和金融账户"。这样,同一行为就在不同账户被记录两次,从而较为完整地反映出一国国际收支状况。

在具体运用复式记账原理编制国际收支平衡表时,主要运用以下记账原理:

(1) 任何一笔交易发生,必然涉及借方和贷方两个方面,有借必有贷,借贷必相等。

(2) 所有国际收支项目都可以分为资金来源项目(如出口)和资金运用项目(如进口)。资金来源项目的贷方表示资金来源(即收入)增加,借方表示资金来源减少。资金运用项目的贷方表示资金占用(即支出)减少,借方表示资金占用增加。

(3) 凡是有利于国际收支顺差增加或逆差减少的资金来源增加或资金占用减少均记入贷方;凡是有利于国际收支逆差增加或顺差减少的资金来源减少或资金占用增加均记入借方。

以 A 国在某时期内的国际经济交易为例,说明其国际收支平衡表的编制,如表 3-2 所示。

A 国在某时期内的国际经济交易如下:

(1) 香港商人向 A 国某计算机公司购进价值 1 000 000 美元的电脑,这说明 A 国出口商品,所以应记在"货物"的贷方,同时也表明 A 国的外汇资产增加,所以应记在"其他投资"的借方。

借:其他投资　　　　　1 000 000 美元
　　贷:货物　　　　　　1 000 000 美元

(2) A 国公司向日本购买 850 000 美元的儿童玩具,这项交易反映了 A 国输入商品,应记入"货物"的借方,同时 A 国的外汇资产减少,所以应记入"其他投资"的贷方。

借:货物　　　　　　　850 000 美元
　　贷:其他投资　　　　850 000 美元

(3) A 国一著名歌星的唱片海外销售 136 000 美元,这项交易反映了 A 国服务输出,应记入"服务"的贷方,同时 A 国在国外银行的美元存款增加,即意味着 A 国的外汇资产增加,所以应记入"其他投资"的借方。

借:其他投资　　　　　136 000 美元
　　贷:服务　　　　　　136 000 美元

(4) 法国政府为了增加美元外汇储备,在 A 国的资本市场出售为期十年的 400 000 美元公债。A 国官方买了此项公债而获得了外国长期证券资产,所以应记入"证券投资"项目的借方,同时 A 国的官方储备资产减少,所以应记入"官方储备"的贷方。

借:证券投资　　　　　400 000 美元
　　贷:官方储备　　　　400 000 美元

（5）A 国政府向伊拉克提供 190 000 美元的食物援助，该交易说明 A 国政府对外提供援助（属单方转移）的同时出口了商品，所以应记入"货物"的贷方和"经常转移"项目的借方。

借：经常转移　　　190 000 美元
　　贷：货物　　　　190 000 美元

（6）A 国的某公司获得国外证券投资收益 600 000 美元，并存放在国外银行账户上。该交易分别记录在证券投资收入的贷方和其他投资的借方。

借：其他投资　　　600 000 美元
　　贷：证券投资收入　600 000 美元

（7）A 国某个人居民在国外旅游，用旅行支票支付了 20 000 美元的费用，此项交易是旅游服务输入，应记入"服务"项目中的借方，同时因国外银行存款减少，所以应记入"其他投资"的贷方。

借：服务　　　　　20 000 美元
　　贷：其他投资　　20 000 美元

（8）A 国政府动用国外银行存款向某国中央银行买进了价值 3 200 000 美元的黄金，黄金视为官方储备，输入黄金实际上是增加一部分官方储备资产，所以应记入"官方储备"的借方。同时，A 国国外银行存款减少，应记入"其他投资"的贷方。

借：官方储备　　　3 200 000 美元
　　贷：其他投资　　3 200 000 美元

表 3-2　A 国国际收支平衡表

单位：万美元

项　目	借　方	贷　方	差　额
经常项目	106	192.6	−86.6
货物	85（2）	100（1）	
		19（5）	
服务	2（7）	13.6（3）	
收入		60（6）	
经常转移	19（5）		
资本金融项目	213.6	407	−193.4
证券投资	40（4）		
其他投资	100（1）	85（2）	
	13.6（3）	2（7）	
	60（6）	320（8）	
储备资产	320（8）	40（4）	280
总计			0

五、国际收支平衡表的差额

国际收支平衡表的借贷双方总额相等并不意味着各个具体项目的借贷双方相等。在大多数情况下，各个具体项目的借方和贷方经常是不相等的，会产生差额。若贷方大于借方，表明国际收支顺差；若贷方小于借方，表明国际收支逆差。

贸易差额，是指货物进出口相抵后的差额，反映了一国货物进出口的状况。如果出口大于进口，则表明贸易收支顺差；反之相反。

经常项目差额，是贸易差额、服务差额、收益差额和经常转移差额的合计，反映了一国贸易、非贸易以及单方面转移收支的状况。如果经常项目的贷方大于借方，表明经常项目顺差；反之相反。

基本差额，是经常项目差额与长期资本项目差额之和，反映了一国基本而长期的对外经济地位。如果基本差额的贷方大于借方，表明基本差额为顺差；反之相反。

资本和金融项目差额，是资本项目差额和金融项目差额之和，反映了一国由于资本流出流入所形成的对外债权债务状况。如果该项目的贷方大于借方，表明资本和金融项目是顺差，或资本净流入；反之相反。

国际收支总差额，也称综合账户差额，是经常项目差额、资本和金融项目差额和净错误与遗漏项目之和。它反映了国际收支的最终结果，以及该国黄金外汇储备以及其他国际储备资产和全部对外负债的对比。如果该项目的贷方大于借方，表明国际收支顺差；反之相反。从平衡表上看，国际收支总差额应该等于储备资产的差额，即与官方储备资产的增减变动的绝对值一致。总差额为正，储备资产增加，反之减少。因此国际收支总差额是相应地通过储备资产的变动调整来平衡国际收支。

第三节　国际收支的分析、失衡与调节

国际收支不仅有会计上的意义，更有经济上的意义，因此有必要进行国际收支的经济分析。国际收支失衡的存在及其负面影响使国际社会和各个国家都十分关注国际收支的调节问题。国际收支的分析方法、国际收支平衡的判断、国际收支与主要宏观经济变量的关系、国际收支失衡的类型、国际收支失衡的影响及国际收支的调节是本节的主要内容。

一、国际收支的分析方法

国际收支的分析方法主要有以下三种：

（1）静态分析

静态分析是指分析一国在某一时期的国际收支平衡表，计算和分析表中各个项目及其差额；分析各项目差额形成的原因及对国际收支平衡的影响；在分析各个项目差额形成的原因时，还应结合一国政治经济变化的其他资料，进行综合分析，以找出某些规律性的东西。

（2）动态分析

动态分析是指分析一国若干连续时期内的国际收支平衡表。由于一国在某一时期内的国际收支往往同以前的发展过程相联系，因此，在分析一国的国际收支时，仅进行静态分析是不够的，还应结合动态分析，把握国际收支的变动趋势，从而实现国际收支的长期动态平衡目标，而不仅仅局限于当年的国际收支是否平衡的短期目标。

（3）比较分析

比较分析包括纵向比较和横向比较。纵向比较是指分析一国若干连续时期内的国际收支平衡表，即上述动态分析。横向比较是指对不同国家在相同时期的国际收支平衡表进行比较分

析，从而找出本国与其他国家的差距或是国际经济领域的互补性，为缩小差距或是寻求国际合作提供依据。

从分析内容来看，国际收支包括总额分析和差额分析。在分析过程中，主要运用的是静态分析，同时结合动态分析和比较分析。

总额分析又包括规模分析和构成分析。规模分析是指分析国际收支的总体规模与各个项目的规模及其变化，主要包括贸易总额、经常账户总额、资本和金融账户总额以及国际收支总额。某账户的总额是指该账户的借方总额和贷方总额加总。构成分析是指分析国际收支各子项目占总项目的比重。

在国际收支分析中，更重要的是差额分析。我们已经知道，国际收支账户是一种事后的会计性记录，复式记账法使它的借贷双方在整体上是平衡的，即借方总额和贷方总额最终必定相等。但就每一个具体项目而言，借方和贷方经常是不相等的，双方抵消后，会产生一定的差额，称为局部差额，其中较为重要的局部差额有：贸易账户差额、经常账户差额、资本和金融账户差额。若特定账户的差额为正，则称该账户为顺差（盈余），若差额为负，则称该账户为逆差（赤字）。通常所说国际收支顺差或逆差，是针对总差额而言的。

二、国际收支平衡的判断

国际收支从平衡表上看，总是处于平衡状态。这种账面的平衡并不是经济意义上平衡的反映。从经济意义上判断国际收支的平衡，应该从国际经济交易的性质入手。国际经济交易反映到国际收支平衡表上有若干项目，各个项目都有各自的特点和内容。按其交易的性质可以分为自发性（自主性、事前）交易和调节性（补偿性）交易。

自主性交易，又称事前交易，是指经济主体出于某种经济目的而进行的交易，如货物、劳务的进出口，资本交易等。自主性交易是经济主体或个人的意志行为，具有自发性和分散性，往往收支不能平衡，极易导致外汇的超额需求或供给。自主性交易差额主要反映在基本差额之中。

调节性交易是指为了弥补自主性交易差额而进行的相关交易，如向外国政府或国际金融机构借款，动用官方储备等。当自主性交易发生不平衡，出现缺口或差额时，常常是通过调节性交易，即通过外部融资或官方储备资产的运用使国际收支人为地达到平衡，但是这种平衡只是账面上、形式上的平衡。因此，自主性交易和调节性交易可作为判断国际收支是否平衡的依据。只有当自主性交易中的收支总额相等或基本相等，或者说，基本差额趋向于零时，才表明实现了国际收支经济意义上的平衡；否则，国际收支失衡。

国际收支的失衡不仅仅涉及逆差，顺差同样也是一种失衡。要实现经济意义上的国际收支平衡是有难度的。在现实生活中，国际收支失衡的现象是经常的、绝对的，而平衡却是偶然的、相对的。此外，还要根据经济发展的情况来判断一国的国际收支是否平衡。对于一个正处于经济起飞阶段的国家来说，国际收支有些逆差，一般被认为是正常的，可以看做基本平衡。

在西方经济学中，国际收支均衡是指一国处于国际收支既没有盈余又没有赤字的状态。如果以 BP 表示国际收支差额，那么国际收支均衡的条件是：$BP=0$。若考察国际间的商品流动而不考察国际间的资本流动，则国际收支均衡条件是出口＝进口。若考察国际间的资本流动而不考察国际间的商品流动，则国际收支均衡条件是资本输出额＝资本输入额。若同时考察国际间的商品流动和资本流动，以 F 表示净出口额，以 K 表示资本净流出额，那么 $BP=F-K$，要使 $BP=0$，则必须使 $F=K$。

三、国际收支与主要宏观经济变量之间的关系

作为一国外部经济的体现,国际收支是整个国民经济的组成部分,并与一国的内部经济相联系。这些联系可以通过一组基本等式表现出来,这组基本等式刻画了国内收入和支出与储蓄、消费、投资,进而与资本金融账户、经常账户之间的联系。通过利用这些基本等式,人们能认识一国与世界其他国家联系的特性,了解国际经济政策与国内经济之间的相互作用。

(一) 资本项目差额与投资储蓄差额的关系

国民收入账户提供了一个记录国民产出,并显示其各个要素如何受国际交易影响的会计框架。国际收入或产出由消费和储蓄组成,即

$$国民收入(Y_1) = 消费(C) + 储蓄(S) \tag{3.20}$$

同样,国民支出由消费和投资构成,即

$$国民支出(Y_2) = 消费(C) + 投资(I) \tag{3.21}$$

这样,国民收入与国民支出之差就等于储蓄与投资之差,即

$$国民收入(Y_1) - 国民支出(Y_2) = 储蓄(S) - 投资(I) \tag{3.22}$$

该式表明,如果一国的收入超过其支出,储蓄就会超过投资,产出盈余资本。该盈余资本投资于国外,出现净资本流出。这种资本流出会以资本账户逆差和(或)官方储备资产增加的形式出现。相反,一国的支出大于其收入,国内投资会超过其储蓄,并产生净资本流入,这种资本流入会以资本账户顺差和(或)官方储备资产减少的形式出现。

(二) 资本项目差额与经常项目差额

从国民收入账户入手,如果从国民产出中扣除国内产出和劳务的支出,剩余的产品和劳务必须等于出口,同样,如果从总支出中扣除国内产出和劳务的支出,剩余的支出必须等于进口。由此得到一个新的等式:

$$储蓄(S) - 投资(I) = 出口(X) - 进口(M) \tag{3.23}$$

如果一国储蓄大于投资,该国会出现经常项目顺差,(3.23)式表明,如果一国有高储蓄率,无论是绝对量还是相对量,该国都易于出现顺差。反之相反。

因为储蓄减去投资等于净国外投资,这样可以得出下面的等式:

$$净国外投资(S - I) = 出口(X) - 进口(M) \tag{3.24}$$

(3.24 式) 表明经常项目差额必须等于净资本流动额,即通过向国外销售而获得的外汇,要么用于进口,要么变成了对外国的债权,净额等于该国的资本流出。如果经常项目顺差,该国是一个资本净输出国;而经常项目逆差则表示该国是一个资本净输入国。因此,经常项目的逆差要等于资本项目的顺差。(3.24)式还表明,购买的货物、服务多于国内生产的货物和服务的那部分差额必须通过国际贸易获得,必须通过国外的借入来融资。这样,在浮动汇率制下,经常项目差额和资本项目差额彼此抵消。由于官方对外汇市场的干预,经常项目差额加资本项目的差额加官方储备额的变动应该等于零。

(三) 经常项目差额与政府财政收支差额

在前面的关系讨论中,政府的支出和税收都包括在国内总支出和收入中。通过区别政府方面和私人方面,我们可以看出政府预算状况对经常项目的影响。

国民支出主要包括居民支出、私人投资和政府支出。居民支出等于国民收入减去私人储蓄和税收。将这些关系进行综合,便可得到下列等式:

$$\begin{aligned}国民支出(Y_2) &= 居民支出(y) + 私人投资(i) + 政府支出(g) \\ &= 国民收入(Y_1) - 私人储蓄(s) - 税收(t) + 私人投资(i) + 政府支出(g)\end{aligned}$$

国民支出(Y_2) − 国民收入(Y_1) = 私人投资 − (i) 私人储蓄(s) + 政府财政收支(g_1)

(3.25)

（3.25）式表明，超额国民支出由两部分构成：私人投资超过私人储蓄部分和政府财政收入支出状况。由于国民支出减去国民收入等于净资本流入，因此（3.25）式同样表明超额国民支出等于净国外借入。

一国的经常项目差额等于私人的储蓄盈余减去政府财政预算差额，即

经常项目差额 = 私人储蓄盈余 − 政府预算赤字 (3.26)

根据（3.26）式可知，经常项目逆差是由于没有足够的储蓄来资助其私人投资和政府预算赤字造成的；经常项目顺差则是因为储蓄超过了所需的对其私人投资和政府预算赤字的融资造成的。（3.26）式的重要意义在于：表明经常项目差额只有在改变了私人储蓄、私人投资或政府收支状况的情况下才有效；任何不能影响该等式关系的政策和措施都不会使经常项目差额发生变化。

四、国际收支失衡的类型

国际收支失衡形成的具体原因不同，根据这些原因，国际收支失衡有以下类型：

（一）结构性失衡

结构性失衡是指各种结构性因素引起的国际收支失衡。从全球经济看，各国之间经济发展的不平衡是造成各国国际收支失衡的重要原因。各国经济的对外发展不仅取决于各国的国内经济发展状况，还取决于各国在全球范围内实现资源的优化配置中所处的地位。国际收支的平衡主要取决于经常项目和长期资本流入状况，而这些又视国内的储蓄——投资状况而定。全球性的储蓄——投资不平衡会引发全球经济的失衡，进而形成结构性的贸易顺差国与逆差国。从一个国家的视角来看，如果一国的出口结构、产业结构不能随商品、劳务的国际需求与供给的变动而调整，不能随现代生产技术的变化而创新，就会使本国出现结构性国际收支失衡。

（二）周期性失衡

周期性失衡是指一国经济周期波动所引起的国际收支失衡。受经济内在规律影响，经济活动会呈现周期性波动，并对国际收支产生影响，如在经济繁荣时期，国际贸易容易出现顺差；而在经济萧条时期可能会出现贸易逆差。在国际间经济关系日益密切的现实情况下，主要国家经济周期的变动也影响到其他国家的经济情况。当工业国家处于衰退期时，对发展中国家的出口产品需求下降，造成发展中国家出口的减少进而导致其国际收支失衡。

（三）收入性失衡

收入性失衡是指国民收入增减的变化引起的国际收支失衡。一般来讲，一国国民收入的增加，会使本国的消费增加，其商品、服务等进口也可能随之增加，造成贸易和非贸易支大于收。反之，国民收入减少亦会导致支大于收。但是，当一国收入的增加是由劳动生产率的提高推动的，成本下降可能会促进出口快速增长。

（四）货币性失衡

货币性失衡是指货币供应量的相对变化或利率、汇率等货币性因素所引起的国际收支失衡。在一定的汇率水平下，一国因货币供应量增长过快，出现通货膨胀，会使其商品成本与物价水平相对的高于其他国家，那么该国的商品输出必然会受到抑制，而商品输入会受到鼓励，从而使国际收支发生逆差。

（五）偶然性失衡

偶然性失衡是指偶然因素引起的国际收支失衡。自然灾害、政局动荡、战争、国际商品价

格的偶然变动等因素会引起出口减少、进口增加从而造成国际收支失衡。这种失衡一般持续时间不长，故也称之为暂时性失衡。

五、国际收支失衡的影响

虽然国际收支失衡是无法避免的，但对于一国而言，国际收支出现持续、大量的不平衡，无论是逆差还是顺差，对这个国家来说，其经济都会受到不利的影响。

国际收支顺差的影响具体表现在：外汇储备大量增加，外汇占款迫使本币投放增加，使该国面临通货膨胀的压力和资产泡沫隐患。本国货币汇率上升，会使出口处于不利的竞争地位，进而影响本国的就业；本国汇率上升，会使外汇储备资产的实际价值受到外币贬值的影响而减少；本国汇率上升，本币成为硬币，易受外汇市场抢购的冲击，破坏外汇市场的稳定；一国的顺差意味着经济伙伴国的逆差，从而加剧国际间的摩擦。

国际收支逆差的影响具体表现在：持续巨额的国际收支逆差会导致外汇资源短缺、本币贬值，进而引起进口商品价格和国内物价上涨；该国货币当局动用国际储备阻止本币贬值，会消耗国际储备、减少货币供应，影响经济增长、削弱本国对外金融实力；本币贬值会加剧资本外逃，影响国内投资和金融市场的稳定；逆差迫使本国向外大举借债，加重本国对外债务负担，拖累经济增长。

国际收支顺差，尤其是劳动生产率提高引起的，会推动一国经济增长使国际储备增加、国际地位提高。相比而言逆差危害更大，各国更加重视。但无论哪一种差额都不利于一国经济长期稳定的增长，因此各国都会积极地采取相应措施进行调节。

六、国际收支调节的一般原则

各个国家在选择国际收支调节方式时，一般遵循下列原则：

（一）按照国际收支失衡的类型选择调节方式

国际收支失衡有不同的类型，在选择调节方式时应该按照失衡的性质和类型采取不同的调节方式。如果是货币性失衡，一般采取调整汇率即货币比价的方式；如果是结构性失衡，就采取贸易管制、外汇管制，或利用国家的财政、货币政策干预，为长期的平衡调整创造条件；如果是周期性失衡，可采取国外借贷的方式来调节，亦可动用国际储备。

（二）选择调节方式时应尽量实现内外部均衡

宏观经济管理的目标是要实现内外部均衡。实现国际收支平衡的经济政策在实施过程中，常常会与物价稳定、充分就业、经济增长这些内部均衡目标发生矛盾或冲突。例如，一国出现顺差和通货膨胀时，若实行降低利率这种扩张性货币政策来减少顺差，会使国内的通货膨胀进一步加剧。因此，选择调节国际收支的政策时，应从一国经济全局考虑，灵活运用多种政策、相互配合，确保优先目标实现的同时兼顾其他目标。

（三）注意减少国际收支调节措施激化国际社会矛盾

经济全球化一方面使得各国经济交流障碍减少，互动性加强；另一方面各国仍保留着重要的经济主权，自主决定贸易政策、汇率政策、货币政策。这些政策在调节本国国际收支的同时，也会对其他国家产生影响。一些国家从本国利益出发，对他国单方面采取"贸易保护"、"贸易制裁"、"故意贬值"等以邻为壑政策，在达到平衡本国国际收支的同时也激化了国际社会矛盾，致使他国亦采取报复性措施。因此，政府在选择调节政策时，应该顾及国际社会的反应。

七、国际收支的调节机制

国际收支失衡的调节包括市场机制的自动调节和政府的政策性调节两个方面。自动调节机制是利用市场经济运行的内在规律,通过货币、利率、物价和汇率等经济变量的变动自动恢复国际收支平衡的调节机制。

(一)国际收支的自动调节机制

1. 物价-现金流动机制

物价-现金流动机制是由英国经济学家大卫·休谟在18世纪提出的,亦称为价格-铸币机制。该机制主要说明金本位制下贸易收支的差额通过黄金的流出流入和物价水平的变动自动恢复均衡的调节作用。调整过程如下:

贸易收支逆差→黄金流出→货币供应下降→国内物价下降→出口增加、进口减少 贸易收支顺差→黄金流入→货币供应增加→国内物价上升→出口减少、进口增加

价格铸币机制的调整过程如下图(图3-1)所示:

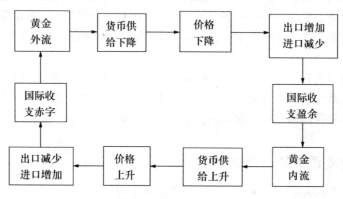

图3-1 价格铸币机制

"物价-现金流动机制"随着金本位制的崩溃也就不复存在了。然而,自动调节的基本原理没有消失,其他经济变量的自动调节作用仍然存在,并被人们斟酌运用。

2. 纸币流通条件下的自动调节机制

(1)利率机制。国际收支逆差→外汇储备减少→货币供应量减少→利率上升→资本内流→国际收支顺差

(2)价格机制。国际收支逆差→外汇储备减少→货币供应量减少→利率上升→国内支出减少→物价下跌→出口增加、进口减少→国际收支顺差

(3)收入机制。国际收支逆差→外汇储备减少→货币供应量减少→利率上升→国内支出减少、国民收入下降→出口增加、进口减少→国际收支顺差

(4)汇率机制。国际收支逆差→外汇需求大于供给→本币汇率下跌→本国产品价格竞争力提高→出口增加、进口减少→国际收支顺差

利率机制、收入机制、价格机制的调整过程如图3-2所示。

3. 国际收支自动调节机制发挥作用的条件

(1)发达、完善的市场经济环境。市场调节机制要求国民经济活动如投资、消费、资本的流出入对利率的反应较为敏感;商品的进出口弹性比较充分,即收入和价格的变动足以引起商品进出口数量的较大变动。这在很大程度上要看国内外各种市场的发达程度,商品市场、生产要素市场、金融市场是否都是一个充分有效的市场。

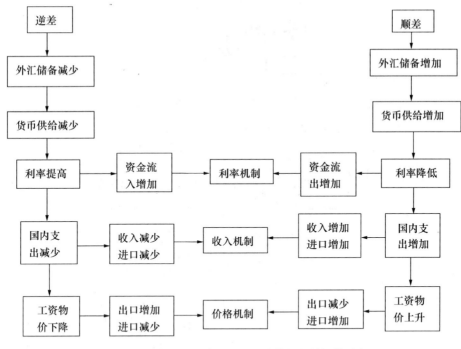

图 3-2 利率机制、收入机制、价格机制的调整过程

(2) 国内宏观经济目标受损的承受能力。自动调节主要通过国内宏观经济变量,如货币供应量、利率、收入、价格等的变动实现对国际收支的调节作用。在自动恢复均衡的过程中往往是以牺牲国内宏观经济目标为代价的,比如收入机制效应的发挥是以经济衰退、失业率上升、国民收入减少换来的。也就是说自动调节机制难以达到内外部的均衡,而且自动恢复均衡是一个比较漫长的过程,这就更加需要依赖一国国内宏观经济目标受损的承受能力。

(二) 国际收支的政策性调节

国际收支自动调节需要满足一些较为严格的条件,因此许多国家在国际收支失衡时往往采取政策性调节,如图 3-3 所示。

国际收支调节政策分为融资和调整两个方面。融资又称为外汇缓冲政策,是指一国政府运用自有或借入的外汇资源来弥补国际收支失衡产生的外汇缺口,从而恢复均衡。融资分为内部融资和外部融资,内部融资是集中国内外汇资源,外部融资是对外借入外汇。但无论哪一种融资,不仅要付出一定代价,而且规模有限,故只能应付临时性、季节性的国际收支失衡,不能解决巨额、长期的失衡。因此一国面临长期国际收支失衡时,在融资的同时主要依赖调整。

按对社会总需求的水平和结果的影响不同,调整可分为支出变更政策和支出转换政策。支出变更政策,主要通过对改变社会总需求或总支出水平,从而改变对外国商品、劳务和金融资产的需求,达到调节国际收支的目的,如财政政策、货币政策。国际收支顺差时,政府采取扩张性的财政、货币政策,以扩大国内投资和消费,引起进口增加、出口减少,促使资本流出,使国际收支恢复平衡。国际收支逆差时,政府采取紧缩性的财政、货币政策,具体措施包括削减财政开支、提高税率、增加税收等财政性措施和提高贴现率、增加存款准备金、在公开市场卖出有价证券、紧缩银根等货币性措施,这样一方面使国内总需求收缩、投资和国民收入减少、消费下降、物价下跌,从而促进出口、抑制进口;另一方面较高的利率水平还可吸引国际资本流入,改善资本项目的收支,使国际收支趋于平衡。

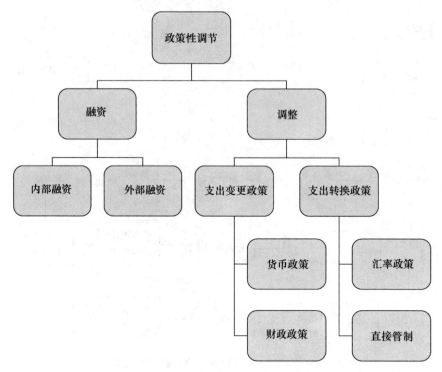

图 3-3 国际收支的政策性调节

支出转换政策，在不改变社会总需求的情况下，通过改变需求和支出方向，从而改变支出在本国商品劳务和外国商品劳务之间的比重，达到调节国际收支的目的，如汇率政策、直接管制。汇率政策通过汇率变动，改变进出口商品和劳务的相对价格，从而改变国内居民的支出或消费的方向，改变进出口的对比关系。当出现逆差时，通过降低本国货币汇率；当出现顺差时，通过提高本国货币汇率，使国际收支得到改善。汇率政策的调节效果取决于进出口价格的弹性，从而与一国的经济结构、外贸结构有直接关系。同时，汇率政策的实施会使官定汇率与市场均衡汇率发生脱节，出现汇率的高估或低估，由此产生复杂的影响，并且还容易引起国际间的矛盾和摩擦。直接管制指以行政命令的办法对国际经济交易进行直接干预，恢复国际收支的平衡。当一国出现结构性国际收支失衡时，政府通常采用直接管制的方法。直接管制包括贸易管制和外汇管制。贸易管制是指对进出口贸易进行直接管制，比如：进出口许可证制，进口配额制、进口技术标准、歧视性采购政策等保护贸易的措施。外汇管制指对外汇收支与外汇价格、国际结算采取的限制性措施。用直接管制的措施平衡国际收支，效果较为迅速、显著，使用灵活，对于市场发育程度较低的发展中国家具有可操作性。但是，也容易产生寻租腐败行为、管理成本高、恶化国际经济关系等问题。

第四节　国际收支理论

国际收支理论主要研究国际收支的决定因素和国际收支的调节政策。本节主要介绍弹性分析理论、对外贸易乘数理论、吸收分析理论、货币分析理论、结构论、政策配合理论以及一般均衡理论。

一、弹性分析理论

弹性分析理论采用局部均衡的分析方法,从进出口商品的供求弹性方面,研究在收入不变条件下,汇率变动对贸易收支的调节作用和对贸易条件的影响。该理论由英国经济学家马歇尔最早提出,以后在20世纪30代又有勒纳、琼·罗宾逊、梅茨勒等进行了补充和发展,使该理论从体系上趋于完善。

(一)进出口的供求弹性

价格变动会影响需求和供给数量的变动,供求弹性就是供应(需求)数量的变动率与其价格变动率的比率。进出口方面的弹性如下所示:

出口需求弹性 = 出口商品需求量的变动率/出口商品价格的变动率
进口需求弹性 = 进口商品需求量的变动率/进口商品价格的变动率
出口供给弹性 = 出口商品供应量的变动率/出口商品价格的变动率
进口供给弹性 = 进口商品供应量的变动率/进口商品价格的变动率

弹性实质上就是反应数量的变动率与其价格变动率之间的比例关系,这种比例关系的值越高,弹性越高;反之相反。

(二)马歇尔-勒纳条件

马歇尔-勒纳条件的假设:

(1)弹性分析建立在局部均衡分析基础上,这意味着只考虑在进出口市场上汇率变化的影响。假设其他条件如收入、其他商品价格、偏好等不变,进出口需求曲线本身的位置不变。货币贬值的价格效应和收入效应被忽略。

(2)所有有关产量的供给弹性无穷大,从而按国内货币表示的出口价格不随需求增加而上涨;与出口商品相竞争的外国商品价格也不因需求减少而下降。当进口需求减少时,以外国货币计算的进口价格不下降;当进口替代商品需求上升时,与进口相竞争的商品价格也不上升。假设供给弹性为无穷大,可以使对外币的需求弹性等于对进口商品的需求弹性。

(3)没有资本流动,国际收支等于贸易收支。

(4)贸易最初是平衡的,汇率变化很小。

在以上假设条件下,弹性分析法主要探讨汇率变动对国际收支的影响。它把在均衡条件下的价格需求弹性和供给弹性引入进出口贸易进行分析。由于假设国际收支等于贸易收支,因而把问题集中到了贸易差额的分析上,认为价格弹性的大小是本币贬值调节国际收支成功与否的关键。由于又假设供给弹性无穷大,因而认为本币贬值的效果取决于需求弹性。弹性分析理论认为,只有当进口商品的需求弹性与出口商品的需求弹性之和大于1时,贬值才能改善贸易收支,这就是马歇尔-勒纳条件。它是本币贬值改善贸易差额的充分必要条件。用公式表示为:

$$|E_x| + |E_m| > 1 \tag{3.27}$$

用文字表述为:为使本币贬值能减少国际收支赤字和本币升值能减少国际收支盈余,则出口商品和进口商品需求价格弹性的绝对值的总和必须大于1。

因此,如果一国进出口商品需求价格弹性的绝对值之和大于1,即满足于马歇尔-勒纳条件,则本币贬值能改善本国的国际收支。如果一国进出口商品需求价格弹性的绝对值之和小于1,则本币贬值会使本国国际收支进一步恶化。如果一国进出口商品需求价格弹性的绝对值之和等于1,则国际收支状况不受影响。

西方学者对马歇尔-勒纳条件进行了实证分析,通常认为本币贬值对工业国家要比对发展中国家有利。发展中国家主要依靠进口,其进口商品需求的价格弹性很低,本币贬值的作用不大；而工业国家面临竞争的出口市场，其出口商品需求的价格弹性很高，本币贬值的作用就很明显。因此，马歇尔-勒纳条件的含义表明，本币贬值对一些国家的国际收支状况有利，而对另一些国家的国际收支状况无利。因此，不能笼统地讲，本币贬值能够改善一国的国际收支状况。

（三）罗宾逊-梅茨勒条件

梅茨勒在 1948 年《国际贸易论》一书中对罗宾逊夫人的理论学说进行了修订补充，进而形成弹性论中又一核心论点即罗宾逊-梅茨勒条件，更深入地考察了不同供求价格弹性组合条件下汇率变动对贸易收支平衡的调节作用。由于货币贬值引起了相对价格变化，而相对价格的变化亦会通过商品的贸易条件影响贬值国的实际收入，因此弹性论探讨的另一主题是货币贬值或汇率变动对贸易条件的影响效应。对此罗宾逊在《就业理论论文集》得出的进一步结论是：如果进出口供给完全弹性，则货币贬值将导致贸易条件恶化；如果进出口供给完全无弹性，则货币贬值有助于改善贸易条件；如果进出口需求完全弹性，则货币贬值有助于改善贸易条件；如果进出口需求无弹性，则贸易条件恶化。由于马歇尔-勒纳条件的假定是其他条件不变（即收入、其他商品价格、偏好等不变），进出口商品的供给弹性无穷大。这仅仅符合未充分就业的情况，而不适用于其他情况。因此梅茨勒放弃了供给弹性无穷大的假定，认为汇率变动对贸易收支的影响与进出口的需求弹性和供给弹性有密切关系，也就是所谓的罗宾逊-梅茨勒条件，即：

$$\frac{D_x D_m (S_x + S_m + 1) - S_x S_m (D_x + D_m + 1)}{(S_m - D_x)(S_m - D_m)} > 0 \tag{3.28}$$

（四）货币贬值对贸易条件的影响

贸易条件是指出口商品单位价格指数与进口商品单位价格指数之间的比例，用公式表示为：

$$T = P_x / P_m \tag{3.29}$$

其中，T 为贸易条件，P_x 为出口商品单位价格指数，P_m 为进口商品单位价格指数。贸易条件表示的是一国经济交往中价格变动对实际资源的影响。当贸易条件 T 上升时，称为贸易条件改善，它表示该国出口相同数量的商品可换回更多数量的进口；当贸易条件 T 下降时，称为贸易条件恶化，它表示该国出口相同数量的商品可换回较少数量的进口。

货币贬值带来相对价格的变化，它究竟能改善贸易条件还是恶化贸易条件取决于进出口商品的供给价格弹性（$S_x S_m$）大于还是小于进出口商品的需求价格弹性（$E_x E_m$）。如果：$S_x S_m > E_x E_m$，贸易条件恶化；$S_x S_m < E_x E_m$，贸易条件改善；$S_x S_m = E_x E_m$，贸易条件不变。假设存在无限供给弹性，需求弹性之和等于 1，货币贬值虽然使贸易差额不变，但却恶化了贸易条件。这是因为贬值后 P_m 按贬值程度提高，而 P_x 不变。事实上，一国将放弃较大的国内生产量，以换取较小的进口量。如果考虑恶化的贸易条件，那么贬值可能导致实际收入的减少。

当供给弹性小于无限弹性时，货币贬值对贸易条件的影响取决于弹性幅度。货币贬值对商品贸易条件和贸易差额的影响主要有以下几种情况：

（1）当所有需求弹性和供给弹性都高，弹性之和大于 1 时，贸易差额将得到改善，贸易条件轻微恶化或改善；（2）当需求弹性高，弹性之和大于 1 时，供给弹性无限小时（等于零时），贸易差额和贸易条件可以改善；（3）当需求弹性低，弹性之和小于 1，供给弹性趋于无限大时，贸易差额和贸易条件都可能恶化；（4）当需求弹性低，弹性之和小于 1，供给弹性趋于无限小时，贸易差额和贸易条件可以改善。

由于供求弹性的大小在不同情况下是不同的，因此货币贬值对商品贸易条件的具体影响，很难做出一般的判断。

（五）J 曲线效应

通常认为在短期内，即使马歇尔-勒纳条件成立，货币贬值也不能立即引起贸易数量的变化。由于从进出口相对价格变动到贸易数量的增减需要一段时间，即存在时滞。因此，在这段期间内，货币贬值不仅不能改善国际收支，反而会使其情况恶化。只有经过一段时间后，国际收支状况才会得以改善。这一现象称为"J 曲线效应"，它描述了本币贬值后，国际收支随时间变化的轨迹，由于酷似英文大写字母 J 而得名。如图 3-4 所示，假设在 $T=0$ 时刻，贸易收支存在逆差，$T_1 \sim T_2$ 时期逆差缩小，T_2 时刻开始贸易收支改善，在 T_3 时刻贸易收支平衡，此后贸易收支出现顺差。

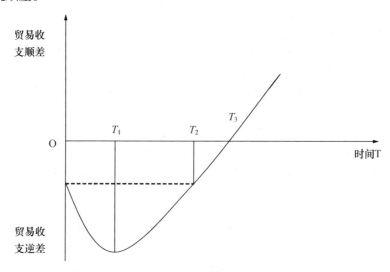

图 3-4 J 曲线效应

存在从货币贬值到贸易收支改善的时滞的原因为：

（1）贸易合同调整的滞后

贸易合同是在货币贬值之前签订的，在合同有效期内，货币贬值时对已签订的贸易合同所规定的进出口价格和数量无影响。国际收支差额的变化，取决于进出口合同中规定的计价货币。如果进出口均以本币计价，则贬值后的国际收支差额不会发生变化；如果进出口不全以本币计价，那么贸易差额有可能改善也有可能恶化。按照惯例，通常进口商品以外币计价，出口品以本币计价。因此贬值以后出口的本币收入不变，进口的本币支出增加，导致贸易收支进一步恶化。

（2）生产者和消费者的反应滞后

出口方面，短期内国内企业扩大出口的能力有限，尽管出口商品的外币价格下降，但出口数量的增加幅度较小，出口的外汇收入会减少；另外，消费者对本国商品需求的增加也需要时间，况且，消费者在此过程中还会考虑价格以外的其他因素。进口方面，短期内，进口的本币价格虽上升，但由于某些进口商品是必需品，进口商品数量不会立即下降。

（六）弹性论的运用举例

例：假定中国为本国，美国为外国，人民币汇价从 $1/7 贬值到 $1/8，由此引起出口商品美元单价和出口数量变化的一组数据（见表 3-3）。

表3-3　出口商品美元单价和出口数量

	出口商品的国内单价	汇价	出口商品的美元单价	出口数量	出口的外币收入	价格变动率（%）	出口数量变动率（%）
0	7	$1/7	$1	10 000	$10 000	—	—
1	7	$1/8	$0.875	11 000	$9 625	14.29%	10%
2	7	$1/8	$0.875	12 000	$10 500	14.29%	20%

这个例子说明，当出口数量变动率大于贬值引起的价格变动率时（出口需求弹性大于1，第2种情况），出口的美元总收入才能增加。

（七）对弹性分析论的评价

弹性分析论的贡献在于纠正了货币贬值一定能够改善贸易收支的片面观点。弹性分析论正确地指出了货币贬值对不同国家会产生不同影响。一般来说，发达国家进出口产品大多是弹性大的工业制成品，货币贬值改善贸易收支的作用较大；而发展中国家进出口产品大多是弹性较小的初级产品，货币贬值改善贸易收支的作用较小。

然而，弹性分析论也存在一定的局限性，主要表现为以下几个方面：

（1）弹性分析法假设货币贬值前贸易收支处于平衡状态不符合实际情况。

（2）国际收支调节的弹性分析法是建立在局部均衡分析法的基础上的，它仅限于进出口市场的汇率变化影响。

（3）忽视了汇率变化对社会总收入和总支出的影响。

（4）忽视了作为贬值过程中的供给条件和成本的变化。根据弹性理论，出口供给取决于成本条件，但成本条件是既定的。实际上，生产某种产品越多，所需的生产要素就越多，生产要素的价格会上涨。因此，假设成本条件为既定，是不适合分析货币贬值效应的。

二、对外贸易乘数理论

对外贸易乘数理论又称收入分析理论，以凯恩斯的宏观经济分析方法和乘数原理为基础，主要分析在汇率和价格不变的条件下，贸易收支与国民收入之间的相互关系。该理论由马克卢普和梅茨勒提出。

（一）贸易乘数

在开放经济条件下，对外贸易的增长可以带动国民经济成倍增加，这种贸易促进增长的倍数关系即为对外贸易乘数，对外贸易乘数研究一国对外贸易与国民收入、就业之间的相互影响，描述了开放经济体系内部出口促进经济增长的动态过程。

开放经济中宏观经济的均衡条件为：

$$Y = C + S + T = C + I + G + (X - M) \tag{3.30}$$

若政府财政收入平衡，即 $T = G$ 时，$S = I + X - M$

$$\Delta S = \Delta I + \Delta X - \Delta M$$

又

$$\Delta S = s\Delta Y, \Delta M = m\Delta Y$$

所以

$$s\Delta Y = \Delta I + \Delta X - m\Delta Y$$

考虑到投资是外生变量，设 $\Delta I = 0$

贸易乘数

$$K = \frac{\Delta Y}{\Delta X} = 1/(s + m) \tag{3.31}$$

(3.31) 式表明，出口增加能够引起国民收入的倍数增加，因为 $s + m < 1$。

（二）政策含义

（1）只要出口的增加足以超过因收入引致的进口增加，那么发展出口，或出口导向的扩展，就能推动收入的增长，而且还会改善贸易收支。

（2）一国可以通过需求管理政策来调节贸易收支。逆差时，实施紧缩的财政货币政策，从而使收入下降，减少进口支出；顺差时，实施扩张的财政货币政策，提高收入，增加进口。

（3）通过收入变动来调整贸易收支的效果，取决于该经济开放程度，以及进口需求的收入弹性。一国开放程度越高，进口收入需求弹性越大，需求管理政策的调节作用就越明显。

（4）贬值政策效果如何，取决于货币贬值的收入效应。如果贬值通过出口增加，使收入提高，而收入提高，又引起进口的大幅度增加，那么，本币贬值改善贸易收支的作用就不明显；即使通过贬值在最初能成功地改善贸易收支和提高国民收入，但最终贸易收支的改善程度比最初的改善程度要小。

（三）对收入分析论的评价

收入分析论揭示了对外贸易与国民收入之间的关系，从收入的视角阐明了贸易收支调节问题。但是，它假定一国存在闲置资源，有时与现实并不吻合；在乘数分析中进口是消极的使收入减少的因素。如果进口的是生产资料，那么进口可能会促进收入增长；此外，该理论的基本含义是主张实行"奖出限入"的政策，这种政策会激化国际经济领域中的矛盾，从长期来看不利于世界经济的发展。

三、吸收分析理论

吸收分析理论也是以凯恩斯的宏观经济理论为依据，将国际收支的变动与国内宏观经济状况联系起来进行分析，考察在价格不变的条件下，货币贬值通过影响收入和支出起到调节贸易收支的效果。该理论是 20 世纪 50 年代初期由经济学家西德尼·亚历山大和詹姆士·米德提出的。

（一）吸收分析的基本方程式

开放型经济的国民收入方程式是：

$$Y = C + I + G + (X - M) \tag{3.32}$$

式中："$C + I + G$"代表国内总支出，可以反映吸收 A，换言之，

$$A = C + I + G \tag{3.33}$$

这样，贸易收支 B 由收入 Y 和吸收 A 的状况决定，即

$$X - M = Y - A \text{ 或 } B = Y - A \tag{3.34}$$

(3.34) 式为吸收理论的基本公式，它表明：

贸易收支差额等于总收入与总吸收之差，两者相等说明该国贸易收支平衡；若总收入 > 总吸收，贸易收支为顺差；若总收入 < 总吸收，贸易收支为逆差。

贸易收支差额是总收入与总吸收之间的净结果的反映，因此，贸易收支的调节最终必须通过改变总收入或者总吸收来调节，或者两者兼用。货币贬值也只有在其能够改变总收入或者总吸收时，才能有效地调节贸易收支。

（二）货币贬值分析

吸收分为两部分：一部分为自主性吸收（A_d），即独立于收入之外的吸收；另一部分为引致性吸收 $a \cdot Y$，即由收入的变化引起的吸收。这样，

$$A = a \cdot Y + A_d \tag{3.35}$$

这里 a 为边际吸收倾向，即边际国内消费倾向，边际投资倾向和边际进口倾向之和，货币

贬值改善贸易收支的效果取决于三个方面：(1) ΔY 的变动，即贬值引起的收入的变化，即所谓的吸收的直接效应；(2) ΔA_d 的变动，即贬值对吸收的直接影响，也就是所谓的吸收的直接效应；(3) a 的变动，即边际吸收倾向的大小。问题的关键在于，贬值是否能降低吸收和提高收入。

1. 贬值对收入的直接效应

货币贬值对收入的直接效应表现在闲置资源效应，贸易条件效应和资源配置效应三个方面：

(1) 闲置资源效应。指贬值通过增加出口和减少进口，使本国的闲置资源得到充分的利用，并通过乘数效应带动收入增长。只要边际吸收倾向 $a<1$，贬值就能够通过收入增长改善贸易收支。

(2) 贸易条件效应。贸易条件效应指贬值通过改变进出口商品的相对价格，可能使该国的贸易条件恶化，从而使该国的收入下降，并恶化贸易收支。

(3) 资源配置效应。指贬值通过纠正失真的价格信号，优化该国的资源配置，从而促进收入增长，并改善贸易收支。

一般而言，闲置资源效应和资源配置效应的积极作用会大于贸易条件效应的消极作用，所以贬值会使收入增加。

2. 贬值对吸收的直接效应

货币贬值会导致价格水平的上升，对吸收的直接影响表现在实际余额效应、收入再分配效应、货币幻觉效应以及其他效应。

(1) 实际余额效应，实际余额指个人或整个社会所持有的货币余额的实际价值。如果价格水平上升，那么在收入总量不变时，现金余额实际价值便会下降。

现金余额效应是指贬值通过价格水平上升，使个人或整个社会所持有货币余额的实际价值减少，从而减少支出或吸收的作用。

(2) 收入再分配效应，是指贬值通过改变收入分配状况而影响吸收的作用。如果贬值导致物价水平上升，会出现收入由固定货币收入集团向其他收入集团转移，由工资收入集团向利润收入集团转移，由纳税人集团向政府部门转移，只要收入由较高边际吸收倾向集团向较低边际吸收集团转移，那么它就会使吸收倾向减少。

(3) 货币幻觉效应。货币幻觉是指人们只注重名义价值而忽视实际价值的现象。货币幻觉效应指人们忽视价格变动对实际价格的影响而减少实际支出的作用。

(4) 利率效应。利率效应是指贬值带动利率上升，从而抑制消费，起到直接减少吸收的作用。

(5) 通货膨胀预期效应。通货膨胀预期效应是指贬值会使人们产生价格进一步上升的预期，从而购买商品和劳务，导致吸收增长的作用。

(6) 贸易条件恶化的吸收效应。贬值后，贸易条件恶化对吸收产生两种作用：一方面，贸易条件恶化降低了收入，从而减少了与收入相关的吸收，也使国内产品比国外产品相对便宜，产生一种替代效应，另一方面，由于国内产品相对便宜，自主性吸收会有所增加。如果正替代效应超过负收入效应，那么，贸易条件恶化会导致吸收的增加。

值得注意的是，在吸收分析中，吸收的增长意味着贸易收支恶化，吸收的减少意味着贸易收支改善，可以看出，贬值对直接吸收的影响中，一些效应使吸收增加，一些效应使吸收减少，因此对贸易收支的影响要根据具体效应进行分析。

3. 贬值对吸收的间接效应

贬值对吸收的间接效应是指贬值通过收入变动对吸收产生的影响。由于

$$\Delta B = (1-a)\Delta Y - \Delta A_d \tag{3.36}$$

因此,收入增加对吸收的影响取决于边际吸收倾向 a 的大小,如果 $a>1$,则贬值必然会使贸易差额恶化。如果 $a<1$,则贬值对贸易差额的影响要取决于 $(1-a)\Delta Y - \Delta A_d$ 的比较。

(三) 政策含义

贸易收支逆差是由国内吸收超过国内收入所致,调节逆差应依据经济运行状况而定,如果国内存在闲置资源,就应该实行扩张性财政货币政策来提高社会收入水平,通过收入水平的提高,实现贸易收支的顺差。若国内已达到充分就业,则应该实行紧缩性的财政货币政策,降低社会总吸收水平,吸收的减少,一方面使进口商品的国内需求下降,从而减少进口,另一方面使出口商品的国外需求增加,从而增加出口,改善贸易收支。

货币贬值改善贸易收支应从增加收入和减少支出两方面着手,在有闲置资源的条件下,通过贬值扩大出口,增加国民收入,只要吸收的增加小于收入的增加,就可以达到改善国际收支的目的,在充分就业的情况下,由于没有闲置资源来扩大生产,国民收入不能增加,因此贬值只能通过压缩吸收或减少支出来改善贸易收支。

吸收论具有较强的政策含义,有助于政府制定既能保持经济快速增长,又能改善国际收支状况的政策,具有重要的实际意义。

(四) 对吸收分析论的评价

吸收分析论将贸易收支的变动与国内宏观经济状况联系起来进行分析,从宏观经济的视角对国际收支失衡的原因进行分析,强调在充分就业条件下,贬值政策需要有支出减少政策来配合,才能在调节贸易收支的同时,避免通货膨胀的代价。

吸收论主要以贸易收支作为国际收支,忽视了资本流动对国际收支平衡所起的作用,吸收论提出的在充分就业情况下贬值不能提高收入的观点,忽视了资源运用效率提高的可能性。当汇率制定过高,以直接管制来维持贸易收支平衡时,资源运用的效率会因为价格结构的扭曲而大幅降低,如果该国将汇率调低到适当的水平并同时取消贸易管制,则其资源的运用效率必可提高,实际收入也可由此而增加。

四、货币分析理论

现代货币分析理论以货币主义理论为基础,采用存量均衡分析的方法,研究在收入一定的条件下,货币供求与国际收支的关系。该理论是由美国经济学家约翰逊、蒙代尔、弗兰克尔等在 20 世纪六七十年代提出和发展起来的。

(一) 货币分析中的基本方程式

货币主义的基本理论认为,实际货币需求 M_d 是实际收入 Y 和利率 i 的函数,即

$$M_d/P = L(Y,i) \tag{3.37}$$

假定货币流通速度不随收入变化而变化,而且货币流通速度对利率不敏感则实际货币需求余额是实际货币收入的稳定函数。

$$M_d/P = KY \tag{3.38}$$

货币供给 M_s 由货币乘数 h 和货币基数构成,货币基数包括两个部分:国内信贷 D 和外汇储备资产 R,则

$$M_s = h(D+R) \tag{3.39}$$

假定货币乘数是稳定的,货币供给可通过国内信贷或外汇储备得到满足,

$$M_s = D + R \tag{3.40}$$

货币分析论认为,国际收支是一种货币现象,国际收支平衡与否的关键在于货币市场的供

给与需求之间是否平衡。假定从长期来看，货币供求处于均衡状况，即 $M_d = M_s$，由此可得出货币分析基本的方程式

$$R = M_d - D \tag{3.41}$$

该式表明，代表国际收支差额变动的外汇储备资产的增减，是由货币需求和国内货币供给关系决定的。国际收支的不平衡反映了货币供求关系的变动，如果货币需求 M_d 大于国内货币供给 D，国际收支出现顺差或 R 增加。如果货币需求 M_d 小于国内货币供给 D，国际收支出现逆差或 R 减少，这是由于国内多余的货币供应通过逆差的形式流到国外所致。所以说，国际收支是货币市场的"安全阀"，这个阀门既能以逆差的形式放出过剩的货币供给，又能以顺差的形式注入外来的货币需求。

（二）调整效应分析

国际收支的不平衡反映了货币市场的存量不均衡，作为一种货币供给的自动调节机制，国际收支逆差或顺差实际上就是这种货币市场存量短期调整的一部分，在调整过程中，会产生相应效应：

1. 国内信贷扩张的效应

国内信贷扩张会被国际收支逆差所引起的 R 的下降抵消，当外汇储备耗尽，该国就不能继续推进扩张性的国内信贷政策。所以，从长期来看，扩张性货币政策并没有增加货币供给，只是改变了供给的构成，即国内信贷增加，而外汇储备减少。

2. 实际收入增加的效应

在固定汇率制下，实际收入增加会导致暂时性国际收支盈余和 R 的增加，实际收入提高会引起货币需求 M_d 的上升，这与凯恩斯主义关于收入增加会引起国际收支逆差的结论正好相反。从长期来看，收入增加通过外汇储备增加引起国内价格水平上升，国际收支随后会自动恢复均衡状态。

3. 国外价格上升的效应

在固定汇率制下，其他国家价格水平上升会使本国出现暂时性国际收支逆差和 R 的增加。从长期来看，这会引起本国价格水平上升，它又会使国际收支恢复平衡，该结论也可表述为实行钉住汇率制的国家将不得不从其他国家输入通货膨胀。从中得出的推论是，在固定汇率制下，一国不能实行独立的货币政策。

4. 本币贬值的效应

在固定汇率制下，本币贬值对国际收支只是暂时性影响，从长期来看它是无效的。从短期来看，若不考虑 J 曲线效应，贬值带来了国际收支顺差。从长期来看，国际收支会通过本国价格水平上升而自动恢复平衡。

（三）政策主张

1. 国内货币政策是调节国际收支的直接有效手段

一国只要将货币供给的增加率稳定在国民收入平均增长率的统一水平上，使货币供求关系保持平衡，就能保持国际收支的稳定，但是，从长期来看，国内信贷政策的作用也是有限的。

2. 国际收支不平衡只是暂时的现象，市场调节机制能够自发的使国际收支恢复平衡

这也意味着任何政府干涉对国际收支都只能发生暂时的影响，即使是结构的调整、直接管制对国际收支的调节作用也是短期的和有限的。

3. 在固定汇率制下，一国推行独立的货币政策，无力控制输入性通货膨胀

一国抵抗外部冲击影响的能力受制于外汇储备的多少，因而是有限的。

（四）对货币分析论的评价

货币分析论的研究对象为整体国际收支，既包括经常项目，又涉及资本项目，强调国际收

支分析中的货币因素，研究货币供求关系对国际收支的决定作用，从而丰富和发展了国际收支理论。此外，货币分析论的分析方法也反映了经济理论的一种进步。但是，货币分析论也存在着一些不足，过分强调货币因素而忽视实际因素。实际上，国际收支失衡也可能源于实际因素，特别是结构性失衡，它提倡的放任自由政策或市场调节机制也存在缺陷，不适用于发展中国家，此外其一些基本假设不一定符合现实情况，而且，长期均衡分析的假设条件用在短期调整过程分析中，很容易产生误导。

五、结构论

结构论真正成为比较成熟和系统的独立学派，是作为 IMF 国际收支调节规划的对立面于 20 世纪 70 年代形成的。赞成结构论的经济学家，大多数来自发展中国家或发达国家中从事发展问题研究的学者，如英国萨塞克斯大学发展研究院院长保尔·史蒂芬爵士、英国海外发展署的托尼·克列克，英国肯特大学的瑟沃尔等人，都是结构论的积极倡导者和支持者。

（一）结构论的基本思想

国际收支失衡并不是完全由国内货币市场失衡引起的。

国际收支逆差尤其是长期性的国际收支逆差既可以是长期性的过度需求引起的，也可以是长期性的供给不足引起的。而长期性的供给不足往往是由经济结构问题引起的。

国际收支的结构性失衡是由市场经济增长速度缓慢和经济发展阶段落后所引起的，而国际收支的结构性失衡又成为制约经济发展和经济结构转变的瓶颈。如此形成一种恶性循环。

（二）结构论的政策主张

（1）调节政策的重点就应放在改善经济结构和加速经济发展上。

（2）改善经济结构和加速经济发展的主要手段是增加投资，改善资源的流动性，使劳动力和资金等生产要素能顺利地从传统行业流向新兴行业。

（3）经济结构落后的国家要积极增加国内储蓄，而经济结构先进的国家和国际经济组织应增加对经济落后国家的投资。

（三）对结构论的评价

结构论讲的是经济发展问题，不是国际收支问题。经济发展政策对国际收支失衡的调节，常常是行之无效或收效甚微的。

结构论要求以提供暂时性资金融通为主的国际货币基金组织向经济结构落后的国家提供长期性国际收支贷款，同时又不施以必要的调节原则和恰当的财政货币政策，犹如把资金填入一个无底洞。

六、政策配合理论

政策配合理论是研究一国如何利用宏观经济政策同时实现内部均衡和外部均衡的理论。一国的宏观经济管理涉及内部经济与外部经济，实现的是双重目标：（1）内部均衡，即指物价稳定条件下的充分就业和经济增长。(2) 外部均衡，即国际收支平衡。

经济运行中经常发生内部失衡，如出现通货膨胀或失业（经济衰退），或外部失衡，如出现顺差或逆差。内部失衡与外部失衡的组合会出现四种情形，通货膨胀与顺差，通货膨胀与逆差，经济衰退或失业与逆差，经济衰退或失业与顺差。

（一）米德冲突与丁伯根法则

经济学家米德认为，一国如果只使用支出变更政策或者支出转换政策调节宏观经济运行，可能使内部均衡之间发生冲突。这种冲突被称为米德冲突。支出变更政策对一国内外均衡的影响表现在：

1. 一国发生通货膨胀又存在顺差时，若实行紧缩性政策来控制通货膨胀，顺差会进一步增加，若实行扩张性政策来减少顺差，通货膨胀又会加剧。
2. 一国发生通货膨胀又存在逆差时，若实行紧缩性政策抑制通货膨胀，也有利于逆差的消除。
3. 一国发生衰退又存在逆差时，若实行扩张性政策虽可以减少失业，但是，贸易逆差会加剧，若实行紧缩性政策来减少逆差，失业又会加重。
4. 一国发生衰退又存在顺差时，实行扩张性政策可以减少失业，也有助于实现对外平衡。

支出转换政策对一国内外均衡的影响表现在：

1. 一国发生通货膨胀又存在顺差，若实行本币升值，这既可减少顺差，又可以抑制通货膨胀。
2. 一国发生通货膨胀又存在逆差，实行本币贬值，虽可减少逆差，但加剧了通货膨胀。
3. 一国发生经济衰退又存在逆差，实行本币贬值，既可以减少逆差，又有助于减少失业。
4. 一国发生经济衰退又存在顺差，实行本币升值，虽然减少顺差，但使衰退加剧。

可以看出，实行支出变更政策会造成1、3组合的内外均衡上的矛盾，实行支出转换政策会造成2、4组合的内外均衡上的矛盾。米德认为，未来同时实现内外均衡的两个政策目标，必须采用两种政策工具既同时使用支出变更政策和支出转换政策。

丹麦经济学家丁伯根最早提出了将政策目标和工具联系在一起的正式模型，指出要实现若干个独立的政策目标，至少需要相互独立的若干个有效地政策工具。

假定只存在两个目标 T_1、T_2 和两种工具 I_1、I_2，政策调控追求的 T_1、T_2 的最佳水平为 T_1^*、T_2^*。令目标是工具的线性函数。即

$$T_1 = a_1 I_1 + a_2 I_2$$
$$T_2 = b_1 I_1 + b_2 I_2 \tag{3.42}$$

在这种情形下，只要决策者能够控制两种工具，每种工具对目标的影响是独立的，决策者就能够通过政策工具的配合达到理想的目标水平。只要 $a_1/b_1 \neq a_2/b_2$（即两个政策工具线性无关），就可以求解出达到最佳的目标水平 T_1^*、T_2^* 和 I_1、I_2 时所需要的和的水平，即

$$I_1 = (b_2 T_1^* - a_2 T_2^*)/(a_1 b_2 - b_1 a_2)$$
$$I_2 = (a_1 T_2^* - b_1 T_1^*)/(a_1 b_2 - b_1 a_2) \tag{3.43}$$

当 $a_1/b_1 = a_2/b_2$ 时，意味着两种工具对这两个政策目标有着相同的影响，即决策者只有一个独立的工具而试图实现两个目标，这是不可能成功的。这一结论可进行推广。若一个经济具有线性结构，决策者有M个目标，只要有至少M个线性无关的政策工具，就可以实现这M个目标。对于开放经济而言，这一结论具有鲜明的政策含义：只运用支出增减政策通过调节支出总量的途径同时实现内外均衡两个目标是不够的，必须寻找新的政策工具加以配合。

丁伯根法则指出了应运用M种独立的工具进行配合来实现M个独立的政策目标。然而，丁伯根法则对目标的实现过程具有两个特点：一是假定各种政策工具可以供决策当局集中控制，从而通过各种工具的搭配实现政策目标；二是未明确指出每种政策工具在调控中有无必要侧重于某一政策目标的实现。

（二）斯旺的政策搭配

经济学家斯旺提出了在固定汇率且不存在国际资本流动的条件下，实现内外均衡的一种政策搭配。斯旺认为，在现实生活中，一国内外失衡的程度不同，支出变更政策与支出转换政策调节内外失衡的效力各不相同，需要采用两个政策并搭配使用。从理论上来分析，两种政策的搭配有两种选择，一是以支出转换政策实现外部平衡，以支出变更政策实现内部平衡，二是以

支出转换政策实现内部平衡,以支出变更政策实现外部平衡。然而,在现实生活中,一般认为,支出变更政策对内部均衡的作用大,支出转换政策对外部均衡的作用大,这样就形成了在四个区域内两种政策的搭配组合,如表3-4所示。

表3-4 支出变更政策与支出转换政策搭配

经济状况	支出转换政策	支出变更政策
通胀与顺差	本币升值	紧缩性财政货币政策
通胀与逆差	本币贬值	紧缩性财政货币政策
衰退与逆差	本币贬值	扩张性财政货币政策
衰退与顺差	本币升值	扩张性财政货币政策

(三)蒙代尔的政策搭配

蒙代尔指出,政府当局必须制定能发挥最大影响的政策来实现规定目标。如果考虑国际资本流动这一因素,财政政策和货币政策在调节内部经济与外部经济的作用方面是不同的。财政政策通常对国内经济的作用大于对国际收支的作用,而货币政策则对国际收支的作用大于对国内经济的作用,因为它更倾向于扩大国内外的利差,促进资本国际流动,影响国际收支。因此,在固定汇率制下,应运用财政政策来实现内部均衡目标,运用货币政策来实现外部均衡目标,并根据国民经济运行状况的不同,将两者适当搭配,从而同时实现内外均衡。

在四个区域内两种政策的搭配组合如表3-5所示。

表3-5 财政政策与货币政策的搭配

经济状况	货币政策	财政政策
通胀与顺差	扩张性	紧缩性
通胀与逆差	紧缩性	紧缩性
衰退与逆差	扩张性	扩张性
衰退与顺差	扩张性	扩张性

七、一般均衡理论

一般均衡理论是一个全面阐述国际收支问题的理论模型,它将内外均衡问题归根为三个市场的均衡,即国内商品市场的均衡(IS)、国内货币市场的均衡(LM)和外汇市场的均衡(FE),通过建立IS-LM-FE模型来全面解释国际收支的变化及其与国内经济的相互关系和影响。提出该模型的主要代表人物有米德,波尼切克和蒙代尔等。

(一)IS-LM-FE模型

IS、LM、FE曲线的方程式如下:

$$Y = AD = C(Y) + I(i) + G + F(Y,e)$$
$$M_s/P = L(Y,i)$$
$$F(Y,e) - K(i) = BP \quad (3.44)$$

将IS、LM、FE曲线与利率和收入变量组合在一起,便得到反映产品市场、货币市场、外汇市场均衡关系的IS-LM-FE模型,如图3-5所示。

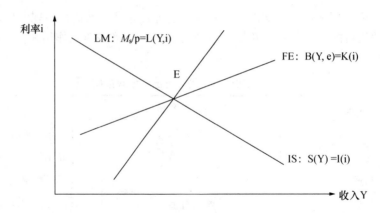

图 3-5　IS-LM-FE 模型

IS 曲线表示产品市场的均衡。IS 曲线向右下方倾斜，表示当收入 Y 上升时，利率 i 必须下降，才能保持产品市场的均衡。在封闭经济条件下，政府可以通过财政政策使 IS 曲线移动，扩张性财政政策使其右移，反之相反。在开放经济中，净出口的增加可以使 IS 曲线右移，净出口的减少可以使 IS 曲线左移。

LM 曲线表示货币市场的均衡。LM 曲线向右上方倾斜，其斜率为正值，表示当收入 Y 增加时，利率 i 必须上升，才能保证货币市场的均衡。在封闭经济条件下，政府可以通过货币政策使 LM 曲线移动，扩张性的货币政策使其右移，反之则相反；在开放经济条件下，外汇储备也成为货币供给的组成部分，因此，外汇储备的增加使 LM 曲线右移，外汇储备减少使 LM 曲线左移。

FE 曲线表示在资本不完全流动下的国际收支均衡。FE 曲线向右上方倾斜，其斜率为正值，表示当收入 Y 增加时，利率 i 必须上升，才能保证外汇市场的均衡。汇率的变动可以使 FE 曲线移动，外汇汇率上升会导致 FE 曲线右移，反之则相反。一般情况下，FE 曲线的斜率小于 LM 曲线的斜率，因为资本流动对利率的敏感程度要高于实际货币需求对利率的敏感程度。三条曲线的交点 E 意味着三个市场同时达到均衡的目标，实现了内外均衡。

IS-LM-FE 模型能够将弹性分析理论、吸收分析理论、货币分析理论都包容在一个一般均衡分析的框架中，为分析相关经济变量与国际收支的关系提供了一个很好的工具。

（二）蒙代尔-弗莱明模型

蒙代尔-弗莱明模型考察的是在资本完全流动的条件下财政、货币政策的不同效应。在资本完全流动的条件下，FE 曲线为一水平线。货币政策在不同的汇率制度下具有不同的含义。在固定汇率制下，国际收支和外汇储备的变化会影响货币供给，从而货币供给成为内生变量。在浮动汇率制下，政府无须动用外汇储备干预外汇市场，从而货币供给的变化取决于国内信贷的扩张和收缩。

1. 固定汇率下财政、货币政策

（1）财政政策。假定政府试图通过采取扩张性的财政政策提高收入。如图 3-6 所示，预算支出的增加会刺激总需求，IS 曲线右移至 IS′，收入增长；收入上升会导致货币需求的增加，从而引起利率上升，资本流入，国际收支顺差。本币汇率有升值的压力，为了保持汇率水平的稳定，中央银行通过外汇市场进行干预，收进外币，投放本币，使货币供应量上升，即 LM 曲线右移至 LM′，结果是收入进一步增加。

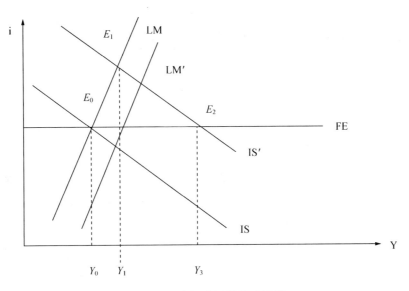

图 3-6 固定汇率下的财政政策

(2) 货币政策。假定央行试图通过扩张性货币政策促进收入增长。货币供应量的增长导致利率下降，LM 曲线右移至 LM′，导致资本外流，国际收支逆差，增加了本币贬值的压力。

为了维持汇率稳定，中央银行在外汇市场买入本币卖出外币进行干预，从而抵消了扩张性货币政策的效应。LM′曲线回移至 LM 处。其结果是外汇储备下降。

2. 浮动汇率制下财政、货币政策

(1) 财政政策。假定政府试图通过采取扩张性的财政政策来提高收入。预算支出的增加会刺激总需求，IS 曲线右移至 IS′，收入增长；收入上升会导致货币需求的增加，从而引起利率上升，资本流入，国际收支顺差。本币汇率升值，引起经常项目收支逆差，抵消了资本流入的影响以及财政政策的扩张需求的效应，从而使 IS′ 回移到 IS。

(2) 货币政策。假定央行试图通过扩张性货币政策来促进收入增长。货币供应量的增长导致利率下降，LM 曲线右移至 LM′，结果导致资本外流，国际收支逆差，增加了本币贬值的压力。

本币贬值使经常项目顺差，并增加总需求，从而使得货币需求上升直到与扩张的货币存量持平为止，结果是收入进一步增加。

蒙代尔-弗莱明模型表明：在固定汇率制下，资本完全流动的条件使货币政策无力影响收入水平，只能影响储备水平；而财政政策在影响收入方面更有效力。在浮动汇率制下，货币政策是有效力的；财政政策对于刺激收入增长是无能为力的。

(三) 对一般均衡论的评价

一般均衡论不仅是宏观经济学 IS-LM 曲线分析在开放经济条件下的扩展，而且它还将各国际收支理论结合起来，从一种更宽广的角度来阐述与国际收支有关的经济变量之间的相互联系。它强调产品市场、货币市场与外汇市场之间，内部均衡与外部均衡之间的相互依存关系和影响，这对于研究解决一国政策配合问题很有意义。

从一般均衡论的分析中，我们还可以看出，各种国际收支理论之间并不是相互对立、相互排斥的，而是相互补充的，区别只在于对同一经济过程的描述采用的方法和角度不同，强调的重点不同。然而，国际收支一般均衡分析也存在一些不足。首先，它所假设的内外同时均衡具有暂时性，在现实中经常无法达到。其次，该模型建立在一系列严格的假设条件之上，其局限性也表现得十分明显,它侧重短期分析,使其所得出的结论不能指导长期的情形,而且现实世界的复杂性使其难以成为实际运用的有效工具;此外,该模型的假设条件不符合发展中国家的实际情况。

第五节 我国的国际收支

我国的国际收支不仅是我国国内经济发展和对外经济金融关系的体现,而且对社会经济稳定协调发展具有重要意义。本节主要介绍我国的国际收支统计的发展演变,1994年以来我国国际收支的现状、我国国际收支的调节手段等内容。

一、我国国际收支统计的发展演变

国际收支统计是一国在一定时期内对外经济、政治、文化等往来所产生的各种经济交易的系统记录。世界上很多国家都编制、公布本国的国际收支统计结果。这种国际收支统计可以用来监视本国的国际收支状况,恰当地把握国际收支差额,及时地调节国际收支的不平衡,并预测和规划今后一个时期的国际收支。我国的国际收支统计指的是我国一定时期的统计报表,它能表明以下三点:(1)我国同世界其他地方之间的商品、劳务以及收入方面的交易;(2)我国的货币、黄金、特别提款权及对世界其他地方的债权、债务的变化;(3)从会计意义上讲,为平衡不能相互抵消的交易和变化的任何账目所需的无偿转让和对应项目。

1978年以前,在长期的计划经济体制下,作为"四大平衡"之一的外汇收支与财政、信贷、物资一起构成我国国民经济的主要内容,此时我国用编制外汇收支平衡表来反映国际收支的基本状况。在这个平衡表内,没有反映与国外资金往来的情况。其主要原因是:过去,我们与西方国家的资金借贷很少,同时,虽然许多年来我国对外经济援助很多,但这些援助的支付以及后来援款的归还,我们都把它作为财政开支。因此,我国没有编制对国外资金的收支情况报表。

1978年以后,我国施行改革开放政策,对外交往发展迅速;1980年我国恢复了在国际货币基金组织中的合法席位,同年,国家外汇管理局开始试编国际收支平衡表。1981年国家外汇管理局制定了国际收支统计制度。从1982年开始正式编制和公布国际收支平衡表。1985年9月2日,我国首次公布了1982—1984年中国国际收支平衡表。

1994年我国实行外汇管理体制改革,国家外汇管理局依据国际标准概念框架设计制定了《国际收支统计申报办法》,确定了国际收支统计申报的范围、内容和方法,明确了国际收支统计的执行部门和各申报的职责和义务,为我国国际收支统计申报工作奠定了坚实的法律依据和制度保障。

1996年1月正式实施《国际收支统计申报办法》,通过运用科技手段、信息技术,提高国际收支统计申报工作的质量、效率和水平。随后几年,国家外汇管理局一直在进行国际收支统计申报系统的升级和更新工作,推行网络申报先进方法,进一步简化申报主体的操作和工作量,进一步提高国际收支统计申报数据的时效和质量,为宏观经济统计分析和预测、决策提供更加科学的依据。与此同时,我国国际收支统计申报表制度更加注重参与者的广泛性和操作的具体化,改变了过去经济统计工作中的传统做法,吸取了国际上成功的经验和有效的方法,结合我国的国情,由国际收支行为主体的居民法人和自然人逐笔申报相关信息,采用计算机技术对申报信息进行汇总、分析和预测,从而极大地提高了我国国际收支信息的准确性、及时性和全面性。

2001年起，国家外汇管理局开始按半年度公布国际收支平衡表；2002年4月我国加入国际货币基金组织数据公布通用系统；2005年国家外汇管理局首次公布中国国际收支报告。在我国经济越来越融入世界经济的过程中，国际收支统计申报工作和分析报告越来越凸显出重要的作用。

二、1994年以来我国的国际收支状况

1994年我国进行了外汇管理体制的重大改革，我国国际收支状况也开始发生深刻的变化，呈现出以下特点：

（一）国际收支的规模不断扩大，国民经济对外涉及经济的依存度大大提高

自1994年外汇体制改革以来，我国国际收支总量规模以空前的速度增长。2010年我国的国际收支总额达到5.6万亿美元，是1994年的18倍多。随着我国对外经济的快速发展，对外贸易在国民经济中的作用不断跃升，出口占国内生产总值的比重已由1989年的11.8%提高到2001年的23%，随后又提高到2008年的37%，2010年虽下降至27%，依然很高，对外经济已成为国民经济的重要组成部分。

我国国际收支规模的高速增长，首先得益于国民经济持续快速健康发展、对外开放水平不断提高所奠定的物质基础；其次得益于外贸和外汇体制改革的不断深入的制度保证；再次得益于国家宏观调控能力水平不断提高的政策保证。国际收支总量规模的不断扩大，不仅有力支持了国民经济建设，而且改善和加强了我国对外关系，进一步提升了我国的国际地位。

（二）国际收支的内容更为充实，各项目的内部结果发生了巨大的变化

在国际收支规模不断扩大的同时，我国国际收支内部结构发生了巨大的变化，国际收支的内容更为充实。主要表现在：外部收支增长较快，在国际收支中占有重要地位；非贸易往来中的服务与收益项目在国际收支中的地位有所上升；无偿转移在我国国际收支中所占比重很小；外商直接投资持续增长，并在国际收支中的地位有相当显著的上升；证券投资发展速度很快，但是在国际收支中未占显著地位，发展的空间较大。

（三）国际收支呈现持续性顺差，且具有阶段性变化

1994—2011年我国国际收支连年顺差，但规模有所不同，变化过程具有阶段性的特点，1994—1997年，国际收支连年顺差，其中资本和金融项目差额所占比重较大，经常项目顺差额较小；1998—2000年国际收支顺差额剧烈下降后保持平稳态势，但规模与上期末相比大幅减少，而且1998年资本与金融项目还出现了逆差；2009—2011年受金融危机和欧债危机的影响，国际收支有所下滑。

我国国际收支持续较大顺差有着深刻的经济原因。首先，我国是一个高储蓄国家，长期以来国内储蓄大于投资，这是经常项目收支顺差的根本性基础。其次，我国经济稳定、外资政策优惠、资源和劳动力成本低廉以及市场前景广阔，吸引外商直接投资持续大量流入。外商直接投资的增加，强化了我国贸易和投资"双顺差"的国际收支平衡格局。再次，长期以来我国对外经济政策的基本点是对外贸易"奖出限入"、资本流动"宽进严出"。最后，人民币升值预期，导致境内机构和个人持汇和购汇动机减弱、结汇意愿增强，而且引发逐利的国际短期资本流入。

（四）国家外汇储备大幅度增长

伴随着国际收支持续性顺差的是我国外汇储备的大幅度增加，1994—1997年连续4年外汇储备的增加额在200亿美元以上；2000—2003年连续4年增加额在400亿美元以上；2003—

2005年连续3年增加额在2000亿美元以上；2006年12月底我国外汇储备已达10663亿美元；2011年10月底我国外汇储备高达32737.96亿美元，是世界第二大外汇储备国日本的两倍多。

近年来，我国的国际收支继续呈现"双顺差"格局。2009年，我国国际收支的国内环境经历了较大变化。2009年上半年，受国际金融危机持续扩散蔓延的影响，我国经济下行压力明显加大，有效需求不足矛盾凸显；进出口出现负增长，对外贸易形势发生逆转；外资流入势头放缓，甚至出现部分外资撤资情况。2009年下半年，党中央、国务院不断丰富完善应对国际金融危机的一揽子计划和政策措施，我国经济在全球率先回升向好，全年GDP增长8.7%；内需对经济增长的拉动作用显著增强；出口形势逐步好转，利用外资稳步增长，2009年下半年外汇资金净流入势头明显加快。

2009年我国国际收支继续呈现"双顺差"格局。其中，经常项目顺差2611亿美元，较2008年下降32%；资本和金融项目顺差1808亿美元，较2008年增长6.6倍。各主要项目情况如表3-6所示。

表3-6　2009年我国国际收支平衡表

中国国际收支平衡表

2009年

单位：亿美元

项　目	行　次	差　额	贷　方	借　方
一、经常项目	1	2 611	14 846	12 235
A. 货物和服务	2	2 201	13 333	11 132
a. 货物	3	2 495	12 038	9 543
b. 服务	4	−294	1 295	1 589
1. 运输	5	−230	236	466
2. 旅游	6	−40	397	437
3. 通信服务	7	−0	12	12
4. 建筑服务	8	36	95	59
5. 保险服务	9	−97	16	113
6. 金融服务	10	−3	4	7
7. 计算机和信息服务	11	33	65	32
8. 专有权利使用费和特许费	12	−106	4	111
9. 咨询	13	52	186	134
10. 广告、宣传	14	4	23	20
11. 电影、音像	15	−2	1	3
12. 其他商业服务	16	59	247	188
13. 别处未提及的政府服务	17	1	9	8
B. 收益	18	73	1 086	1 013
1. 职工报酬	19	72	92	21
2. 投资收益	20	1	994	993

（续　表）

中国国际收支平衡表

2009 年

单位：亿美元

项　目	行　次	差　额	贷　方	借　方
C. 经常转移	21	337	426	89
1. 各级政府	22	−2	0	3
2. 其他部门	23	340	426	86
二、资本和金融项目	24	1 808	7 825	6 016
A. 资本项目	25	40	42	2
B. 金融项目	26	1 769	7 783	6 014
1. 直接投资	27	703	1 502	799
1.1　我国在外直接投资	28	−439	42	481
1.2　外国在华直接投资	29	1 142	1 461	318
2. 证券投资	30	387	981	594
2.1　资产	31	99	669	570
2.1.1　股本证券	32	−338	122	461
2.1.2　债务证券	33	437	547	110
2.1.2.1　（中）长期债券	34	370	479	110
2.1.2.2　货币市场工具	35	67	68	0
2.2　负债	36	288	312	24
2.2.1　股本证券	37	282	288	7
2.2.2　债务证券	38	6	23	17
2.2.2.1　（中）长期债券	39	6	23	17
2.2.2.2　货币市场工具	40	0	0	0
3. 其他投资	41	679	5 299	4 620
3.1　资产	42	94	1 174	1 080
3.1.1　贸易信贷	43	−544	0	544
长期	44	−38	0	38
短期	45	−506	0	506
3.1.2　贷款	46	130	450	320
长期	47	−315	0	315
短期	48	445	450	5
3.1.3　货币和存款	49	52	267	216

(续 表)

中国国际收支平衡表
2009 年

单位：亿美元

项 目	行 次	差 额	贷 方	借 方
3.1.4 其他资产	50	456	457	1
长期	51	0	0	0
短期	52	456	457	1
3.2 负债	53	585	4 125	3 540
3.2.1 贸易信贷	54	321	321	0
长期	55	22	22	0
短期	56	298	298	0
3.2.2 贷款	57	37	3 222	3 185
长期	58	-97	135	232
短期	59	134	3 087	2 953
3.2.3 货币和存款	60	116	456	340
3.2.4 其他负债	61	111	126	15
长期	62	110	110	0
短期	63	1	16	15
三、储备资产	64	-3 984	0	3 984
3.1 货币黄金	65	-49	0	49
3.2 特别提款权	66	-111	0	111
3.3 在基金组织的储备头寸	67	-4	0	4
3.4 外汇	68	-3 821	0	3 821
3.5 其他债权	69	0	0	0
四、净误差与遗漏	70	-435	0	435

资料来源：国家外汇管理局网站。

2009年我国的国际收支呈现出以下情形：

1. 货物贸易进出口多年来首次回落

2009年，由于外部需求依然较低，国内经济增速有所回落，我国货物贸易进出口继续呈现下滑趋势。按国际收支统计口径，2009年货物贸易出口12 038亿美元，进口9 543亿美元，分别较2008年下降16%和11%；货物贸易顺差2 495亿美元，下降31%。

2. 服务贸易逆差持续增长

2009年，服务贸易收入1 295亿美元，较2008年下降12%；支出1 589亿美元，与2008年基本持平；逆差294亿美元，增长149%。服务贸易逆差扩大的主要原因是，运输项目逆差较2008年扩大93%，旅游项目由2008年的顺差47亿美元转为逆差40亿美元。

3. 收益项目净流入小幅上升

2009年收益项目顺差73亿美元，较2008年增长4%，增幅回落57个百分点。随着我国对外资产规模的进一步扩大，2009年投资收益流入994亿美元，增长7%，其中大部分是国家外汇储备取得的收益。在全球经济不景气的情况下，我国海外务工人员的劳务收入增幅放缓，2009年职工报酬净流入72亿美元，较2008年增长12%，增幅回落35个百分点。

4. 直接投资顺差减少

2009年，直接投资顺差343亿美元，较2008年下降64%。由于国际资本流动规模收缩，外国来华直接投资净流入703亿美元，较2008年下降47%。我国对外直接投资保持一定规模，2009年净流出439亿美元，较2008年下降18%。

5. 证券投资净流入略有下降

2009年，证券投资项下净流入387亿美元，较2008年下降9%。其中，我国对外证券投资净回流99亿美元，较2008年下降70%；境外对我国证券投资净流入288亿美元，增长191%。

6. 其他投资由净流出转为净流入

2009年，贷款、贸易信贷、货币和存款等形式的其他投资项下净流入679亿美元，2008年为净流出1 211亿美元。其中，我国境外其他投资资产净回流94亿美元，2008年为净流出1 061亿美元。境外对我国其他投资净流入585亿美元，2008年为净流出150亿美元。

7. 储备资产增幅放缓

2009年，剔除汇率、价格等非交易价值变动（即估值效应）影响，我国新增国际储备资产3 984亿美元，按可比口径较2008年减少17%。其中，外汇储备交易变动3 821亿美元，特别提款权和货币黄金合计增加160亿美元。

2009年，国际金融危机影响仍然存在，我国国际收支交易活动总体上放缓。国际收支交易总规模为4.0万亿美元，较上年下降12%；与同期GDP之比为81.9%，较2008年下降18.9个百分点。各主要交易项目收支规模较2008年有所回落。按国际收支统计口径，货物贸易总额21 581亿美元，下降14%；服务贸易总额2 885亿美元，下降6%；外国来华直接投资流入1 100亿美元，下降32%；对外直接投资流出481亿美元，下降14%。我国国际收支保持"双顺差"格局，国际收支状况继续改善。

随着国内外宏观经济环境的改变，国际收支运行起伏加大。2009年上半年，在国际金融危机的冲击下，国际收支交易总规模较2008年同期下降27%，其中，货物贸易、服务贸易总额分别下降24%和14%，6月末外债余额较2008年年末小幅下降4%。2009年下半年，国内外经济企稳向好势头明显，国际收支交易总规模超过上半年，同比增长6%，其中，货物贸易总额同比下降5%，服务贸易总额同比增长2%，2009年年末外债余额较6月末上升19%。外汇资金净流入规模逐步恢复，国际收支失衡问题依然突出。2009年二季度以来，外汇净流入触底回升，国际收支逆转风险趋于缓解。总体上，2007—2009年国际收支总顺差持续超过4 000亿美元，处于历史上的较高水平。

2010年，我国继续加强和改善宏观调控，经济保持平稳增长。全年国内生产总值增长10.3%，较2009年增速加快1.1个百分点。经济结构继续优化，经济增长对外部需求的依赖有所降低。国家统计局数据显示，2010年投资和消费对我国经济增长的贡献率合计在92%左右，分别拉动经济增长5.6个百分点和3.9个百分点。在外部流动性逐渐宽松的情况下，我国与大部分新兴市场经济体一样，受到资金流入和输入性通胀压力，全年采取了6次上调存款准备金率和2次上调存贷款基准利率的措施，以抑制货币信贷的快速增长。

2010年，我国经常项目顺差3 054亿美元，较2009年增长17%；资本和金融项目顺差2 260亿美元，较2009年增长25%。各主要项目情况如表3-7所示。

表 3-7 2010 年我国国际收支平衡表

中国国际收支平衡表

2010 年

单位：亿美元

项　目	行　次	差　额	贷　方	借　方
一、经常项目	1	3 054	19 468	16 414
A. 货物和服务	2	2 321	17 526	15 206
a. 货物	3	2 542	15 814	13 272
b. 服务	4	−221	1 712	1 933
1. 运输	5	−290	342	633
2. 旅游	6	−91	458	549
3. 通信服务	7	1	12	11
4. 建筑服务	8	94	145	51
5. 保险服务	9	−140	17	158
6. 金融服务	10	−1	13	14
7. 计算机和信息服务	11	63	93	30
8. 专有权利使用费和特许费	12	−122	8	130
9. 咨询	13	77	228	151
10. 广告、宣传	14	8	29	20
11. 电影、音像	15	−2	1	4
12. 其他商业服务	16	184	356	172
13. 别处未提及的政府服务	17	−2	10	11
B. 收益	18	304	1 446	1 142
1. 职工报酬	19	122	136	15
2. 投资收益	20	182	1 310	1 128
C. 经常转移	21	429	495	66
1. 各级政府	22	−3	0	3
2. 其他部门	23	432	495	63
二、资本和金融项目	24	2 260	11 080	8 820
A. 资本项目	25	46	48	2
B. 金融项目	26	2 214	11 032	8 818
1. 直接投资	27	1 249	2 144	894
1.1　我国在外直接投资	28	−602	76	678
1.2　外国在华直接投资	29	1 851	2 068	217

(续 表)

中国国际收支平衡表

2010 年

单位：亿美元

项　目	行　次	差　额	贷　方	借　方
2. 证券投资	30	240	636	395
2.1　资产	31	-76	268	345
2.1.1　股本证券	32	-84	115	199
2.1.2　债务证券	33	8	154	146
2.1.2.1　（中）长期债券	34	19	128	110
2.1.2.2　货币市场工具	35	-11	25	36
2.2　负债	36	317	368	51
2.2.1　股本证券	37	314	345	32
2.2.2　债务证券	38	3	22	19
2.2.2.1　（中）长期债券	39	3	22	19
2.2.2.2　货币市场工具	40	0	0	0
3. 其他投资	41	724	8 253	7 528
3.1　资产	42	-1 163	750	1 912
3.1.1　贸易信贷	43	-616	5	621
长期	44	-43	0	43
短期	45	-573	4	578
3.1.2　贷款	46	-210	197	407
长期	47	-277	0	277
短期	48	66	197	131
3.1.3　货币和存款	49	-580	303	883
3.1.4　其他资产	50	244	245	1
长期	51	0	0	0
短期	52	244	245	1
3.2　负债	53	1 887	7 503	5 616
3.2.1　贸易信贷	54	495	583	88
长期	55	35	41	6
短期	56	460	542	81
3.2.2　贷款	57	791	5 860	5 069
长期	58	100	264	163

(续 表)

中国国际收支平衡表

2010 年

单位：亿美元

项　目	行　次	差　额	贷　方	借　方
短期	59	691	5 596	4 906
3.2.3　货币和存款	60	603	1 038	435
3.2.4　其他负债	61	-3	22	25
长期	62	-4	1	5
短期	63	1	22	20
三、储备资产	64	-4 717	0	4 717
3.1　货币黄金	65	0	0	0
3.2　特别提款权	66	-1	0	1
3.3　在基金组织的储备头寸	67	-21	0	21
3.4　外汇	68	-4 696	0	4 696
3.5　其他债权	69	0	0	0
四、净误差与遗漏	70	-597	0	597

资料来源：国家外汇管理局网站。

2010 年我国的国际收支呈现出以下情形：

1. 货物贸易顺差与 2009 年基本相当

2010 年，我国货物贸易进出口规模达到历史最高水平。但进口增速快于出口，货物贸易顺差未现大幅增长。按国际收支统计口径，2010 年货物贸易出口 15 814 亿美元，进口 13 272 亿美元，分别较 2009 年增长 31% 和 39%。货物贸易顺差 2 542 亿美元，较 2009 年略增 2%。

2. 服务贸易逆差减小

2010 年，服务贸易收入 1 712 亿美元，较 2009 年增长 32%；支出 1 933 亿美元，较 2009 年增长 22%；逆差 221 亿美元，较 2009 年下降 25%。

3. 收益项目顺差大幅增加

2010 年，收益项目顺差 304 亿美元，较 2009 年增长 3.2 倍。由于我国对外资产规模持续扩大，投资收益净流入 182 亿美元，2009 年净流入 1 亿美元。同时，我国海外务工人员的劳务收入继续增加，2010 年职工报酬净流入 122 亿美元，较 2009 年增长 70%。

4. 外国在华直接投资和我国在外直接投资均较快增长

2010 年，直接投资顺差 1 249 亿美元，较 2009 年增长 78%。其中，外国在华直接投资持续净流入，全年达到 1 851 亿美元，较 2009 年增长 62%。我国在外直接投资规模继续增加，2010 年净流出 602 亿美元，较 2009 年增长 37%。

5. 证券投资净流入下降

2010 年，证券投资项下净流入 240 亿美元，较 2009 年下降 38%。其中，我国对境外证券投资净流出 76 亿美元，2009 年为净回流 99 亿美元；境外对我国证券投资净流入 317 亿美元，较 2009 年增长 10%。

6. 储备资产平稳增长

2010年，剔除汇率、资产价格等估值因素影响，我国新增国际储备资产4717亿美元，较2009年新增额扩大18%。其中，外汇储备增加4696亿美元，在基金组织的储备头寸和特别提款权增加22亿美元。

2010年，我国国际收支交易呈现恢复性增长。全年国际收支交易总规模为5.6万亿美元，创历史新高，较2009年增长36%；与同期国内生产总值（GDP）之比为95%，较2009年增长13个百分点。贸易、直接投资、外债等主要项目交易规模均达到历史高峰。按国际收支统计口径，货物贸易总额29087亿美元，较2009年增长35%；服务贸易总额3645亿美元，较上年增长26%；外国在华直接投资流入2068亿美元，较上年增长42%；我国对外直接投资流出678亿美元，较上年增长41%。经常项目收支状况持续改善。2010年我国经常项目交易规模达到3.6万亿美元的年度最高值，经常项目顺差依然低于2007年和2008年的历史高峰时期。2009年为全球经济运行的低谷，世界贸易和投资水平均呈下降态势，我国经常项目顺差也大幅回落，与同期GDP之比为5.2%，较2008年下降3.9个百分点。2010年，随着国内外经济企稳回升，我国经常项目顺差较2009年增长17%，与GDP之比为5.2%，与2009年持平。其中，2010年国际收支统计口径的货物贸易顺差与GDP之比为4.3%，较2009年下降0.7个百分点。资本和金融项目顺差呈现一定波动。2010年一季度，我国跨境资金流动延续2009年的复苏势头，资本和金融项目顺差612亿美元。随后在欧洲主权债务危机影响下，国际资本避险情绪加重，跨境资金净流入套利倾向减弱，二、三季度资本和金融项目顺差分别降至319亿和141亿美元，较2009年同期均下降50%以上。2010年四季度，随着国际金融市场逐步企稳和境外流动性日益充裕，我国资金净流入出现明显反弹，资本和金融项目顺差达到1189亿美元。

三、我国调节国际收支的主要手段

（一）贸易政策

贸易收支一直是我国国际收支的重要内容，贸易政策的制定和调整对我国国际收支状况有着重要的影响。我国传统贸易战略以"出口创汇"为基本指导原则，贸易政策的着重点放在鼓励出口、扩大出口方面。面对"效益导向型"转变，实现对外贸易从数量扩大向质量提高和国际竞争力提升转化，进一步发挥贸易政策对国际收支平衡的调节作用。

（二）财政货币政策

我国国际收支变化与国民经济发展状况存在着密切关系，国内投资与储蓄状况、国内总需求状况都极大地影响着国际收支。运用财政货币政策调节社会总需求，不仅可以使国内经济均衡协调发展而且还可以通过作用于对外经济活动为国际收支的平衡创造一个良好的宏观经济环境。从财政政策看主要是税收政策，包括关税政策、出口退税和对外商直接投资的税收优惠政策；从货币政策看主要是利率政策和信贷政策。

（三）外汇管制

外汇管制一直是我国调节国际收支的主要手段之一。由于我国社会主义生产经济体系发育不完善，而且正处于经济转型期，在逐步启用经济手段调节国际收支的同时，在一定时期内，仍不能放松外汇管理。随着社会主义市场经济体系的成熟，行政手段运用的范围和发挥的作用将会逐渐缩小，有些行政手段还会完全取消，而运用经济手段的调节范围和作用将会逐渐扩大和增强。

（四）汇率政策

从20世纪80年代起，我国开始有意识地利用汇率政策，通过汇率贬值来调节国际收支。

随着我国社会主义市场经济的发展和对外开放的深入,尤其是实行有管理的浮动汇率制之后,汇率在我国国际收支调节中的杠杆作用得到了进一步加强,通过汇率变动调节国际收支更加主动、频繁。

(五)其他的金融措施

对外经济的发展,尤其是对外贸易的发展离不开金融的支持。从20世纪90年代起,我国开始运用出口信用保险措施,增强外贸出口企业的抗风险能力。我国逐步形成了包括短期出口信用综合险、出口买方信贷保险、出口卖方信贷保险、国外来料加工保险、海外工程承包保险、海外投资保险等在内的出口信用保险业务体系,在促进外贸出口,配合实现国家的财政、金融政策方面发挥了积极的作用。

本 章 小 结

1. 国际收支是一国在一定时期内本国居民与非本国居民之间产生的全部国际经济交易的系统记录。国际收支平衡表是按照复式记账原理,对一国一定时期内的国际经济交易进行分类、汇总的统计报表,主要由经常账户、金融与资本账户和平衡账户三个大项组成。按照复试记账法平衡表中全部经济交易的借方余额一定等于贷方总额。事实上,国际收支总额以及具体的每一个项目往往是不平衡的。

2. 国际收支的账面平衡并不是经济意义上平衡的反映。自主性交易和调节性交易可作为判断国际收支是否平衡的依据:只有自主性交易中的收支总额相等或基本相等,才表明实现了国际收支经济意义上的均衡。国际收支是整个国民经济的组成部分,与一国的内部经济存在有机联系。国际收支失衡的主要原因是结构性因素的变动、经济周期的波动、国民收入的变化、货币供应量的相对变化以及某些偶然因素的变动。国际收支出现持续、大量的不平衡会对当事国的经济和国际经济造成不利影响。

3. 目前世界各国没有一个统一的判断国际收支是否平衡的标准。人们往往根据分析问题的需要,采取不同的差额,如贸易差额、经常项目差额、资本和金融项目差额和综合差额等来进行判断。但是在一般情况下,以综合差额应用最为普遍。在没有特别说明的情况下,人们所说的国际收支盈余或赤字,通常指的就是综合差额的盈余或赤字。

4. 国际收支的调节措施主要从三个方面开展:自动调节机制、政策调节和国际调节。自动调节机制包括储备调节机制和汇率调节机制。政策调节包括外汇缓冲政策、汇率政策、财政政策和货币政策、直接管制。国际调节是通过国际经济合作的方式解决国际收支不平衡问题。

5. 国际收支理论主要研究国际收支的决定因素和国际收支的调节政策。国际收支理论主要包括弹性分析理论、对外贸易乘数论、吸收分析理论、货币分析理论、政策配合理论及国际收支的一般均衡理论。

6. 我国国际收支的统计经历了一个发展变化的过程。1994年我国进行了外汇管理体制的重大改革,国际收支状况开始发生深刻的变化。我国调节国际收支主要手段有:贸易政策、财政货币政策、外汇管制、汇率政策和其他金融措施。

复 习 思 考 题

1. 什么是国际收支?怎样理解国际收支的含义?

2. 国际收支平衡表的主要内容是什么?
3. 国际收支失衡的原因有哪些?
4. 分析国际收支失衡的影响。
5. 简述在不同货币制度下国际收支失衡的自动调节机制。
6. 简述国际收支的政策性调节措施。
7. 评述国际收支弹性分析论、吸收分析论和货币分析论。
8. 如何搭配使用财政政策和货币政策实现内外均衡?

第四章 外汇交易与外汇风险管理

外汇市场是世界上最大和最具影响力的金融市场。本章立足于外汇市场和外汇交易实务,分析了各种外汇交易风险,阐述了相关的管理措施。具体而言,首先从外汇市场的概念入手,逐步分析了外汇市场的发展状况、类型及其功能。其次,结合具体实例分析了各种外汇交易类型,包括即期外汇交易、远期外汇交易、掉期交易、套利交易、套汇交易、外汇期货交易、外汇期权交易等。最后,提出防范外汇风险的方法,主要有选择货币法、采取保值避险措施、利用金融衍生工具防范外汇风险、价格调整法、综合避险法、国际借贷法等。

第一节 外汇市场概述

一、外汇市场概念

外汇市场是个人、企业、银行和经纪人进行外汇交易的组织系统或网络。不同的交易主体通过外汇市场上金融产品的交易,实现了购买力的国际间转移、有效地避免了多种交易风险、完成了国际间的资金融通等交易目的。外汇市场主要有以下参加者构成:外汇银行(Appointed or Authorized Bank)、外汇经纪商(Foreign Exchange Broker)、外汇交易商(Foreign Exchange Trader or Dealer)、进出口商及其他外汇供求者、中央银行(Central Bank)、外汇投机者(Foreign Exchange Speculator)。

第一,外汇银行。外汇银行是指由各国中央银行或货币当局指定或授权经营外汇业务的商业银行或其他金融机构。它既可以是专门经营或兼营外汇业务的本国银行,也可以是专营或兼营外汇业务的外国银行分行。外汇银行是外汇市场上的主要参与者,经营外汇买卖和外币兑换,办理对外贸易结算,为国内进出口商提供外汇信贷和担保,在国外发行证券等业务。

第二,外汇经纪商。外汇经纪商在外汇市场中扮演着交易双方中介人的角色,以赚取佣金为目的,其主要任务是提供交易信息,以促进外汇交易的顺利进行。外汇经纪商分两类主要分为普通经纪商和跑街经纪商。

第三,外汇交易商。外汇交易商主要是指从事外汇交易,从中赚取买卖差价的机构或个人,多为信托公司、商业银行等机构。

第四,进出口商及其他外汇供求者。进出口商作为一国国际贸易的主要参与者,是外汇市场上外汇资金的主要需求者和供给者。对于进口商而言,需要在外汇市场上将本国货币兑换成外汇才能从事进口业务,是外汇市场上的资金需求者。反之,对于出口商,在出口创汇后需要进行结汇,将外汇兑换成本币,是外汇市场上的资金供给者。其他的外汇供求者主要是指出国留学生、国际旅游者、侨汇者等。

第五,中央银行。中央银行是一国宏观调控的主体,是一国货币政策和汇率政策的决策者。央行作为外汇市场的主体,通过外汇的买卖来调节外汇供求,干预市场汇率,以避免本币汇率过于剧烈的波动。例如,当金融市场上外汇需求大于供给时,导致本币即期出现贬值压力,为了保持汇率稳定,央行可以通过抛售外汇、增加供给来干预市场汇率。

第六,外汇投机者。外汇投机者是专门利用外汇市场上汇率的变动,进行买空卖空或衍生工具交易的投机活动,以获取利润的公司和个人。外汇投机,简言之,是预测外汇汇率将要下跌之前先卖出外汇,待将来下跌之后再买进该外汇;或是在预测外汇汇率上升之前先买入,待将来上升之后再卖出该外汇的行为。

二、现代外汇市场的特点

(一) 全球外汇交易快速增长

随着金融电子化的发展,外汇市场电子化交易程度得到了不断加强,促进了外汇交易市场的不断繁荣,直接表现为交易量持续增加、交易主体多元化等方面。

根据国际清算银行2010年9月发布的《外汇与衍生工具市场活动》3年期调查报告显示,全球外汇交易量在过去3年内激增了20%,至2010年4月份全球外汇日均交易量已经达到了4万亿美元。与此同时,美元在全球外汇交易中的比重走低,但仍占据绝对多数。2004—2007年间,全球外汇市场日均交易规模增长超过70%。在3年的调查期间,大型银行首次在外汇交易中失去交易量上的优势,而对冲基金和其他金融机构正在取而代之。对冲基金、共同基金、保险公司以及小型银行的外汇营业额已经较3年前增加了42%,至日均1.9万亿美元的水平。而主要交易银行之间的交易量增长则要缓慢得多,约为日均1.5万亿美元。从交易形式上来看,外汇交易中最基本的形式——现货交易在最近3年中增长了50%,达到日均1.5万亿美元,但其他更复杂交易形式的交易量也在急速增长。不过,货币期权的交易量下降了2%,至日均2070亿美元。从全球各地外汇交易的情况来看,英国伦敦继续保持其作为全球顶级外汇交易中心的地位,3年内其占全球外汇交易量的比重增长了2个百分点,至36.7%;美国纽约仍处于第二的位置,比重增长0.5%至18%。紧随其后的是日本(6%),新加坡、瑞士、中国香港和澳大利亚则分列第四到第七名,但比重皆在5%附近,差距微弱。部分国家的外汇交易量出现了激增:土耳其3年内的交易量扩大了3倍,至日均170亿美元;巴西的交易量增长145%,至日均142亿美元。但是另外一些国家的情况却相反:印度的交易量大降30%,至日均274亿美元;俄罗斯交易量收缩17%,至日均420亿美元;加拿大市场也出现了萎缩。①

(二) 外汇交易的币种集中

世界外汇交易量虽十分庞大,但交易的货币种类却不多,主要是美元、欧元、英镑、瑞士法郎、日元、加元、澳大利亚元、港元等。其中,美元占了80%以上的交易量,美元交易在伦敦、纽约、东京市场的份额分别为80%、85%、90%以上。其次是欧元、英镑、瑞士法郎,近年来欧元和日元的交易量已在递增。

(三) 远期外汇交易成为占主流的交易类型

在伦敦国际金融中心,即期外汇交易占整个外汇交易的40%左右;60%为远期外汇交易,比较10年前这个比例提高了一倍还多。仅从目前看,远期外汇交易占外汇交易增加量的80%,而且外汇交易的迅速增加主要是远期外汇交易的增加所致。

(四) 外汇结算的电信网络趋于全球化

环球同业银行金融电讯协会(简称"SWIFT"),是国际银行同业间的国际合作组织,成立于1973年,SWIFT的使用,使银行的结算提供了安全、可靠、快捷、标准化、自动化的通信业务,从而大大提高了银行的结算速度。1983年,SWIFT已同世界各国1千多家银行联网。平均每天传递40万份电文,通过布鲁塞尔、阿姆斯特丹和美国弗吉尼亚州的三个联网中心,向全世界各地该系统的信息处理中心传递。1980年SWIFT联接到中国香港。我国的中国银行于1983年加入

---

① 摘自《全球外汇日均交易量3年增两成》,上海商报,2010年9月2日。

SWIFT，是 SWIFT 组织的第 1 034 家成员行，并于 1985 年 5 月正式开通使用，成为我国与国际金融标准接轨的重要里程碑。进入 20 世纪 90 年代后，国内大部分可以办理国际银行业务的外资和中资银行以及地方性银行纷纷加入 SWIFT，SWIFT 的使用也从总行逐步扩展到分行。

（五）外汇市场金融创新活动频繁，衍生工具层出不穷

衍生工具发展所带来的金融创新是世界外汇市场发展的一大趋势。重要的金融衍生工具如货币与利率互换、利率期权、远期利率协议、期货期权等在世界主要外汇市场都得到广泛地运用和发展。金融衍生工具的业务取代了一部分传统业务。这极大便利了套期保值和分散风险，也极大地促进了外汇市场营业额的增加。

（六）外汇投机活动异常猖獗，外汇市场风险加大

根据国际清算银行的相关统计，近年来全球外汇交易额中有 80% 的交易是投机性交易。在世界上大多数国家采取浮动汇率制的背景下，投机活动的盛行使得汇率波动更为频繁。据统计，在外汇市场上，外汇交易量的 90% 以上都是与国际资金流动有着直接或者间接的关系。特别像巴西、阿根廷和东南亚等国家，在本国金融体制不够完善、监管能力有待提高的背景下，快速放开本国金融市场，受到了国际投机资金的猛烈冲击，导致了一系列的货币危机和金融危机，如 1998 年的东南亚金融危机、2000 年的巴西货币危机、2002 年的阿根廷金融动荡等等。

（七）外汇市场全球一体化

由于全球各金融中心的地理位置不同，亚洲市场、欧洲市场、美洲市场因时间差的关系，连成了一个全天 24 小时连续作业的全球外汇市场。早上 8 时半（以纽约时间为准）纽约市场开市，9 时半芝加哥市场开市，10 时半旧金山市场开市，18 时半悉尼市场开市，19 时半东京市场开市，20 时半香港、新加坡市场开市，凌晨 2 时半法兰克福市场开市，3 时半伦敦市场开市。如此 24 小时不间断运行，外汇市场成为一个不分昼夜的市场，只有星期六、星期日以及各国的重大节日，外汇市场才会关闭。这种连续作业，为投资者提供了没有时间和空间障碍的理想投资场所，投资者可以寻找最佳时机进行交易。

三、外汇市场的类型

（一）从外汇市场的组织形式划分

从外汇市场的组织形式划分，可以分为有形外汇市场和无形外汇市场。有形外汇市场，也称为具体的外汇市场，是指有具体的固定场所的外汇市场。这种市场最初流行于欧洲大陆，体现出一定的地理位置。无形外汇市场也称为抽象的外汇市场，是指没有具体的交易地点，买卖双方通过电话、电传、电报和其他通信手段进行外汇交易，是现代外汇市场的主要形式。随着互联网技术的发展和网络终端及应用软件的普及，外汇市场的无形化不断得到拓展和完善，外汇市场上的众多参与者都可以通过计算机终端快速完成交易。

（二）从外汇市场的交易主体划分

从外汇市场的交易主体划分，分为外汇批发市场和外汇零售市场。外汇批发市场也称为狭义外汇市场，是指银行同业之间的外汇买卖行为及其场所。外汇批发市场涉及的交易金额较大、买卖差价较小，主要采取整数批发交易，有最小交易金额的限制（例如欧洲美元买卖最低交易量是 100 万美元）。外汇批发市场其交易占外汇交易总额的 90% 以上，是外汇市场的最主要的组成部分。外汇零售市场是指银行与交易客户之间进行的外汇买卖行为及场所。外汇零售市场上的零售业务主要包括：银行与个人及公司客户之间进行的包括货币兑换、进出口结算和外汇买卖等方面。

（三）从外汇市场的交易方式划分

从外汇市场的交易方式划分，分为即期外汇市场、远期外汇市场、外汇期货市场和外汇期权市场。

即期外汇市场是指交易双方以约定的外汇币种、数量和价格成交后即刻办理交割的外汇交易市场。

远期外汇市场指买卖双方以约定的外汇币种、数量、汇率成交后，在约定的未来某一日期才办理交割结算的外汇交易市场。

外汇期货市场是指在有形的交易市场交易双方通过交易所下属成员清算公司或经纪人，以公开叫价的方式买卖标准数量、交割时间标准化的远期外汇合约的市场。期货合约是交易所统一设计、并在交易所内集中交易的标准化远期合约。

外汇期权市场是指专门交易在规定的期限内按双方约定的价格买或卖一定数量某种外汇权利的市场。外汇期权业务实际是对一种权利的买卖，权利的买方有权在未来一定时间内按约定的汇率向权利的卖方买进或卖出约定数额的某种货币；同时权利的买方也可以放弃或转让该权利。

（四）从外汇市场的交易范围划分

从外汇市场的交易范围划分，分为国内外汇市场和国际外汇市场。国内外汇市场一般均受制于本国监管当局较为严格的法律管制，表现为交易品种和交易规模较小、交易币种有限、受到诸多国内制度条例的约束等。国际外汇市场很少受到当地政府的法律管制，可以从事多种金融工具交易，其基本特征表现为参与主体较多、交易规模较大、交易币种丰富等方面。例如：伦敦外汇市场、纽约外汇市场、东京外汇市场、新加坡外汇市场等都是国际外汇市场。

四、外汇市场的主要功能

（一）促进市场汇率的形成

完善的外汇市场，有利于形成一个反映各方交易主体的均衡汇率水平。市场汇率是外汇管制较松的国家，在自由外汇市场上进行外汇交易时的汇率。由于汇率是两国货币之间的兑换比率，也可以认为是一国货币购买另一国货币的价格水平，因此在一个完善的市场中，应该有一个能够反映各方博弈结果的市场均衡汇率水平。但是，对于金融体制较为落后的国家而言，外汇市场的完全开放往往伴随着汇率的大幅波动，而有限的调控能力使干预措施的政策效果微乎其微，因此这些国家大都实施外汇管制措施。完善的外汇市场表现为：众多的外汇交易主体、丰富的外汇交易品种、健全的外汇交易方式等方面。只有外汇市场不断发展，才能增加汇率变动的灵活性，不断完善汇率的形成机制，使汇率真正反映市场供求。

（二）便于国际结算，实现购买力转移

国际贸易和国际资金融通至少涉及两种货币，而不同的货币对不同的国家形成购买力，这就要求将本国货币兑换成外币来清理债权债务关系，使购买行为得以实现。而这种兑换就是在外汇市场上进行的。外汇市场所提供的就是这种购买力转移交易得以顺利进行的经济机制，它的存在使各种潜在的外汇售出者和外汇购买者的意愿能联系起来。当外汇市场汇率变动使外汇供应量正好等于外汇需求量时，所有潜在的出售和购买愿望都得到了满足，外汇市场处于平衡状态之中。这样，外汇市场提供了一种购买力国际转移机制。同时，由于发达的通信工具已将外汇市场在世界范围内联成一个整体，使得货币兑换和资金汇付能够在极短时间内完成，购买力的这种转移变得迅速和方便。

（三）套期保值和投机

在以外汇计价成交的国际经济交易中，交易双方都面临着外汇风险。由于市场参与者对外

汇风险的判断和偏好的不同,有的参与者宁可花费一定的成本来转移风险,而有的参与者则愿意承担风险以实现预期利润。由此产生了外汇保值和外汇投机两种不同的行为。在金本位和固定汇率制下,外汇汇率基本上是平稳的,因而就不会形成外汇保值和投机的需要及可能。而浮动汇率下,外汇市场的功能得到了进一步的发展,外汇市场的存在即为套期保值者提供了规避外汇风险的场所,又为投机者提供了承担风险、获取利润的机会。

五、世界主要外汇市场

国际外汇市场是由全球三十多个国际金融中心的外汇市场构成的相互紧密联系、各具特色的全球统一的外汇市场。在国际外汇市场中影响力最大的主要是伦敦、纽约、东京、新加坡、苏黎世、中国香港、巴黎和法兰克福等。

(一) 伦敦外汇市场

伦敦外汇市场是历史最悠久、交易规模最大的国际外汇市场。伦敦外汇市场由经营外汇业务的银行及外国银行在伦敦的分行、外汇经纪人、其他经营外汇业务的非银行金融机构和英格兰银行构成。伦敦外汇市场有约300家领有英格兰银行执照的外汇指定银行,其中包括各大清算银行的海外分行。世界100家最大的商业银行几乎都在伦敦设立了分行。这些外汇银行组成伦敦外汇银行公会,负责制定参加外汇市场交易的规则和收费标准。它们向顾客提供了各种外汇服务,并相互间进行大规模的外汇交易。伦敦外汇市场上的外汇经纪人有90多家,这些外汇经纪人组成经纪协会,支配了伦敦外汇市场上银行同业之间的交易。

伦敦外汇市场没有固定的交易场所,而是用电传、电报、电话及电子计算机控制系统进行交易,因此它是一个无形市场。伦敦外汇市场的外汇交易报价采用间接标价法,交易货币种类众多,几乎包括所有的可兑换货币,规模最大的是英镑兑美元的交易,其次是英镑兑欧元和日元的交易。此外,像美元兑欧元、欧元兑日元、日元兑美元等多边交易,在伦敦外汇市场上也普遍存在。

在伦敦外汇市场上的外汇交易分为即期交易和远期交易。无论是即期还是远期中的期货和期权交易,伦敦都是全球最大的外汇交易市场。

(二) 纽约外汇市场

纽约外汇市场不仅是美国外汇业务的中心,也是世界上最重要的国际外汇市场之一,从其每日的交易量来看,仅次于伦敦外汇市场居世界第二位,也是全球美元交易的清算中心。

纽约外汇市场是抽象的外汇市场,它通过电报、电话、电传、电脑终端机与国内外联系,没有固定的交易场所。参加市场活动的有联邦储备银行、美国各大商业银行的外汇部门、外汇银行在美国的分支与代理机构、外汇经纪人、公司财团、个人等。联邦储备银行执行中央银行的职能,同许多国家银行订有互惠信贷,可以在一定限度内借入各种货币,干预外汇市场,维持美元汇率的稳定。纽约外汇市场上的大商业银行是最活跃的金融机构,外汇买卖和收付通过它们在国内外的分支行和代理机构进行。

纽约外汇市场由三部分组成。第一是银行与客户之间的外汇交易市场,第二是纽约银行间的外汇交易市场,第三是纽约各银行与国外银行间的外汇交易市场。其中纽约银行间的外汇交易市场是交易量最大的市场,占整个外汇市场交易量的90%。因此,商业银行在外汇交易中起着极为重要的作用,外汇交易主要通过商业银行办理。

在经营业务方面,美国没有外汇管制,任何一家美国的商业银行均可自由地经营外汇业务。汇率报价既采用直接标价法(指对英镑)又采用间接标价法(指对欧洲各国货币和其他国家货币)。在纽约外汇市场上交易的货币,主要有欧元、英镑、加拿大元、日元等。据纽约联邦储备银行的数据,在纽约外汇市场上,交易量最大的是欧元,占40%,其次为日元,占23%,英镑为19%,加拿大元为5%。

(三) 东京外汇市场

东京外汇市场是随着日本对外经济和贸易的发展而发展起来的,与日本金融自由化、国际化的进程密不可分。目前东京外汇市场已成为世界第三大外汇市场。

东京外汇市场是一个无形市场,交易者通过现代化通信设施联网进行交易。东京外汇市场的参加者有五类:一是外汇专业银行,即东京银行;二是外汇指定银行,即可以经营外汇业务的银行,包括几百家日本国内银行和外国银行;三是外汇经纪人;四是日本银行;五是非银行客户,主要是企业法人、进出口企业商社、人寿财产保险公司、投资信托公司等。从交易货币和种类看,由于日本的进出口贸易多以美元结算,所以东京外汇市场90%以上是美元对日元的买卖,日元对其他货币的交易较少;交易品种有即期、远期和掉期等。即期外汇买卖又分为银行对客户当日结算和银行同业间的次日结算交易。东京外汇市场上即期、远期交易的比重都不高,掉期业务量很大,而其中又以日元/美元的掉期买卖为最大。

东京外汇市场上,银行同业间的外汇交易可以通过外汇经纪人进行,也可以直接进行。日本国内的企业、个人进行外汇交易必须通过外汇指定银行进行。汇率有两种,一是挂牌汇率,包括了利率风险、手续费等的汇率。每个营业日上午10点左右,各家银行以银行间市场的实际汇率为基准各自挂牌,原则上同一营业日中不更改挂牌汇率。二是市场连动汇率,以银行间市场的实际汇率为基准标价。

(四) 新加坡外汇市场

新加坡外汇市场是随着70年代初亚洲美元市场的成立而逐渐发展起来的,是全球第四大外汇市场,日平均交易量仅次于东京。新加坡外汇市场的主要参与者是外汇银行、外汇经纪人、商业客户和新加坡金融管理局。新加坡外汇市场上,银行间的交易都通过经纪人进行,但外汇经纪人只获准作为银行的代理进行外汇交易,不能以本身的账户直接与非银行客户进行交易。新加坡的银行与境外银行的外汇交易一般直接进行。新加坡金融管理局则作为监督和管理者参与外汇市场交易,干预外汇市场、稳定汇率。新加坡外汇市场是一个无形市场,交易以美元为主,约占交易总额的85%左右。大部分交易都是即期交易,掉期交易及远期交易合计占交易总额的1/3。汇率均以美元报价,非美元货币间的汇率通过套算求得。

新加坡地处欧亚非三洲交通要道,时区优越,上午可与中国香港、东京、悉尼同步交易,中午与中东的巴林、下午与伦敦、苏黎世、法兰克福等欧洲市场、晚上同纽约都有重叠交易时间。根据交易需要,一天24小时都可以与世界各地区进行外汇买卖。新加坡外汇市场除了保持现代化通信网络外,还直接同纽约的CHIPS系统和欧洲的SWIFT(环球银行金融电信协会)系统连接,货币结算十分方便。

(五) 苏黎世外汇市场

苏黎世外汇市场的发展得益于瑞士政治稳定、货币自由兑换性和严格的银行存款保险制度。苏黎世外汇市场没有外汇经纪人,所有外汇交易都在银行同业之间直接进行,参与的外汇银行有瑞士银行、瑞士信贷银行、瑞士联合银行等,还有外国银行在瑞士的分行、国际清算银行和瑞士中央银行即瑞士国家银行。

苏黎世外汇市场与伦敦、纽约和东京外汇市场等不同的是,外汇交易由银行之间通过电话、电传进行,而不是通过外汇经纪人或外汇中间商间接进行。美元在苏黎世市场上占据重要地位,外汇价格不是以瑞士法郎而是以美元来表示的,外汇交易绝大部分要以美元作为媒介;瑞士法郎与其他货币间汇率通过美元套算得出。美元成为瑞士中央银行干预外汇市场的重要工具。苏黎世外汇市场具有良好的组织和工作效率,可以进行即期、远期等外汇买卖。

（六）香港外汇市场

香港是世界自由贸易港，其外汇市场是20世纪70年代以后发展起来的。自1973年中国香港取消外汇管制后，国际资本大量流入，经营外汇业务的金融机构不断增加，外汇市场越来越活跃，继而发展成为国际性的外汇市场。

香港外汇市场由两个部分构成。一是港元兑外币的市场，其中包括美元、日元、欧元、英镑、加元、澳元等主要货币和东南亚国家的货币。当然也包括人民币。二是美元兑其他外汇的市场。这一市场的交易目的在于完成跨国公司、跨国银行的资金国际调拨。

香港外汇市场是一个无形市场，没有固定的交易场所，交易者通过各种现代化的通信设施和电脑网络进行外汇交易。中国香港的地理位置和时区条件与新加坡相似，可以十分方便地与其他国际外汇市场进行交易。

（七）巴黎外汇市场

巴黎外汇市场作为国际金融中心发展相对较晚，20世纪70年代后才逐步确立其国际地位。巴黎外汇市场为有形市场和无形市场的结合。有形市场的交易项目仅限于对客户的交易，执行公定汇率，业务量不大。实际的交易，大部分还是在无形市场上进行的。与此相适应，巴黎外汇市场分为两个部分。一部分是每日的定价市场，即每日在巴黎外汇交易所中通过拍卖外汇的方式确定欧元对各主要国家货币的当日汇价。另一部分是一般的外汇市场，银行通过电话、电传等直接进行交易或者是通过经纪人进行交易。

巴黎外汇市场采用间接标价法，仅有较大的100家左右银行积极参与大部分远期外汇交易和交易所外的即期交易。

（八）法兰克福外汇市场

法兰克福外汇市场依托战后德国强大的经济实力发展而来。法兰克福外汇市场分为定价市场和一般市场。定价市场由官方指定的外汇经纪人负责撮合交易，它们分属法兰克福、杜赛尔多夫、汉堡、慕尼黑和柏林五个交易所，它们接受各家银行外汇交易委托，如果买卖不平衡，汇率就继续变动，一直到买和卖相等，或中央银行干预以达到平衡，定价活动方结束，时间是中午12:45。外汇经纪人除了撮合当地银行外汇交易外，还随时与各国外汇市场联系，促进德国与世界各地的外汇交易活动。

法兰克福外汇市场作为欧元区主要的外汇市场，采用间接标价法。外汇交易活动主要通过电报和电传进行。

六、中国外汇市场

（一）发展历程

我国外汇市场自改革开放后，回顾其发展过程，可以分为三个阶段。

第一阶段（1978—1993年）：计划经济向市场经济转变

1978年，我国开始实行外贸体制改革，对外贸易经营权开始下放到地方的一些部门和企业，出现了一批独立核算、自负盈亏的进出口企业。1978年8月，国务院颁发了《关于大力发展对外贸易增加外汇收入若干问题的规定》，决定从1981年1月1日起，除保留人民币的公开牌价使用于非贸易收支外，另外规定了一种适用于进出口贸易结算的汇率，称为内部结算价。内部结算价为1美元＝2.8人民币，这一数值是根据当时的换汇成本加上10%的利润计算出来的。1981年后，美国实行"高赤字、高利率、低税收"的经济政策，美元不断升值，我国人民币官方汇率不断下调。1984年年底，我国人民币兑美元汇率调整为USD1＝RMB2.80，此时正好与我国内部结算价一致。

从 20 世纪 80 年代中后期开始，全国各省市纷纷设立了外汇调剂中心，外汇调剂价格逐步放开，参与外汇调剂的主体范围日益扩大，于是形成了外汇交易的官方市场和外汇调剂市场并存的格局。

1985 年 1 月 1 日，我国正式实行单一牌价。1985 年后，我国官方汇率继续向下调整，出现了几次较大幅度的波动。1985 年 9 月，人民币兑美元汇率由 USD1 = RMB2.80 调整到 USD1 = RMB3.20，人民币贬值 12.50%。1986 年 7 月 5 日，人民币兑美元汇率调整到 USD1 = RMB3.7036，人民币贬值 13.60%。1989 年 12 月 16 日，人民币兑美元汇率调整到 USD1 = RMB4.7221，人民币贬值 21.57%。1990 年 11 月 17 日，人民币兑美元汇率调整到 USD1 = RMB5.2221，人民币贬值 9.57%。官方汇率逐年呈现出向下小幅调整的趋势，截止到 1993 年 12 月 31 日，USD1 = RMB5.80 人民币，人民币贬值 9.96%。

第二阶段（1994—2005 年）：统一的外汇市场逐步建立

为了适应社会主义经济发展的需要，从 1994 年 1 月 1 日起，我国实行了外汇体制改革，取消了外汇留成制度和调剂市场，将官方和调剂市场合并，建立了强制结售汇制度和统一的外汇市场。

经过外汇体制改革，我国形成了银行间同业交易市场（批发市场）和银行对客户结售汇市场（零售市场）两个外汇市场体系。银行间同业交易市场，是中国外汇交易中心通过计算机网络形成的，覆盖全国 37 个区域中心的外汇交易联网系统。同时，银行间同业交易市场也是人民币汇率形成的场所，中国人民银行根据前一日银行间外汇交易市场形成的价格，公布人民币对美元交易的中间价，即基准汇价。零售市场，是外汇银行与客户进行外汇交易的场所，外汇指定银行在参考中国人民银行公布的基准汇价的前提下，自行决定汇率的浮动范围及对外牌价，与客户进行外汇交易。

自 1994 年至 1997 年间，人民币汇率表现出一定的升值。由 1994 年 1 月 1 日的 USD1 = RMB8.7000 升值为 USD1 = RMB8.2770。1997 年至 2005 年 7 月，人民币实行了盯住美元的汇率制度，汇率基本固定在 USD1 = RMB8.2675～8.2770 之间。2002 年银行间外汇市场交易得到了快速发展，4 月 1 日推出了欧元交易平台，6 月 3 日建立了外币拆借服务，这都进一步促进了我国外汇市场品种的丰富及体制的完善。

第三阶段（2005 年至今）：外汇市场深入发展

2005 年汇改后，外汇市场推出了许多便利交易的措施，包括询价和做市商交易等模式的推出以及调整交易时间等。2005 年 8 月 15 日，我国外汇市场的询价交易模式首先在银行间人民币外汇远期交易市场推出。2006 年 1 月 4 日，银行间即期外汇市场在保留竞价交易方式的同时也引入询价交易方式，并正式全面引入人民币对外币做市商制度。2007 年 4 月 9 日，中国外汇交易中心新一代外汇交易系统正式开始进行人民币外汇即期、远期和掉期交易。新系统同时支持人民币对外币和外币对外币两个市场以及竞价和询价两种交易模式，为银行间外汇交易提供了更加便捷、高效的交易平台。[①]

中国外汇市场的交易品种可以分为即期和远期交易两大类。即期交易品种（含 OTC 方式和撮合方式）是我国外汇市场交易的主体，包括人民币兑外币和外币兑外币交易，汇改后品种都有所增加。2006 年 6 月正式开设英镑/人民币交易，使银行间即期外汇市场的人民币兑外币交易币种扩大到人民币兑美元、欧元、港元、日元和英镑 5 个；2005 年 5 月推出了银行间市场外币兑外币的交易，填补了银行间市场没有外币与外币交易的空白。远期交易品种 1997 年就出现了。当年中国银行获准开始向客户提供远期结售汇服务，但直到 2005 年汇改前，远期交易

---

① 浅析中国外汇市场的新发展［J］．李杰．经济论坛，2008，（8）．

品种只存在于零售市场，批发市场并无此类业务品种。汇改后，2005年8月15日银行间人民币外汇远期交易推出，并率先采用询价交易。掉期业务也随之出现，凡获准办理远期外汇结售汇企业6个月以上的银行可对客户办理不涉及利率的人民币与外币之间的掉期业务。2006年4月银行间外汇市场推出人民币与外币掉期业务。为进一步满足国内经济主体规避风险的需要，中国人民银行于2007年8月17日决定在银行间外汇市场开办人民币对外汇的货币掉期业务，货币掉期交易品种包括人民币对美元、欧元、日元、港币、英镑。[①]

进一步完善银行间外汇市场做市商制度。2010年8月修订发布新的《银行间外汇市场做市商指引》，推出银行间外汇市场尝试做市业务，降低非做市商开展做市竞争准入门槛；建立做市商分层制度，提高远期、掉期等衍生市场流动性和交易效率；完善做市商优胜劣汰考核机制，增强做市商做市积极性。同时，改进优秀做市商评优制度，进一步引导做市商完善做市服务，建立诚信、积极的市场环境。

扩大银行间外汇市场净额清算业务参与主体。2010年11月，即期询价交易净额清算业务参与主体扩大至全部26家做市商银行，进一步降低了外汇市场的运行成本和清算风险，夯实了对系统性风险的防范能力。

增加银行间外汇市场交易币种。为促进中国与马来西亚、俄罗斯之间的双边贸易，便利跨境贸易人民币结算业务的开展，满足经济主体降低汇兑成本的需要，银行间外汇市场于2010年8月19日和11月22日相继开办人民币对马来西亚林吉特和俄罗斯卢布交易。

完善银行结售汇头寸管理。为支持银行为企业"走出去"提供融资便利，2010年2月上调21家全国性银行结售汇综合头寸上限，调整后的头寸上限总额为调整前的4.5倍，同时发文指导外汇管理局分局调高地方性银行结售汇综合头寸的上限。部分银行通过增持头寸满足了大额用汇资金需求。2010年11月，结合外汇供求形势，及时研究并出台了对银行收付实现制头寸余额实行下限管理的措施，抑制外汇资金的过度流入。

鼓励银行外汇业务创新。2010年10月批复同意外贸个体工商户及对外贸易经营者个人外汇结算账户内资金办理远期结售汇和人民币与外币掉期业务的申请，满足外贸个体工商户的汇率避险保值需求。为提高中小金融机构对客户提供规避汇率风险服务的能力，2010年12月出台中小金融机构与其他银行合作，为客户办理远期结售汇业务的管理政策。

（二）基本特征

1994年，中国外汇管理体制进行了重大改革，取消外汇留成、上缴和额度管理，实行结售汇制度，建立全国统一的银行间外汇市场。同时，建立了以中国外汇交易中心的电子交易系统为依托的交易平台。银行间外汇市场的建立，奠定了以市场供求为基础的、有管理的浮动汇率制的基础。我国银行间外汇市场主要是指经国家外汇管理局批准，可以经营外汇业务的境内金融机构（包括银行、非银行金融机构和外资金融机构）之间通过中国外汇交易中心进行人民币与外币之间的交易市场。其基本特征，表现为以下几点：

1. 外汇交易网络化

中国外汇交易中心通过计算机网络与各金融机构提供外汇交易与清算服务。中国现代化支付系统建有两级处理中心，即国家处理中心（NPC）和全国省会（首府）及深圳城市处理中心（CCPC）。国家处理中心分别与各城市处理中心连接，其通信网络采用专用网络，以地面通信为主，卫星通信备份。为保障外汇交易资金的及时清算，外汇交易中心与支付系统上海CCPC连接，处理外汇交易人民币资金清算，并下载全国银行间资金拆借和归还业务数据，供中央银行对同业拆借业务的配对管理。

---

① 浅析中国外汇市场的新发展 [J]. 李杰. 经济论坛，2008，(8).

2. 实行会员制

在市场组织形式上，中国银行间外汇市场实行会员制管理。凡经批准设立、开展外汇业务以及经营结售汇业务的金融机构及其分支，均可申请成为银行间外汇市场的会员，经审核批准后，通过中国外汇交易中心的电子交易系统入市交易。会员交易又分为自营买卖和代理买卖两种。

3. 集中清算

会员在交易市场进行的外汇交易通过交易中心统一进行集中清算。银行间外汇市场的交易会员的外汇资金清算通过中国外汇交易中心在境外开立的统一的外汇账户办理，人民币资金清算通过各会员在中国人民银行开立的人民币账户办理。目前，本外币资金在交易日的第二天同时办理交割入账，即 T+1 清算。

4. 竞价交易方式

银行间外汇市场在进行交易时，按照"分别报价、撮合成交"的竞价交易方式进行。具体而言，交易主体在中国外汇交易中心现场（或通过远程终端）报出买入价和卖出价，交易系统则按照"价格优先、时间优先"的原则对外汇买入报价和卖出报价的顺序进行组合，按照最低卖出价和最高买入价的顺序撮合成交。

1994 年银行间外汇市场建立后，市场会员的数量不断增加、会员的性质呈多样化趋势。截至 2005 年 6 月底，银行间外汇市场共有会员 366 家，其中，国有商业银行 4 家、股份制商业银行 11 家、政策性银行 3 家、城市商业银行 39 家、商业银行的授权分行 109 家、外资银行 179 家、信托投资公司 2 家及 19 家农村信用联社。银行间外汇市场成交量逐年攀升，1994 年，银行间外汇市场的总成交量仅为 408 亿美元，1997 年达到 700 亿美元；受亚洲金融危机影响，随后两年交易量出现下滑；2000 年恢复增长，2001 年市场成交量超过金融危机前的水平，达到 750 亿美元；2002 年成交量增加到 972 亿美元；2003 年市场成交量突破 1 000 亿美元，达到 1 511 亿美元；2004 年市场成交量一举突破 2 000 亿美元，达到创纪录的 2 099 亿美元。2011 年我国银行间市场成交量增至 235.7 万亿元，比 2010 年增长 11.6%。

第二节　外汇市场业务

一、即期外汇交易

（一）即期外汇交易的概念

即期外汇交易（Spot Exchange Transactions）：又称为现汇交易，是指外汇买卖成交后，交易双方于当天或两个营业日内办理交割手续的一种交易行为。

所谓"营业日"是指两国清算银行都开门营业的工作日，不包括节假日。所谓"交割"，是指买卖双方钱货两清的结算行为。交割日又叫起息日，必须是双方都营业的日期。按照交割日的不同，在具体交割时，一般分为以下三种情况：第一，T+0 交割（当日交割），英文叫 Value Today，即指外汇交易双方在成交的当天立即进行交割。第二，T+1 交割（翌日交割），英文叫 Value Tomorrow，即指外汇交易双方在成交后的第一个营业日进行交割。第三，T+2 交割（即期交割），Value Spot，即指外汇交易双方在成交后的第二个营业日进行交割。

（二）即期外汇交易的程序

一笔完整的外汇交易往往包括下列五个步骤：询价、报价、成交、证实及交割。

1. 询价

银行外汇交易员按银行自身的交易要求或客户的委托通过电话或电传向其他银行询价，以便对方报价、完成交易。询价交易（over-the-counter）简称 OTC 方式，又称柜台外交易方式，是指银行间外汇市场交易主体以双边授信为基础，通过自主双边询价、双边清算进行的即期外汇交易。由此形成的外汇交易市场称为 OTC 市场。在通过 OTC 形式进行外汇交易时，外汇交易汇率是由外汇交易双方通过磋商确定的，磋商之后的汇率即为市场均衡汇率。

2. 报价

一家外汇银行接到另一家外汇银行的询价所做出的回答，即报价。报价是否合理直接关系到买卖是否成交，且一旦报价不得变更。因此报价行报价时一般会综合考虑目前的市场行情、报价行拥有的外汇头寸以及国内外政治、经济、军事最新动态等因素。报价一般采用双向报价，即同时报出买价和卖价。汇率的基本单位为一个点，即万分之一货币单位，因此汇率的标价通常为 5 位有效数字，保留到小数点后面 4 位（日元和韩元等个别货币面值较大，一个点为 0.01 货币单位）。但汇率日常波动很少到达百分之一，因此报价只报汇率的最后两位数字。同时为节约交易时间，常使用规范化的简语。如在银行间市场，"one dollar"表示 100 万美元。

3. 成交

在报价行报出的外汇买卖价格后，询价行应立即进行答复。若接受报价，询价方应告知对方买进（或卖出），并确定相应的交易货币和金额；若不接受报价，询价方可回答 thanks nothing 表示谢绝，报价便对双方无效。

4. 证实

当询价方接受报价方的报价后，报价方应做出交易承诺。此时，交易双方还应该把交易涉及的交易币种、汇率、金额、起息日和收付账户等交易内容再确认一遍。

5. 交割

双方交易的交易员的文字记录交给后台交易员，后台交易员根据要求指示其代理行将卖出的货币划入对方指定的银行账户。

二、远期外汇交易

远期外汇交易（Forward Transaction）又称期汇交易，是指外汇买卖双方签订远期交易合约，约定在将来的某个日期按合约规定的币种、数量和汇率进行交割的外汇交易方式。远期外汇交易是有效的外汇市场中不可以缺少的组成部分。最常见的远期外汇交易交割期限一般有 1 个月、2 个月、3 个月、6 个月和一年。

远期外汇交易根据交割日的不同可以分为，固定交割日期的远期外汇交易和不固定交割日期的远期外汇交易。固定交割日期的远期外汇交易（也称为定期远期外汇交易），是指外汇买卖双方在成交时，就已经将未来的交割日期确定了下来。不固定交割日期的远期外汇交易（也称为择期远期外汇交易），是指在零售外汇市场上，成交日后的第三个营业日起到约定的到期日这段期限内的任何一个营业日，客户有权选择进行外交割。远期外汇交易合同一旦签订，交易双方均必须履行交割义务。

（一）远期汇率的报价

远期汇率的报价有两种方式：直接报价法和远期差价报价法。

1. 直接报价法

直接报价法（outright rate），又称全额报价法，是指外汇银行直接报出远期外汇的实际汇率。瑞士和东京的外汇市场均采用这种报价方法。如在东京外汇市场上，美元兑换日元的汇率为 USD/JPY：89.00/10。

2. 远期差价报价法

远期差价报价法（forward margin），又称掉期率报价法，是指外汇银行在报远期外汇的价格时，仅仅报出远期差价即掉期率，而不标出远期汇率的实际数额，银行同业间交易常采取这种报价法。远期汇率与即期汇率之间的差价称为远期差价，或远期汇水。远期差价是用点数来表示远期汇率和即期汇率之间的差价关系。当远期汇率高于即期汇率时，其差价称为升水（At Premium），表示外币远期汇率趋于升值；当远期汇率低于即期汇率时，其差价称为贴水（At Discount），表示外币远期汇率趋于贬值；当远期汇率等于即期汇率时，称为平价（At Par）。

（1）远期汇率的计算

在远期差价报价法下，远期汇率的计算需通过具体的标价方法及点数的特征来计算。由于汇率的标价方法不同，计算远期汇率的原则亦不相同。直接标价法下，升水加贴水减；间接标价法下，升水减贴水加。具体计算公式，如下：

在直接标价法下，远期汇率 = 即期汇率 + 升水

远期汇率 = 即期汇率 − 贴水

在间接标价法下，远期汇率 = 即期汇率 + 贴水

远期汇率 = 即期汇率 − 升水

例1：在东京外汇市场上，美元兑日元的即期汇率为 USD1 = JPY89.00/10，三个月掉期率升水 10/20。求美元兑日元的远期汇率？

由于东京外汇市场上，日元是本币，美元是外币，汇率的标价是直接标价法，远期汇率等于即期汇率加上升水，即三个月的远期汇率为：

$$USD1 = JPY89.10/30$$

例2：在纽约外汇市场上，美元兑人民币的汇率为 USD1 = RMB6.3820/6.3840，三个月掉期率贴水 20/30。求美元兑人民币的远期汇率？

由于纽约外汇市场上，美元是本币，人民币是外币，汇率的标价是间接标价法，远期汇率等于即期汇率加上贴水，即三个月的远期汇率为：

$$USD1 = RMB6.3840/6.3870$$

如果不知道升贴水可根据远期差价的点数特征来判断。不论是直接标价法还是间接标价法，若远期差价前小后大，将即期汇率左右两个数字分别与远期差价左右两个数字相加；若远期差价前大后小，将即期汇率左右两个数字分别与远期差价左右两个数字相减。即为："前大后小往下减，前小后大往上加。"

例3：在东京外汇市场上，美元兑日元的即期汇率为 USD1 = JPY89.00/10，三个月掉期率 10/20。求美元兑日元的远期汇率？

远期差价前小后大，对齐加。即三个月的远期汇率为：

$$USD1 = JPY89.10/30$$

例4：在纽约外汇市场上，美元兑人民币的汇率为 USD1 = JPY89.50/89.70，六个月掉期率 30/20。求美元兑日元的远期汇率？

远期差价前大后小，对齐减。即六个月的远期汇率为：

$$USD1 = JPY89.20/89.50$$

（2）远期汇率升（贴）水的计算

远期汇率相对于即期汇率可能会发生升水，或贴水，或平价。影响远期汇率变动的因素有很多，比如：货币的法定升值（贬值）、外汇市场投机力量的变化、国际经济格局的转变、国

际收支差额等。但在短期来看，影响远期汇率走势最重要的因素是两国短期市场利率的变动。在其他条件不变的情况下，低利率货币，表现出远期汇率升水；高利率货币，表现出远期汇率贴水。因为资本是逐利性的，利率相对较高的国家短期内会吸引大量外部资金流入，增加市场上对高利率货币资金的需求，套利者为了避免汇率波动的风险，在买入高利率货币的同时，必然在远期市场上卖出高利率货币，造成高利率货币远期汇率贴水。具体的计算公式为：

$$升水（或贴水）= 即期汇率 \times 两国货币利差 \times 交割月数 \div 12$$

$$或：升水（或贴水）= 即期汇率 \times 两国货币利差 \times 交割天数 \div 360$$

例5：在伦敦外汇市场上，美元兑英镑的即期汇率为 GBP1 = USD1.6284，美国市场的年利率为2.35%，英国市场的年利率为4.50%。问3个月美元远期汇率是升水还是贴水以及3个月美元远期汇率的升/贴水值。

由于美元利率低于英镑利率，通过投机者的套利活动，美元在远期会出现一定程度的升水。3个月美元的远期升水 = 1.6284 × （4.50% − 2.35%）× 3 ÷ 12 = 0.0088（美元）

所以，3个月英镑兑美元的远期汇率：GBP1 = USD1.6248 − USD 0.0088 = USD1.6160

（3）远期汇率升水率（贴水率）的计算

由于不同货币的远期汇率之间的绝对数值不易直接进行比较，可以通过测算远期升（贴）水年率来进行比较。

$$升（贴）水年率 = 升（贴）水 \div 即期汇率 \div 月数 \times 12$$

$$或：升（贴）水年率 = 升（贴）水 \div 即期汇率 \div 天数 \times 360$$

若结果为正是升水年率，结果为负是贴水年率。

参照例5的数据，得到

$$升（贴）水年率 = 0.0088 \div 1.6284 \div 3 \times 12 = 2.15\%$$

此时，可以看出远期汇率的升（贴）水年率（2.15%）正好等于两国货币年利率之差（4.50% − 2.35%）。通过对远期汇率升（贴）水公式的变形，可以得出：

$$两国年利率之差 = [升（贴）水 \times 12] \div 月数 \div 即期汇率$$

通过以上分析可以看出，远期汇率和利率之间的关系是以利率平价理论作为基础的，在其他条件不变的条件下，会受到利率的变化而变化。不管是从事国际间贸易活动还是国际间投资，外汇市场上远期汇率与即期汇率之间的差异会趋近于两国货币的利率之差。

（二）远期外汇交易的应用

1. 进出口商从事远期外汇交易，避免汇率风险

在国际经贸往来中，进出口贸易合同的达成到资金收付的完成往往需要一定的时间，进出口商有可能因汇率变动而遭受损失。因此进出口商可以预先和外汇银行签订远期外汇交易，以避免汇率波动风险。

例6：某一日本出口商向美国进口商出口价值10万美元的商品，约定3个月后付款。双方签订买卖合同时的汇率为 USD1 = JPY120，按此汇率，出口该批商品可换得1200万日元。但3个月后，若美元汇价跌至 USD1 = JPY115，则出口商只可换得1150万日元，比原汇率计算少收入50万日元，可见美元下跌或日元升值将对日本出口商造成一定损失。因此，日本出口商为防止损失在订立买卖合同时，按 USD1 = JPY119 的汇率签订远期外汇交易，将3个月的10万美元期汇卖出，届时就可收取1190万日元的货款，从而避免了汇率变动的风险。

2. 外汇银行利用远期外汇交易来调整外汇头寸

外汇持有额即外汇头寸（Foreign Exchange Position），进出口商为避免外汇风险而进行期汇交易，实质上就是把汇率变动的风险转嫁给外汇银行。外汇银行之所以有风险，是因为它在与客户进行了多种交易以后，一天的外汇"综合持有额"或总头寸（Overall Position），难免会出

现期汇和现汇的超买或超卖现象。外汇银行的敞口头寸会处于汇率变动的风险之中。为此，外汇银行就会设法把它的外汇头寸予以平衡，即要对不同期限不同货币头寸的余缺进行抛售或补进，由此求得外汇头寸的平衡。

例7：日本某外汇银行发生3个月美元期汇超卖现象，表现为美元期汇头寸"缺"10万美元。3个月远期汇率为USD1 = JPY125，假定3个月后即期汇率为USD1 = JPY127。该银行不采取风险防范措施到期日会有多大损失；为防止损失该银行应当如何操作。

$(127-125) \times 10$ 万 $= 20$ 万。该银行不采取风险防范措施会损失20万日元。为防止损失该银行应当同时买入到期日相同的3个月期10万美元。

3. 利用远期外汇交易进行外汇投机

投机是指投机者根据汇率变动趋势的预测，通过买卖故意持有现汇或期汇的敞口头寸，以获取汇率波动风险收益的外汇交易。其基本操作方式是买空或卖空：买空是在预测汇率将上涨时，先买后卖的投机交易；卖空是在预测汇率将下跌时，先卖后买的投机交易。

例8：在纽约外汇市场上，英镑兑美元的一月远期汇率为GBP1 = USD1.6300，一投机商预期一个月后英镑会升值为GBP1 = USD1.6500，就在外汇市场上买入100万一个月期汇英镑。如果预测准确，$(1.65-1.63) \times 100$ 万 $= 2$ 万，投机者净赚2万美元。如果预测失败，到期即期汇率为GBP1 = USD1.6200，英镑贬值投机者亏损1万美元。

三、掉期交易

掉期交易（Swap Transaction），是指外汇交易者在外汇市场上买进（或卖出）某种外汇的同时，卖出（或买进）金额相同、交割期限不同的同一外汇的交易活动。因此，一笔掉期交易可以看成由两笔金额相同、起息日不同、方向相反的外汇交易组成。其特点可以归结为：第一，买进和卖出的货币是同一外国货币；第二，买进和卖出的外汇数量相同；第三，买进和卖出的交易行为同时发生；第四，买进和卖出的交易行为方向相反；第五，买进和卖出的交割期限不同。

（一）掉期交易的类型

1. 即期对即期的掉期交易（Tomorrow-Next Swap Transaction）

即期对即期的掉期交易，也称一日掉期（One-Day Swap），是指两笔数额相同、交割期限相差1天、方向相反的即期外汇交易。即期对即期的掉期交易，主要应用于银行同业拆借时规避汇率风险。即期对即期的掉期交易，具体又可以分为以下三种类型：

（1）今日对明日掉期（Today-Tomorrow Swap Transaction）

今日对明日掉期，是指将一笔交易的交割日安排在成交的当日，并将另一笔反向交易的交割日安排在第二天的掉期交易。

（2）明日对后日掉期（Tomorrow-Next Swap Transaction）

明日对后日掉期，是指将一笔交易的交割日安排在成交的第二天，并将另一笔反向交易的交割日安排在第三天的掉期交易。

（3）即期对次日掉期（Spot-Next Swap Transaction）

即期对次日掉期，是指把一笔交易的交割日安排在即期交割日（即后日），并将另一笔反向交易的交割日安排在即期交割日的次日。

2. 即期对远期的掉期交易（Spot-forward Swap Transaction）

即期对远期的掉期交易，指买进（或卖出）某种即期外汇的同时，卖出（或买进）同种货币的远期外汇，是掉期交易里最常见的一种形式。即期对远期的掉期交易，既可以发生在外汇零售市场，也可以发生在银行间外汇市场。在外汇零售市场上，常见的交割期限有1个月、2个月、3个月和6个月。银行间外汇市场上，交割期限更为灵活，除了上述交割期限外，还可以更短如1周，或更长如1年等。

在掉期交易中，决定交易规模和性质的因素是掉期率（swap rate）。掉期率本身并不是外汇交易所适用的汇率，而是即期汇率与远期汇率或远期汇率与即期汇率之间的差额，即远期贴水或升水。掉期率与掉期交易的关系是：掉期率超过掉期交易成本才会发生掉期交易。

3. 远期对远期的掉期（Forward-Forward Swap Transaction）

远期对远期的掉期交易，指买进并卖出同种货币不同交割期的远期外汇。远期对远期的掉期交易，主要有两种方式，一是买短卖长，即买进较短交割期的远期外汇，同时卖出较长交割期的远期外汇；二是买长卖短，即买进期限较长的远期外汇，而卖出期限较短的远期外汇。

（二）掉期交易的作用

1. 套期保值

涉外经济主体存在数额相当但期限不同的外汇应收和应付账款时，可利用掉期交易来套期保值。

例9：美国某公司在三个月后应向外支付100万英镑，同时在一个月后又将收到另一笔100万英镑的货款。为防止汇率风险它就可进行一笔远期对远期的掉期交易。假设当时外汇市场汇率为：

一个月远期汇率：GBP1 = USD1.6270/80

三个月远期汇率：GBP1 = USD1.6200/10

这时该公司可进行远期对远期的掉期交易

即买入三个月的远期英镑100万（GBP1 = USD1.6210），同时卖出一个月期的远期英镑100万（GBP1 = USD1.6270）；不仅达到了保值的目的，还可获净收益6000美元。

2. 抛补套利

买进即期高利率货币的同时卖出远期高利率货币本利和。即将低利率货币换成高利率货币并存入该国，同时在期汇市场将高利率货币本利和卖出换成低利率货币。在不考虑交易成本的情况下，只要两国利率差高于高利率货币的贴水率，可稳获收益。

3. 投机

投机者预测某种货币将贬值，且长期的贬值幅度大于短期的贬值幅度，可买短卖长；如果预测某种货币将升值，且长期的升值幅度大于短期的升值幅度，可买长卖短。投机的同时又可适当降低风险。

4. 有利于银行调整资金的期限结构

资金期限结构主要涉及商业银行在外汇交易过程中，资金收付的期限是否匹配，如果同一期限外汇收支出现较大差额，那么汇率的波动会使商业银行面临较大的风险。在商业银行的经营过程中，由于外汇收支往往不能在同一时间自动达到平衡，此时可以通过掉期业务实现即期外汇和远期外汇的相互转化，使外汇收付在时间上和数量上达到一致。

例10：英国某银行在快收盘时发现美元即期多头1000万，3个月远期空头2000万；加元即期空头985万，3个月远期多头1976万。当时市场汇率即期USD/CAD0.9850～0.9870，3个月远期USD/CAD0.9860～0.9880。该银行可卖出即期美元买入即期加元，同时买入3个月远期美元卖出3个月远期加元，调整期限结构、轧平头寸。

四、套汇交易

套汇交易（Arbitrage Transaction）是指套汇者利用不同地点、时点、币种在汇率上的差异或利率上的差异，进行贱买贵卖，从中套取差价利润的一种外汇交易。由于空间的分割，不同的外汇市场对影响汇率诸因素的反应速度和反应程度不完全一样，因而在不同的外汇市场上，同种货币的汇率有时可能出现较大的差异，这就为异地套汇提供了条件。

套汇主要分为两种形式：时间套汇和地点套汇。

（一）时间套汇

时间套汇即抛补套利，是指利用汇率在不同时间点上的差异，在同一外汇市场上利用即期汇率和远期汇率的差异，进行套汇交易。我们在套利交易中具体介绍。

（二）地点套汇

地点套汇，是利用不同外汇市场上出现的汇率差异，而进行低买高卖的套汇交易。套汇交易一般指的是地点套汇。地点套汇可以分为两种情况：两角套汇和三角套汇。

1. 两角套汇（Two Point Arbitrage）

两角套汇，又称直接套汇（Direct Arbitrage），是指利用两个不同的外汇市场上某种货币出现的汇率差异，低买高卖以赚取汇率差额利润的一种套汇方式。

例11：在纽约外汇市场上，USD1 = JPY90；在东京外汇市场上，USD1 = JPY88。可以发现，在同一时间，纽约外汇市场上日元较为便宜，东京外汇市场上美元较为便宜。投机者可以在纽约市场上卖出美元买入日元，同时按东京市场价格卖出日元买入美元。以1万美元进行套汇交易为例，用1万美元以USD1 = JPY90的汇率买入90万日元，同时以USD1 = JPY88卖出90万日元，得到1.022 727万美元。在两个不同的外汇市场进行套汇后，套汇利润为227.27美元。

2. 三角套汇（Three Point Arbitrage）

三角套汇，又称间接套汇（Indirect Arbitrage），是指利用三个或三个以上的外汇市场上汇率的差异，同时在三个及以上市场低买高卖，以赚取汇率差额利润的一种套汇方式。

三角套汇，首先应判断多个外汇市场间是否存在套汇的机会。一般采用汇率积数判断法。汇率积数判断法主要是把三个或多个市场上的中间汇率转化为同一种标价方法来表示，货币符号首尾相连之后将所有汇率连乘。若连乘的结果等于1，即表示外汇市场上的汇率为均衡汇率，不存在套汇机会。若连乘的结果不等于1，即表示外汇市场上的汇率不是均衡汇率，此时存在套汇机会。其次是确定套汇路线：连乘的积>1，按顺延的路线套汇；若积<1，就逆向套汇。

最后按实际汇率计算毛利。

例12：考察同一时间三个外汇市场上的汇率水平：伦敦外汇市场英镑兑美元的汇率为GBP1 = USD1.628 4/86，纽约外汇市场美元兑日元的汇率为USD1 = JPY80.10/20，东京外汇市场英镑兑日元的汇率为GBP1 = JPY128.00/30。是否有套汇利润？某投资者用GBP10 000套汇可获取多少利润？

参考上例数据，得到三个外汇市场的中间汇率：

伦敦外汇市场：GBP1 = USD1.628 5

纽约外汇市场：USD1 = JPY80.15

东京外汇市场：GBP1 = JPY128.15

将统一标价法后的汇率分别表示出来：

伦敦外汇市场：GBP1 = USD1.628 5

纽约外汇市场：USD1 = JPY80.15

东京外汇市场：JPY1 = GBP 0.007 8

将所有中间汇率连乘。

得到：$1.6285 \times 80.15 \times 0.0078 = 1.018 \neq 1$，此时存在套利机会。因为 $1.018 > 1$，所以套汇路线为顺延套汇，即伦敦→纽约→东京

$$GBP10\,000 \times 1.6284 \times 80.10 \div 128.30 = GBP10\,166.39$$

$$套汇收益 = 10\,166.39 - 10\,000 = 166.39 \text{ 英镑}$$

五、套利交易

套利交易（Interest Arbitrage），是指套利者利用不同国家间短期利率之间的差异，将资金从低利率国家调往高利率国家，以赚取利差收益的一种外汇交易。套利交易分为非抛补套利和抛补套利。

（一）非抛补套利（Uncovered Interest Arbitrage）

非抛补套利是指套利者利用两个不同国家间金融市场短期利率的差异，将资金从低利率国家调往高利率国家，投资到期再将资金调回以赚取利差收益的一种外汇交易。一般来说，由于非抛补套利无法避免未来汇率波动所带来的风险，因此是投机者采用的套利方式，并且这种套利活动常常发生在汇率较为稳定的货币之间。

例 13：英国 3 个月英镑定期存款的年利率为 8%，美国 3 个月美元定期存款的年利率为 6%。这时是否会发生套利交易？

情况一：如果 3 个月后，英镑和美元之间的汇率保持不变。

在这种情况之下，资金就会从美国流向英国。美国投资者可以在 3 个月前，将自己的美元兑换为英镑，然后存入英国银行，待 3 个月到期后，再将英镑兑换为美元，这样就可以获得无风险的 2% 利差收益。如果期初资金为 100 万美元，那么期末可以获得 $100 \times 2\% \times 3/12 = 0.5$（万美元）。

情况二：如果在 3 个月后，英镑发生贬值。

假定当前外汇市场上即期汇率为 $GBP1 = USD1.6300$，根据升（贴）水计算公式可知，英镑贴水额 $= 0.00815$。只要投机者预测英镑 3 个月后的即期汇率在 $1.62185 \sim 1.6300$ 之间，利差收益会超越汇率贬值损失，就会发生套利交易。但是，如果英镑发生大幅贬值，$GBP1 < USD1.62185$，此时套利交易获得的利差收益无法弥补汇率风险带来的损失，套利者亏损。

情况三：如果在 3 个月后，英镑发生升值。

如果预测 3 个月后英镑升值，投资于英镑的本息和到期后可以兑换更多的美元，也会发生套利交易。根据利率平价理论，高利率货币未来会贬值，在不出现特殊情况下，非抛补套利同时获取利差与汇差收益一般不会出现。

通过以上分析可知，非抛补套利是否能够获得盈利，不仅仅取决于两国之间的利率差异，还必须考虑到未来即期汇率的变动方向和波动程度。总体而言，两国利差在短期内一般较为稳定，套利者应该重点关注高利率货币可能出现的贬值风险。

（二）抛补套利（Covered Interest Arbitrage）

抛补套利，又称时间套汇，是指为了防止资金在投资期间汇率波动风险，套利者将掉期交易与套利交易相结合，在套利交易的同时进行掉期抛补，以防范汇率风险。具体操作过程为：套利者在将货币兑换为高利率货币进行投资的同时，与银行签订远期合约，卖出远期高利率货币的本息和，从而在套利活动的开始就将套利收益确定下来。

例 14：英国 3 个月英镑定期存款的年利率为 8%，美国 3 个月美元定期存款的年利率为 6%。即期汇率为 $GBP1 = USD1.6300$，3 个月的远期汇率为 $GBP1 = USD1.6280$。求套利者在投

资 100 万美元时，如果进行抛补套利，能获得多少利润？

100 ÷ 1.63 = 61.35 ×（1 + 8% × 3/12）× 1.628 0 = 101.874 847（美元），抛补套利收益 18 748.47（美元）。

六、外汇期货交易

外汇期货交易（Foreign Currency Future Transaction），是指在有形的交易市场交易双方通过结算下属成员清算公司或经纪人，以公开叫价的方式买卖标准数量、交割时间标准化的远期外汇的一种业务。期货交易是一种衍生交易工具，按标的物可分为商品期货和金融期货。外汇期货是金融期货的主要类型之一，除此之外还有利率期货、股票指数期货和贵金属期货。

1972 年 5 月，芝加哥商业交易所正式成立国际货币市场分部，推出了七种外汇期货合约，从而揭开了期货市场创新发展的序幕。从 1976 年以来，外汇期货市场迅速发展，交易量激增了数十倍。1978 年纽约商品交易所也增加了外汇期货业务，1979 年，纽约证券交易所亦宣布，设立一个新的交易所来专门从事外币和金融期货。1981 年 2 月，芝加哥商业交易所首次开设了欧洲美元期货交易。随后，澳大利亚、加拿大、荷兰、新加坡等国家和地区也开设了外汇期货交易市场，从此，外汇期货市场便蓬勃发展起来。

（一）外汇期货的基本交易规则

1. 保证金制度

外汇期货交易实行"保证金"制度。保证金分为初始保证金和维持保证金。初始保证金是订立合同时必须缴存的，一般为合同价值的 2%～10%，根据交易币种汇率的易变程度来确定。维持保证金指开立合同后，如果发生亏损，致使保证金的数额下降，直到客户必须补进保证金时的最低保证金限额，一般为初始保证金的 2/3 或 3/4。一旦保证金账户余额降到维持水平线以下，客户必须再交纳保证金，并将保证金恢复到初始水平。

2. 每日清算制度

外汇期货交易实行每日清算制度。当每个营业日结束时，清算所要对每笔未平仓交易按当日收盘价逐日清算。盈利的一方可提取利润，亏损的一方则需补足头寸。由于实行每日清算，客户的账面余额每天都会发生变化，每个交易者都十分清楚自己在市场中所处的地位。如果想退出市场，则可做相反方向的交易来对冲。

3. 限价交易

每份期货合约都规定了最小价格波动和最高限价。最小价格波动是指买卖期货合约时货币价格产生波动的最小幅度。买卖双方报价只能是最小价格波动额的倍数。一般外汇期货的最小价格波动为一个点，即 0.000 1。如澳元期货合约目前的交易价格为 1.061 5 美元，则买方和卖方的下一个最小报价分别是 1.061 6 和 1.061 4。最高限价是指每日交易的最高限制，超过限价该种货币的期货交易自动停止。最高交易是保护交易者不因价格的暴涨暴跌而蒙受巨大损失的一种措施。

（二）外汇期货交易程序

1. 选择经纪公司并开立保证金账户，存入保证金。

2. 客户向经纪公司发出委托指令，经纪公司立即将客户的指令传递给场内经纪人。场内经纪人在交易所内公开叫价，成交后将交易结果通知经纪公司和客户的同时，将成交的订单交给清算所。

3. 交易日末清算所计算每个清算会员的外汇头寸，对未平仓的合约逐日清算盈亏。

4. 客户进行一笔反向交易对冲或合约到期交割，期货交易才真正结束，即平仓。

（三）外汇期货交易的功能

1. 价格发现功能。价格发现功能是大量的买卖双方通过竞价机制来实现的。期货价格代表了交易双方对未来外汇供求关系和价格走势的基本看法，通过其频繁的买卖，逐渐形成最具代表性的价格，并具有预期性、连续性和权威性的特点。

2. 保值避险。套期保值者通过期货交易将汇率风险转移给愿意承当风险的投机者。期货交易保值避险的原理在于金融资产的期货价格和现货价格受相同的经济因素影响和制约，具有同向变动性和收敛性。

3. 套利和投机功能。套利者可以利用同种外汇期货合约在不同市场之间、不同交割月之间，或在同一市场、同一交割月的不同外汇期货合约之间暂时不合理的价格关系通过同时买进和卖出以赚取价差收益。投机者依据对未来汇率的走势预测，在承当一定风险的情况下，不断买进或卖出外汇期货合约，以期从价格波动中获取利润。

（四）外汇期货交易与远期外汇交易的比较

1. 外汇期货与远期外汇业务极其相似，它们的相同点是：

（1）交易目的都是为了保值或投机；（2）都是通过合同的形式将买卖外汇的汇率固定下来；（3）都是远期交易，即在一定时期以后交割，而不是即期交割。

2. 外汇期货与远期外汇业务的区别主要是：

（1）市场组织形式不同。外汇期货市场是一个有组织、有规则、有固定交易场所的有形市场，采用竞价方式竞价成交。远期外汇市场是一个松散的、无固定交易场所的无形市场，通常是外汇银行、外汇经纪人和顾客之间利用电话或电传等通信网络达成交易。

（2）市场参与者不同。外汇期货交易的参与者不受资格限制，任何机构和个人按照规定开户并交纳保证金均可参与交易。由于远期外汇业务的参与者必须考虑对手的信用程度，因此参与者大都是资信度高的银行和大公司，中小企业和个人很难参与。

（3）交易合约不同。外汇期货合约是标准化合约。"标准化"主要体现在合同的金额、交割期限、交割日期等方面，唯一变化的是交易价格。例如英镑期货合约的标准化金额为62 500，交割期多为每年的3、6、9、12月份，交割日一般是到期月份的第三个星期的星期三。远期外汇交易合约是非标准化的，金额和交割日不固定。

（4）报价方式不同。外汇期货交易在交易所公开叫价，买方只报买价，卖方只报卖价。远期外汇交易以外汇银行为主，在报价时同时报出买入价和卖出价。

（5）保证金和手续费不同。外汇期货交易双方都要交纳保证金，并向经纪人支付佣金。远期外汇交易一般不收取保证金和佣金，但对信誉度要求很高。

（6）信用风险不同。外汇期货交易因采用保证金制度和逐日结算制度，并且有清算公司参与，一般不会存在违约风险。远期外汇业务大都是凭信用达成的交易，违约风险较大。

（7）实际交割状况不同。外汇期货交易大都是通过对冲交易来平仓，实际交割的合约不足总量的1%，远期外汇交易90%以上都会在交割日交割。

（五）外汇期货交易的应用

1. 外汇套期保值

外汇套期保值，是利用现汇与期汇价格同向变动的特征，通过在期货市场和现货市场进行反向操作，以达到对所持有的外汇债权和债务保值的目的。外汇套期保值分为多头套期保值和空头套期保值两种。

（1）多头套期保值（Long Hedge）

多头套期保值，又称为买入套期保值，即在期货市场上先买入后卖出。用于在将来有外汇支出或有外汇债务的情形,以防止外汇升值风险。如在进出口贸易中进口商常常会担心,由于合同计价外币可能出现的升值而支付更多的本币资金,便可采用多头套期保值。

例15:6月20日,一美国进口商从德国进口一批货物,价值为125万欧元,1个月后支付货款。即期汇率为1欧元 = 1.4363美元,1个月欧元期货的汇率为1欧元 = 1.4370美元。为了防止欧元升值的汇率风险,该进口商可以进行多头套期保值交易以降低风险。

具体过程如下:

① 分析现货市场。

6月20日即期汇率:1欧元 = 1.4363美元,购买125万欧元需要179.5375万美元;若7月20日即期汇率:1欧元 = 1.4388美元,购买125万欧元则需要179.85万美元。

得出:现货市场上,亏损0.3125万美元

② 分析期货市场。

6月20日买入10份欧元期货合约(一份欧元期货面值12.5万),期货成交价格为1欧元 = 1.4370美元,合约价值179.625万美元;7月20日卖出10份欧元期货合约,期货成交价格为1欧元 = 1.4415美元,合约价值180.1875万美元。

得出:期货市场上对冲盈利0.5625万美元

通过此例可以看出,期货市场的盈利不仅弥补了因美元贬值给进口商带来的损失,达到了套期保值的目的,而且还为进口商带来了额外收益0.25万美元。

现货市场	期货市场
6月20日即期汇率: 1欧元 = 1.4363美元 购买125万欧元需要179.5375万美元	6月20日买入10份欧元期货合约 期货成交价格为1欧元 = 1.4370美元 合约价值179.625万美元
7月20日即期汇率: 1欧元 = 1.4388美元 购买125万欧元需要179.85万美元	7月20日卖出10份欧元期货合约 期货成交价格为1欧元 = 1.4415美元 合约价值180.1875万美元
亏损:0.3125万美元	盈利:0.5625万美元

(2) 空头套期保值(Short Hedge)

空头套期保值,又称卖出套期保值,即在期货市场上先卖出后买入。用于将来有外汇收入或外汇债权的情形。如出口商常常会担心,由于合同计价货币可能出现的贬值而只能兑换更少的本国货币,于是便采用空头套期保值。

例16:美国一出口商3月10日向日本出口一批货物,以日元为计价货币,价值1250万日元。考虑到3个月后,日元有可能贬值,该出口商在期货市场上卖出3个月的日元期货合约。当前的即期汇率为USD1 = JPY75,3个月期货的汇率USD1 = JPY80。

具体过程如下:

① 分析现货市场。

3月10日即期汇率:USD1 = JPY75,1250万日元价值约16.6667万美元;6月10日即期汇率:USD1 = JPY78,1250万日元价值约16.0256万美元。

得出:现货市场上,亏损0.6411万美元

② 分析期货市场。

3月10日卖出一份日元期货合约(一份日元期货面值1250万),期货成交价格为USD1 =

JPY76，合约价值约 16.447 4 万美元；6 月 10 日买入一份日元期货合约，期货成交价格为 USD1 = JPY80，合约价值约 15.625 万美元。

得出：期货市场上对冲盈利 0.822 4 万美元

通过此例可以看出，期货市场的盈利不仅弥补了因日元贬值给出口商带来的损失，达到了套期保值的目的，而且还为出口商带来了额外收益 0.181 3 万美元。

现货市场	期货市场
3 月 10 日即期汇率： USD1 = JPY75 出口货款 1250 万日元约值 16.666 7 万美元	3 月 10 日卖出一份日元期货合约 期货成交价格为 USD1 = JPY76 合约价值 16.447 4 万美元
6 月 10 日即期汇率： USD1 = JPY78 出口货款 1250 万日元约值 16.025 6 万美元	6 月 10 日买入一份日元期货合约 期货成交价格为 USD1 = JPY80 合约价值 15.625 万美元
亏损：0.641 1 万美元	盈利：0.822 4 万美元

2. 外汇投机

利用外汇期货除了可以进行套期保值交易外，最常见的就是投机者利用汇率波动，进行投机活动，赚取相应的利润。外汇投机分为两种类型：买空卖空和套期图利。

（1）买空卖空

又称为"头寸交易策略"，指投机者根据对未来期货价格变动趋势的预测，故意持有多头或空头以赚取期货价格差额收益。根据持有头寸的性质分为多头投机和空头投机。根据持有头寸时间的时间长短又分为抢帽子法、日交易法和头寸交易法。

① 多头投机（Long Speculation），是指投机者预测期货价格上升，就先买后卖做多，即买空。

例 17：某投机者预期 3 个月后英镑对美元将升值，3 月 1 日按 GBP/USD1.430 0 的价格从纽约外汇市场买入 1 份 3 个月的英镑期货合约，支付保证金 MYM1 787.5，合约值为 MYM89 375（62 500 × 1.43 = 89 375，1 份英镑期货合约的交易金额为 62 500）。若预测准确在 6 月份第三个星期三之前卖出一份英镑期货合约对冲，价格为 GBP/USD1.480 0，合约价值为 92 500 美元（62 500 × 1.48 = 92 500），仅支付保证金 MYM1 787.5 就盈利 3125 美元（92 500 - 89 375 = 3 125）。

② 空头投机（Short Speculation），是指投机者预测期货价格下跌就先卖后买做空，即卖空。

例 18：某投资者预期 3 个月后加元对美元将贬值，6 月 1 日按 CAD/USD1.082 0 的价格从纽约外汇市场卖出 1 份 3 个月的加元期货合约，支付保证金 MYM2 164，合约价值 MYM108 200（100 000 × 1.082 0 = 108 200，1 份加元期货合约的交易金额为 100 000）。若预测准确在 6 月份第三个星期三之前买入一份加元期货合约对冲，价格为 CAD/USD1.028 0，合约价值为 102 800 美元（100 000 × 1.028 0 = 102 800），仅支付保证金 MYM2 164 就盈利 5 400 美元（108 200 - 102 800 = 5 400）。

结论：投机者在从事外汇投机时，如果对汇率走势预测准确，则投机成功，投机者获得盈利。但如果预测结果走势截然相反，则投机失败，投机者蒙受损失。

（2）套期图利

套期图利也称差价交易法，是交易者根据两种期货相对价格的变动，在同一时间进行买进和卖出相同或相关的金融期货合约而赚取价差收益的交易方式。套期图利交易的原理利用两种不同的期货合约之间价格关系的变动，通过持有至少两个不能相互对冲的头寸（即多头和空头）来赚取差价。具体而言，当套期图利者预期某两种期货合约之间的价差会发生变化时，便利用这一价差，在买进或卖出一种期货合约的同时卖出或买进另一种期货合约，待以后期货合约价差发生有利变化时再将持有的合约分别对冲，从中赚取差价。对套期图利者而言，期货合约价格水平及其走势并不重要，重要的是两种期货合约价格关系的变动。只要两种期货合约价差变动朝着有利于套期图利的方向发展，便可套期图利。因此套期图利者给经纪人下达的委托指令，一般不指定买卖期货合约的实际价格，而是指定在两个合约间价差多少时买入或卖出一种合约的同时卖出或买入另一种合约。这种差价指令也使经纪人在执行时更为灵活并大大提高成交效率。作为一种特殊的投机方式，套期图利交易可限制和分散投机风险。如果一方期货合约遭受损失，另一方期货合约的盈利会在一定程度上弥补损失，使套期图利的损失减少，当然投机成功盈利也会减少。但套期图利交易的履约保证金比率比一般期货交易小，所付佣金也更低，可以获得相对较高的收益率，因此大多数投机者喜欢选择套期图利交易。套期图利交易的形式有：

① 跨期套利。它是指投机者利用同一市场同一品种但不同交割月份的期货合约间的价格变动差异，分别买卖并对冲谋取差价的交易方式。假定预测某种外汇汇率将是下跌，且长期的跌幅大于短期的跌幅，投机者便可卖出期限较长的合约，同时买入期限较短的合约，预测准确，对冲之后长期限合约的盈利会大于短期限合约的亏损，净赚；反之预测失败，对冲之后长期限合约的亏损也会大于短期限合约的盈利，净亏。但相比于只做单一空头，投机失败亏损也更小。当然做单一空头投机成功盈利也更大，因此单一的买空卖空风险更大。

② 跨品种套利。它是指利用两种不同的外汇期货合约间价差进行套期图利，具体是买进或卖出一种外汇期货合约的同时卖出或买进另一种外汇期货合约。只要这两种外汇期货合约的价格变动方向一致但变动幅度不一致，波幅大的期货合约盈利会超过波幅小得期货合约亏损，即可套利净赚。

③ 跨市套利。它是指投机者在两个或两个以上期货交易所，以相反买卖交易同一种外汇期货合约，低买高卖赚取不同市场价差的一种交易方式。同种外汇期货合约的价格走势基本是一致的，但不同市场受综合因素的影响在短时间内会形成一定的价差，这为跨市场套利提供了机会。跨市套利可以在国内外不同的期货 交易所进行，套利的结果会使各期货交易所的期货价格趋于一致，这也是利率平价理论的体现。

七、外汇期权交易

1982 年 12 月，外汇期权交易在美国费城股票交易所首先进行，其后芝加哥商品交易所、阿姆斯特丹的欧洲期权交易所、加拿大的蒙特利尔交易所、伦敦国际金融期货交易所等都先后开办了外汇期权交易。目前，美国费城股票交易所和芝加哥期权交易所是世界上具有代表性的外汇期权市场，经营的外汇期权种类包括英镑、欧元、加拿大元等。

外汇期权交易，是指期权合约的买方在支付一定的期权费后，有权在约定的时间按照约定的价格向卖方买入或卖出约定数量某种外汇的一种交易。买卖双方实际交易的是一种未来行使的权利。买方支付期权费获得买或卖的权利，卖方收取期权费承当卖或买的义务。买方获得的权利是一种选择权，有利于买方则行权或转让权利，否则弃权。

(一) 外汇期权交易的特征

1. 期权费不退还

期权费是期权合约的买方购买期权而支付给卖方的费用，无论合约在将来是否行使权利，买方均不能要求卖方退还其期权费。期权费在合约成交的第二个营业日支付，一次性付清。

2. 权责和损益不对等

买方支付期权费获得权利，卖方卖出权利收取期权费而承担义务。价格变动有利于买方时买方获得的收益理论上是无限的，不利于买方时最大损失就是期权费；而对于卖方而言最大的收益就是期权费，损失理论上却是无限的。

(二) 外汇期权交易的种类

1. 按行权时间的不同，分为美式期权和欧式期权

美式期权（American Option）是指期权买方在权利（合约）有效期内任何一个营业日都有权决定是否行使权利的期权合约。欧式期权（European Options），是指期权买方必须在期权到期日才有权决定是否行使权利的期权合约。可见对买方而言美式期权比欧式期权更加灵活、有利，故期权费也更高。

2. 按期权的性质不同，分为看涨期权和看跌期权

看涨期权（Call Option），是指期权合约的买方预测某种外汇价格上涨，便支付期权费获得在约定时间按照约定价格买入一定数量外汇的权利。

看跌期权（Put Option），是指期权合约的买方预测某种外汇价格下跌，便支付期权费获得在约定时间按照约定价格卖出一定数量外汇的权利。

3. 按交易所不同划分场内期权和场外期权

场内期权又称为交易所期权，是在外汇交易中心和期货交易所内进行交易的，期权合约标准化、流动性强。期权的各项内容如到期日、协定价格、交割地点、保证金制度和交易时间都由交易所制定。有资格进入交易所的都是交易所会员，非会员只能通过交易所会员进行交易。场内期权是外汇期权交易的主要形式。

场外期权又称为柜台期权。它的产生要早于场内期权，通过电子通信网络进行交易，交易比较灵活，没有场内期权的标准化形式，双方协商交易。参与场外期权的一般是资信较好的大公司和银行。目前世界外汇期权市场基本由两部分组成：一是费城、芝加哥和伦敦为所在地的交易所外汇期权交易市场；二是以伦敦和纽约为中心的银行同业外汇期权市场。

(三) 影响期权费高低的因素

1. 期权的类型。欧式期权严格限定期权买方行使期权的时间，故期权费较低；美式期权赋予买方行使期权的时间灵活，更有利于买方，故期权费较高。

2. 期权到期日。一般而言期权到期日越远，不确定性越大、期权卖方承担的风险越大，期权费就越高；相反则期权费就越低。

3. 协定价格。对看涨期权而言，协定价格越低，期权买方获利空间越大，期权费越高；协定价格越高，获利空间越小，期权费越低。对看跌期权正好相反。

4. 供求状况。外汇期权供大于求，期权费下降；供小于求，期权费上升。

5. 汇率的易变性。期权交易相关币种的汇率变动越激烈，期权卖方的风险越大、期权费越高；反之期权费低。

6. 利率走势。在其他条件不变的情况下，交易相关币种利率上升，并高于其他币种，期权费更高；反之期权费更低。

(四) 外汇期权盈亏分析

1. 看涨期权买卖双方盈亏

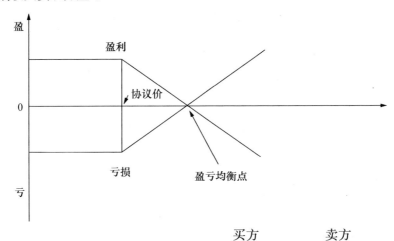

	买方	卖方
(1) 市价 < 协议价	亏期权费	盈期权费
(2) 市价 = 协议价	亏期权费	盈期权费
(3) 协议价 < 市价 < 协议价 + 期权费	亏损减少	盈利减少
(4) 市价 = 协议价 + 期权费	盈亏均衡	盈亏均衡
(5) 市价 > 协议价 + 期权费	盈利	亏损

2. 看跌期权双方盈亏

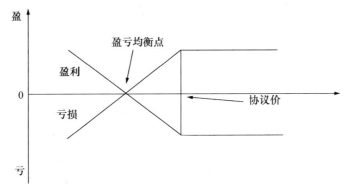

	买方	卖方
(1) 市价 > 协议价	亏期权费	盈期权费
(2) 市价 = 协议价	亏期权费	盈期权费
(3) 协议价 – 期权费 < 市价 < 协议价	亏损减少	盈利减少
(4) 市价 = 协议价 – 期权费用	盈亏均衡	盈亏均衡
(5) 市价 < 协议价 – 期权费	盈利	亏损

(五) 外汇期权交易的运用

1. 看涨期权

例19：某美国投资者预期1个月后英镑可能升值并将超过 GBP1 = USD1.520 0，便买入一份面额为100万英镑的看涨期权，期限为1个月，执行价为 GBP1 = USD1.520 0，期权费20 000美元（£／＄0.020 0）。若1个月后英镑兑美元的即期汇率出现以下五种情况时，① GBP1 = USD1.500 0；② GBP1 = USD1.520 0；③ GBP1 = USD1.530 0；④ GBP1 = USD1.540 0；⑤ GBP1

= USD1.5500,分析该投资者的盈亏情况。

分析:

① 1个月后即期汇率为 GBP1 = USD1.5000 时,买方选择放弃买权。该投资者可以直接通过即期市场以 GBP1 = USD1.5000 的价格买入英镑,放弃买权,损失仅为期权费20 000 美元。

② 1个月后即期汇率为 GBP1 = USD1.5200 时,合约执行价与金融市场上的价格相同,买方是否执行合约没有任何差异,不会产生额外的收益或者损失,但由于买方在购买期权合约时,已支付了期权费,故净损失为期权费20 000 美元。

③ 1个月后即期汇率为 GBP1 = USD1.5300 时,买方执行买权。盈利 = 153 万美元 – 152 万美元 – 20 000 美元 = – 10 000 美元,节省期权费10 000 美元。

④ 当1个月后即期汇率为 GBP1 = USD1.5400 时,买方执行买权。盈利 = 154 万美元 – 152 万美元 – 20 000 美元 = 0,盈亏平衡,完全赚回期权费。

⑤ 1个月后即期汇率为 GBP1 = USD1.5500 时,买方执行买权。盈利 = 155 万美元 – 152 万美元 – 20 000 美元 = 10 000 美元,不仅完全赚回期权费而且净盈利10 000 美元。

2. 看跌期权

例20:某日本投资者预期美元3个月后可能贬值并将低于 USD1 = JPY80.50,便买入一份面额为10万美元的看跌期权,期限为3个月,执行价为 USD1 = JPY80.50,期权费80 000 日元(£/¥0.80)。若3个月后美元兑日元的即期汇率出现以下五种情况时,① USD1 = JPY82.50;② USD1 = JPY80.50;③ USD1 = JPY80.00;④ USD1 = JPY79.7;⑤ USD1 = JPY78.00,分析该投资者的盈亏情况。

分析:

① 3个月后即期汇率为 USD1 = JPY82.50 时,买方选择放弃卖权,损失为期权费80 000 日元。

② 3个月后即期汇率为 USD1 = JPY80.50 时,买方执行卖权与即期外汇市场上的价格相同,是否执行合约没有任何差异,不会产生额外的收益或者损失,但由于客户在购买期权合约时,已支付了期权费,故净损失为期权费80 000 日元。

③ 3个月后即期汇率为 USD1 = JPY80.00 时,买方执行卖权。

盈利 = 805 万日元 – 800 万日元 – 8 万日元 = – 30 000 日元,净损失减少、低于期权费。

④ 3个月后金融市场上的汇率为 USD1 = JPY79.70 时,买方执行卖权。

盈利 = 805 万日元 – 797 万日元 – 8 万日元 = 0,赚回期权费,盈亏平衡。

⑤ 3个月后即期市场上的汇率为 USD1 = JPY78.00 时,买方执行卖权。

盈利 = 805 万日元 – 780 万日元 – 8 万日元 = 17 万日元,赚回期权费并净赚17 万日元。

总之,外汇期权对于买方而言,其主要作用是通过购买期权增强交易的灵活性,即可以有权选择有利于自己的汇率进行外汇买卖,消除汇率变动带来的损失、谋取汇率变动带来的收益或谋取投机利润时有效控制投机失败的损失。

第三节 外汇风险管理

一、外汇风险

(一) 外汇风险的概念

外汇风险 (Foreign Exchange Risk),也称汇率风险 (Exchange Rate Risk),是指经济主体

从事持有或运用外汇的涉外经济活动中，因汇率变动而引起损益的不确定性。

我们可以从以下几个方面来认识外汇风险的内涵：

1. 外汇风险是客观存在的。引起外汇风险的前提条件可以归结为两个：外汇敞口和汇率变动。只有存在外汇敞口和汇率变动，才会带来外汇风险，而这二者的客观存在性使得外汇风险是客观存在的。

外汇敞口（Foreign Exchange Exposure）是指经济主体在从事的涉外经济活动中，所持有的外汇资产和外汇负债不一致时的净差额，亦称为外汇敞口头寸。外汇头寸有三种状态：头寸轧平，即经济主体持有的外汇资产等于外汇负债；多头，经济主体持有的外汇资产大于外汇负债时，亦称超买；空头，经济主体持有的外汇资产小于外汇负债，亦称超卖。外汇敞口头寸指的是多头和空头，只有外汇敞口头寸才会面临汇率变动的风险。在从事涉外经济活动中，外汇头寸平衡是暂时的、动态的平衡，外汇敞口头寸是一种常态、客观存在的。因此外汇风险是客观存在的。

在当今世界大多数国家纷纷采取浮动汇率制的背景下，一国货币对外的汇率水平，往往会受到外汇市场上若干因素的影响而发生变动。汇率的变动虽然在一定程度上反映了外汇市场供求双方博弈的结果。但在市场经济状态下，外汇供求是一种市场行为和分散行为，因此汇率变动是常态，自然会不可避免地引起外汇风险。

2. 外汇风险是一种损益的不确定性，既有可能蒙受损失，也有可能获得收益。如外币升值会使外币资产或负债增加，外币贬值会使外币资产或负债减少。正因为有风险收益，才会有风险爱好者、投机者。但一般情况下，人们看待风险更多是指风险损失。

3. 外汇风险只能转移，不能消除。只有存在风险爱好者，风险厌恶者才有转移风险的可能。因此在外汇市场存在大量的投机者（即风险爱好者），不仅使得交易活跃，而且产生了保值避险机会。

（二）外汇风险的构成要素

外汇风险的基本构成要素包括三个：本币、外币和时间。

外汇风险是因汇率变动所导致的，因此在涉外经济活动中，只有发生本外币间的兑换才有发生外汇风险的可能。如果一个经济主体在涉外经济活动中只使用本币计价收付或只使用外币计价收付，就不会存在外汇风险。时间是指涉外经济活动中，从成交到实际交付这个期限。这个期限越长，汇率变动的可能性就越大，外汇风险就越大。因此汇率风险与时间的长短呈正比。

构成起外汇风险的上述三个基本要素，必须同时存在，缺一不可。例如美国出口商出口设备到日本，要求以美元计价结算或要求签约即付款，则不会面临外汇风险。

二、外汇风险的种类

外汇风险本质上是汇率波动所带来的外币资产和负债的变化。外汇风险会发生于一个国际企业组织的经营活动过程、结果、预期经营收益中。按照外汇风险产生的时间，可以分为交易风险、会计风险和经济风险。

（一）交易风险

交易风险（Transaction Exposure），又称商业性风险，是指以外币计价结算的国际经济交易中，从合同的签订日到结算日这段时间内由于外汇市场上汇率的变化，导致经济主体以外币表示的应收资产和应付债务价值变化的风险。

1. 国际贸易中的交易风险

在国际贸易往来中，一般从达成贸易合同到最终清偿债权债务，经过生产和运输等环节，需要一段时间，因汇率变动给进出口贸易的交易方带来了交易风险。

例21：中国某服装企业向美国出口一批服装，价值为10万美元，双方约定3个月后支付货款，当前汇率为USD1 = RMB6.3580。如果3个月后，美元兑人民币的汇率发生了变化，中国企业的盈亏如何？

① 如果3个月后，美元升值为USD1 = RMB6.4500。此时获得美国企业支付的10万美元货款，兑换为人民币64.5万元，和3个月前汇率相比，多收入人民币9200元。

② 如果3个月后，美元贬值为USD1 = RMB6.2000。此时获得美国企业支付的10万美元货款，兑换为人民币62万元，和3个月前汇率相比，少收入人民币15800元。

因此，一旦发生汇率变动，汇率风险所带来的影响对交易双方正好相反，一方盈利，另一方即为亏损。归结为：① 外币贬值、本币升值，不利于出口商，有利于进口商；② 外币升值、本币贬值，不利于进口商，有利于出口商。

2. 国际借贷中的交易风险。

在国际借贷中，借款日到还款日汇率的变动会给债权债务双方带来不确定的损益。

例22：香港某公司向汇丰银行借款100万美元，期限一年。签约日汇率USD = HKD7.7800。仅就贷款本金而言，一年以后汇率变动会使以港币表示的借款债务发生增减变动。假如贷款到期汇率为USD = HKD7.8200，美元升值导致债务增加4万港元；假如贷款到期汇率为USD = HKD7.7300，美元贬值导致债务减少5万港元。

3. 资本输出入中的交易风险

在资本输出入中，外汇汇率变动会给资本输出入双方带来的损益是不确定的。例如，本国企业、银行在进行对外投资或购买外国政府债券时，虽然会产生一定的投资回报，但这种投资回报如果遇到外币贬值（即本币升值）的情况，则投资者将遭受一定的外汇风险，使以本币衡量的实际收益大幅缩水。

例23：某德国企业在进行业务扩大的过程中，决定增加工厂的生产能力，此时有两种选择：一是在本国境内新开一家分厂，预计每年可以获得100万欧元的利润；二是去中国新开一家分厂，预计每年可以获得920万人民币的利润。假设两种选择所耗费的前期投资完全相同，此时欧元兑人民币的汇率为EUR1 = RMB9.2000。假设，德国企业现在决定采取第二种选择，试分析德国企业的盈亏情况。

以当前欧元兑人民币的汇率 EUR1 = RMB9.2000，该德国企业无论是将工厂建到本国还是中国，都可以获得稳定的100万欧元的利润，两种选择没有差异。

如果德国企业选择来中国建厂，那么一年之后，外汇市场上的汇率变动将最终影响该企业的利润水平。分以下两种情况考虑：

情况一：一年后，欧元兑人民币升值。假设此时的汇率为EUR1 = RMB9.3500，则年利润920万人民币可以兑换为98.40万欧元。亏损为1.60万欧元。

情况二：一年后，欧元兑人民币贬值。假设此时的汇率为EUR1 = RMB9.0000，则年利润920万人民币可以兑换为102.22万欧元。盈利为2.22万欧元。

（二）会计风险

会计风险（Accounting Exposure），又称折算风险或账面风险，是指经济主体在对资产负债进行会计处理时，将功能货币转换成记账货币时，因汇率变动而导致的账面损益。功能货币是指经济主体在经营活动中流转使用的各种货币；记账货币是指经济主体在编制财务报表时所使用的报告货币，通常是母国货币。每个经济主体都要通过编制资产负债表等财务报表来反映其生产经营状况。涉外经济主体必须将以外币计量的资产负债折算成母国货币记账,汇总编制综合财务报表。由于记账时间不一致,因汇率变动便会导致账面的损益。虽然这种损益不会涉及具体的资金流动,却会影响到企业的相关财务数据。

会计风险主要存在于跨国公司的财务报表上,跨国公司由于要实行全球化经营策略,在编制合并财务报表时,需要将海外分公司的财务报表按照一定的会计准则折算为本国货币来分析海外分公司的运行情况。如果海外子公司所在国货币汇率出现了贬值,该公司将资产、负债折算成本国货币后,财务报表上就会出现账面损失。如果这种账面损失金额过大,则会严重影响母公司整体的经营业绩。

例24:某中国公司在美国的子公司的往来账户余额为1 000万美元。6月1日,美元兑人民币汇率为1USD = RMB6.5460,中国母公司在美国子公司账户余额为6546万元人民币。随着人民币的升值,12月31日,美元兑人民币汇率为1USD = RMB6.3460,美国子公司账户余额折算成人民币后只有6346万元,从而出现200万元人民币的账面折算损失。

会计风险根据财务报表的类别,一般分为损益表风险和资产负债表风险。

1. 损益表风险

(1)在现行汇率法下

所有的收入和费用项目全部按照折算时即期末的现行汇率进行折算(也可按当期平均汇率折算,而平均汇率通常采用期初与期末的简单平均数),因而损益表项目都存在折算风险。

(2)在区分流动与非流动项目法下

除固定资产折旧和长期待摊费用等按照相关资产入账时的历史汇率折算而没有折算风险外,其他各项收入和费用均按照当期的平均汇率进行折算,故而存在折算风险;

(3)在区分货币与非货币项目法下

销售成本项目需根据"期初存货 + 本期购货 – 期末存货 = 本期销货"的等式,对左边项目分别折算后计算确定,尽管其中的期初存货和期末存货是按照不同时点的历史汇率折算而没有折算风险,但本期购货则要按当期平均汇率折算,因而总体上仍存在折算风险。

(4)在时态法(又称时间度量法)下

折算风险和区分货币与非货币项目法下基本相同。

从以上分析可以看出,跨国企业在境外产生的损益几乎全部存在着折算风险。对于收入项目来说,如果现行汇率与历史汇率相比下跌,则折算出的以基准货币计值的金额将少于按历史汇率的预计数,从而出现收入减少的账面损失;对于费用项目来说,如果现行汇率与历史汇率相比上涨,则折算出的以基准货币计值的金额将多于按历史汇率的预计数,从而出现费用增加的账面损失。

2. 资产负债表风险

企业的股本项目由于一般是按历史汇率折算,因而没有折算风险;留存收益项目虽为折算平均数,但由于含有本期损益留存的部分,因而实际上也有折算风险;其他外币资产负债项目则适用不同的汇率。但只要是按现行汇率进行折算就存在折算风险。

(三)经济风险

经济风险(Economic Exposure),又称经营性风险,是指由于意料之外的汇率变化通过影响企业生产销售数量、价格、成本等引起企业未来一定期间的收益或现金流量发生变化的潜在性风险。经济风险所指的汇率变动仅指意料之外的汇率变动,而不包括意料之中的汇率变动。这是因为企业在预测未来的获利情况而进行经营决策时,已经将意料到的汇率变动对未来经营活动的影响考虑进去了,所以这种意料之中的汇率变动不会构成经济风险。对于一个企业而言,经济风险比交易风险和会计风险更加需要防范,因为其影响是长期性的,而交易风险和会计风险的影响则是一次性的。经济风险与交易风险、会计风险有着本质的区别。交易风险主要强调汇率变化前签订的交易合同，由于将来汇率的变化而导致的收支变化。会计风险主要强调子公司向母公司入账后的财务报表，由于汇率变化的影响，在折算成本币后所发生的账面损益。这两种风险都涉及对过去已发生事件的回顾。经济风险强调意料之外的汇率波动所造成的未来现金流量的变化，而这种未来现金流的变化又会对企业的现值造成影响，经济风险的大小反映了企业对汇率走势的预测能力。

当一些意料之外的因素引起本国货币贬值时，出口商品的外币价格会下降，进口商品的本币价格会上升，有利于增强国产商品在海外的竞争力及扩大本国的出口量。因此，外贸企业因出口商品的增加会增加利润。但是，如果该外贸企业在生产过程中，需要从海外进口生产原料，本币的贬值又会提高进口原料的本币价格，增加企业的生产成本。总之，对于出口企业来说，本币贬值有可能会增加其利润，也有可能会减少其利润，最终结果取决于本币贬值对出口量的影响和对生产成本的影响这两种力量的对比。反之，当意料之外的本币升值时，又会减少企业出口销售利润和降低进口生产成本。

三、三种外汇风险的区别

（一）风险发生的时间不同

交易风险是在企业生产经营活动中产生的风险；会计风险是在企业生产经营活动的结果中产生的；经济风险是在企业预期未来生产经营活动的收益和成本中产生的。因此交易风险和会计风险反映的是企业已经发生的经营活动的受损程度，而经济风险反映的是企业未来的经营活动的受损程度。

（二）风险衡量的角度不同

交易风险既可以从企业具体的单笔业务来衡量，也可以从企业整体的经营角度来衡量；会计风险只能从母公司或总公司的角度来衡量；经济风险只能从企业整体的经营角度来衡量，但既可以是母公司的整体，也可以是子公司的整体。

（三）风险损益的特点不同

交易风险和会计风险都可依据会计程序、以确切的数字反映风险程度，因此具有客观性和静态性的特点；经济风险是建立在对企业未来生产经营活动预测的基础上，而且是意料之外的汇率变动，因此具有主观性和动态性的特点。

（四）风险损益的真实性不同

交易风险对企业具体生产经营活动的现金流会造成影响，因而风险损益具有真实性；会计风险影响的仅仅是企业的会计报表数据，不会发生具体现金流动，只是一种账面损益，因而不具有真实性；经济风险是建立在对企业未来生产经营活动预测的基础上，而且是意料之外的汇率变动，因此可能是真实的，也有可能是不真实的。

四、外汇风险管理战略

每个经济主体面对风险时的态度以及经营管理的客观条件不同，因此采取的风险管理战略不同。外汇风险管理战略可以分为三类：完全避险战略、积极避险战略和消极避险战略。

（一）完全避险战略

完全避险战略是指涉外经济主体会采取一切措施来回避或转嫁外汇风险，尽可能地避免汇率变动所带来的风险损失。之所以采取完全避险战略是基于以下几个原因：第一，经济主体是风险厌恶者，并且风险损失的承受力较低，比如养老基金和社保基金等稳健型跨国投资者。第二，采取外汇风险管理措施对企业生产经营活动的消极影响很小。例如，出口商要求用本币或硬币计价结算来消除外汇风险，是要以交易对手接受为前提的，否则可能散失贸易机会或付出其他让步经济条件的代价换来贸易机会。第三，外汇风险管理中的交易成本低于外汇风险损失，值得采取外汇风险管理措施。

（二）积极避险战略

积极避险战略是指涉外经济主体通过客观地预测未来汇率的变动趋势，依据不同的汇率走势对不同涉险项目采取不同风险管理措施的战略。在预测未来汇率变动对其有利时，企业不采取任何防范措施，通过承担外汇风险以期获得风险收益；在预测未来汇率变动对其不利时，企业便采取风险防范措施来回避风险。之所以采取积极避险战略是基于以下几个原因：第一，经济主体有很强的汇率变动预测能力，大多数情况下能够准确地预测汇率变动。第二经济主体有较强地风险损失承受力，即使预测失败也能够承受其损失。

（三）消极避险战略

消极避险战略是指经济主体采取无为而治的战术，在面对外汇风险时听之任之。如果未来的汇率变动对其有利，便可获得风险收益；如果未来汇率变动对其不利，就得承担风险损失。之所以采取消极避险战略是基于以下几个原因：第一，经济主体具有长期的战略眼光。从长期来看汇率上升和下降的几率是相等的，整体稳定，因此风险损失和风险收益长期将相互抵消，企业采取消极等待的无为战术可以获得节约风险管理费用的好处。第二，经济主体具有很强的风险损失承受力，短期不利的汇率变动所带来的风险损失不会影响企业正常的生产经营活动。第三，经济主体所从事的涉外业务在其整体经营业务中比重较低，外汇风险影响较小没有必要采取专门的外汇风险管理措施。第四，外汇风险管理成本较高或不利于其整体的经营管理，因此不便进行外汇风险管理。

五、防范外汇风险的方法

（一）交易风险的防范

1. 货币选择法

（1）本币计价法

本币计价法，是指企业在交易中使用本币作为计价货币，以避免货币兑换产生的外汇风险。国际贸易中计价货币一般有三种选择：① 以出口商本国货币计价；② 以进口国货币计价；③ 以该商品的贸易传统货币计价，如石油贸易均使用美元计价。一国进出口商在对外经济贸易中，如果使用本国货币作为计价、结算货币，那么整个支付过程不会涉及本币和外币之间的兑换关系，作为本国进出口商来说，自然不会承担外汇风险。而此时的外汇风险完全由交易的另一方独自承担，另一方是否愿意承担全部的外汇风险只有通过双方的贸易协商来解决，一般来说，本币计价法实施起来会有一定的困难，一般都要做出一定的贸易条件让步对方才会接受。

（2）"收硬付软"法

"收硬付软"法，是指企业在对外贸易中，当出口时应尽量使用硬货币（币值稳定且汇率有上升趋势的货币）计价和结算，当进口时应尽量使用软货币（币值不稳定且汇率有下降趋势的货币）计价和结算，以避免外汇风险。需要注意的是，硬货币和软货币之间的关系是相对的，也是不断变化的。一种硬（软）货币只针对于某一特定时期，如果货币发行国将来经济形势恶化（好转），则该硬（软）货币也有可能转化为软（硬）货币。"收硬付软"法是建立在经济主体对汇率变动趋势有比较准确预测的基础上，因此这种方法并不能完全避免外汇风险。

(3) "一篮子"货币计价法

"一篮子"货币计价法，是指在进出口贸易中，不使用单一货币计价结算，而利用一个由多种货币按照一定权重构成的一组货币来计价结算，以消除汇率波动的风险。在"一篮子"货币中，既包括硬货币，也包括软货币。由于外汇市场上汇率的变动，使硬货币和软货币的变动方向截然相反，这样在一定程度上可以使部分货币的升值与部分货币的贬值相互抵消，"一篮子"货币的价值在汇率波动的情况下也较为稳定。

2. 提前或延期结算方法

提前或延期结算方法，亦称早收迟付或迟收早付法，是指根据汇率变动趋势的预测，调整应收账款和应付账款的时间，以避免外汇风险的方法。具体来说，在进出口贸易中，如果预测到计价货币将会贬值，进口商就会推迟向国外购货，或要求出口商同意延期付款，或要求出口商推迟交付日期，已达到推迟付款的目的。如果预测准确，计价货币将来的确贬值，则进口商可以支付较少的本国货币来兑换为计价货币用以支付货款。反之，出口商预测到汇率时，会提前向国外发货，或要求进口商提前付款，或要求进口商提前交付日期，已达到提前收款的目的。如果预测准确，计价货币将来的确贬值，则进口商可以用收到的计价货币在贬值前就兑换为较多的本国货币。

上述分析可简单的归纳如下：

进出口企业 \ 汇率预测	预测外币贬值	预测外币升值
进口商（支付外汇）	延期付汇	提前付汇
出口商（收进外汇）	提前付汇	延期付汇

需要注意，在进出口贸易中如果要进行延期付汇或者提前付汇，必须要经过双方的协商后才可以进行，一般受到合约的限制，进出口商单方面希望行延期付汇或者提前付汇是难以实现的。

3. 采用保值条款

买卖双方都愿意选择汇率稳定的货币作为计价货币。但在汇率不稳定的情况下，若合同中采用的计价货币对其中一方不利，这一方可通过在合同中订立适当的保值条款，防止未来的汇率变动风险。货币保值条款主要是确定一个价值稳定的"参照物"（如黄金、硬货币或一篮子货币），然后将商品价值折算成参照物，最后在支付时再以参照物的数量折算回所需要的货币。

(1) 黄金保值条款

布雷顿森林体系崩溃以后，各国货币与黄金脱钩，黄金平价失去作用，浮动汇率制取代了固定汇率制。因而国际经济活动中的外汇风险大大增加，为此，有的国家采用市场黄金价格来保值。简单地说，黄金保值条款就是以黄金为参照物确定合同的付款金额。

黄金保值条款的具体操作过程为：在订立合同时按签约日的黄金价格将支付货币的金额折合为若干一定数量的黄金，到支付日再将特定数量的黄金按当时的金价转换成一定数量的计价货币。如果黄金价格上涨，则支付货币金额要相应增加，反之，则相应减少。实行黄金保值条款的前提是黄金价格保持稳定，目前黄金价格本身不断波动，这种方法已不能完全起到避免风险的作用。2009年至今金价不断上涨，黄金保值条款适用于出口商保值。

(2) 硬货币保值条款

硬货币保值条款，是指在合同中订明以硬货币计价，用软货币支付，记录两种货币当时的汇率，在执行合同过程中，如果支付货币的汇率下浮，则合同中的支付金额要按照支付日的货币汇率等比例进行调整。这样，实收的计价货币金额和签订合同时相同，支付货币汇率下浮的损失可以得到补偿。

硬货币保值条款根据计价和结算货币的不同还可以分成三种，进出口商可以根据业务的情况，选择一种使用。第一，硬币计价，软币支付。在合同中明确支付时按照支付货币的现行牌价进行支付。第二，软币计价，硬币支付。即将商品单价或总金额按照计价货币与支付货币当时的汇率，折合成硬币，按硬币的金额进行支付。第三，计价货币和支付货币均为同一软币。在签订合同时确定该软币与另一硬币的汇率，支付时按当日汇率折算成原货币支付。

（3）一篮子货币保值条款

一篮子货币保值条款是利用多种货币的组合来实施保值措施，该条款实际上是利用多种货币之间的负相关效应，来综合抵消或者降低风险。在浮动汇率制下，各种货币的汇率每时都在变化，但变动的幅度和方向并不一致，用一篮子货币保值就是在合同中规定用多种货币对合同金额进行保值。

具体的作法是：在签订合同时，双方协商确定支付货币与一篮子保值货币之间的汇率，并规定出各种保值货币与支付货币之间汇率变动的调整幅度。如果到支付期时汇率的变动超过规定的幅度，则要按合同中已规定的汇率调整，从而达到保值的目的。由于一篮子货币当中，货币汇率有升有降，汇率风险分散化，这就可以有效避免外汇风险，把较大的外汇风险限制在规定的幅度内。目前"一篮子货币"中使用较多的是特别提款权（SDR），它是一种以美元、英镑、欧元和日元四种主要货币加权平均的货币篮子，币值较稳定，是理想的保值工具。

4. 利用外汇交易工具防范外汇风险

（1）即期合同法

即期合同法（Spot Contract），是指具有近期外汇债权或债务的公司与外汇银行签订出卖或购买外汇的即期合同，以消除外汇风险的方法。利用即期合同法来防范外汇风险，需要资金的反向流动来实现。企业若在近期预定时间有出口收汇，就应卖出手中相应的外汇头寸；企业若在近期预定的时间有进口付汇，则应买入相应的即期外汇。但这一方法会占用企业的资金，因此适用于现金流比较充裕的企业。

（2）远期合同法

远期合同法（Forward Contract），是指具有远期外汇债权或债务的公司与银行签订卖出或买进远期外汇的合同，通过固定汇率以消除外汇风险。企业若在远期预定时间有出口收汇，就应卖出手中相应的远期外汇；企业在远期预定的时间有进口付汇，则应买入相应的远期外汇。远期合同法的主要特点表现为：第一，将防范外汇风险的成本固定在一定的范围内；第二，将不确定的汇率风险通过远期交易可以转化为确定的汇率水平，便于企业进行成本核算。

（3）期货合同法

期货合同法（Future Contract），是指拥有外汇债权或债务的公司在期货交易市场，以公开喊价方式卖出或买入相应外汇期货合约后，在合约到期前反向交易对冲赚取差价，以弥补外汇债权或债务价值波动的损失。期货合同法在防范外汇风险时，分为两种形式：多头套期保值和空头套期保值。

（4）期权合同法

期权合同法（Option Contract），是指具有外汇债权或债务的企业，通过外汇期权市场进行外汇期权交易，以消除或降低外汇风险的做法，分为进口商买进看涨期权和出口商买进看跌期权。

① 进口商买进看涨期权

进口商买进看涨期权,是指进口商在签订贸易合同时签订看涨期权合同,若付款日计价结算货币汇率高于协定汇率,进口商就执行期权合约,即按约定汇率买进该货币,从而消除该货币汇率上升带来的损失;若付款日计价结算货币的汇率下跌并且跌至协定汇率以下,进口商可放弃按协定汇率买进的权利,而是在现汇市场上按较低的汇率买进该货币,从而获得因汇率下跌带来的利益。

② 出口商买进看跌期权

出口商买进看跌期权,是指出口商在签订贸易合同时签订一份看跌期权合同,若收款日计价结算货币汇率下跌,并且低于期权合约中的协定汇率,出口商就执行外汇期权合约,按约定好的协定汇率卖出其出口所得外汇,从而避免汇率下跌带来的损失;若收款日计价结算货币汇率上升,并且高于期权合约中的协定汇率,出口商就放弃按协定汇率卖出外汇的权利,而是把出口所得外汇按现汇市场汇率卖出,从中获取汇率上升带来的利益。

(5) 掉期合同法

掉期合同法 (Swap Contract),是指具有不同到期日的外币债权和外币债务的公司,在与银行签订合约卖出相应外币债权外汇的同时,

买进相应外币债务的外汇,以防范风险的一种方法。

在短期投资和短期借贷业务方面,常使用掉期合同法防范外汇风险。掉期交易涉及到两笔币种相同、金额相同、买卖方向相反、交割日不同的交易。掉期交易与套期保值的区别在于:套期保值是在已有的一笔交易基础上所做的反方向交易,而掉期则是同时进行两笔相反的交易。

5. 价格调整法

价格调整法,是指承担外汇风险的进出口商通过在贸易谈判中调整商品价格,以减少使用外币结算给自己带来损失的外汇风险管理办法。

按照前面的分析,在进出口贸易中,出口企业尽量采用硬货币计价结算,进口企业主要采用软货币计价结算。但是,在实际交易中,因为受到交易目的、贸易地位、市场状况、商品质量等因素的制约,往往不能坚持"收硬付软"的原则,出口企业不得不使用软货币作为收款货币,进口企业也不得不使用硬货币作为付款货币,这样就会承担着较大的外汇风险。使用价格调整法便可消除这种外汇风险。

价格调整法主要包括加价保值法和压价保值法两种。

(1) 加价保值法

加价保值法主要用于出口交易中,是指出口商接受软货币成交计价时,将预计的损失计入出口商品价格中,以转嫁外汇汇率变动的风险。

即期交易的加价公式为:

$$加价后的商品价格 = 原价格 \times (1 + 计价货币贬值率)$$

例25:法国出口商出口某品牌香水,该香水以美元计价结算,现在成交,但一年后结汇。美元为软货币。美元的年贬值率预计为7%,每瓶香水的原价格为80美元,求加价后的商品价格?

$$加价后的商品价格 = 80 \times (1 + 7\%) = 85.6 (美元)$$

远期交易调价比即期交易调价要复杂。不仅要考虑计价货币的贬值率,而且还要考虑由于远期收汇而造成的利息损失。

远期加价公式为:

$$加价后的商品价格 = 原商品价格 \times (1 + 计价货币预期贬值率 + 利息率)^{期限}$$

例26：根据上面的例子，其他条件不变，远期交易期限为三年，三年之内美元的年贬值率为7%，年平均利率为8%，求加价后的商品价格？

$$加价后的商品价格 = 80 \times (1 + 7\% + 8\%)^3 = 121.67（美元）$$

（2）压价保值法

压价保值法主要用于进口贸易上，是指进口企业进口时接受硬币计价成交，将汇价变动可能造成的损失从进口商品价格中剔除，以转嫁汇率风险。

即期交易压价公式为：

$$压价后的商品价格 = 原商品价格 \times (1 - 预期货币升值率)$$

远期交易的压价公式为：

$$压价后的商品价格 = 原商品价格 \times (1 - 预期货币升值率 + 利率)^{期限}$$

6. 综合避险法

（1）BIS法

BSI法（Borrow-Spot-Invest），即借款—即期交易—投资法，是指经济主体通过借款、即期外汇交易和投资三种方法的综合运用，消除外汇风险的风险管理方法。

具体操作步骤为：拥有应收账款的出口商，为了防止汇率变动，先借入与应收外汇等值的同种外币（以此消除时间风险）；同时，通过即期交易把外币兑换成本币（以此消除价值风险）；然后，将本币存入银行或进行投资，以投资收益来贴补借款利息和其他费用。届时应收款到期，就以其外汇归还银行贷款。可见，利用BSI法，从理论上讲，可完全消除外汇风险。

例27：英国某出口商在90天后有一笔100万美元的应收款。为防止将来收汇时，美元贬值带来的损失，该出口商向银行借入90天期限的100万美元的借款，借款年利率为7.5%。设外汇市场的即期汇率为GBP1 = USD1.6240/50，英国金融市场上的投资收益年利率为6%，请问该出口商如何利用BSI法规避外汇风险？

由于即期市场上GBP1 = USD1.6240/50，该出口商可以在借款后，将100万美元的借款兑换为英镑，得到61.54万英镑。随即将兑换后的英镑投资于本国金融市场，期限为90天。90天后，当该出口商收到100万应收款后，可立即偿还银行贷款。该出口商回避外汇风险仅付出了1.5%的利差成本。

此外，对于进口商来说也可以使用BSI法来防范外汇风险。具体过程如下：在贸易合同签订后，进口商可以借入相应数量的本币，以此购买结算货币，然后利用结算货币在国际金融市场上做相应期限的短期投资。到期可以从国际金融市场上收回外币投资，向出口商支付货款，投资收益可以在一定程度上弥补借款利息支出。在以上操作过程中，进口商首先将借来的本币兑换成外币，消除了价值风险；然后又把未来用于应付账款的外币资金进行短期投资，改变了外汇风险的时间结构。

（2）LSI法

LSI法（Lead-Spot-Invest），即提早收付—即期交易—投资法，是指经济主体通过提早收付、即期外汇交易和投资三种方法的综合运用，消除外汇风险的风险管理方法。LSI法主要运用于应收外汇账款的外汇风险管理。

具体操作步骤为：具有应收外汇账款的公司，在征得债务方同意后，以一定折扣为条件提前收回货款（以此消除时间风险）；并通过在即期外汇市场上将外汇兑换成本币（以此消除价值风险）；然后，将换回的本币进行投资，所获的收益用以抵补因提前收汇的折扣损失。

例28：英国某出口商90天后有一笔100万美元的应收款。由于90天后美元若贬值会给出口商带来损失，因此该出口商在征得美国进口商的同意后，在给其一定付现折扣的情况下，要求立即付清款项（暂不考虑折扣数额）。出口商提前取得美元货款后，立即进行即期外汇交易，外汇市场的即期汇率为 GBP1 = USD1.624 0/50。随即出口商用 100 万美元，兑换回 61.54 万英镑，再进行 90 天的投资，投资所得收益在一定程度上可以弥补折扣损失。出口商一方面提前收款消除了时间风险，另一方面通过即期外汇交易又消除了价值风险。

7. 国际信贷法

国际借贷法是指在中长期的国际经济交易中，经济主体在拥有远期外汇收入的情况下，利用国际借贷形式，向银行借入一笔与其远期外汇相同币种、相同期限、相同金额的贷款，以回避外汇风险的方法。利用国际信贷法一方面可获得资金融通，另一方面又可回避外汇风险的方法。常见的国际信贷法有出口信贷业务、"福费廷"业务、保付代理等业务。

(1) 出口信贷业务

出口信贷是一种国际信贷方式，它是一国政府为支持和扩大本国大型设备等产品的出口，增强国际竞争力，对出口产品给予利息补贴、提供出口信用保险及信贷担保，鼓励本国的银行或非银行金融机构对本国的出口商或外国的进口商（或其银行）提供利率较低的贷款，以解决本国出口商资金周转的困难，或满足国外进口商对本国出口商支付货款需要的一种国际信贷方式。出口信贷名称的由来就是因为这种贷款由出口方提供，并且以推动出口为目的。出口信贷业务可以分为买方信贷、卖方信贷和混合信贷。

① 出口买方信贷

出口买方信贷是出口国政府支持出口方银行直接向进口商或进口商银行提供信贷支持，以供进口商购买技术和设备，并支付有关费用。出口买方信贷一般由出口国出口信用保险机构提供出口买方信贷保险。

出口买方信贷主要有两种形式：一是出口商银行将贷款发放给进口商银行，再由进口商银行转贷给进口商；二是由出口商银行直接贷款给进口商，由进口商银行出具担保。

出口买方信贷的贷款币种，一般为美元或经进口商银行同意的其他货币。贷款金额不超过贸易合同金额的 80%～85%。贷款期限根据实际情况而定，一般不超过 10 年。贷款利率参照经济合作与发展组织确定的利率水平而定。

② 出口卖方信贷

出口卖方信贷是出口方银行向本国出口商提供的商业贷款。出口商（卖方）以此贷款为垫付资金，允许进口商（买方）赊购自己的产品和设备。出口商（卖方）一般将利息等资金成本费用计入出口货价中，将贷款成本转移给进口商（买方）。出口商将贷款在即期市场换成本币，以补充和加速资金的周转与流通，到期再以应收货款偿还贷款。

出口卖方信贷的操作流程：在出口合同签订后，进口方支付 5%～10% 的定金，在分批交货、验收和保证期满时再分期付给 10%～15% 的货款，其余的 75%～85% 的货款，则由出口商在设备制造或交货期间向出口方银行取得中、长期贷款，以便周转。在进口商按合同规定的延期付款时间付讫余款和利息时，出口商再向出口方银行偿还所借款项和应付的利息。所以，卖方信贷实际上是出口商由出口方银行取得中、长期贷款后，再向进口商提供的一种商业信用。

③ 混合信贷

混合信贷是出口国银行发放卖方信贷或买方信贷的同时，从政府预算中提出一笔资金，作为政府贷款或给予部分赠款，连同卖方信贷或买方信贷一并发放。由于政府贷款收取的利率比一般出口信贷要低，这更有利于出口国设备的出口。卖方信贷或买方信贷与政府信贷或赠款混合贷放的方式，构成了混合信贷。

西方发达国家提供的混合信贷的形式大致有两种。第一，对一个项目的融资，同时提供一定比例的政府贷款（或赠款）和一定比例的出口信贷。第二，对一个项目的融资，将一定比例的政府信贷（或赠款）和一定比例的出口信贷混合在一起，然后根据赠予成分的比例计算出一个混合利率。

（2）福费廷业务

福费廷业务是一项与出口贸易密切相关的新型贸易融资业务产品，是指银行或其他金融机构无追索权地从出口商那里买断由于出口商品或劳务而产生的应收账款。相对于其他贸易融资业务，福费廷业务的最大特点在于无追索权，也就是出口企业通过办理福费廷业务，无须占用银行授信额度，就可从银行获得便利快捷的资金融通，改善其资产负债比率，同时，还可以有效地规避利率、汇率、信用等各种风险，为在对外贸易谈判中争取有利的地位和价格条款、扩大贸易机会创造条件。

福费廷业务的主要特点有：

① 福费廷业务中的远期票据产生于销售货物或提供技术服务的国际贸易。

② 福费廷业务中的出口商必须放弃对所出售债权凭证的一切权益，做包买票据业务后，将收取债款的权利、风险和责任转嫁给包买商，而银行作为包买商也必须放弃对出口商的追索权。

③ 出口商在背书转让债权凭证的票据时均加注"无追索权"字样，从而将收取债款的权利、风险和责任转嫁给包买商，包买商对出口商、背书人无追索权。

④ 传统的福费廷业务，其票据的期限一般在 1～5 年，属中期贸易融资。但随着福费廷业务的发展，其融资期限扩充到 1 个月至 10 年不等，时间跨度很大。

⑤ 传统的福费廷业务属批发性融资工具，融资金额由 10 万美金至 2 亿美金。

⑥ 包买商为出口商承做的福费廷业务，大多需要进口商的银行做担保。担保方式主要有两种：一种是保付签字；二是由担保银行出具单独的保函。

⑦ 出口商支付承担费。在承担期内，包买商因为对该项交易承担了融资责任而相应限制了他承做其他交易的能力，以及承担了利率和汇价风险，所以要收取一定的费用。

⑧ 无追索权条款，是出口商转嫁风险的依据。福费廷业务项下银行对出口商放弃追索权的前提条件是出口商所出售的债权是合法有效的。

（3）保付代理业务

保付代理业务，即保理业务，是指在赊销贸易项下，保理商从卖方那里买进以销售发票表示的应收账款，先按票面金额的一定比例向卖方支付款项，随后向买方索要货款，待收到全部货款并扣除利息等费用后，将剩余款项支付给卖方，以此向卖方提供集贸易融资、销售分户账管理和应收账款催收等于一体的综合性金融服务，分国内保理和国际保理两种（外汇风险防范所指的是国际保理）。出口商在争取不到进口商开立信用证的方式收取货款、对收汇无把握的情况下，便可向保付代理商申请保付代理业务。

在传统的商业信用的形势下，卖方（出口商）根据合同或订单发货交单后，只能被动地等待买方（进口商）到期时付款，由于各种原因，一些买方（进口商）可能会拖延付款，导致卖方（出口商）迟迟无法收到货款。如果卖方（出口商）和保理商签订了协议，情况就会截然不同。保理商将负责对买方（进口商）的资信进行调查，提供风险担保，并替出口商催收账款及进行有关账务管理和资金融通等，从而解除了卖方（出口商）的顾虑。

8. 配对法

配对法是指在同一时期内，经济主体创造一个与外币债权或债务相同币种、期限、金额的外币债务或债权的反方向资金流动，相互抵消以消除外汇风险的管理方法。例如：法国某公司 6 个月后有一笔 100 万美元的应收账款，该公司可以设法进口到期日相同的 100 万美元货物，使应收账款和应付账款相互抵消，从而消除外汇风险。

9. 对销贸易法

对销贸易法是将进出口联系起来，进行货物交换的贸易方法。因为这种方法不涉及货币的实际收付，所以能较好的回避外汇风险。对销贸易法一般有易货贸易、清算协定贸易和转手贸易三种形式。

易货贸易是指贸易双方同时以等值货物交换。例如：伊拉克战后石油换食品和药品。

清算贸易协定是指两国事先达成协议，对于两国进出口贸易所发生的债权债务，用一种记账货币通过双方指定的银行账户相互抵消，无须逐笔结算支付外汇。

转手贸易是指在清算协定的基础上，利用多边货物交换、双边结算账户进行结算的贸易方式。转手贸易需要多方间彼此有清算协定，允许相互间转手贸易。例如：A国凭向B国出口形成的盈余，向C国进口所需的货物，C国又可以对A国的盈余向B国进口，从而相互结清差额。

10. 货币风险保险法

某些国家的保险机构专门开设了防止进出口商因汇率变动而造成风险损失的险种。投保公司向保险公司提出申请并出示相关单据证明，再缴纳一定比例的保险费以后，一旦在保险期内出现规定的波动幅度，保险公司要赔偿投保人相应的外汇风险损失。

（二）会计风险的防范

会计风险是跨国公司的母公司与海外子公司合并财务报表时因汇率变动而引起的某些外币表示的会计科目折算成本币时的账面风险。因此防范会计风险的基本方法是：

1. 在较为准确地预测汇率走势的情况下，尽可能增加硬币资产和软币负债，减少硬币负债和软币资产。

2. 外币资产负债匹配保值，使其会计风险头寸（受险资产与受险负债之间的差额）为零。对资产负债匹配保值，首先要知悉资产负债表中各账户和各科目的外币规模，并明确会计风险的大小；其次是根据风险头寸的性质确定受险资产和受险负债的调整方向，尽量使得受险资产和受险负债规模一致；最后在明确调整方向和规模后，根据综合调整成本最小的原则，进一步确定对哪些账户和科目进行调整。

3. 套期保值。会计风险也可以运用远期外汇交易、掉期交易、外汇期货交易、外汇期权交易的套期保值工具来回避风险。

（三）经济风险的防范

相对于交易风险和会计风险，经济风险的管理最为复杂。防范经济风险的核心在于防止非预期汇率变动对企业未来生产经营的影响。这就要求跨国公司具有长远的战略眼光，全局考虑企业的生产经营活动，并根据市场变化及时调整经营策略。具体可以采取以下策略。

1. 经营多样化：在国际范围内多渠道的生产、销售，通过生产基地、原料来源地和销售市场的多元化来分散汇率风险。例如沃尔玛公司全球经营，在法国的分公司会因欧元贬值销售收入下降，但在加拿大的分公司会因加元升值增加收入，从而公司整体销售收入稳定。

2. 投融资多元化：即在不同国家的金融市场进行多种货币融资和投资。在世界各地多种货币、多渠道投融资，不仅可以防范汇率风险，还可以防范利率风险和通胀风险。此外，融资和投资在币种、期限和规模上相互匹配，也可以避免汇率风险。

本 章 小 结

1. 外汇市场是个人、企业、银行和经纪人可以从事外汇交易的组织系统或网络。不同的交易主体通过外汇市场上金融产品的交易,实现了购买力的国际间转移、有效地避免了多种交易风险、完成了国际间的资金融通等交易活动。在全球经济与金融一体化背景下,全球外汇市场已成为一个整体。

2. 外汇市场的类型,从外汇市场的组织形式上可以分为有形外汇市场和无形外汇市场。从外汇市场的构成上可分为外汇批发市场和外汇零售市场。从外汇市场的交易种类上划分,分为即期外汇市场、远期外汇市场、外汇期货市场和外汇期权市场。从外汇市场的交易范围可分为国内外汇市场和国际外汇市场。

3. 外汇市场交易主要包括即期外汇交易、远期外汇交易、掉期交易、套汇、套利、期货交易、期权交易等。

4. 即期外汇交易(Spot Exchange Transactions):又称为现货交易或现期交易,是指外汇买卖成交后,交易双方于当天或两个营业日内办理交割手续的一种交易行为。根据交割方式不同,可将即期外汇交易分为三种:电汇交割方式、票汇交割方式、信汇交割方式。

5. 远期外汇交易(Forward Transaction)又称期汇交易,是指外汇买卖双方签订远期交易合约,规定买卖数量、汇率和未来交割外汇的时间,约定在将来的某个日期进行交割的外汇买卖。远期外汇交易是有效的外汇市场中不可以缺少的组成部分。最常见的远期外汇交易交割期限一般有1个月、2个月、3个月、6个月、12个月。远期汇率的报价有两种方式:直接报价和远期差价报价。

6. 掉期交易(Swap Transaction),是指外汇交易者在外汇市场上买进(或卖出)某种外汇的同时,卖出(或买进)金额相同、交割期限不同的同一外汇的交易活动。因此,一笔掉期交易可以看成由两笔金额相同、起息日不同、方向相反的外汇交易组成。掉期交易按照交割日的不同可以分为以下三种类型:即期对远期的掉期交易、即期对即期的掉期交易、远期对远期的掉期。

7. 套汇交易(Arbitrage Transaction)是套利交易在外汇市场上的表现形式之一,是指套汇者利用不同时间、地点、币种在汇率上的差异或利率上的差异,进行贱买贵卖,从中套取差价利润的一种外汇交易。套汇主要分为两种形式:时间套汇和地点套汇。

8. 套利交易(Interest Arbitrage),是指套利者利用不同国家间短期利率之间的差异,将资金从低利率国家调往高利率国家,以赚取利差收益的一种外汇交易。套利交易分为非抛补套利和抛补套利两种类型。

9. 外汇期货交易(Foreign Currency Future Transaction),是指交易双方在有形的交易市场通过结算下属成员清算公司或经纪人,以公开叫价的方式买卖标准数量、交割时间标准化的远期外汇的一种业务。

10. 外汇期权交易,是指期权合约的买方在支付一定的期权费后,可以在约定的时间,以约定的价格,买卖约定数量的某种货币,当然也可以放弃行使这一权利的一种交易。

11. 外汇风险(Foreign Exchange Risk),也称汇率风险(Exchange Rate Risk),是指经济实体或个人,在国际经贸、国际金融等活动中,以外币衡量的资产或负债因汇率变动而引起价值波动所造成的损益。外汇风险可以分为交易风险、会计风险和经济风险。外汇风险管理中,交易风险的防范措施主要有货币选择法、货币保值法、价格调整法、配对管理法、外汇交易套期保值法、国际信贷法等;会计风险防范主要是增加硬币资产和软币负债、减少软币资产和硬币负债以及资产负债匹配保值;经济风险管理策略主要是经营多样化和投融资多元化。

复习思考题

1. 什么是外汇市场,外汇市场的参与者有哪些?
2. 外汇市场的功能体现在哪些方面?
3. 即期外汇交易与远期外汇交易的区别。
4. 何为利率平价失衡?
5. 外汇期货的作用有哪些?
6. 外汇期权的特点及类型。
7. 外汇风险产生的原因及外汇风险的类型。
8. 外汇风险管理战略的类型
9. 简要分析防范外汇风险的措施。

第五章　国际储备

国际储备是一国货币当局用于干预外汇市场、调节国际收支差额的重要资产，主要由黄金储备、外汇储备、普通提款权和特别提款权四部分组成。现今，外汇储备是各国国际储备的主要形式。本章首先阐述了国际储备的基本理论，然后从规模管理和结构管理两方面介绍国际储备管理的内容，最后对我国国际储备发展历程进行梳理，提出了优化我国国际储备管理的相关措施。

第一节　国际储备概述

一、国际储备的概念及特征

（一）国际储备的概念

国际储备（International Reserves）是指一国货币当局持有的，在国际间被普遍接受的用于弥补国际收支逆差、保持汇率稳定和应付其他国际支付的各种流动资产的总称。

（二）国际储备的特征

1. 官方持有性

国际储备是一国官方持有的，可以自由支配使用的官方资产。任何非官方机构（包括企业、个人等）持有的资产均不能算做国际储备。

2. 普遍接受性

国际储备主要用于干预外汇市场和清算国家间贸易收支差额，因此必须被世界各国普遍承认、普遍接受后才能发挥作用。

3. 充分的流动性

由于国际储备的形式不唯一，当一国政府动用储备资产时，就要求不同形式的资产能够进行快速的变现。

二、国际储备的构成

根据国际货币基金组织对国际储备的规定，一国的国际储备应主要由黄金储备、外汇储备、普通提款权和特别提款权四个部分构成。

（一）黄金储备

黄金储备（Gold Reserves），是指一国货币当局持有的，用以平衡国际收支，维持或影响汇率水平，作为金融资产持有的黄金。作为国际储备的主要形式之一，黄金储备具有稳定国民经济、抑制通货膨胀和提高国际资信等作用。在国际金本位制度下，黄金储备是国际储备的典型形式。

由于黄金的优良特性，历史上黄金充当货币的职能，如价值尺度，流通手段，储藏手段，支付手段和世界货币。随着社会经济的发展，黄金已退出流通领域。20世纪70年代布雷顿森林体系瓦解，黄金与美元脱钩，黄金的货币职能也有所减弱，但仍保持一定的货币职能。目前许多国家，包括西方主要国家国际储备中，黄金仍占有相当重要的地位。这主要是因为黄金具有很好的保值作用，由于其本身具有价值且购买力相对稳定，在通货膨胀的条件下价格会随着物价的上涨而上涨，在出现通货紧缩时，价格却不会下跌。此外，黄金相对纸币，具有相对的内在稳定性。由于一国政府为了刺激经济发展往往会使用扩张性的货币政策，扩大货币供应量，进而产生物价上涨的压力，币值下降。而从黄金市场的长期发展来看，黄金的供给与需求基本处于稳定状态，黄金相对于纸币具有较强的稳定性。但是，就当前各国储备情况来看，黄金储备已不是最主要的国际储备形式，究其原因主要在于：第一，黄金储备与外汇储备相比较，流动性较差，在用于国际支付时需要先转化为外汇资金才能支付。第二，黄金和外汇相比，持有后不会产生利息收入，且会产生较高的仓储费，盈利性较差。

根据国际货币基金组织（IMF）的国际金融统计数据库（IFS）的统计数据，截止到2010年6月，世界黄金总储量为30 462.8吨，欧洲地区（包括欧洲央行）黄金总储量合计10 798.2吨，约占外汇储备的58.9%。黄金储备量在千吨以上的国家和组织有7个，分别为：美国（8 133.5吨）、德国（3 406.8吨）、国际货币基金组织（2 966.8吨）、意大利（2 451.8吨）、法国（2 435.4吨）、中国（1 054.1吨）、瑞士（1 040.1吨）。从上述的数字看，实力强大的国家其黄金储备也多，这说明黄金仍是各国综合实力的标志。

（二）外汇储备

外汇储备（Foreign Exchange Reserves），是指一国货币当局持有的对外流动性资产，其主要形式为政府在国外的短期存款或其他可以在国外兑现的支付手段，如外国有价证券，外国银行的支票、期票、外币汇票等。

一种货币要成为储备货币，必须具备三个特征：① 必须是可兑换货币，即能够不受限制地、自由地兑换为其他货币（或黄金）；② 必须为各国普遍接受，即能够随时转化为其他国家的购买力，或偿还国际债务；③ 价值相对稳定。

外汇储备是一个国家国际清偿力的重要组成部分，同时对于平衡国际收支、稳定汇率有重要的影响。在国际金本位制下，英镑代替黄金在国际间流通，是当时最主要的国际货币。20世纪30年代，美元的崛起后，成为和英镑并肩的国际储备货币。第二次世界大战后，布雷顿森林体系建立，美元和黄金实行挂钩机制，成为取代英镑后，世界上最主要的储备货币。20世纪60年代开始，频频爆发的美元危机，严重地影响了美元作为储备货币的地位，从而形成储备货币多元化的局面，美元、德国马克、日元、瑞士法郎、法国法郎等货币是当时主要的储备货币。1999年1月1日，随着欧元的问世，欧元也积极发挥国际储备货币的作用。

虽然储备货币向多元化方向继续发展，但是美元仍然是现在世界上最主要的国际储备货币。据IMF公布的数据显示，2011年第一季度，美元占全球官方储备比重为60.7%，欧元26.5%，日元3.8%，英镑4.1%。

（三）普通提款权

普通提款权（General Draw Rights），又称在国际货币基金组织（IMF）的储备头寸（Reserves Position in the Fund），是指国际货币基金组织的会员国在IMF的普通资金账户中可自由提取和使用的资产。

一国在国际货币基金组织的储备头寸包括：① 会员国向IMF认缴份额中的25%的黄金或可兑换货币部分。按照IMF的规定，会员国可自由提用这部分资金，无需特殊批准，因此它是一国的国际储备资产。② IMF为满足会员国借款需要而使用本国货币。按照IMF的规定，会员认缴份额的75%可用本国货币缴纳。IMF向其他会员国提供本国货币的贷款，会产生该国对IMF的债权。一国对IMF的债权，该国可以无条件的提取并用于支付国际收支逆差。③ IMF向该国借款的净额，也构成该会员国对IMF的债权。

2010年11月6日，IMF执行董事会就份额改革方案达成一致。根据该方案，发达国家份额整体将降至 57.7%，发展中国家升至 42.3%，发达国家向新兴市场和发展中国家整体转移份额 2.8 个百分点。其中，中国份额占比将增加 2.398% 至 6.394%，投票权也将从目前的 3.806% 升至 6.07%，排名从并列第六升至第三。美国下降了 0.263 个百分点至 17.407%，日本下降了 0.092 个百分点至 6.464%，排名仍为第一和第二。德国排名第四，份额降低了 0.524 个百分点至 5.586%。法国和英国并列第五，调整后份额水平为 4.227%。意大利降低了 0.145 个百分点至 3.161%，仍排第七。印度增加了 0.309 个百分点至 2.751%，从第十一位升至第八位。俄罗斯增加了 0.212 个百分点至 2.706%，从第十位升至第九位。巴西增加了 0.533 个百分点至 2.316%，从第十四位升至第十位。

（四）特别提款权

特别提款权（Special Drawing Rights，SDRs），是国际货币基金组织创设的一种储备资产和记账单位，由基金组织分配给会员国使用资金的一种权利。会员国在发生国际收支逆差时，可用它向基金组织指定的其他会员国换取外汇，以偿付国际收支逆差或偿还基金组织的贷款，还可与黄金、自由兑换货币一样充当国际储备。特别提款权与其他储备资产相比具有明显的区别：① SDRs 本身不具有内在价值，是人为创设的账面资产。② SDRs 是由 IMF 根据会员国缴纳的份额比例，无偿分配给会员国使用资产的权利。③ SDRs 只能在 IMF 及其会员国之间使用，主要用于兑换国际货币、支付国际收支逆差和偿还国际债务等方面。

特别提款权采用一揽子货币的定值方法。货币篮子每五年复审一次，以确保篮子中的货币是国际交易中所使用的那些具有代表性的货币，各货币所占的权重反映了其在国际贸易和金融体系中的重要程度。特别提款权创立初期，规定 1 盎司黄金等于 35 特别提款权单位，即 1 美元＝1 特别提款权单位，SDRs 的价值也是由含金量决定。1971 年 12 月 18 日，美元第一次贬值，而特别提款权的含金量未动，因此 1 个特别提款权单位等于 1.085 71 美元。1973 年 2 月 12 日美元第二次贬值，特别提款权含金量仍未变化，1 个特别提款权单位等于 1.206 35 美元。1973 年西方主要国家的货币纷纷与美元脱钩，实行浮动汇率以后，汇价不断发生变化，而特别提款权同美元的比价仍固定在每单位等于 1.206 35 美元的水平上。

1974 年 7 月，基金组织正式宣布特别提款权与黄金脱钩，改用"一篮子"16 种货币作为定值标准。这 16 种货币包括美元、联邦德国马克、日元、英镑、法国法郎、加拿大元、意大利里拉、荷兰盾、比利时法郎、瑞典克朗、澳大利亚元、挪威克朗、丹麦克朗、西班牙比塞塔、南非兰特以及奥地利先令。每天依照外汇行市变化，公布特别提款权的牌价。

1976 年 7 月基金组织对"一篮子"中的货币作了调整，去掉丹麦克朗和南非兰特，代之以沙特阿拉伯里亚尔和伊朗里亚尔，对"一篮子"中的货币所占比重也作了适当调整。

1980 年 9 月 18 日，基金组织宣布将组成"一篮子"的货币，简化为 5 种西方国家货币，即美元、联邦德国马克、日元、法国法郎和英镑，它们在特别提款权中所占比重分别为 42%、19%、13%、13%、13%。

第一次调整后的权数（1986 年 1 月 1 日生效），依次为 42%、19%、15%、12%、12%。

第二次调整后的权数（1991 年 1 月 1 日生效），依次为 40%、21%、17%、11%、11%。

第三次调整后的权数（1996 年 1 月 1 日生效），依次为 39%、21%、18%、11%、11%。

欧元启动后，IMF 对特别提款权的定制标准进行了第四次调整，调整后的货币为美元、欧元、日元和英镑。

第四次调整后权数（2001 年 1 月 1 日生效），45%、29%、15%、11%。

第五次调整后权数（2006 年 1 月 1 日生效），44%、34%、11%、11%。

第六次调整后权数（2011 年 1 月 1 日生效），41.9%、37.4%、9.4%、11.3%。

近些年，特别提款权调整权数的具体情况见表 5-1。

表 5-1　特别提款权权数调整情况

货币名称	第四次调整后权数（2001年1月1日生效）	第五次调整后权数（2006年1月1日生效）	第六次调整后权数（2011年1月1日生效）
美元	45%	44%	41.9%
欧元	29%	34%	37.4%
日元	15%	11%	9.4%
英镑	11%	11%	11.3%

资料来源：国际货币基金组织网站 www.imf.org

三、国际储备与国际清偿能力

（一）国际清偿能力

1. 含义

国际清偿能力（International Liquidity），亦称"国际流动性"，是指一国平衡国际收支逆差和干预外汇市场的总体能力。国际清偿能力有广义与狭义之分。狭义的国际清偿能力，一般指官方直接掌握的国际储备资产，又称第一线储备或无条件的国际清偿力。广义的国际清偿能力包括一国从国外借入的外汇储备、该国商业银行的短期外汇资产和该国官方或私人拥有的中、长期外汇资产（主要指对外中长期投资），又称第二线储备或有条件的国际清偿力。第二线储备因受资产所有权及时间的制约，就流动性而言，比第一线储备相对较弱。

2. 构成

国际清偿能力包括自由储备、借入储备和诱导储备三个组成部分，见表5-2。自有储备，即指国际储备，主要包括黄金储备、外汇储备、普通提款权和特别提款权。借入储备，即指一国货币当局的借款能力。诱导储备，是指一国商业银行所持有的外汇资产。

表 5-2　国际清偿能力的构成要素

自有储备	借入储备	诱导储备
① 黄金储备 ② 外汇储备 ③ 普通提款权 ④ 特别提款权	① 备用信贷 ② 互惠信贷 ③ 支付协议 ④ 其他类似的安排	商业银行所持有的外汇资产

3. 反映国际清偿能力的指标

（1）偿债率

偿债率（Debt Servicing Ratio），是指当年的还本付息额与当年出口创汇收入额之比，它是分析、衡量外债规模和一个国家偿债能力大小的重要指标。国际上一般认为，一般国家的偿债率的警戒线为20%，发展中国家为25%，危险线为30%。当偿债率超过25%时，说明该国外债还本付息负担过重，有可能发生债务危机。

（2）外债率

衡量一国外债率的指标主要有以下三个：外债偿债率、外债债务率和短期外债率。

① 外债偿债率，是指一国外债还本付息占商品劳务出口外汇收入的比重，用来衡量某一特定时期内，一国外汇收入是否足以支付当年外债本息。国际公认的安全线为20%，我国的

外债偿债率也在安全区域内，短期内不会发生外债偿债困难。

② 外债债务率：是指外债余额占外汇收入的比重，用来衡量某一特定时期内，一国的外汇收入是否足以支付全部外债。

③ 短期外债率：短期外债率是指一国一年以内到期的外债占全部外债余额的比重。

（3）负债率

负债率，是指净债务余额占国民生产总值比重，这个比率应控制在20%以内。

（二）国际储备与国际清偿能力的比较

国际储备与国际清偿能力的联系与区别

联系：国际储备与国际清偿能力都被一国货币当局用于平衡国际收支逆差和干预外汇市场，国际储备是国际清偿能力最核心的组成部分。

区别：国际清偿能力包含的内容较国际储备更为丰富，除包括该国货币当局持有的各种形式的国际储备之处，还包括该国在国外筹借资金的能力，即向外国政府或中央银行、国际金融组织和商业银行借款的能力。因此，国际储备仅是一国具有的、现实的对外清偿能力，而国际清偿能力则是该国具有的、现实的对外清偿能力和可能有的对外清偿能力的总和。

四、国际储备多元化

国际储备多元化是指储备货币种类的多元化。多元化国际储备体系的形成起源于美元在20世纪70年代的两次贬值，引起美元信誉下降。多元化储备体系的发展变化也基本上由美元地位与信誉的沉浮而引起。美元在多元化体系的形成与发展中，始终是最重要的作用因素。美元信誉下降，多元化储备体系发展进程快；美元信誉提高，多元化储备体系的发展进程就缓慢。在20世纪80年代初，多元化储备体系还有回归到原来的美元占绝对统治地位的单元化储备体系之势。

（一）国际储备形式的发展历程

1. 英镑储备体系

资本主义发展初期，国际商品交换中的主要流通手段和支付手段是黄金。因此，黄金是国际储备的最初形式。但随着国际贸易的不断发展，黄金生产赶不上国际贸易发展的需要。而英国作为当时最强的经济和贸易大国，处于国际贸易和金融的中心地位，英镑也成为国际间的流通手段和支付手段。因此，国际储备的主要形式由黄金发展为"黄金—英镑储备体系"。

2. 黄金储备体系

第一次世界大战以后，美国经济力量逐步上升而英国经济力量相对下降，使用美元进行国际结算的业务逐渐增多。第二次世界大战结束后，英国经济遭受严重破坏，国际收支日益恶化，英镑的国际地位不断下降，美元作为储备货币的地位超过英镑。国际储备的主要形式发展为"美元—黄金储备体系"。

3. 美元储备体系

1944年7月联合国44个成员国在美国新罕布什尔州的布雷顿森林镇召开了"联合国国际货币金融会议"，会议通过了《国际货币基金协定》和《国际复兴开放银行协定》，总称布雷顿森林协定，至此，确定了以美元为中心的国际货币体系。在这一体系中，美元与黄金挂钩，各国货币与美元挂钩，美元成为各国国际储备的主要资产。国际储备的主要形式发展为"美元储备体系"。

4. 多种货币储备体系

20世纪60年代末，由于西欧和日本经济力量的相对增强和美国经济力量的相对衰落，美国国际收支逆差持续增加，黄金储备不断减少，美元危机频繁发生。为避免美元汇率动荡造成外汇储备资产损失，一些国家开始调整外汇储备的货币构成，国际储备体系开始由单一的美元向多种货币储备发展。

（二）国际储备多元化的影响

1. 有利影响

① 摆脱了对美元的过分依赖。国际储备多元化，使储备资产的形式不再单一，尤其使国际贸易和国际投资摆脱了对美元的过分依赖，使各国储备资产的价值不再完全受制于美国的国内政策。有利于各国根据国际经贸往来的实际情况，选择适合自身国情的储备资产形式。

② 有利于国际储备的保值与增值。国际储备多元化，为一国政府调节储备结构提供了可能。一国政府可以根据各种形式资产的价值变动情况，来实时调整国际储备中各类资产的比重，增加价值稳定或有增值潜力的储备资产，减小价值不稳定或有价值缩水的储备资产，实现国际储备的保值与增值。

③ 加强了国际间经贸合作。当一国发生国际收支逆差或汇率的巨大波动，该国可以通过双边外贸支付协定来解决贸易逆差、通过联合干预来稳定外汇市场。但是，这些都需要国际间的相互协调与合作。国际储备的多元化，使各国政府能够使用更为多样化的储备形式，不单单局限于美元，这就为国际间经贸合作提供了坚实的基础。

2. 不利影响

① 不利于国际金融市场的稳定。国际储备的多元化，增加了国际间支付手段的形式，不同支付手段之间必然存在着一定的兑换关系。当支付手段自身价值受到供求等因素的影响不断变化时，其不同形式之间的兑换比率必定会出现不断的波动，不利于金融市场的稳定。比如以美元表示的黄金价格可能会随着美元的贬值而不断上涨，欧元兑美元的汇率也可能随着美元的贬值而出现上升。

② 增添了国际储备管理的难度。当一国国际储备的形式只有一种时，其管理难度必然会小于多种的情况。因为在一种形式下，一国政府可能无法调控储备资产的价值，而在多种储备形式的背景下，如何选择合理的储备资产，保证储备资产的价值稳定，就成为一国政府必须面对的问题。

③ 加剧了世界性的通货膨胀。储备货币多元化增加了国际储备的供给，主要表现在以美元、英镑、欧元、日元等为代表的储备货币供给量增加过快，直接导致了储备货币总额快速增加，加剧了世界性的通货膨胀。

五、国际储备的作用

（一）弥补国际收支逆差

当一国发生国际收支困难，通过动用外汇储备，减少在基金组织的储备头寸和特别提款权持有额，或在国际市场上出售黄金来弥补国际收支逆差造成的外汇供求缺口，能够在短期内避免通过国内经济的调节来实现国际收支平衡，有助于国内经济目标的持续性。但是，一国的国际储备总是有限的，如果国际收支的困难是长期的、巨额的，则国际储备只能起到一定的缓冲作用，为政府有步骤地进行宏观调控赢得足够的时间，防止短期内由于调节过于猛烈而对国内经济产生较大冲击。

（二）干预外汇市场，维持本币汇率稳定

一国政府如果要实现对外汇市场的干预，维持本国汇率的稳定，则必须持有充裕的国际储备。当外汇市场上本币汇率发生波动时，政府可以动用储备来调节外汇市场上的供求失衡，保持汇率稳定。具体来说，当由于短期投机因素，本币出现一定幅度的升值时，政府为了保持本币汇率的稳定，可以在外汇市场上购入外币资金，投放本币资金，以增加市场上的本币供应，从而使本币汇率下降。反之，如果本币出现了一定幅度的贬值时，政府可以在外汇市场上投放外币资金，购入本币资金，以增加市场上的外币供应，从而使本币汇率上升。但是，国际储备要对外汇市场实现有效地干预，首先需满足两个条件：一是本国存在一个发达的外汇市场；二是本国货币是可自由兑换货币。

（三）充当信用保证

国际储备在充当信用保证时，主要体现在两个方面：第一，国际储备作为对外借债的信用保证；第二，国际储备作为偿还外债的信用保证。一国的国际储备状况反映了一国到期还本付息的能力，是债务国偿还外债的最重要的保证。如果一国政府想要在国际金融市场上融资，良好的偿债能力是能否融入资金的根本条件，而充足的国际储备又构成对外借债和将来偿还外债的保证。例如，国际金融机构在提供资金信贷时，通常要事先调查借款国偿还债务的能力，而资信调查中最为重要的指标之一就是考察一国的国际储备状况，以此来判断该国将来还本付息的能力。

第二节　国际储备管理

一、国际储备管理的概念

国际储备管理是一国政府或货币当局根据一定时期内本国的国际收支状况和经济发展的要求，对国际储备的规模、结构和储备资产的使用进行调整、控制，从而实现储备资产的规模适度化、结构最优化和使用高效化的整个过程。一个国家的国际储备管理包括两个方面：一是国际储备规模的管理，以求得适度的储备水平；二是国际储备结构的管理，使储备资产的结构得以优化。

二、国际储备管理的基本原则

（一）安全性原则

储备资产的安全性原则，是指要保持国际储备资产的安全、有效和价值稳定。

（二）流动性原则

储备资产的流动性原则，是指国际储备资产能及时转化用于国际间的各种贸易支付、对外债务的到期还本付息、对外汇市场的必要干预以及对战争、自然灾害等突发事件的应对等。

（三）盈利性原则

储备资产的盈利性原则，即储备资产在保值的基础上有较高的收益。

由于储备资产的安全性、流动性和盈利性呈负相关关系，安全性与流动性高，盈利性较低；如果盈利性高，安全性与流动性较差，所以货币当局对这三个原则应统筹兼顾，互相补充，在安全性、流动性有保证的前提下，争取最大盈利。

三、国际储备规模管理

国际储备规模管理是指确定和调整国际储备规模，以保持足够的、适量的国际储备水平。

(一) 国际储备规模过低的影响

1. 对外支付能力下降

国际储备规模过低，会使一国缺乏足够的储备资金，而不能进口国内经济发展所需的生产物资和生产技术，不利于本国经济发展。

2. 国际地位降低

国际储备的高低，往往表现出一国在国际市场上的支付能力和干预能力，是一国国际地位的象征。如果国际储备规模过低，则该国在国际舞台上的影响力也会受到影响，国际地位趋于下降。

3. 本币具有贬值压力

国际储备中最主要的组成部分是外汇储备，国际储备规模过低，反映出外汇储备较少。此时在金融市场上，外币资金的需求大于外币资金的供给，外币出现升值趋势，相对于本币来说，本币具有贬值压力。

(二) 国际储备规模过高的影响

1. 加大国内通胀压力

国际储备规模过高，表现出外汇储备数量过大。而本国外汇储备的形成，多是通过经常项目和资本金融项目的顺差获得，由于外国货币在本国不能流通，所以以外币形式的顺差在流入本国后，必须要与本币进行兑换，这客观上又会使中央银行被迫增加货币发行量，造成国内通胀的压力。

2. 增加了储备管理的难度

国际储备规模过高时，一国政府在管理国际储备的过程中，很难兼顾"安全性、流动性和盈利性"三者的协调统一。由于储备规模过高，一国在保持储备资金灵活迅速的转化、价值稳定和较高收益方面，都提出了很高的要求，增加了储备管理的难度。

3. 本币具有升值压力

如果一国持有大量的国际储备，则在外汇市场上表现为外币的供给大于外币的需求，导致外币的贬值，本币表现出升值的压力。

(三) 适度储备规模的确定

一国的外汇储备主要用于弥补国际收支逆差、保持汇率稳定和防范金融风险，因此持有的规模不能过小，以避免发生支付危机、债务危机和经济衰退。但是一国的外汇储备规模也不能过大，否则造成一国国内资源闲置和机会成本上升、货币当局宏观调控能力和货币政策有效性的弱化等一些负面效应。由此可见，外汇储备和其他经济变量一样，存在一个适度规模的问题。

1. 适度储备规模的内涵

由于在当前国际储备构成中，外汇储备是国际储备的绝对主体，所以国际储备适度规模的确定主要涉及外汇储备适度规模的确定问题。关于这一问题的著述，可以归纳为以下三种情况：

一是外汇储备用于抵补国际收支逆差的能力。如，弗莱明把其定义为一国金融当局运用储备融通国际收支逆差而无须采用支出转换政策、支出削减政策和向外借款融资的能力，弗莱明认为最适度的储备规模和增长率应该使其抵补国际收支逆差的能力最大化。

二是持有外汇储备资产的成本和收益的对比。海勒的观点则是，能使为平衡国际收支逆差所采取的支出转换、支出削减和向外借款融资政策成本最小的储备量就是适度的储备规模。阿格沃尔认为，如果储备持有额能使发展中国家在既定的固定汇率上，融通其在计划期内发生的预料之外的国际收支逆差，同时使该国持有储备的成本和收益相等，这时的储备规模就是最适度的。

三是能否促进经济增长率最大化。巴洛认为，在现有资源存量和储备水平既定的条件下，能促使经济增长率最大化的储备增长率就是适度的。

国际储备在调节国际收支和稳定汇率时，既具有一定的收益（即对国际收支逆差采取的支出转换、支出削减和国外借款融资政策压力的减轻），又会有一定的机会成本。弗莱明和海勒的定义偏重持有储备的收益最大化，即为应付国际收支逆差所必需的支出转换，支出削减和国外融资等政策的成本最小化。巴洛的定义则偏重持有储备的成本最小化（将储备资产用于国内的生产性投资，带来经济的充分增长），所以，这些观点都有些许偏颇。相比之下，阿格沃尔将持有储备的成本与收益相等作为一个标准，就较为全面。

一般而言，一国持有的外汇储备越多，储备的收益也越大，但是根据边际分析法，外汇储备的增加使国际收支的边际效用下降，从而导致国际储备的边际收益 MR 递减。同时外汇储备的增加，使持有储备的成本不断增大，其边际成本 MC 则呈现出递增趋势。当边际收益大于边际成本时，增加储备有利；当边际收益小于边际成本时，减少储备有利；当边际收益等于边际成本，其储备额是最适度国际储备额。如下图所示，外汇储备适度规模水平是由 MR 曲线与 MC 曲线所决定的，两条曲线交点所对应的储备量 R^* 即为外汇储备的适度规模。如图 5-1 所示。

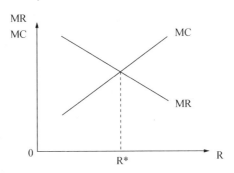

图 5-1　外汇储备适度规模的决定

综上所述，外汇储备的适度规模应在一国经济稳定发展的基础上，能够保证该国国际收支平衡与汇率稳定的前提下，实现持有储备的边际收益最大化或边际成本最小化的一个均衡水平。

2. 适度储备规模的确定方法

（1）定性分析法

定性分析法，主要研究相关经济变量的变动对适度规模的影响，一些经济变量可能与适度规模的变动方向是同向的，另外一些经济变量可能与适度规模的变动方向是反向的。定性分析法，只能将经济变量对适度规模的影响作出宏观的判断，具体的量化描述还需要借助于定量分析法。

① 国际收支差额

国际收支差额对储备规模的影响主要体现在，如果一国发生国际收支的逆差，那么为了平衡国际收支，一国政府可以动用国际储备进行调节，客观上需要一国政府持有足够的用于调节国际收支不平衡的国际储备。如果国际收支的逆差是暂时的，则一国政府完全可以通过国际储备进行调节；但如果这种逆差是巨额的、持续的，此时政府除了动用国际储备之外，还需要对本国经济进行进一步调整。当然，如果一国国际收支表现出一种长期的、较为稳定的顺差，那么该国可以适当减少储备规模。

② 经济开放程度

一国经济开放程度越高,就越容易受到国际商品市场和国际金融市场上各种商品供求的影响及价格的变动,进而对该国进出口贸易产生直接的影响,进出口的变化又会影响到该国的外汇收入及对外支付。为了有效地防范,国际市场上价格变动给本国经济带来的冲击,一国经济开放程度越高,该国应增加储备规模。

③ 金融市场开放程度

一国金融市场开放程度越高,资本和金融项目管制越少,国际游资进出本国市场就越便利,为了保持本国经济、金融的稳定,需要一国政府持有较多的国际储备,在必要时对金融市场进行干预,最大限度地消除国际资本流动给本国带来的冲击。反之,如果一国对资本和金融项目实行严格的管制,则可以减少储备规模。

④ 持有储备的成本

一国持有的国际储备,实际上是将这些实际资源储备起来,牺牲和放弃利用它们来加快本国经济发展的机会,是一种经济效益的损失,是持有国际储备的机会成本。然而,由于国际储备中存在一部分生息资产,实际上国际储备会有一定的利息收益,该收益一般较为稳定(主要投资于一些政府债券等)。因此,持有国际储备的成本等于机会成本与利息收益之差,差额的大小主要取决于国际储备机会成本的大小。如果一国持有国际储备的机会成本很高,则应减小持有量;反之,如果一国持有国际储备的机会成本很低,则应增加持有量。

⑤ 向外融资能力

一国向外融资(包括在国际金融市场上融资、向国际金融机构借款和其他国家签订信贷协议等)能力越强,则表明短期内能够融入到所需的资金用于国际支付或干预外汇市场,因此可持有较少的国际储备。反之,一国向外融资能力较弱时,则表明短期内不能融入到所需的资金用于国际支付或干预外汇市场,因此需持有较多的国际储备。

⑥ 汇率制度的选择

如果一国实行的是固定汇率制,为了保持汇率水平的稳定,则需要持有大量的国际储备在必要时有能力干预外汇市场;如果一国实行的是浮动汇率制,对汇率稳定的要求不高,则无须频繁的进入外汇市场干预汇率水平,因此不必持有大量的国际储备。但是需注意,布雷顿森林体系瓦解之后,世界上大多数国家采取的是浮动汇率制,但这种浮动是相对的,并没有脱离政府的管理。而今,在短期巨额国际资本流动的背景下,为了保障国内经济的稳定,一国政府均倾向于增加国际储备的持有量。

⑦ 本币在国际货币体系中所处的地位

本国货币在国际货币体系中的地位,直接关系到其持有国际储备的规模。如果一国货币是国际货币体系中最为重要的货币之一,则该国可减少国际储备的持有量。例如,美元是世界上最为重要的一种国际货币,广泛地用于国际支付和金融投资,而美元是由美国政府发行的,对于美国来说,就无须持有大量的国际储备。但是对于一些在国际货币体系中地位较低的货币来说,由于尚未被国际市场上的交易者普遍接受,其发行国为保证本国经济的稳定运行,必须持有较多的国际储备。

(2)定量分析法

定量分析法,主要是根据相关理论,通过将影响储备规模的经济变量进行量化处理,来测算理论上的适度规模水平。

① 比例分析法

比例分析法更多的是从外汇储备的需求出发,考虑一国货币当局持有外汇储备的适度水平。由于理论界的传统比例分析法都是单因素分析,其产生也都具有明显的时代特征。

a. 特里芬进口比例法

美国经济学家罗伯特·特里芬(Robert. Triffin)在其 1960 年出版的《黄金与美元危机》中认为,一国经济对进口依赖程度越高,其所需要的外汇储备就越多。

特里芬通过对 1950—1957 年间 12 个国家储备变化的比较研究后认为,一国的外汇储备应该维持在其年进口额的 25% 左右,即以满足三个月的进口为宜;以 20%～40% 为上下限,才能在经常项目和资本项目收支时间不匹配时保证正常的对外支付。这种比率法,曾被国际货币基金组织采纳,用以评价成员国外汇储备的规模。

b. 外汇储备与债务比率法

这是 20 世纪 80 年代中期发展起来的一种理论,这一理论认为外汇储备与外债规模之间应保持一定比例关系。对各国历史资料计量回归的结果认为,这一比例应基本保持在 40% 左右,即外汇储备约等于全部外债余额的 40%。

c. 外商直接投资利润汇出比率

外汇储备需求的影响因素分析中,介绍了外商直接投资利润汇出对外汇储备的需求影响。为了鼓励、吸引外资,各国政府一般都通过法律规定,保护外国投资者的利润以及经营结束时的本金能够顺利汇出。汇出额大小取决于被投资国的经济发展水平、利润率以及投资政策的优惠程度。根据我国的实际情况,外商直接投资企业的利润汇出比例,通常为外商直接投资余额的 10%～15%。

比例分析法的最大优点即简单易行,与此同时也存在一定的缺陷。

第一,比例分析法完全依赖于经验,没有理论的支持。国际储备的重要作用之一在于弥补一国的国际收支的逆差,并不是为一国进口交易总额提供融资。所以,用储备与进口交易总额的比来衡量储备充足性与其实际作用并不相符。

第二,比例分析法没有考虑到全部的经常项目,只考虑到一般商品的对外支付,更不用说资本项下以及外债还本付息的支付需要。这种方法在以商品贸易为主的旧的国际交往中应该是合适的,但对于目前这种资本项下往来远远大于经常项下交易的国际经济环境,其实用性就要大打折扣了。

② 储备需求函数法

a. 弗兰德斯(M. J. Flanders)模型

弗兰德斯考察了影响国际储备需求量的一些经济变量,认为有 10 个经济变量最重要,包括出口收益率的不稳定性、私人外汇和国际信贷市场的存在、持有储备的机会成本、储备的收益率、储备的变动率、政府改变汇率的意愿、政府调节所支出的成本、贸易商品存货水平及其变化,贷款成本和收入水平等。弗兰德斯得出的国际储备需求函数为:

$$L/M = \alpha_0 + \alpha_1 F/L + \alpha_2 \partial_L + \alpha_3 GR + \alpha_4 D + \alpha_5 Y + \alpha_6 V$$

式中:L/M:国际清偿力与进口的平均比率;

F/L:一定时期内官方外汇储备与其清偿力的年平均比率;

∂_L:国际储备的波动大小;

GR:以生活水平指数调整 GNP 的年增长率;

D:以生活水平指数调整的本币贬值幅度;

Y:人均 GNP 占美国人均 GNP 的百分比;

V:出口变动大小。

弗兰德斯的储备需求函数是比较全面的,具有一定的代表性,但由于一些变量无法定量,或者难以获得统计数据,该储备需求函数并没有得出一个实际的结果。

b. 弗伦克尔（J. A. Frenkel）模型

弗伦克尔认为决定发展中国家和发达国家国际储备需求函数的主要因素大致相同，他选择进口倾向、国际收支变动率和进口三个主要的影响变量构造储备需求函数，建立的储备需求函数为：

$$\lg R = \alpha_0 + \alpha_1 \lg m + \alpha_2 \lg \sigma + \alpha_3 \lg M$$

式中：R：国际储备需求量；

　　　m：进口水平表示；

　　　Y：GDP；

　　　M：进口倾向；

　　　σ：国际收支的变动率。

　　　α_1、α_2、α_3：分别表示 R 对变量 m、σ、M 的弹性。

弗伦克尔根据1963—1972年间的统计数据，分别得到发展中国家和发达国家的储备需求函数：

发达国家：$\lg R = 3.819 + 0.379 \lg m + 0.699 \lg \sigma + 0.363 \lg M$

发展中国家：$\lg R = -0.91 + 0.027 \lg m + 0.366 \lg \sigma + 0.756 \lg M$

弗伦克尔由此得出国际储备受各经济变量的影响程度不同，并且发展中国家和发达国家储备需求函数存在着很大的差别。计算结果表明，发展中国家的储备需求对国际交易额变动的弹性大于发达国家，而对国际收支变动的反应则小于发达国家，因此他认为必须对两类国家储备需求函数分别进行分析。

c. 埃尤哈（M. A. Iyoha）模型

埃尤哈认为影响一国储备需求的因素有：出口收入（X）、进口支出的变动率（σ^2）、持有的外汇资产的利率（r）及一国经济的开放程度（P）。以上4个因素与储备规模均为正相关，利用两期滞后调整，建立储备需求函数的具体形式如下：

$$R = \alpha_0 + \alpha_1 X + \alpha_2 \lg \sigma^2 + \alpha_3 r + \alpha_4 P + \alpha_5 R_{-1} + \alpha_6 R_{-2}$$

埃尤哈的分析结果比较接近实际，根据目前的数据该模型能够衡量发展中国际储备额的适度规模。

d. 三种储备需求函数的优缺点

构造储备需求函数是为了弥补比例分析法的缺陷，是顺应经济数理化的趋势而发展起来的，其在方法上有不少可取之处。

通过采用多元回归与相关分析对构造储备需求函数，在方法上有许多优越之处。首先，它克服了比例法的片面性，对储备需求的分析不再局限于进口额、外债等单项因素，而且能同时分析影响储备水平的多种独立变量，如进口水平、进口倾向、国际收支变动率等，从而使储备需求的分析比较全面。其次，通过实际数据进行回归和相关分析，能对储备需求和影响储备需求的各种因素之间的关系分别做出比较准确的描述，使对储备需求的分析从单纯的规范分析转变到与实证分析相结合的分析，对储备需求水平的测算从粗略转向精确的定量。再次，储备需求函数也不再局限于传统的静态分析，储备需求决定的过程被看做是许多因素影响的动态过程，如滞后调整的需求函数能使对储备的需求分析更加合理。

储备需求函数的回归分析法的确有许多优点和可取之处，但同时也存在许多缺陷和问题：

第一，用已有的数据进行回归和相关分析，就暗含这样一个假设：以前的各种数据都是合理的，以前发展中国家的储备实际持有额就是适度储备需求量。这种假设是很难站得住脚的，因为实际持有量可能是供给量而不是需求量。

第二，储备需求函数的建立主要依赖于经验数据，所得结论带有较强烈的数学色彩，其理论基础显得很薄弱。另外，由于经济变量都是相互影响、相互关联的，因此在包含较多解释变量的储备需求函数中，很可能出现多重共线性，从而会影响回归效果。如果单纯地为了避免多重共线性，储备需求函数就不能包括许多客观变量，这样又使得储备需求函数显得不够全面。

建立储备需求函数主要是一种实证分析，其理论依据不足，而且不能包括影响储备需求的诸因素，因此显得不够全面。

一般认为国家的经济目标有四个：经济增长、物价稳定、充分就业和国际收支平衡。一个理想的储备需求模型是建立庞大的宏观经济模型体系，包括国际收支、经济增长、物价水平和充分就业等重要宏观经济变量组成联立方程组，在这个模型中确定最优的储备水平。随着这些宏观经济变量的变化，自由的储备水平也在不断发生变化。这样的宏观经济体系明显具有很多的不确定性，复杂性极高，需要众多的经济学者做出艰苦的工作方能实现，因此，操作起来较为困难。

③ 成本-收益分析法

运用成本-收益法探讨储备需求并将其模型化、具体化的经济学家，主要有 H. R. Heller 和 J. P. Agarwal。他们认为，外汇储备是一种对实际资源的要求权，持有外汇储备就意味着要放弃或牺牲一部分国内投资和消费的机会。如果持有储备导致的收入损失越大，对储备的需求就越小，因此一国对储备的需求是持有储备的机会成本的减函数。在这里，持有储备的成本不是指储备货币的生产费用或保管费用，而是指牺牲运用其他真实资源的机会成本，其边际机会成本呈递增性。根据成本收益法，确定一国最佳储备量的条件可以表示为：MC = MR。

式中 MC 代表持有外汇储备的边际成本，MR 代表持有外汇储备的边际收益。这一方法通过对一国持有储备的成本和收益进行分析，进而根据储备持有成本和收益的均衡求出储备需求的最适度水平。理论上主要有以下三种模型。

a. 海勒（Heller）模型

1966 年，西方经济学家 H. R. Heller 在《适度国际储备》一文中首先采用了成本收益分析法来计算最优储备水平。按照边际分析法，当一国货币当局持有的外汇储备增加时，其边际收益是递减的，因为一个国家持有的储备越来越多，新增加的储备对调节国际收支的贡献越来越小；而对于持有储备的边际成本来说，则是递增的，因为储备越多，进口减少越多，经济中可利用的实际资源就越缺乏。因此，一国货币当局决定外汇储备需求量时，要对持有储备的边际收益与边际机会成本进行比较，如果 MR > MC 就应增加储备，反之，则减少储备。最优储备水平决定于持有储备的边际收益和边际成本的平衡点。

在海勒模型中，一国持有储备的成本等同于这笔储备用于国内生产性投资所能带来的收益与持有储备获得利息的差额（用 r 表示）。而一国面临国际收支逆差时所必须作出的调整政策的代价即为持有储备的收益，可用边际进口倾向的倒数 $1/M_y$ 来代替（削减 1 单位的进口，需要削减 $1/M_y$ 个单位的收入）。海勒还假定国际收支逆差的发生是一个对称的随机过程，每一过程长度为 h，发生顺差和逆差的概率相同，均为 0.5，那么连续发生逆差使得储备减少 R 的概率为：$p = 0.5^{R/h}$

因此增加单位储备持有的边际收益为：$MR = 0.5^{R/h}/M_y$

根据海勒：模型最大化条件：$MR = MC = r$，可求出适度储备需求水平：$R^+ = \dfrac{\lg(r + M_y)h}{\lg 0.5}$

b. 阿格沃尔（Agarwal）模型

阿格沃尔用产出来衡量持有储备的收益和成本。模型认为，持有储备的机会成本是指一国不是以货币形式持有外汇而是将外汇用于进口生产性必需品时所能生产出来的那部分产品。该模型充分考虑了发展中国家的特点,对相关因素的研究也比较全面和切合实际。在模型中假定:(1)由于进出口的经常性变动,该国易出现外汇收支逆差;(2)如果没有必要的进口品,国内将存在大量的闲置资源;(3)在无力为国际收支逆差提供融资时,该国经常通过行政手段对进口直接管制;(4)该国在国际市场的融资能力较弱。因此,机会成本依赖于潜在的资本投资品的进口比例,以及这种投资品的生产能力和国内闲置资源的可得性。阿格沃尔认为,发展中国家之所以有闲置资源,部分原因在于缺乏必要的外国投入品,所以如果用储备去购买必要的外国投入品,国内的闲置资源就可用于生产,而增加投资引起产量上升的程度依赖于增长的资本/产出比率。因此,持有储备的机会成本可用下列公式表示:

$$RC = Y_1 = Rk/q_1$$

式中:RC:持有外汇储备的机会成本;

Y_1:为使用所持有的储备购买生产性进口物品所生产出的产品产量;

R:为能够用于进口生产性物品的外汇数量;

k:资本产出比的倒数;

q_1:追加的可使用资本品的进口含量。

一国持有外汇储备的收益可以看做是在该国出现短期和非预期的国际收支逆差时,由于使用货币储备而避免不必要的调节进而得以维持的那一部分总的国内产出。于是持有外汇储备的收益可表示为:

$$RB = Y_2 = R/q_2$$

式中:RB:为持有外汇储备的收益;

Y_2:如果实行减少进口的调节方式而使国内减少的产品产量;

R:外汇储备数量;

q_2:进口的生产性物品与一国经济中总产量的比率。

考虑到适度外汇储备量的决定与一国使用储备来调节国际收支逆差的概率有关,因此可以将上式修正为:

$$RB = Y_2 = cR/q_2 \quad c = (p)^{R/W}$$

其中,c为国际收支出现逆差时该国动用外汇储备进行调节的概率;w为国际收支逆差额;p为国际收支出现逆差的概率。

根据$RC=RB$,经整理,阿格沃尔得出发展中国家外汇储备水平的适度性公式:

$$R = W(\lg k + \lg q_2 - \lg q_1)/\lg p$$

阿格沃尔模型是在海勒模型的基础上发展起来的,但它主要是为发展中国家建立的,对我国外汇储备适度规模的测算也有现实意义。在该模型中,持有外汇储备的机会成本是一国不以货币形式持有外汇,而是将外汇用于进口生产性必需品所能生产出来的那部分产品。因此,机会成本依赖于潜在的资本投资品的进口比例、该投资品的生产能力和国内闲置资源的可得性。

c. 成本-收益分析法的优点

基于成本-收益法探讨最优储备量的决定问题上的模型,对外汇储备适度规模进行计量研究开辟了新的途径,为推动外汇储备适度规模理论的发展起到了积极的作用。该方法具有以下优点:

第一,用概率的方法预测未来国际收支逆差的发生,比较好地反映了储备需求、国际收支等变量之间的关系。

第二,阿格沃尔模型中充分考虑了发展中国家的特殊国情,考虑到发展中国家与发达国家之间在经济结构方面和社会制度方面的差异。比如，模型考虑了发展中国家的外汇短缺、闲置资源大量存在、必需品进口刚性等特点。

d. 成本-收益分析法的缺陷

第一，海勒模型的不足。

海勒模型假设国际收支逆差的发生是一个随机的过程，且顺差和逆差发生的概率各为0.5，这并不符合客观事实。实际上，一国的国际收支状况趋向于顺差还是逆差有其内在必然性。如发展中国家的贸易收支就有长期逆差的趋势，同时，发展中国家的进口主要集中在保证经济发展所必需的原材料、中间产品和其他资本品，存在较强的进口刚性，所以发展中国家由于其单一的贸易结构具有贸易收支逆差的长期定势，出现逆差的可能绝不能用0.5来统一而论。

此外，一国的贸易收支逆差并不等同于国际收支也为逆差。在逆差发生之前，一国可以采取多种措施来防止逆差的发生，大多数发展中国家面临经常项目的持续逆差，但通过利用外资却能保持国际收支平衡。因此，海勒模型假定顺差和逆差出现概率各为0.5就忽视了一国采取措施平衡国际收支的可能，这一假定过于武断。

第二，阿格沃尔模型的不足。

阿格沃尔模型对海勒模型进行了进一步的修改和完善，模型考虑到了发展中国家与发达国家在制度和经济结构等方面的巨大差异，注重从发展中国家的角度分析其持有储备的成本与收益。阿格沃尔模型考虑到了根据不同国家的具体特点来确定其最优储备水平，这一点是进步的，但是模型中仍然存在着几个问题。比如，在具体的计算中，仍然将国际收支顺差和逆差出现的概率视为0.5，这就不可避免地与海勒模型具有了同样的局限性。

除了阿格沃尔之外，B. Sellekarts 和 W. Sellekarts，Clark，Kelly 等人都对海勒模型进行了修正和扩展。B. Sellekarts 和 W. Sellekarts 看到了海勒模型在国际收支逆差时调整成本的处理上的不足，提出用提高利率的政策代替收入削减政策，这样降低了调整成本，得到的储备水平小于海勒模型计算的结果。Clark 和 Kelly 认为国家的经济目标不仅包括收入，还包括收入的变动。储备越多，收入越低，但储备越多，收入的波动越小；储备越少，收入越高，但储备越少，收入的波动越大。所以国家需要在高收入、低波动和低收入、高波动间权衡。

四、国际储备结构管理

国际储备结构管理，是指各国货币当局对储备资产所进行的最佳配置，使黄金储备、外汇储备、普通提款权和特别提款权四种形式的国际储备资产的持有量及其构成要素之间保持合理比例，以实现"安全性、流动性、盈利性"三个原则的协调统一。

国际储备的结构管理，主要包括三方面内容，一是四种储备资产之间的结构管理；二是外汇储备的币种结构管理；三是外汇储备资产形式的结构管理。

（一）国际储备中各资产之间的结构管理

国际储备中各资产之间的结构管理，主要包括黄金储备、外汇储备、普通提款权和特别提款权四种资产形式的比例安排。由于各国持有的普通提款权和特别提款权数量，取决于一国货币当局向IMF所缴纳的份额，不能随意由一国政府单方面进行变更。随着国际金本位制度的瓦解和布雷顿森林体系的崩溃，黄金储备在国际储备资产总量中基本保持稳定。因此，在对国际储备各资产形式进行管理时，一国货币当局主要是调整外汇储备规模以实现对国际储备规模的管理。

1. 黄金储备基本不变

由于黄金储备盈利性较低，且伴有高额的仓储费，1978 年国际货币基金组织宣布黄金非货币化后，西方发达国家基本采取维持黄金储备实物量基本不变的政策。有些石油输出国和非产油发展中国家曾采取有限增加黄金储备的政策，目前也改为采取黄金储备量基本不变的政策。

2. 外汇储备的规模管理

外汇储备是国际储备最主要的组成部分，主要来自于国际收支顺差。其中经常项目的顺差，尤其是来自于国际经贸往来的顺差，是形成外汇储备最坚实的基础。此外，资本与金融项目的顺差，在短期内，也可增加一国的外汇储备。外汇储备的多少，从一定程度上反映一国应付国际收支的能力，关系到该国货币汇率的维持和稳定。因此，各国在国际储备的结构管理中，都将外汇储备的规模管理作为重中之重。

3. 普通提款权保持稳定

普通提款权在 IMF 会员国国际储备资产总额中所占比重较小，且较为稳定。

4. 特别提款权增加缓慢

国际货币基金组织规定，每 5 年为分配特别提款权的一个基本期。特别提款权在分配时，参照会员国所缴纳的基金份额的比例，份额越大，分配的特别提款权就越多。虽然 IMF 已经于 1970 年、1971 年、1972 年、1979 年、1980 年、1981 年六次分配了总额为 214 亿的特别提款权，此外，于 2009 年 8 月 28 日和 9 月 29 日分别分配了 1 612 亿和 215 亿特别提款权，但是由于总体上分配原则是参照所缴纳的基金份额，所以会员国在接受特别提款权时，不能对其规模进行主动性管理。

（二）外汇储备的币种结构管理

1. 确定外汇储备中的币种

首先，外汇储备的币种结构应与一国对外支付的债务结构相匹配，以降低交易风险。如果一国在对外贸易中与美国有较强的贸易依存度，在很多国际支付中需要使用美元，则该国应将美元作为外汇储备中的主要币种，考虑到全球一体化及贸易多元化，该国还应该按照国际经贸往来的实际情况，安排其他的国际货币作为储备币种。

其次，外汇储备的币种结构应与用于干预外汇市场的货币相匹配，以降低干预风险。利用外汇储备进行外汇市场干预时，主要是通过调节外汇资金的供求，使汇率重新回到稳定状态。如果一国持有用于干预外汇市场的该种货币，则可以直接进入外汇市场进行干预；反之，则必须将持有的某种国际货币先兑换为该种货币，再进行干预，此时会增加整个干预过程的交易成本和外汇风险。

2. 确定各币种之间的权重

确定外汇储备的各种货币之后，还应该对各币种之间的权重进行有效管理。由于各种货币的利率、汇率和通货膨胀率存在一定的差距，因此不同货币的风险和收益会有所不同。外汇储备在实现对外支付和干预外汇市场的前提下，应充分考虑储备资产的保值和增值，优化各币种之间的权重。

例如，美国在经历次贷危机之后，为了摆脱危机对国内的影响，采取了一系列经济政策，其中就包括扩张性的货币政策。在该政策的作用下，美国开始大量发行美元，导致了全球出现的"美元泛滥"，美元汇率下跌。此时，对于其他国家来说，由于美元是世界上最主要的储备货币，美元的贬值意味着外汇储备资产的缩水，因此各国纷纷倾向于降低美元在外汇储备中的权重。

(三) 外汇储备资产形式的结构管理

一国政府应根据自身的实际需要，来确定不同形式的外汇储备资产的比率。一般而言，变现能力强的短期外汇储备资产，具有较强的流动性、较小的风险和较低的收益；而变现能力弱的长期外汇储备资产，具有较差的流动性、较大的风险和较高的收益。一国持有储备资产时，应首先要考虑其流动性和安全性，其次考虑其收益性。

国际储备资产按照流动性的高低可以分为以下三个层次：

1. 一级储备

一级储备流动性最高，但盈利性最低，主要用于一国经常性和临时性对外支付的需要，包括现金、活期存款、短期存款、短期债券、商业票据等。一级储备是可以随时变现使用的资产，其数量应以满足国家对外支付、维护国际信誉为标准。

2. 二级储备

二级储备流动性低于一级储备，但收益性高于二级储备，主要是用于一国发生临时性或突发事件时对外支付的保证，包括各种定期存单、年限在2～5年的中期外国政府债券等。

3. 三级储备

三级储备流动性最低，盈利性最高，主要用于弥补一级储备收益过低的缺陷，是外汇储备资产中用于长期投资的部分，包括期限为4～10年的长期外国政府债券、AAA级欧洲债券等。三级储备到期后可以转化为一级储备，但未到期之前如果提前变现，则会遭受收益上的巨额损失。

第三节 我国的国际储备

一、我国国际储备的特点

自1980年4月17日，国际货币基金组织恢复了我国的合法席位后，我国的国际储备也是由黄金储备、外汇储备、普通提款权和特别提款权四个部分组成。

(一) 黄金储备

我国从1981年到2000年黄金储备保持稳定，为1 267万盎司。2001年12月有所增加，达到1 608万盎司。从2002年12月至2009年3月，黄金储备为1 929万盎司。2009年4月至2011年6月，黄金储备为3 389万盎司。

从表5-3可以清楚地发现，我国的黄金储备在大多数年份均保持稳定态势，尤其在2000年之前，储备量保持不变。2000年之后，由于外汇储备增长过快，导致黄金储备占国际储备总额的比重大幅降低。据官方统计，2004年我国黄金储备占国际储备总额的比重为0.66%，2005年该比重为0.51%。因此从2001年开始，我国适当地增加黄金储备的持有量，尤其是到了2009年，我国黄金储备增加1 460万盎司，总量达到了3 389万盎司，增长幅度为75.69%。2010年我国的黄金储备数额虽高，却只占外汇储备的1.69%，是黄金储备排名前20位国家中占比最低的国家。而发达国家的黄金占外汇储备比例均相当高，美国的储备黄金占据了外汇储备的73.9%，德国的占据了70.3%。

表 5-3　1981—2010 年我国黄金储备

年　份	黄金储备（万盎司）	年　份	黄金储备（万盎司）	年　份	黄金储备（万盎司）
1981	1 267	1991	1 267	2001	1 608
1982	1 267	1992	1 267	2002	1 929
1983	1 267	1993	1 267	2003	1 929
1984	1 267	1994	1 267	2004	1 929
1985	1 267	1995	1 267	2005	1 929
1986	1 267	1996	1 267	2006	1 929
1987	1 267	1997	1 267	2007	1 929
1988	1 267	1998	1 267	2008	1 929
1989	1 267	1999	1 267	2009	3 389
1990	1 267	2000	1 267	2010	3 389

数据来源：中国国家统计局网站，http://www.stats.gov.cn。

（二）外汇储备

1994 年我国外汇体制改革之前，我国外汇储备的变化不大，基本上处于一种稳定的水平。而在外汇管理体制改革以后，我国的外汇储备呈现出明显的持续增长态势。

图 5-2 中数据变化也清楚地表明了，在 1994 年后，我国外汇储备的变动趋势。就整体而言，从 1994 年到 2010 年间，外汇储备的增长态势可以明显的分为两个阶段，2000 年之前我国的外汇储备变化幅度不大，基本上处于一种平稳增长的态势，而在 2000 年之后外汇储备表现出了明显的增长趋势。

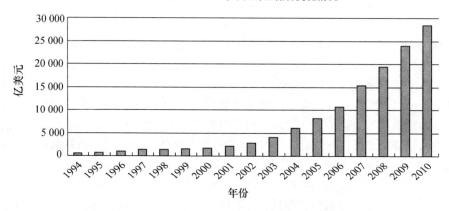

图 5-2　1994—2010 年中国外汇储备变化情况

数据来源：中国外汇管理局网站，http://www.safe.gov.cn。

尤其是在 2006 年 2 月，我国外汇储备总体规模在首次超过日本，达到 8 537 亿美元，位居全球第一。继我国外汇储备在 2006 年 10 月达到 10 096.26 亿美元突破一万亿美元之后，外汇储备又于 2009 年 4 月突破两万亿美元，达到 20 088.8 亿美元，其占全球储备比重约为 30%。截至 2011 年 3 月末，我国的外汇储备余额再次又突破 3 万亿，达到了 30 446.74 亿美元。

研究现阶段我国外汇储备的发展特点,仅仅从上图进行分析是远远不够的,为了更加详细地说明1994年我国外汇体制改革后外汇储备发展现状及特点,现结合表5-4中国外汇储备增长率的概况和图5-3中国外汇储备增长率的趋势图进行如下分析。

表5-4 2004—2010年黄金储备占外汇储备的比例变动情况

年　份	2004	2005	2006	2007	2008	2009	2010
黄金储备（亿美元）	41	42	123	170	169	371	481
外汇储备（亿美元）	6 099	8 189	10 663	15 282	19 460.3	23 992	28 473
比例（％）	0.67	0.51	1.15	1.11	0.87	1.55	1.69

数据来源：历年《中国国际投资头寸表》。

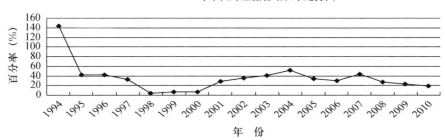

图5-3 1994—2010年中国外汇储备增长率趋势图
数据来源：中国外汇管理局网站，http://www.safe.gov.cn。

首先,由表5-5可以看出自1994年以来,我国外汇储备由516.20亿美元增长到2010年的28 473.38亿美元,增长了约55倍。外汇储备的快速增长源于1994年的外汇管理体制改革,1994年1月1日起,中国对外汇管理体制进行了重大的改革,实行银行结售汇,建立统一的银行间外汇市场,取消官方汇率,实行"以市场供求为基础的、单一的、有管理的浮动汇率制度"。实施汇率体制改革后,汇率当天调整为8.72元人民币兑换1美元,比官方汇率5.7元贬值33%。与此同时,自1994年开始我国国际收支中的经常项目和资本金融项目出现了常年的双顺差局面,这种以进出口和外资流入等途径引发的国际收支不平衡推动了我国外汇储备的不断增加。

表5-5 1994—2007年中国外汇储备增长率概况

年　份	外汇储备（亿美元）	增长率（％）	年　份	外汇储备（亿美元）	增长率（％）
1994	516.20	143.50	2003	4 032.51	40.80
1995	735.97	42.57	2004	6 099.32	51.25
1996	1 050.29	42.71	2005	8 188.72	34.26
1997	1 398.90	33.19	2006	10 663.44	30.22
1998	1 449.59	3.62	2007	15 282.49	43.31
1999	1 546.75	6.70	2008	19 460.3	27.34
2000	1 655.74	7.05	2009	23 991.52	23.28
2001	2 121.65	28.14	2010	28 473.38	18.68
2002	2 864.07	34.99			

数据来源：中国外汇管理局网站，http://www.safe.gov.cn。

其次，由图 5-3 也可以看出从 1994 年到 2010 年我国外汇储备增长率的变化趋势。就整体而言，除 1994 年以外，其余各年份的年增长率都小于 50%。就各年份的比较来看，从 1995 年到 1997 年，外汇储备基本上保持了 40% 左右的增长率，这主要是由于汇改政策的实施促进了储备资产的快速增长；但是 1997 年亚洲金融危机爆发之后直到 2000 年年末，我国的外汇储备的增长率基本上处于 5% 左右的水平；而后从 2001 年开始，随着"双顺差"的规模不断增大及亚洲金融危机消极作用的减弱，我国外汇储备的增长率基本上恢复到了亚洲金融危机前的水平，大致处于 20%～40% 之间。

最后，考虑到 1994 年以来我国国际收支中经常项目和资本项目的双顺差大大超过了误差和遗漏项下引起的逆差，国内市场外汇供大于求，中央银行为了稳定汇率，不断地吸纳市场上超额的外汇，从而导致储备规模的持续增加。因此，国际收支的双顺差结构和相对稳定的汇率水平是我国外汇储备大幅增长的重要原因。2003 年后由于贸易顺差的继续扩大和外国直接投资的快速增加，我国外汇储备又出现大幅的增长，在人民币升值预期不断实现的情况下，境外大量投机性资金通过各种途径流入我国，最终促使我国外汇储备规模的持续扩大，截止到 2011 年 6 月外汇储备达到 31 974.91 亿美元。

（三）普通提款权

由于我国在基金组织的份额较低，普通提款权占据国际储备的比例一直较低。根据近年来国家外汇管理局公布的《中国国际投资头寸表》的数据，2004 年年末我国在基金组织中的储备头寸为 33 亿美元，占国际储备总额的 0.53%。到 2010 年，虽然在基金组织中的储备头寸为 64 亿美元，但是由于国际储备增长更快，其所占比例为 0.22%。

表 5-6 2004—2010 年在基金组织中的储备头寸占国际储备的比例变动情况

年 份	2004	2005	2006	2007	2008	2009	2010
在基金组织中的储备头寸（亿美元）	33	14	11	8	20	25	64
国际储备（亿美元）	6 186	8 257	10 808	15 473	19 662	24 513	29 142
比例（%）	0.53	0.17	0.10	0.05	0.10	0.10	0.22

数据来源：历年《中国国际投资头寸表》。

（四）特别提款权

2006 年 9 月，国际货币基金组织各成员国就投票权改革方案达成共识，决定增加中国等四个份额严重低估国家的特别提款权，中国在此次增资后，特别提款权份额占 3.72%，投票权占 3.55%，均居世界第六位。2010 年 11 月 5 日，国际货币基金组织执行董事会通过了新的份额改革方案，根据新方案，中国的份额从 3.72% 升至 6.39% 投票权也从原来的 3.65% 升至 6.07%，超越德国、法国和英国，位列美国和日本之后。考虑到中国国际储备快速增长的现实，有必要对特别提款权占国际储备的比率变化进行考察，得出相对变动情况。根据近年的《中国国际投资头寸表》，2004 年特别提款权是 12 亿美元，占国际储备总额的 0.19%，到了 2010 年年末，特别提款权为 123 亿美元，占国际储备的比率为 0.42%。

表 5-7 2004—2010 年特别提款权占国际储备的比例变动情况

年份	2004	2005	2006	2007	2008	2009	2010
黄金储备（亿美元）	12	12	11	12	12	125	123
国际储备（亿美元）	6 186	8 257	10 808	15 473	19 662	24 513	29 142
比例（%）	0.19	0.15	0.10	0.08	0.06	0.51	0.42

数据来源：历年《中国国际投资头寸表》。

通过以上分析，我国国际储备中最核心的组成部分是外汇储备，其次是黄金储备，普通提款权和特别提款权占有的比例相当有限。因此，对我国国际储备管理的重点是对外汇储备的管理。

二、我国国际储备的影响因素

国际储备规模的大小应取决于储备的需求与供给两个方面。从国际经验来看，发达国家综合国力强，宏观调控体系较完善，本币是国际货币且可自由对外支付，因此国际储备的需求就比较低。而发展中国家由于经济相对落后，宏观调控体系尚不完善，金融体制亦不够健全，因此发展中国家需要较高的国际储备来维护国家安全和经济稳定。以下结合我国当前的实际情况，分析影响中国国际储备供求的各个因素。

（一）影响国际储备的需求因素

1. 进出口贸易

进出口贸易对一国外汇储备需求的影响主要表现在两个方面：一是进口贸易规模的大小；二是进出口贸易差额的波动。

首先是进口规模对外汇储备需求的影响。在世界经济一体化的国际背景下，各个国家经济的发展不仅仅局限在本国内的商品生产与交换，而是逐步走出了国界。对于一个经济开放程度高、对外依赖较大的国家而言，国际贸易的日益频繁使本国与国外经济体的对外贸易关系更为密切。美国耶鲁大学教授罗伯特·特里芬在1960年出版的《黄金与美元危机》一书中通过分析第一次世界大战到第二次世界大战初期世界上三四十个国家的储备状况，得出结论：一国国际储备的合理数量，约为该国年进口总额的20%～50%。通过特里芬的研究可以看出，一国的最优储备量应该为年进口总额的20%～50%，但就一国外汇储备的实际水平而言，进口的增加必然要求持有更多的外汇储备，进而增加了一国外汇储备的需求。由图5-4可发现，随着我国进口规模的不断扩大，为了满足这种进口需求，根据特里芬的研究结论，我国的最优外汇储备量也会得到相应的增加，而实际外汇储备虽然与最优外汇储备在数量上会存在一定偏差，但是实际外汇储备亦会发生一定程度的增长，图中清楚地表明了外汇储备与进口额正相关的关系。

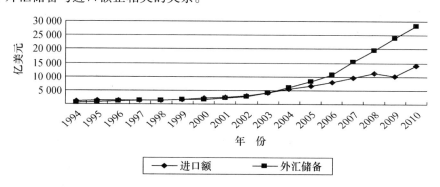

图 5-4　1994—2010年中国外汇储备与进口额的走势

数据来源：国家统计局网站，http://www.stats.gov.cn。

此外在一国进口对外支付过程中，由于主要发达国家的本币均为可自由兑换货币，可以直接用于对外支付，弥补贸易赤字，其储备需求就不必过多，而发展中国家的货币一般不是可自由兑换货币，不能直接用于国际结算、支付，所以对外汇储备的需求就较多。虽然人民币经常项目已于1994年实现了完全可兑换，但是资本与金融项目现在还没有实现完全可自由兑换，在人民币尚未实现自由兑换并成为国际储备中的主要币种的前提下，我国必然会对外汇储备产生较大的需求。同时考虑到中国经济的快速增长，正需要进口大量的外国进口品，因此这也增加了现阶段对外汇储备的需求。

其次是进出口贸易差额的波动幅度对外汇储备需求的影响。在上述分析中，进口规模仅仅考虑了资金的单向流动（即支出），而国际收支差额则反映了资金的双向运动及对储备的真实需求。但是对于一个国家来说，每年的差额都是不一样的，有可能是顺差或是逆差，国际收支的差额也有可能增大或减小，即涉及一个波动幅度的问题。一般而言，国际收支波动的幅度越大，对外汇储备的需求也越大；反之国际收支波动的幅度越小，对外汇储备的需求也越小。

图 5-5 反映了 1994 年到 2010 年我国外汇储备与进出口贸易差额的变化趋势，可以看出随着我国进出口贸易差额的不断增大，我国的实际外汇储备额也持续增加。从 1994 年到 2000 年，我国的进出口贸易差额由 53 亿美元增长到 241 亿美元，年均涨幅为 50.67%，由于进出口贸易差额相对较低，因此外汇储备需求水平也相对较低。但是从 2001 年到 2010 年间，我国的进出口贸易差额由 226 亿美元增长到 1 831 亿美元，年均涨幅为 78.91%，由于此时进出口贸易差额较高，并且表现为顺差的形式，所以外汇储备增加较快。

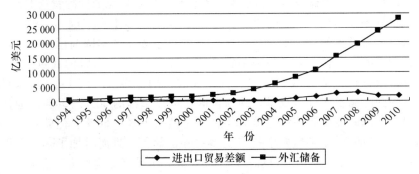

图 5-5　1994—2010 年中国外汇储备与进出口贸易差额的走势

数据来源：国家统计局网站，http://www.stats.gov.cn。

2. 外债规模及外债结构

改革开放后我国经济发展取得了举世瞩目的成就，在市场经济体制改革中，对外举债成为我国利用国外资本加速经济发展的重要手段之一。但是当一国的对外债务到期时，还本付息就需要动用该国的外汇储备，债务规模越大，为防止债务危机的发生所需要的外汇储备就越多。我国外债余额的不断增长是影响我国近年来外汇储备规模的重要原因。通常情况下，一国的外债规模越大，短期外债所占比重越高，该国所面临的还本付息的压力就越大。相应地，为了维持本国的清偿力和维护本国的国际信誉，保障本国经济发展的稳定性，一国就需要持有更多的外汇储备。

从图 5-6 可以看出，从 1994 年到 2010 年我国的外债结构发生了较大变化。以 2000 年为分界点，2000 年之前我国的短期外债由 1994 年的 104.2 亿美元增加到了 130.8 亿美元，年均增长不到 5%，可以认为这一时期我国的短期外债余额基本保持不变；2001 年开始我国的外债快速增加，从 652.7 亿美元增长到 2010 年的 3 756.95 亿美元，年均增长约为 52.84%。但是就中长期外债而言，我国的中长期外债在此期间变化不大，基本上处于 800～1 800 亿美元的区间内浮动，1994 年最低为 823.9 亿美元，2010 年最高为 1 732.43 亿美元。

根据国际经验短期外债占外债余额比重的警戒水平是 25%，从图 5-7 可以看出我国短期外债占外债余额的比重从 1994 年到 2000 年大约处于 10% 左右，低于国际警戒标准，但是从 2001

年开始到 2010 年该比重发生了急剧的增加从 35.32% 增长到 68.44%，并已远远超过国际公认的警戒线水平。因此，为了维持国际清偿力，保持经济发展的稳定和国家金融安全，我国需要持有一定的外汇储备水平。

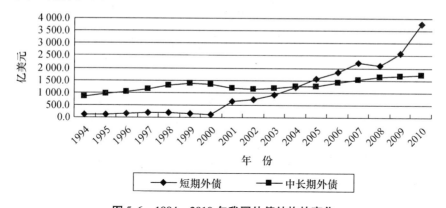

图 5-6　1994—2010 年我国外债结构的变化
数据来源：中国外汇管理局网站，http://www.safe.gov.cn。

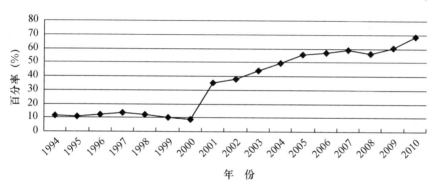

图 5-7　1994—2010 年我国短期外债占外债余额的比重[①]
数据来源：中国外汇管理局网站，http://www.safe.gov.cn。

3. 外商直接投资利润汇出

近年来，外商直接投资逐渐成为发达国家为追求高于本国投资收益率而对外输出资本的主要形式，同时发展中国家也积极利用这一契机吸引外国资本进入国内。外国直接投资这种投资方式对于发达国家和发展中国家是一种双赢的选择。发达国家的资本所有者之所以乐于去发展中国家投资，是看中了这种投资能产生丰厚的回报率；而发展中国家之所以乐于接受这种投资方式，是由于与举借外债相比，引进外商直接投资不存在还本付息的压力。虽然外商直接投资可使一国资本账户顺差增加，但是外商直接投资的目的是获取较高的收益率，这种获取的收益既使用于再投资，也不是无限期的，最终一定会有利润的汇出，外商直接投资所形成的利润汇出就形成了对外汇储备的需求，并且当前外商直接投资的数额越大，今后要求汇出的利润也就越多，对外汇储备的需求也越多。因此，与发达国家相比外商直接投资的规模对发展中国家的外汇储备需求影响程度更大，我国在管理外汇储备规模及制定外汇储备的相关政策时，必须考虑到外商直接投资的利润汇出对储备的影响。

---

① 短期外债和外债余额的数据源于国家外汇管理局，该图是通过原始数据整理后得到。

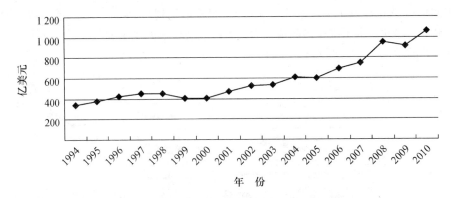

图 5-8　1994—2010 年实际使用外商直接投资额
数据来源：国家统计局网站，http://www.stats.gov.cn。

1994 年到 2010 年我国实际利用外商直接投资额总体上呈现出递增的趋势（如图 5-8 所示），其中 2000 年到 2010 年间实际利用外商投资额增幅逐年快速上升，这也与同期我国外汇储备增速加快的现实相一致。随着我国的外商投资规模近年来的大幅增加，经常项目下每年都会有大量的外商直接投资利润汇到国外，这种利润的汇出客观上加大了我国外汇储备的需求。

4. 持有外汇储备的机会成本

持有外汇储备的机会成本指的是，持有外汇储备而不能将其用于投资获利所隐含的损失，即将储备用于投资消费所带来的国民经济增长的投资收益率与持有储备的利息收益率之差。外汇储备也是一种资源，可向外国进口生产必需品和消费品或进行实际投资，这种进口和投资可获得相应的资本投资收益率，促进经济增长。而一国持有外汇储备即意味着放弃这部分资本投资收益，这就是持有外汇储备的机会成本。举例来说，若动用外汇储备进口物资能带来的国民经济增长和投资收益率高于国外银行存放外储的存款利率，其差额就构成了持有外汇储备的机会成本。一般来说，发展中国家存在着严重的外汇瓶颈，由于其经济尚处于起步阶段，资源丰富、劳动力低廉，因而资本边际产出通常高于发达国家，外汇资金的投资率通常要高于发达国家，故持有外汇储备的成本也就高于发达国家。就我国而言，在国内投资收益率高于发达国家的平均水平的情况下，持有一定的外汇储备就意味着放弃了当前对经济的发展，而外汇储备的规模越大持有外储的机会成本就越高，因此对外汇储备的需求就应越低。

（二）影响外汇储备的供给因素

1. 出口收入

商品与服务的出口收入是一国积累外汇储备的主要来源。如果出口贸易额大于进口贸易额，那么其贸易顺差就成为一国积累外汇储备的主要来源。通过出口贸易所获得的这部分外汇储备的供应是稳定可靠的，因为这部分出口产品的增加是来源于国内的产出，反映本国产品竞争能力的提高和国家经济实力的增强。通常来说，以借入形式流入的外汇储备，最终都需要靠一国参与国际竞争的能力提高后，经常项目实现盈余来偿还。因此，出口收入已成为世界绝大多数国家积累外汇储备的主要途径。同时，出口收入形成的外汇储备没有到期偿还或投资利润回流的负担，在发生危机时比较容易控制。因此，出口收入也成为我国最重要的外汇供应渠道。1994 年后我国政府积极鼓励出口企业创汇，在此期间国内出口额大规模增加，外汇储备的积累效果十分明显。

1994 年以后，我国的出口规模逐年增大，从当年的 1 210 亿美元增加到 2010 年的 15 779 亿美元，年均涨幅约为 75.25%。净出口额也保持了逐年的增长，从 53 亿美元增加到 1 831 亿美元，年均涨幅达到了 198.10%。与此同时，我国外汇储备也从同期的 516.2 亿美元增加到

28 473.38 亿美元，年均增长为 338.50%。从图 5-9 也可以清晰地看出我国出口额、净出口额均与外汇储备量常年保持着较为一致的增长趋势。可以看出，出口的增加使大量的储备货币流入我国，扩大了外汇储备的规模。

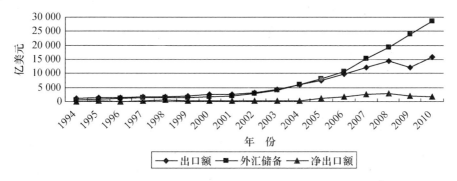

图 5-9 1994—2010 年出口额、净出口额与外汇储备的比较[①]

数据来源：国家统计局网站，http://www.stats.gov.cn。

2. 外资流入

就我国的实际而言，外资流入的主要表现形式是外商直接投资。根据国际货币基金组织的定义，外国直接投资是指外国的投资者将生产要素（如资金、技术、原材料和零部件、管理经验、销售情报等）投放到本国，从事生产经营活动的经济行为。

外国直接投资主要以产权形式体现，不构成新的对外债权债务，其对外汇储备的影响是间接的，直接投资的增加表现为资本收入增加和进口增加。直接投资对资本项目和经常项目的影响作用表现为，如果经常项目的收支净额大于资本项目的资本流入，说明外国直接投资促进了本国的出口，有效地改善了本国的国际收支状况，增加了本国的外汇储备量；反之，则说明外国直接投资不利于本国国际收支的调节，外汇储备规模的积累能力降低。

近些年中国在吸引外资方面效果十分显著，已连续 14 年成为吸引外资最多的发展中国家，并与 2002 年首次超过美国成为世界上吸引外资最多的国家。就宏观而言，中国能够吸引到众多国外资金的流入离不开国民经济健康快速发展的现状，和中国政府多年来鼓励外商直接投资的优惠政策。2000 年后在西方主要发达国家陆续出现经济不景气的同时，我国却每年都保持着较高的经济增长率，这积极地吸引着国际资本来华投资。在微观方面，我国廉价的劳动力价格及广阔的产品市场也是吸引国际资本流入的重要原因。一般来讲，全球间要素的流动存在着体制性偏向，即高级要素（例如资本、技术、品牌、跨国企业组织等）的流动是充分的，而低级要素（例如劳动力、自然资源等）的流动是不充分的，这就导致了全球生产能力由高级要素富有国家向低级要素富有国家流动。中国的劳动力结构仍不太合理，全国 13 亿人口中有 55.1%生活在农村，而农村欠发达的教育条件也限制了对高新技术人才的培养。因此，低廉的人力成本及中国广大的消费市场正是吸引外商直接投资的重要原因。

此外，从 2002 年开始进入我国的外资形式出现了多元化的特点，外商直接投资占外商在华总投资的比重不断下降，而以"证券投资"方式为代表的非直接投资却不断增加。格外引人注意的是，随着我国贸易顺差的持续扩大和人民币升值预期的持续存在，以追逐短期利润为目的的大量国际"热钱"涌入我国，是造成我国外汇储备量大幅度增长的一个重要原因。根据国家外汇管理局的调查数据，仅 2007 年上半年就有逾千亿美元的国际热钱涌入中国。2007 年以来，随着美元贬值步伐明显加快，加之中美利率倒挂，热钱大举涌入了我国。这些国际

---

① 出口额和净出口额的数据源于国家统计局网站，该图表由数据整理后得到。

"热钱"的流动和短期资本流动也进一步导致我国外汇储备剧增,并成为国际收支不平衡的重要因素。按照国际上通行的计算一国流入的热钱规模的方法,热钱规模等于年外汇储备增量减去该年的贸易顺差、外商直接投资和外债增加额,即新增的外汇储备(流入的外汇资金)应该等于贸易顺差流入的资金和国外资本的流入(外商直接投资和外债),考虑到统计口径的不同及误差的存在,该等式可以存在一定的偏差,但如果偏差过大,则将这部分差额解释为流入一国的国际游资,即"热钱"。

表5-8 近年来流入我国的热钱规模

单位:亿美元

年 份	2002	2003	2004	2005	2006	2007	2008	2009	2010
新增外汇储备	742	1 168	2 067	2 089	2 445	4 619	4 178	4 531	4 481
贸易顺差	374	361	493	1 248	1 745	2 622	2 900	1 961	1 831
外商直接投资	528	535	606	603	695	748	952	918	1 057
外债增加额	15	215	396	335	393	506	10	540	1 203
热钱规模①	−175	57	572	−97	−388	743	316	1 112	390

数据来源:中国外汇管理局网站,http://www.safe.gov.cn。

通过表5-8可以看出,2002年以来,流入我国的"热钱"量开始由负值转为正值,由2003年的57.35亿美元迅速增长到2004年的571.58亿美元,短短一年间增幅居然达到了896.65%。而2005年和2006年的数据似乎显示这两年的"热钱"量又回归为负值,但是实际情况是,近年来,在我国外汇管理局限制了热钱进入我国的一些渠道之后,一些进出口公司通过转移定价、贸易发票以及预先支付等方式在贸易收支中把大量热钱渗进我国,造成了贸易顺差的虚高,也由此导致上表计算的当年"热钱"量数据的失真。到2009年进入我国的热钱规模达到了前所未有的水平,为1 112亿美元。这段期间,由于我国经济过热、资产价格大幅上涨及人民币升值步伐的加快,更多的国际游资通过多种途径纷纷进入我国,造成了我国外汇储备的快速增长。

三、我国外汇储备规模较大的影响

(一)增加了持有外汇储备的成本

我国的外汇储备中美元占有绝对的份额,在国内投资资本收益率高于美国的情况下持有巨额的外汇储备,表明我国是在牺牲发展经济的同时向美国提供低息融资。而与此同时,截止到2010年年底,我国的外债余额已经达到了5 489.38亿美元,2010年新增外债1 202.91亿美元。较高的储备虽然可以产生一定的收益,但这种来源于外国政府债券的投资收益远远小于所借入外债的成本,造成了我国持有巨额外储的成本进一步增大。

(二)强化了人民币的升值压力

外汇储备的快速增加,在本国金融市场上表现为外汇数量相对于本国货币过剩,从而迫使本币升值。本币的升值一般会吸引短期性的国际游资进入国内金融市场套利,在套利获得成功之后又会迅速撤离,这给本国金融市场的稳健发展带来了巨大的冲击。其次,由于多年来我国的人民币汇率存在着低估的现象,致使出口企业获得了较大的外贸竞争力,再加上多年来政府

---

① 热钱规模 = 新增外汇储备 − 贸易顺差 − 外商直接投资 − 外债增加额。

积极实施的以外贸拉动经济增长的政策,都造成了我国的出口规模不断增加。而强制结售汇制的实施要求企业的出口收入全部进行结汇,又导致外汇储备的急剧增加,强化了人民币升值的压力。

(三) 增加了外储缩水的风险

截止到 2006 年 5 月 15 日,中国人民银行公布的美元兑人民币汇率中间价为 1 美元兑 7.998 2 元人民币,美元对人民币汇率中间价首次突破 8.0 的心理关口。2008 年 4 月 10 日,美元兑人民币汇率突破 7.0 大关,达到 1 美元兑换 6.992 0 人民币。随着人民币升值预期的不断变为现实,中国外汇储备资产面临缩水的风险越来越大。人民币相对于美元升值,意味着在国际贸易中、国际金融市场上,人民币币值的提高和购买力的增强;相同单位的人民币在升值的条件下,可以购买到更多的外国产品和服务。由于中国外汇储备的持有形式较为单一且数额巨大,所以面临着很大的汇率风险。具体表现为,人民币对美元的升值幅度越大,以美元占有绝对份额的我国外汇储备的缩水也就越大。

(四) 促使外汇占款不断增加

我国在 1994 年后一直实施的强制结售汇制,使外汇储备与基础货币之间产生了极强的相关性。当出口企业获得外汇收入后,必须将外汇卖给当地的商业银行,银行再以当日公布的外汇价格付给企业本币,由此可见结汇促使了基础货币的增加。随着外汇储备的不断增加,外汇占款通过乘数作用进一步放大了流通中的货币供应量,加大了通货膨胀的压力。由于外汇占款所带来的货币供应量增加,是结售汇制下的一种被动性增加,因此这也加大了央行运用货币政策进行宏观调控的难度。2011 年 1 月,央行公布的《金融机构人民币信贷收支表》显示,2010 年我国新增外汇占款达到 29 000 多亿元,进一步增加了央行对流动性调控的难度。

四、优化我国国际储备的对策建议

(一) 有效管理外汇储备的形成途径

1. 调整外贸政策,改善国际收支的不平衡

我国高额外汇储备规模的形成,是与对外贸易和利用外资政策分不开的。中国经常项目的顺差主要归因于对外贸易的顺差,资本项目的顺差主要是由于外资的流入大于流出。出口导向型政策和利用外资政策的实施是近些年我国出现的"双顺差"的根本原因。

我国在对外贸易政策上一直采用改革开放初期制定的出口导向性政策,实行出口企业免税、出口退税等措施鼓励出口,这些措施在我国外汇短缺时代对推动我国经济增长发挥了巨大的作用,使我国对外贸易实现了从贸易逆差到贸易顺差的转变。然而自 20 世纪 90 年代开始,我国经历了连续十余年的贸易顺差,面对新的外贸形势,当前应及时调整长期以来鼓励出口、忽视进口的贸易政策,增加对国内生产紧缺的原材料、重要的生产资料和先进技术设备的进口。可以适度改变目前国际贸易的进出口政策,降低或取消对出口产品的补贴,清理或调整对外资引进的优惠政策,如资金补贴、低地价政策以及各种税收方面政策优惠等,来取消超国民待遇,促进国内中外资企业的公平竞争。改变过去宽进严出的格局,实现跨境资本的双向对称流动。

2. 发挥汇率对国际收支的调节作用

改革人民币汇率制度,增加其浮动区间,可以缓解巨额外汇储备对经济的不利影响。2005 年 7 月人民币汇率形成机制改革启动,确立了参考一篮子货币进行调节的有管理浮动制度,同时人民币小幅升值。适当放宽人民币浮动范围,汇率水平由市场供求来决定,从而使政府和中央银行对于汇率水平的决定处于次要地位,减轻央行外汇干预的压力。一个富有弹性的人民币

汇率安排，可以对国际收支进行更为经常性的调节，从而避免外部失衡的长期积累。在盯住美元的固定汇率制下，央行通过外汇市场的频繁干预维持了人民币和美元的固定比价。1994年汇改以后，由于人民币对美元的升值幅度和波动幅度不大，央行对外汇市场的干预并没有因为汇改而减少，在贸易顺差不断扩大的情况下，只能是外汇储备规模的不断增加。因此，缓解外汇储备的巨大压力，就要适度放宽人民币汇率的浮动范围，提高人民币汇率机制的灵活性。在当前全球流动性过剩、国际游资充斥国际市场的背景下，增强汇率弹性就更为重要，既有利于抑制投机资金对我国金融体系的冲击，还能缓解我国外汇储备压力。

适度提高人民币汇率的升值幅度有助于实现经济的内外均衡。从外部均衡角度，当前美国一直维持着弱势美元的地位，这意味着美元可能会进入一个贬值的过程，也意味着其他主要货币如日元、欧元将相对小幅的升值。如果人民币继续与美元保持很高的稳定关系，那么人民币相对于欧元、日元等将是贬值，这样一来人民币对贸易伙伴的贸易加权汇率就会贬值，结果将导致贸易顺差进一步扩大，国际收支失衡问题更加严重。从内部均衡角度，目前我国宏观经济运行中的一个突出问题就是投资增长过快，但投资过快不是所有部门都过快，主要是制造业投资快，而服务业投资增长缓慢。人民币的升值能促进经济内部均衡的实现：一方面升值意味着对内部门服务业价格的相对上升，会吸引社会资本扩大对服务业投资，满足社会需求；而另一方面，升值也意味着对外部门制造业价格的相对下降，导致对制造业的投资减少，有利于产能过剩矛盾的解决。

（二）拓宽外汇储备的流出途径

1. 鼓励企业实施"走出去"战略

加入WTO后，我国的对外开放格局得到了进一步的深化，使长期倡导的以"引进来"为主的单边自主开放逐渐转向与"走出去"相结合的双边开放。然而，资本账户下外汇的严格管制却束缚了本国企业走向国外的步伐，挫伤了企业对外投资的积极性。随着外汇管制的逐步放宽，在实行经常项目下人民币可自由兑换的同时，我国部分取消了资本项目下的外汇管制，鼓励具备国际竞争实力的企业"走出去"进行投资。在当今世界一体化的进程中，我国企业为进入国际市场，必需拥有更多的资本来发展规模，通过向其他国家进行投资来占领其市场。2006年4月，我国调整了外汇管理政策，启动了QDII（合格境内机构投资者）制度，进一步加大对外直接投资的力度。国际经验表明，只要产业、行业、地点等流向选择合理以及投资决策正确，外商直接投资对母国的国际收支就有正面效应。投资能带来大量的红利收入，且投资的回收期相对较短。根据投资与贸易的互补关系，对外直接投资还有助于扩大出口。这些对保持经常项目的盈余是有利的。因此，对外投资有利于缓解由于"双顺差"带来的外汇储备增加所导致的中央银行货币政策有效性的降低。

目前，我国外汇储备十分充足，通过进一步放松国内对外投资的限制，来推动国内企业对外直接投资。要通过积极制定中国对外投资发展战略，鼓励有竞争力的国内企业在国外建立子公司，支持企业参与国际竞争，拓展海外市场，在经济全球化中形成一批具有国际竞争力的跨国公司。总之，企业"走出去"战略的实施，不仅促进了企业的发展壮大，而且也引导了我国外汇储备流向合理的投资渠道，优化了储备的规模。

2. 改变外汇储备的单一投资方式

目前，我国大部分外汇储备主要用于购买美国国债或政府担保的债券，事实证明，单一币种的外汇债券投资风险相当集中。当外国的货币发生贬值时，外汇储备在某国债券上的单一投资所产生的收益可能无法来弥补外币贬值带来的损失。因此，多币种债券的分散投资将是避免风险和增加收益的一个创新选择。我国应逐渐改变购买美国国债的单一投资方式，可以积极通过欧洲金融市场来买卖金融产品，实现储备资产的保值与增值，例如可以采取远期外汇买卖、外汇期权交易、外汇期货交易、购买大额可转让定期存单等方式买卖部分外汇储备。此外还可以尝试由国际专门理财的管理公司代管部分外汇储备，目前有不少国家把部分外汇储备交给有能力的国际知名投资基金管理公司进行代管。这些基金管理公司会根据市场变化，按照不同的比例进行资产组合来获得更多的收益。但是一国的外汇储备涉及国家的金融安全，因此不能将全额的外汇储备都交由投资基金管理公司进行理财，必须确定一个适当的比例。

此外，我国还可以成立专门的外汇投资公司，利用高额的外汇储备投资于收益性更高的金融资产，如战略性资源、设备、具有一定风险的国外股票等金融工具，或投资于关系到国计民生和国家竞争力的大型产业公司。2003年12月国务院以外汇储备经营的名义通过中央汇金公司首次批准外汇储备注资国有金融机构，国家外汇管理局分别对中行、建行总共注资450亿美元外汇储备资金，开创了一条独特的外汇储备经营之路。国家尝试动用外汇储备注资金融企业获得了可预见的成功，不仅为拓宽外汇储备用途提供了有力的论据和经验，而且也为我们今后研究如何进一步拓宽外汇储备用途提供了一种很好的思路和模式。中央汇金投资公司既然可以向即将上市的金融企业注资并获得了可预见的成功，那么当前只要抓住我国正在实施的国家产业结构战略性调整和金融体制改革的有利时机，也同样能够以国家战略投资者的身份，向一些即将上市并关系到国计民生和国家竞争力的大型产业公司进行注资，在获取有竞争力的投资回报的同时，全面发挥国家外汇储备资产对促进我国产业结构的优化及高新技术产业发展和国民经济健康发展的积极作用。

3. 实施"藏汇于民"的政策

20世纪90年代，由于存在人民币的贬值预期和外汇储备不高的现实，国家为了控制汇率风险采取了严格的外汇管制政策，从而集中了大量的外汇储备，这也就是"藏汇于国"的政策。在"藏汇于国"的体制下，企业和个人大量的合理用汇需求被强行压制，但是这种用汇压制显然与我国现阶段的经济发展很不相符，此外当前外贸顺差的不断增加，以及人民币升值预期的不断应验，"藏汇于国"的政策势必要向"藏汇于民"转变。

"藏汇于民"的本质是从国家持有外汇为主到逐渐放宽持有和使用外汇的政策，让民间更多的持有外汇。其实施的主要意义在于，扩大外汇储备的持有主体，允许企业和个人将部分人民币资金转化为外汇，提高企业和居民合法持有外汇的种类和数额，满足合理的用汇需求。由此可见，对外汇储备持有主体的多元化，不仅分担了央行独自持有所产生的储备缩水的风险，而且也减轻了央行为回笼基础货币进行票据对冲的被动性操作，增强央行货币政策的自主性。

此外，实施"藏汇于民"的政策可以缓解人民币升值的压力。具体表现为，"藏汇于民"有利于使外汇流向民间，满足民间的外汇需求，而民间对外汇需求的增加即为对人民币需求的相对减少，从而使人民币升值压力得到缓解。同时"藏汇于民"也有效地降低了进出口企业所面临的汇率风险。多年来我国的进出口企业一直都不能根据生产经营的情况来持有外汇，而必须在收汇时进行结汇、用汇时再进行购汇。由于中国金融市场的不发达使期权、期货等金融衍生产品，不能很好的为企业规避风险所服务，所以汇率变动必然会带来一系列的不确定因素，增加企业的经营成本。通过实施"藏汇于民"政策可以放宽对进出口企业持有外汇的限制，有力地降低进出口企业的汇率风险。

4. 实行储备资产的多元化

面临美元贬值的风险及分散投资的要求，我国应加快实现储备资产的多元化。

首先，应改变外储资产中美元比重过大的现状，实行外汇储备币种结构的多元化。

在我国庞大的储备资产中，美元占据着绝大比重。随着近年来，美元对日元、英镑、欧元等西方主要货币一直处于波动状态，其中出现过几次较大幅度的贬值。每一次美元贬值，都给我国外汇储备资产带来巨大损失。因此在确定我国外汇储备的币种结构时，应采取多样化策略，按照我国进口付汇和偿还外债付汇的币种结构来安排储备货币币种的构成。虽然减持美元并适当增加欧元等币种在我国外汇储备中的比例，可在一定程度上降低我国外汇储备的结构性风险。但是，我国在减少美元储备时面临着两难的困境。如果大幅的抛售美元，可能会在国际金融市场上引起链锁反应，致使美元更快地贬值，中国储备资产急剧缩水；如果以美元为主的储备资产结构不发生变化，那么美元的温和性贬值，也会导致储备资产的缓慢贬值。近些年来，欧元区经济的繁荣及日本经济的复苏，都进一步提高了欧元和日元在国际货币体系中的地位。因此，我国当前可以适度地、有步骤地减持美元，并通过逐步增加欧元和日元的比重，来分散汇率变动给储备资产带来的缩水风险。

其次，利用外汇资产加大对战略性物资储备的投资。要根据国际市场上原油、重要金属等战略物资价格的变化，适时增加战略物资储备，扩大对全球大宗商品交易的参与，积极争取战略物资的国际定价权，提高我国经济发展的安全性。通过将超额部分的外汇储备资产转化为战略物资储备，一方面可以降低"双顺差"所带来的超额外汇供给，缓解人民币的升值压力；另一方面，还可以减少外汇占款，降低货币供应量的被动增加。

最后，可以将部分外汇储备转化为黄金储备。自金本位制以来，黄金作为一种支付手段被广泛接受，各国政府通过国际黄金市场也可以方便地进行黄金交易，从而使黄金逐渐成为一国储备资产的重要形式。但是我国黄金储备一直缓慢增长，自改革开放以来到2007年年底，黄金储备的年平均增长量还不到30万盎司。截止2007年年底，美国黄金储备占外汇储备的比例为75%，德国为63%，法国是66%，我国黄金储备仅占外汇储备的1.4%。虽然2009年我国将黄金储备从1929万盎司增加到3389万盎司，但是黄金储备占外汇储备的比重仍然很低，进入2011年后，该比重约为1.5%左右。因此，当前在外汇储备持续快速增长的形式下，可以继续将部分外汇储备转换为黄金储备，以达到储备资产保值增值的目的，优化储备资产结构。

本 章 小 结

1. 国际储备（International Reserves）是指一国货币当局持有的，在国际间被普遍接受的用于弥补国际收支逆差、保持汇率稳定和应付其他国际支付的各种流动的总称。具有官方持有性、普遍接受性和充分的流动性。根据国际货币基金组织对国际储备的规定，一国的国际储备应主要包括：黄金储备、外汇储备、普通提款权和特别提款权四个部分。

2. 国际清偿能力（International Liquidity），亦称"国际流动性"，是指一国平衡国际收支逆差和干预外汇市场的总体能力。国际清偿能力有广义与狭义之分。狭义的国际清偿能力，一般指官方直接掌握的国际储备资产，又称第一线储备或无条件的国际清偿力。广义的国际清偿能力包括一国从国外借入的外汇储备、该国商业银行的短期外汇资产和该国官方或私人拥有的中、长期外汇资产（主要指对外中长期投资），又称第二线储备或有条件的国际清偿力。第二线储备因受资产所有权及时间的制约，就流动性而言，比第一线储备相对较弱。

3. 国际储备管理是一国政府或货币当局根据一定时期内本国的国际收支状况和经济发展的要求，对国际储备的规模、结构和储备资产的使用进行调整、控制，从而实现储备资产的规模适度化、结构最优化和使用高效化的整个过程。一个国家的国际储备管理包括两个方面：一是国际储备规模的管理，以求得适度的储备水平；二是国际储备结构的管理，使储备资产的结构得以优化。

4. 外汇储备的适度规模应在一国经济稳定发展的基础上，能够保证该国国际收支平衡与汇率稳定的前提下，实现持有储备的边际收益最大化或边际成本最小化的一个均衡水平。适度储备规模的确定方法有定性分析法和定量分析法。

5. 国际储备结构管理，是指各国货币当局对储备资产所进行的最佳配置，使黄金储备、外汇储备、普通提款权和特别提款权四种形式的国际储备资产的持有量及其构成要素之间保持合理比例，以实现"安全性、流动性、盈利性"三个原则的协调统一。国际储备的结构管理，主要包括三方面内容，一是四种储备资产之间的结构管理；二是外汇储备的币种结构管理；三是外汇储备资产形式的结构管理。

6. 我国的国际储备也是由黄金储备、外汇储备、普通提款权和特别提款权四个部分组成。近些年，我国外汇储备增长较快，已经成为国际储备中最主要的组成部分。作为世界第一大国际储备国，国际储备管理日益引起我国政府的高度重视。

复习思考题

1. 简述国际储备的含义及其构成。
2. 简述国际储备与国际清偿力之间的联系与区别。
3. 国际储备适度规模的分析方法有哪些？
4. 国际储备的资产形式有几种？
5. 分析国际储备多元化的利弊。
6. 简述国际储备管理的基本原则。
7. 国际储备的作用有哪些？
8. 分析影响一国适度国际储备规模的因素。

第六章 国际金融市场

信息技术的发展和市场开放度的提高，使得国与国之间的经济贸易活动日益频繁，随着国际间资金流动规模的不断扩张，国际金融活动也跨越了地域的限制，不断延伸到与经济活动相关的每一个角落。国际金融市场的发展创新加速了金融性资本的流动性，也为风险管理提供了有效的途径；快速、大额的资金流动直接或间接地影响到各国的国民经济发展和国际收支状况，并有可能成为引发国际金融危机的根源，成为影响国际经济稳定的重要因素。本章将介绍国际金融市场的构成、国际金融市场的发展、新兴国际金融市场等问题，并对国际金融市场创新进行简要的介绍。

第一节 国际金融市场概述

一、国际金融市场的概念

国际金融市场指从事各种国际金融业务活动的场所。这些金融业务活动包括了居民与非居民之间或非居民与非居民之间的金融业务。

国际金融市场的定义有广义与狭义之分，狭义的国际金融市场指的是金融主体进行归集资金借贷与资本交易的场所，又称为国际资金市场，它包括短期金融市场（货币市场）和长期金融市场（金融市场）；广义的国际金融市场指国际范围内的资金融通，是证券买卖及相关金融活动业务场所，由国际经济间货币信用业务的一切金融机构所构成，它包括国际资金市场，也包括外汇市场、黄金市场以及其他各类衍生金融市场，同时还包括金融市场中的各类参与者、中间人和交易机构。

二、国际金融市场的划分

国际经济交易的持续发展，国际金融市场的类型也不断演变，从不同的角度可将国际金融市场分成以下几种类型。

（一）按照资金在国际间的流动性质划分

国际金融市场可分为传统国际金融市场（在岸市场）和新兴国际金融市场（离岸市场）。

传统的国际金融市场是国内金融市场的延伸，从事市场所在国货币的国际借贷，交易活动是在市场所在国居民和非居民之间进行。其特点主要表现为：（1）交易一般使用市场所在国发行的货币，是市场所在国资金输出的窗口。（2）受市场所在国政府在政策法规的管辖，借贷成本较高。（3）是在居民和非居民之间进行的交易活动，国际化程度不高。

新兴国际金融市场涉及所有可自由兑换的货币，其金融市场的延伸，是不受任何国家国内政策法规的约束和管制的。新兴国际金融市场是目前最主要的国际金融市场。其特点主要是：（1）资金业务基本不受市场所在国法律的约束，在业务惯例上有自己的特点。（2）交易活动是在非居民之间进行。（3）交易货币是市场所在国之外的货币，包括世界主要的可兑换货币，国际化程度高。与传统的国际金融市场相比，新兴国际金融市场不依赖与所在国的经济实力及规模而存在，不受所在国当局的约束及管制，是真正的国际金融市场。

（二）按照功能划分

国际金融市场按照其功能可以分为国际货币市场、国际资本市场、国际外汇市场和国际黄金市场。

国际货币市场是期限在一年或一年以内的国际间交易的金融工具市场，它包括国际间的短期资金拆借市场、国库券市场、大额可转让存单的交易市场、商业票据和银行承兑汇票的交易等。流动性好，变现能力强，偿还期短，风险较小，主要参与者有商业银行、政府、证券交易商以及大型金融和非金融机构。

国际资本市场是对期限在一年或者一年以上的金融工具进行跨境交易的市场，主要交易对象为国债、股票、债券及中长期票据。流动性差、变现能力弱、偿还期长、风险较大，主要为各国政府、机构、企业提供经济建设中所需的中长期资金。

国际外汇市场是指有外汇供需双方组成的进行外汇买卖的场所或网络。国际外汇市场上的外汇买卖有两种类型：一种是本币与外币之间的买卖；另一种是不同种类外汇之间的买卖。主要交易对象为可兑换货币。参与者主要有中央银行、进出口公司、经营外汇业务的各种机构和投机者。

国际黄金市场是世界各国进行黄金买卖的场所，是国际金融市场的特殊组成部分。国际黄金市场主要由黄金现货市场、期货市场和期权市场组成。世界上最主要的黄金市场在伦敦、苏黎世、纽约、中国香港、新加坡。

（三）按资金融通渠道划分

按照融资渠道的不同，可将国际金融市场划分为国际信贷市场及国际证券市场。

国际信贷市场主要从事资金借贷业务，按照借贷期限长短又可划分为短期信贷市场和长期信贷市场。短期信贷市场主要从事一年以内的信贷业务，主要以银行间同业拆放市场为主。长期信贷市场的业务通常为 1~10 年，最长可达 30 年。中长期贷款的借款人主要有银行、政府机构、国际机构、公司企业等。现在中长期贷款往往由数家银行组成一个集团，集体提供银团贷款，称为辛迪加贷款，这种贷款形式既扩大资金来源，又可以有效的分散风险。

国际证券市场是股票，公司债券，和政府债券等有价证券发行和交易的市场，包括国际股票市场和国际债券市场，是长期资本投资人和需求者之间的有效中介，是金融市场的重要组成部分。

三、国际金融市场的形成与发展

随着资本主义各国经济的不断发展，世界各国的对外贸易日益频繁，为了便于各国商人结算、清偿贸易资金，16 世纪末在荷兰的阿姆斯特丹成立了世界上第一个国际清算中心，这被视为国际金融市场的萌芽。

进入 17 世纪之后，美洲新大陆的发现与开发极大地推动了资本主义市场的全球化进程，在这个过程中，英国发展成为世界经济的主导力量。为满足英国自身经济增长对资金的需求，并为迅猛发展的对外贸易提供国际汇兑、清算等业务，英国于 1694 年成立了英格兰银行。于是，伦敦在成为世界经济贸易中心的同时，也成了国际金融活动的中心，这标志着现代国际金融市场开始形成。

伦敦国际金融中心建立之后，世界各国对外贸易和投资进一步快速增长，其他一些主要资本主义国家也跟随英国的步伐，相继将自身国内的金融市场发展成国际金融中心，如法国的巴黎、德国的法兰克福、意大利的米兰、瑞士的苏黎世等。

在经历了两次世界大战的重创之后，伦敦依靠历史传统以及银行间的关系仍然在国际金融市场上发挥着重要作用,但其作为世界上最主要国际金融市场的地位开始衰退。与此同时,美国的经济实力迅速增强,逐渐成为了资本主义世界的霸主,对外贸易及投资额一度超过发达资本主义国家总额的 1/3,加之布雷顿森林体系的建立确立了美元作为世界货币的中心位置,因此美元成为最主要的国际结算和国际储备货币。另一方面,由于瑞士"永久中立国"的特殊地位,使其避免战争破坏,保存了经济实力,瑞士法郎成为西欧国家中唯一保持自由兑换的货币,稳固了苏黎世在国际金融市场中的地位。所以,第二次世界大战后的国际金融市场出现了纽约、伦敦和苏黎世"三足鼎立"的局面。

20 世纪 60 年代以后,西欧国家经济飞速发展,国际贸易活动随之大幅增加,也带动国际间资本流动的急剧增加。此时,越来越多的金融活动希望摆脱国家的管制,于是处于各国法律管辖空白地带的境外金融交易日益频繁起来。这种境外交易最初是美国境内的美元流入欧洲,形成不受美国金融法规管制的境外美元,也称欧洲美元,从事欧洲美元交易活动的市场就是欧洲货币市场。在之后的几十年里,其业务范围、分布地区不断扩张,除最初欧洲货币市场的中心伦敦以外,还形成了许多著名的国际金融中心。由于参与欧洲货币市场交易的主体以交易场所所在国的非居民为主,交易涉及所有可自由兑换的货币,并且其业务不受任何国家法规的管制,这种国际金融中心也称为离岸金融市场。

离岸金融市场的出现,为国际金融市场的发展打开了一个新的局面,是具有现代意义的国际金融市场,同时离岸金融市场交易也是现代国际金融市场活动最主要的组成部分。20 世纪 80 年代以来,日本经济的崛起促使东京金融市场迅速发展,成为仅次于纽约、伦敦的国际金融中心。另外,部分发展中国家经过长期经济发展,其金融市场已初具规模,并逐渐成长为重要的国际金融中心,如新加坡、巴林等。这些新兴国际金融市场的建立和发展促进了国际金融市场全球化的进程。

近年来随着电子信息技术在金融领域的广泛应用,国际金融市场逐渐一体化,传统国际金融市场以及新兴国际金融市场之间的界限也逐渐模糊,全球化、一体化将是未来国际金融市场发展的必然趋势。

四、国际金融市场的作用

(一) 对国际收支失衡的调节作用

在调节国际收支方面,国际金融市场起到的作用十分明显。存在国际收支逆差的国家利用国际金融市场的贷款来弥补其国际收支逆差;这些贷款的主要来源恰恰是由国际收支顺差的国家投放到国际金融市场上的外汇资金盈余。国际金融市场为国际间的资金流动提供了平台,在缓解各国国际收支失衡方面起到了决定性的作用。

(二) 为国际间的资金融通架起了桥梁

金融市场创造了金融资产的流动性,国际金融市场必然成为国际间资金融通的一道桥梁。伴随着金融市场逐步走向成熟,服务的便捷、法规的完善、金融工具的多样化,从期限的区分、收益与风险的不同组合以及资金收放路径的多样化等方面,为资金供求双方提供了更多的投融资选择。资金供给者可依据自己期望的收益、风险偏好及流动性偏好等要求选择适宜的投资工具,实现资金效益的最大化;资金需求者也可以便捷的通过直接或间接的融资方式获得自己所需的资金。

(三) 促进国际间的资金有效配置,推动世界经济的发展

资金通过国际金融市场在世界范围内调拨,引导分散在各国的小额资金汇聚成为大笔资金,把闲置资本转化为盈利资本,使资金自国际收支盈余的国家向赤字国家流动。这样的资金

流动促进了资本的国际化,资金将流向收益较高的国家,这一过程也恰是资本自丰裕地区流向稀缺地区的过程,从而使资金在国际范围内有效配置,使之得到更佳的利用。

资本的效率提高,自然也加速了经济的发展。加之国际金融市场对国际贸易的发展起到了重要的推动作用,国际间贸易的高速增长也推动了贸易融资的发展,因此国际金融市场在促进世界贸易和世界经济发展方面有着不可低估的贡献。

(四) 增大金融风险

国际金融市场的发展扩大了在国际间资本流动的便利程度,也扩大了资本流动的总量;24小时不间断的国际金融业务,外汇、信贷和利率管制的放松以及金融衍生工具的增多,导致越来越多的金融业务脱离了实际业务成为独立的资金运动,这些国际金融市场的发展都加大了金融风险。大量游资在国家之间流动,造成相关国家外汇市场的不稳定,为投机活动提供了便利。因此国际金融市场也成为金融危机孕育的温床,另外各国金融市场被更加紧密的联系在一起,当通货膨胀和金融危机出现的时候,危机的传播也会更加快速,波及的范围也会更加广泛。

第二节 传统国际金融市场

传统国际金融市场也称在岸金融市场,是指经营国际金融业务、但受所在国政府政策、法令管辖的国际金融市场。

一、国际货币市场

国际货币市场,又称短期资金市场,主要是指各国银行对多种货币所开展的经营期限在1年以内的借贷资本市场。常用的借贷方式如银行信贷、同业拆放等短期周转的业务。在货币市场上发行和流通的票据、证券期限短、风险小和流动性强,都具有活跃的次级市场,随时可以出售变现,功能近似于货币,所以把短期信贷和短期票证流通的市场叫做货币市场。

(一) 国际货币市场的分类

货币市场的工具繁多,按照与银行相关与否可分为两类:一是与银行有关的市场信用工具,如大额存单、银行承兑票据等;另一类是非银行的市场信用工具,是非银行金融机构发行的票据,如国库券和商业票据等。货币市场根据其业务活动的不同,可进一步划分为短期信贷市场、短期证券市场和贴现市场。

1. 短期信贷市场。短期信贷市场是指进行期限不超过1年的资金借贷活动的交易场所。短期信贷按照参与者来划分,可以分为银行间的短期信贷和银行与非银行客户之间的短期信贷,而其中前者在短期信贷市场之中处于重要地位。

(1) 银行间的短期信贷。该信贷市场称为同业拆借市场,在银行短期信贷业务中,银行同业拆放业务占据着主导地位。同业拆借市场的产生基于存款准备金制度,银行等金融机构相互借贷在中央银行存款账户上的准备金余额,以调剂准备金头寸,进而形成了同业拆借市场。一般来说,商业银行为弥补交易寸头的不足和弥补准备金的不足而进行的这种相互借贷活动,主要凭借信用,无须交纳担保品,借款人的资信状况很大程度上影响其信贷条件(如贷款金额、期限、利率等)。这种交易活动一般是无形市场,主要通过电讯手段成交。同业拆借市场的交易金额一般较大,在伦敦同业拆借市场上,每笔交易的金额最低为25万英镑。同业拆借市场的拆借期限通常以1~2天为限。

同业拆借市场的利率随市场利率的变化而变化，一般低于对国内大客户的优惠放款利率。伦敦同业银行拆放利率（LIBOR）是国际金融市场贷款利率的基础，即在这个利率的基础上再加一定的附加利率。

(2) 银行与非银行客户之间的短期信贷。银行与非银行客户之间的信贷是指银行对工商企业和跨国公司所提供的短期信贷，这部分贷款在短期信贷市场占据非主要地位，是为了解决企业临时性及季节性资金周转的需要。贷款利率以市场利率为基础，同时可视企业商誉状况附加一定利息。

2. 短期证券市场。短期证券市场是指进行短期证券发行和交易的场所，在市场上进行交易的短期证券主要可分为两大类：一类是与银行相关的市场信用工具，如定期存单，银行承兑汇票；另一类是非银行市场信用工具，如国库券、商业票据。

以下介绍几种短期证券市场中常见的短期票据。

(1) 国库券。是指国家财政当局为弥补国库收支不平衡而发行的一种政府债券。因国库券的债务人是国家，其还款保证是国家财政收入，所以它几乎不存在信用违约风险，是金融市场风险最小的信用工具。国库券的发行以贴现方式进行，到期时按照票面金额进行偿还，投资者的收益为证券的购买价与国库券面额之间的差额。西方国家国库券一般可分为3个月、6个月、9个月、1年期等期限，面额起点各国也不相同。国库券采用不记名形式，无须经过背书就可以转让流通。短期国库券交易具有比较明显的投资特征：① 信誉高。由于国库券是国家的债务，因而投资者广泛认同其是没有违约风险的，众多投资者都把它作为最好的投资对象。② 流动性强。国库券利率与商业票据、存款凭证等有密切的关系，国库券期货可为其他凭证在收益波动时提供套期保值；存在广泛的二级市场，能在交易成本较低及价格风险较低的情况下迅速变现。③ 收益高。国库券的利率一般虽低于银行存款或其他债券，但由于国库券的利息可免交所得税，因此投资国库券可获得较高收益。由于存在这些特点，国库券已成为货币市场上发行量最大、流通量最广的一种证券。

(2) 大额可转让定期存单。大额可转让定期存单是由商业银行发行的可以在市场上转让的不记名的存款凭证。它是1960年8月由美国花旗银行创立的可吸引企业的短期资金，阻止存款外流的一种金融工具。大额可转让定期存单有以下一些特点：① 通常不记名，不能提前支取，可以在二级市场流通转让。② 大额存单按标准面额发行，面额固定并且面额较大，在美国最少为10万美元，二级市场上的交易金额为100万美元。③ 发行者多为大型商业银行，主要是因为这些机构信誉较高，可相对降低筹资成本，扩大发行规模。④ 期限固定，一般少于1年。大额存单是银行存款的证券化，对银行来说它是定期存款，可作为相对稳定的资金用于期限较长的放款；对于存款人来说它既有较高的利息收入，又能在需要时迅速变现，因此，目前已经推广到许多国家的金融市场中。

(3) 商业票据。商业票据是指由金融公司或某些信用较高的企业开出的无担保短期票据。商业票据是不以商品交易为基础而专门为融通资金而签发的一种票据，是大公司为了筹措资金以贴现方式出售的短期无担保的公司欠条，依赖于发行企业的信用程度，可以背书转让，也可在到期前于市场上出售，基于贴现发行，公司允诺其证券持有人到期时以全额偿还，但一般不能向银行贴现。商业票据可自由的在市场上买卖和流通，这种融资方式对工商企业来讲比较灵活，而且成本较低。与国库券类似，商业票据期限种类也很多，但一般不超过270天，市场上未到期的商业票据平均期限在30天内，大多数商业票据的期限在20~40天。

(4) 银行承兑汇票。是商业汇票的一种，是由在承兑银行开立存款账户的存款人出票，向开户银行申请并经银行审查同意承兑的，保证在指定日期无条件支付确定的金额给收款人或持票人的票据。由于银行承兑汇票由银行承诺担保后付款，实际上是银行基于对出票人资信的认可而将其信用出借给企业,这里银行作为第一责任人,而出票人则只负第二责任,因此企业须交纳一定手续费。银行承兑汇票的违约风险较小但有利率风险。汇票经银行承兑后,出票人可以持有汇票至到期日,但通常情况下是将承兑汇票在市场上贴现。银行承兑汇票常见的期限有30天、60天和90天等,也有180天和270天的。交易规模一般为10万美元和50万美元,我国的银行承兑汇票每张票面金额最高为1 000万元。银行承兑汇票多用于进出口贸易中,是贸易融资的一种手段。

3. 贴现市场。贴现市场是经营票据贴现、提供短期资金融通的市场。贴现是指把未到期票据按照贴现率扣除从贴现日至票据到期日的利息,向银行或贴现公司换取现金的一种方式。持票人将未到期的票据贴现,实际上等于贴现公司或银行向持票人提供了一笔贷款,通过这样的贴现行为,持票人获得了资金融通,而贴现公司或银行则成为票据的债权人。贴现公司和银行为取得资金的再融通,则可以将持有的票据向中央银行要求再贴现,中央银行通过提高或降低再贴现率来调节市场的利率,从而收缩或放松银根,因此再贴现是货币政策调整的重要手段。贴现市场交易对象主要包括:国库券、短期债券、银行票据和各种商业票据。贴现市场主要由贴现公司、商业票据行、商业银行和中央银行组成,其中主要以贴现公司为主。

(二) 理想的货币市场具备的条件

一个理想的货币市场需要具备以下基本条件:首先,有较完善的中央银行体系。中央银行能够充当最终贷款人,在金融危机发生时,中央银行能够提供足额的贷款,以保证市场的稳定。其次,短期金融工具完备,交易活跃。市场上要存在有足够数量的不同期限、收益、风险和流动性特征的多种短期金融工具,以满足投融资双方的多种需求,并且市场有足够的换手率与交易规模。最后,健全的法律制度、管理监督机制或市场惯例。货币市场之中需要有专门的机构对各类金融和非金融机构的交易活动进行严格审查监督,以此来保证市场交易活跃同时又能够按照市场规律运转。

二、国际资本市场

(一) 国际资本市场的概述

国际资本市场是指国际金融市场中期限在1年以上的各种资金交易活动所形成的市场。国际资本市场主要是用于筹措和运用国内、国际资金,以满足本国的生产建设和国民经济发展的需要。由国际债券市场、国际股票市场、国际银行中长期信贷市场三部分组成。国际资本市场的中长期资金供应者大多数为商业银行、储蓄银行和保险公司。资本市场根据证券发行交易性质可分为一级市场和二级市场,即发行市场与流通市场。

国际资本市场有以下主要功能:第一,提供了一种机制,使资本能迅速有效地从资本盈余单位向资本赤字单位转移,此时资本市场承担了一级市场功能,只有一级市场才能通过发行和增发新的证券,为资金需求者提供新的资金来源。第二,为已发行证券提供充分流动性的二级市场,即发行证券的流通市场,二级市场的存在是为了保证一级市场更有效地运行,二级市场上投资人可以通过不断调整其资产组合来降低风险,获取最大收益,并且随时使证券变现;同时发行人也可以迅速并持续的从社会上募集到其扩张所需的资金。第三,能够更广泛的吸引国外资本或国际资本,提高资本使用效率及跨空间调配速度。第四,能够以较低的成本吸收资本,降低融资成本,提高资金运作效率。第五,能够通过发行国际证券的形式或创造新的金融工具,规避风险,逃避各国的金融、外汇管制及税收问题。

（二）国际资本市场的主要构成

1. 国际股票市场

国际股票市场，又称为国际股权市场，是指在国际范围内发行并交易股票的市场。国际股票交易是在国际性的证券交易所或证券交易网络系统进行的。交易所市场是有组织的、有规律的、有固定地点的有形市场；场外市场是指通过网络等通信设施进行交易的无形市场。在国际上发行股票较之国内发行股票要复杂许多。发行涉及五方面当事人：发行人，包括政府、银行、企业等；监管机构，政府及其授权机构；承销机构，投资银行、证券商；评级公证机构，会计、律师、审计事务所及信用评级机构；投资人，个人、企业、投资公司等。股票的发行要考虑发行所在国的法律法规、发行对象、发行方式、数量及发行范围等因素。

国际股票市场的主要特点有：（1）股票交易价格波动频繁，受政治、经济、金融及市场因素影响大，投资人完全承担着股价波动的风险。（2）一、二级市场之间联系日益密切，两个市场的价格也越来越趋于一致。（3）国际股票市场二级市场的主要投资人是机构投资人，包括各种基金、金融机构和公司等。（4）股票市场的一体化程度大大加深，股票市场间的相互影响关系更加密切。（5）由股票市场派生了许多为降低风险而衍生的市场，如股票期货市场、股票期权市场。

2. 国际债券市场

国际债券市场是指由国际债券的发行人和投资人所形成的金融市场。与国内债券市场相同，可分为发行市场和流通市场，发行市场组织国际债券的发行和认购，流通市场安排国际债券的上市和买卖，这两个市场相互联系，相辅相成构成统一的国际债券市场。

国际债券市场分为外国债券市场和欧洲债券市场。

外国债券是指筹资者在国外发行的，以当地货币为面值的债券。外国债券的发行和承保由发行所在国的债权机构承担，发行外国债券须经过发行所在地国家债券监管机构的同意，并受到该国金融法令的限制。如在美国发行外国债券要在美国债券交易委员会注册，在日本发行债券则要经过日本大藏省的批准。伦敦曾经是最大的外国债券市场。目前重要的外国债券市场包括：苏黎世、纽约、东京、法兰克福、伦敦和阿姆斯特丹。在美国发行的外国债券被称为扬基债券，扬基债券的发行量大、期限长，发行者在发行前必须向美国债券交易委员会提交注册申请，并接受严格审查，债券发行人要获得权威资信评估机构的债券发行信誉评级；在日本发行的外国债券被称为武士债券，债券发行的基准条件较宽松，债券发行量大，只要发行人得到日本或者其他国际性资信评估机构的A级以上的评级即可在日本公开发行，AAA级的发行人可以无限量发行；在伦敦发行的外国债券被称为猛犬债券，该债券发行量大、期限较长，发行市场由于其金融中心地位而容量较大，英国是世界上最发达的企业债券市场，在债券交易所中上市的债券量是世界第一。

欧洲债券市场是欧洲债券发行和交易的市场。欧洲债券是指发行人在本国以外的市场上发行的，以发行所在国之外的货币计价的债券。如法国在英国发行的以美元计价的债券。欧洲债券是在国际资本市场上融资的一个重要途径。欧洲债券市场的特点将在本章第三节中做详细的介绍。

国际债券市场的发展特点：（1）融资者的主体大都是发达国家，发展中国家所占比重较小。（2）欧洲债券的发行规模远大于外国债券。（3）币种结构发生变化。（4）国际债券类别结构发生变化。（5）新兴市场国家表现活跃，政府为主要发行主体。

3. 国际银行中长期信贷市场

国际银行中长期信贷是指在国际金融市场，各国政府跨国银行向企业等长期资本需求者提供的一年以上的资金融通业务，期限为2～10年，甚至10年以上。借贷双方在确定国际银行中长期信贷利率时，一般都以3个月或6个月的伦敦银行同业拆借利率作为基础，再加上一定的附加利率计收利息，并且根据市场利率的变化，每3个月或半年调整一次。利息分期支付。另外国际银行中长期信贷过程中的费用主要包括：管理费、代理费、杂费（贷款过程中实际发生的费用，如律师费、差旅费、通信费以及办公费等，均由借款人承担）、承担费（贷款人向借款人收取的一种由于借款人没有按时使用贷款的补偿性费用）等。

国际银行中长期信贷市场的主要特点表现为：（1）资金来源广泛，资金用途上不受贷款行限制，有较强的选择性和灵活性。（2）与证券的发行相比，手续简便。（3）使用浮动汇率，准确反应借贷市场的供求关系。（4）贷款条件严格。

国际银行中长期信贷方式依据参与方多少可分为两类：（1）双边贷款。双边贷款是指一家银行对另一家银行、一国政府或工商企业提供的贷款。涉及参与者少，从而减少一定的管理以及其他费用，降低信贷成本。双边贷款提供的贷款金额一般较小，金额最多是1亿美元。贷款期限为中期，即5年以内。贷款手续比较简单，资金用途不受限制。贷款利率按市场利率，成本适中。（2）银团贷款。银团贷款是指一家或几家银行牵头，多家商业银行联合向借款人提供资金的一种贷款方式。由于有多家银行共同提供资金，因而能够保证大规模的资金需要。银团贷款是中长期贷款的典型方式。由于贷款数额巨大，贷款用途通常在合同订立时就已明确规定。贷款期限在5～10年或10年以上。贷款费用较高，由于共同贷款，可达到分散风险，共同获利的目的。

三、世界黄金市场

（一）黄金市场的概述

卡尔·马克思说过"金银天然是货币"，由于黄金这一特殊的属性，世界经济体系确立之后，黄金就是国际国币。虽然在1976年，国际货币基金组织在金斯敦召开会议，宣布废除黄金官价，使黄金非货币化，并采用特别提款权代替黄金作为国际货币制度的主要储备资产，但黄金仍然被世界上绝大多数国家作为国际储备以及最终支付手段和价值储藏手段。

黄金市场就是集中进行黄金交易的场所，世界各地的黄金市场由处于各地的黄金交易所构成，国际性的黄金交易所一般设在各个国际金融中心，如伦敦、苏黎世、纽约、中国香港等，是国际金融市场的重要组成部分。

（二）国际黄金市场的结构

1. 按主要交易类型及交易方式的不同，可分为现货交易市场和期货交易市场

（1）现货交易市场。现货交易是指交易双方成交之后，在两个营业日以内进行交割的一种方式，而主要采用这种交易方式的市场就是现货交易市场。在同业间进行电联交易的欧洲型市场，如伦敦、苏黎世等就是此类市场。

（2）期货交易市场。期货交易市场中的交易主体，是按照双方签订的合约在未来某一时间按事先约定好的价格来进行交割。一般设有具体交易场所的美国型市场，如纽约、芝加哥、中国香港等就是此类市场。

2. 按照其对整个世界黄金市场影响的程度，可分为主导性市场和区域性市场

（1）主导性市场。是指交易规模巨大，其交易量和交易价格的变化会对其他国家和地区的黄金市场有显著影响的市场。这类市场主要有伦敦、纽约、苏黎世、芝加哥、中国香港等地区的黄金市场。

（2）区域性市场。这类黄金市场交易规模有限，且参与主体大多集中在本地区，其交易情况的变动对整个世界的黄金市场影响较小。典型的区域性市场主要有巴黎、法兰克福、布鲁

塞尔、新加坡、东京等地区的黄金市场。

3. 通过有无固定交易场所划分为无形市场和有形市场

（1）无形市场。此类市场一般以做市商或银行为主导，交易方式灵活，黄金的纯度、重量、交割地点都由交易方自行决定。典型的有伦敦、苏黎世等。

（2）有形市场。这类市场通常拥有一个交易所作为固定的交易场所，黄金交易主要通过集中撮合的模式进行。具有代表性的有纽约、香港、芝加哥等。

4. 按对黄金交易管理程度的不同，可分为自由交易市场和限制交易市场。

（1）自由交易市场。是指黄金可以自由输出入，居民和非居民均可自由买卖的黄金市场，如苏黎世。

（2）限制交易市场。又可分为两种情况：一种是黄金的输出入一般要受管制，只准非居民自由买卖，而不准居民进行自由交易的黄金市场；另一种是对黄金的输出入实行管制，只准许居民自由买卖的国内黄金市场，如巴黎市场。

（三）国际黄金市场的功能

1. 黄金市场的保值增值功能

因为黄金具有很好的保值、增值功能，这样黄金就可以作为一种规避风险的工具，这和贮藏货币的功能有些类似。黄金市场的发展使得广大投资者增加了一种投资渠道，从而可以在很大程度上分散投资风险。

2. 黄金市场的货币政策功能

黄金市场为中央银行提供了一个新的货币政策操作的工具，也就是说，央行可以通过在黄金市场上买卖黄金来调节国际储备构成以及数量，从而控制货币供给。虽然黄金市场的这个作用是有限的，但是由于其对利率和汇率的敏感性不同于其他手段，从而可以作为货币政策操作的一种对冲工具。

第三节 新兴国际金融市场

区别于传统的国际金融市场，新兴的国际金融市场主要是指离岸金融市场。交易涉及所有可自由兑换货币，业务活动不受任何国家金融体系规章制度的管辖，交易是在市场国的非居民之间进行的，主要为非居民提供境外货币借贷或投资、贸易结算；外汇黄金买卖、保险服务及证券交易等金融业务和服务的一种国际金融市场。

离岸金融市场在60年代兴起，随着世界经济的不断发展，国际金融交易日益摆脱市场国金融法规的管制和约束，形成了国外借款人之间的金融交易即离岸交易，这种交易所形成的市场即为离岸金融市场。离岸金融市场的出现使国际金融市场的发展进入了一个全新的发展阶段。

依据业务经营范围和管理的不同，我们可以把离岸金融市场分为以下四种类型。

1. 内外混合型离岸金融市场。也称内外一体型离岸金融市场，是指离岸金融市场业务和所在国的国内金融市场业务不分离。这种类型的金融市场需要金融业具有高度的经营自由，境内市场几乎完全开放，对所在地的经济、金融发展基础和管理水平有较高的要求。其资金流入和流出比较自由，资金可以在国内外双向自由流动，但对于从国外流入的资金所产生的利息不征收利息税，外汇资金也无须缴纳存款准备金。此类型的市场以伦敦和中国香港的离岸市场为代表。内外一体型离岸金融市场模式代表着国际离岸金融市场的发展方向。

2. 内外分离型离岸金融市场。内外分离型离岸金融市场业务具有与境内市场严格分离的特征，表现为只允许非居民经营离岸业务，同时管理当局对非居民交易予以金融和税收的优惠，对境外资金账户必须严格分离。目的是为了便于金融管理当局对在岸业务、离岸业务分别加以监管，以及较为有效地阻挡国际金融市场对国内金融市场的冲击。这类市场典型的地区是纽约、新加坡和东京离岸金融市场。

3. 分离渗透型离岸金融市场。它同内外分离型离岸金融市场相类似，是将境内金融业务和离岸金融业务分账处理的前提下，根据经济发展中的引资需要，允许一定比例的离岸账户资金流入，即管理当局对非居民的交易给予税收上的优惠，对境外资金的流入不实行国内的税制、利率限制以及存款准备金制度。这一类型的市场对居民和非居民的账户分离并不是很严格，它允许部分的离岸资金流入国内金融市场，并允许居民参与离岸交易，但禁止非居民经营在岸交易。这一类型市场最具代表性的是马来西亚的纳闽和泰国的曼谷。

4. 避税港型离岸金融市场。也称簿记型离岸金融市场，是指在无征税的地区，名义上设立一个起"记账中心"作用的机构，通过一系列操作来逃避税收和金融管制。在账簿上处理境外交易，这些空壳分行实际上只是银行总行设立的一套独立的账簿，总行可以把利润转移到这里的分行，从而避免银行总行所在地征收的较高利得税。这种机构大多设立在战后获得独立的原发达国家的殖民地或附属地，这些国家地区多为岛屿，资源缺乏，制造业非常有限，对经济发展有许多制约因素，为发展本国经济改善国际收支状况，这些国家或地区提供先进金融服务软硬件，如交通设施、通信设施和专业金融服务人才，并对离岸金融市场业务提供一种较为宽松的管理环境和优惠政策，对跨国投资者的避税活动离岸金融活动和财产提供不同方式和不同程度的保密措施等。既可以产生资金渗透，又可成为"洗钱中心"。该类型的市场以加勒比海的巴哈马和开曼以及百慕大，巴拿马和西欧的海峡群岛为代表。

一、欧洲货币市场

欧洲货币市场是经营欧洲货币的市场，该市场以欧洲货币为交易对象，交易在货币发行国境外进行，其业务活动不受任何国家的政策法规及税收限制，是真正意义上的金融市场。欧洲货币并非字面意义上的欧洲国家发行的货币，这里的欧洲意味着"境外"，因此，所谓欧洲货币，实质上就是境外货币，指在货币发行国境外流通的货币。

（一）欧洲货币市场的形成与发展

第二次世界大战后，科学技术的革命推动了全世界生产的国际化和资本的国际化，进而开启了传统金融市场的改革与发展，这是20世纪50年代末60年代初欧洲货币市场出现和发展的最根本原因。

1. 欧洲美元市场的形成

欧洲货币市场的雏形是于20世纪50年代产生的欧洲美元市场。它是在一定的国际政治和经济环境下受到多种因素影响而形成的。当时以美国和苏联为首的世界两大阵营处于冷战之中，再加上侵朝战争后，美国冻结了中国在美国的所有美元资产，为避免同样的损失，前苏联、东欧等社会主义国家纷纷将美元资产转存到巴黎的北欧银行和伦敦的莫斯科国民银行等欧洲国家的银行，主要是伦敦的各大银行，在客观上产生了大量境外美元的供给。与此同时，1956年年末到1957年年初，英国发生英镑危机，英国政府为了维持英镑的稳定、控制英镑资金外流，提高利率至7%，禁止用英镑为非英镑使用国进行贸易融资，所以伦敦的商业银行为开展信贷业务和解决贸易商的融资需求，开始用美元发放贸易贷款，他们在地理和法律意义上的美国境外开创了一个美元市场，这一市场即欧洲美元市场。

2. 欧洲货币市场的形成

1958年以后,西欧各国放松了外汇管制,实现了资金的自由流动和货币的自由兑换。20世纪60年代西方各国通胀严重,投机性资本流动频繁,西德、瑞士等国为遏制通胀维持其外汇市场稳定,对非居民的本币业务设置了许多限制条件,而外币业务则不受此限制。于是非居民将手中的西德马克和瑞士法郎等欧洲货币纷纷转存至其他国家的市场,由此,欧洲货币的种类增加,欧洲美元市场随之成为了欧洲货币市场。

3. 欧洲货币市场发展的主要推动因素

(1) 美国国际收支逆差

这是欧洲美元迅速增长的最根本原因。自1950年起,美国国际收支的经常项目出现逆差。1958年后逆差扩大,至1971年8月,美国被迫宣布停止履行美元兑换黄金的义务以应对不断恶化的国际收支和美元危机威胁。于是在美国境外尤其是西欧各国的银行里囤积了大量的美元,这无疑大大增加了欧洲美元市场中的美元供应量,促进了欧洲美元信贷的投放。通过信用膨胀,反过来又刺激欧洲美元市场交易活动规模增大,推动其快速发展。

(2) 美国金融政策限制

根据美国联邦储备法案Q条例,银行对于活期存款不得公开支付利息,对存款支付的利息规定了上限。而此时国外的欧洲美元则不受此限制,美国银行吸收存款的能力下降,在这种情况下,美国银行纷纷把美元资金转移到欧洲,以逃避利息平衡税。根据M条例,美国商业银行吸收国外存款及其分行在总行账面上的存款,要向联邦储备银行缴纳累进的存款准备金,这一条例削弱了美国银行的竞争力。美国的商业银行为了逃避此条例也纷纷在欧洲设立分支机构,在国外经营运作。此外美国政府1963年为限制资本外流采取对购买外国证券的美国居民征收利息平衡税的措施,迫使跨国公司和银行将资金调往海外分支机构运作。欧洲美元市场在20世纪60~70年代的迅速发展是与这些政策密切相关。

(3) 石油美元的出现

20世纪70年代,两次世界性的石油价格大幅上涨引发了两次世界经济危机,石油输出国国际收支顺差,形成了大量的"石油美元"进入欧洲货币市场。"石油美元"的出现为欧洲货币市场的发展提供了重要契机。

(二). 欧洲货币市场的组成

1. 欧洲短期信贷市场

该市场主要进行1年以内的短期资金拆放,最短的为日拆。其中欧洲市场银行间的短期信贷市场产生时间最早、规模最大,其余两个市场都是在这个市场发展的基础上衍生的。

欧洲货币短期信贷市场的业务有以下特点。

(1) 借贷期限短,一般多为3个月以内的业务,3个月至1年的交易较少,其中隔夜交易占相当大比例;

(2) 批发性质,借贷额较大,每笔短期借贷资金的起点通常是25万美元和50万美元,一般为100万美元,有的甚至有1亿美元甚至更大的交易,所以欧洲短期信贷市场的参与者主要是金融机构、跨国公司、政府机构,很少有个人参加;

(3) 灵活方便,即在借款期限、币种、利率、金额和交割地点等方面都有较大的选择余地,这也是欧洲货币市场对借款人的最大吸引力之一;

(4) 欧洲货币市场上的存贷利差较小,存款利率略高于国内市场,贷款利率略低于国内市场,一般为0.25%~0.5%之间;

(5) 利率由双方商定,一般低于各国专业银行对国内大客户的优惠放款利率,但比伦敦银行同业拆放利率高,由经营欧洲货币业务的大银行于每个营业日按伦敦银行同业拆放利率商定公布；

（6）发生在银行同业间的拆借一般建立在信誉基础上，无须提供抵押品。

2. 欧洲中长期信贷市场

欧洲中长期信贷市场与欧洲货币债券市场合称为欧洲资本市场。该市场信贷期限都在1年以上。

欧洲货币中长期信贷市场的业务有以下特点：

（1）期限长，数额大，一般为1年以上到3年、5年或更长，最长的可达10年以上，但多为3～7年，该市场贷款额多在1亿美元以上；

（2）以辛迪加贷款为主，即往往由几家或十几家不同国家的银行组成银团，通过一家或几家信誉卓著的大银行牵头贷款，分散了提供中长期贷款的风险；

（3）贷款多采用浮动汇率，由于贷款期限长、数额大，贷款人与借款人都不愿承担利率变动的风险，因此该种贷款利率多为浮动利率，并根据市场利率变化每3个月或6个月调整一次。利率一般以伦敦银行同业拆放利率为基础，再根据贷款金额大小、时间长短以及借款人的资信，再加上不同幅度的附加利息；

（4）由于中长期信贷金额大、期限长，借贷双方必须签订贷款协定，有的还需政府担保，协定主要包括币种、期限、数量、利率、货币选择权条款、违约和保证条款、适用法律条款等。

3. 欧洲债券市场

欧洲债券市场是指发行欧洲债券进行筹资而形成的一种长期资金市场。它是国际中长期资金市场的重要组成部分，也是欧洲货币市场的重要组成部分。

欧洲债券市场有以下几个特点：

（1）发行者、计价货币和发行地分属于不同的国家。例如A国的机构在B国债券市场上以C国货币为面值发行的债券，即为欧洲债券。该债券的主要发行人是各国政府、大跨国公司或大商人银行。

（2）辛迪加发行方式为主。一般由一家大型专业银行或大商人银行或投资银行牵头，联合十几家或数十家不同国家的大银行代为发行，大部分债券是由这些银行买进，然后转售到二级市场或在本国市场卖出。

（3）安全性较高，流动性强。欧洲债券市场的主要借款人是跨国公司、各国政府和国际组织。这些借款机构资信较高，故对投资者来说比较安全。同时该市场是一个有效的和极富有活力的二级市场，持券人可转让债券取得现金。

（4）受法律约束少。债券发行一般不需经过有关国家政府的批准，不受各国金融法规的约束，所以比较自由灵活。

（5）不影响发行地国家的货币流通。发行债券所筹措的是欧洲货币资金，而非发行地国家的货币资金，故这个债券的发行，对债券发行地国家的货币资金流动影响不太大。

（6）币种选择性强。发行欧洲债券，既可在世界范围内筹资，同时也可安排在许多国家出售，而且还可以任意选择发行市场和债券面值货币，筹资潜力很大。如借款人可以根据各种货币的汇率、利率和其他需要，选择发行欧洲美元、英镑、日元等任何一种或几种货币的债券，投资者亦可选择购买任何一种债券。

（7）市场反应灵敏，交易成本低。欧洲债券市场拥有Euroclear clearance system Ltd 及 cedelS. A. 两大清算系统，从而使该市场能够准确、迅速、及时地提供国际资本市场现时的资金供求和利率汇率的动向，缩小债券交割时间，减少交割手续。世界各地的交易者可据此快速进行交易，极大地降低了交易成本。

(8) 债券的发行条件比较优惠。其利息通常免除所得税或者不预先扣除借款国家的税款。此外，它的不记名的发行方式还可使投资者逃避国内所得税。因此，该债券对投资者极具吸引力，也使筹资者得以较低的利息成本筹到资金。

(9) 金融创新持续不断。欧洲债券市场是最具有活力的市场之一，它可以根据供求情况，不断推出新的组合产品，并以此把国际股票市场、票据市场、外汇市场和黄金市场紧密地联系在一起，有力地推动了国际金融一体化与世界经济一体化。

欧洲债券的主要类型有：

(1) 普通债券。普通债券是一种传统债券，通常是一年支付固定票面利息，与一般的国内债券市场的6个月间隔付息不同，选择每年付息是因为向全球的投资者发放债券利息的成本较多的缘故。

(2) 浮动利率债券。是一种定期根据市场情况调整利率的债券，它的利率是在参考利率之上加一个差价，每3个月或6个月按LIBOR调整一次，利息支付更频繁，通常是每6个月付息一次。利率变化的越快，债券利息越能反映最新货币市场利率，可使投资者免受利率波动带来的损失。

(3) 零息债券。是不负任何息票的纯贴现债券。无票面利率，以折价方式发行，以面值归还。

(4) 可转换债券。指债券在付息基础上还可以转换为其他资产，较普通的转换就是允许持有人在指定日期把该债券转换为其发行公司所发行的普通股股票。

(5) 附有认购权证的债券。这种债券上所附的认购权证可以债券相分离，两部分可以单独在市场上出售。对于筹资者来说，由于认购权证的存在，其所需偿付的利息较普通债券低，因此可以降低其筹资成本；对于投资者来说，虽然认购权证可以为其带来更多收益，但相应的也要承担较大的风险。

(三) 欧洲货币市场的作用

1. 欧洲货币市场的积极作用

欧洲货币市场对世界经济起到极大的推动作用，主要表现在以下几个方面：

(1) 欧洲货币市场促进了一些国家的经济发展。第二次世界大战之后，欧洲货币市场在很大程度上为西欧和日本的经济恢复和迅速发展提供了资金来源。发展中国家也从这个市场获得大量资金。许多国家正是依靠欧洲货币市场的资金解决了国内生产建设的资金问题，从而得到了迅速的发展。

(2) 欧洲货币市场加速了国际贸易的发展。20世纪60年代中期以来，如果没有欧洲货币市场，西方国家对外贸易的迅速增长是不可能的。对外贸易也是刺激许多国家经济增长的重要途径。

(3) 欧洲货币市场为解决国际收支逆差问题提供了融资便利。欧洲货币市场方便了短期资金的国际流动，特别是促进了石油美元的回流。据国际货币基金组织估计，1974—1981年，世界各国的国际收支经常项目逆差总额高达8100亿美元，但各国通过国际金融市场筹集的资金总额即达7530亿美元，这在很大程度上缓和了世界性的国际收支失调问题。在这期间，欧洲货币市场所吸收的石油出口国的存款就达1330亿美元，从而发挥了重要的媒介作用。

(4) 欧洲货币市场加速了国际金融市场的一体化。欧洲货币市场在很大程度上打破了各国间货币金融关系的相互隔绝状态，它将大西洋两岸的金融市场与外汇市场联系在一起，从而促进了国际资金流动，有利于降低国际间资本流动的成本。

2. 欧洲货币市场的消极作用

欧洲货币市场也给世界经济带来了不稳定因素，主要表现在以下几方面：

(1) 经营欧洲货币业务的银行风险增大。借贷关系复杂，跨越区域广，借款金额巨大，而又缺乏抵押保证，从而使得经营相关欧洲货币业务的银行有着不可预估的风险。

(2) 削弱各国金融政策的效力。对参与欧洲货币市场的国家来说，欧洲货币市场的活动往往能够抑制一国金融政策达到预期的效果，如果对欧洲美元等资金依赖过深，或这种资金流入流出过于频繁，则很可能会在一定程度上将会影响到该国国内货币流通的状况。

(3) 影响国际金融市场的稳定。欧洲货币市场上的资金由于不受管制而具有很大的流动性，投机活动便利，每当某一主要国家货币汇率出现动荡将贬值下浮时，它的流动性将进一步加剧。

二、亚洲货币市场

亚洲货币市场，又称为亚洲美元市场，是指亚洲、太平洋地区的银行经营境外货币的借贷业务所形成的市场。这个市场的建立满足了亚太地区经济发展的需要，其发展也对全球性国际金融市场的业务扩展起到了积极作用。

亚洲货币市场起初是作为欧洲货币市场的补充而建立的，随着以伦敦为中心的欧洲货币市场在60年代后期迅速扩张，总交易量不断放大，越来越多的市场参与者希望其交易不受伦敦时间的限制，可以在24小时内连续进行交易。因此在此要求的背景下，类似的货币离岸交易在伦敦市场停业后便转向了亚太地区的金融中心。

亚洲货币市场自1968年在新加坡创立以来，已成长为亚太地区不可忽视的国际性金融市场，目前除新加坡以外，亚洲货币市场还扩展到中国香港、马尼拉和东京。

(一) 亚洲货币市场的形成和发展

亚洲货币市场的形成和发展大体经历了三个阶段：

第一阶段，1968—1970年为亚洲货币市场的形成阶段。

亚洲境内早已存在可自由兑换的美国境外美元，但作为境外借贷交易对象的美元资产，只是在60年代末才出现的。60年代初，美元过剩危机过后，美国加强了对国内银行的存款准备金管理，致使境外美元的存贷成本相对优惠。获得独立不久的新加坡政府为适应国际经济形势的需要，为金融形势的发展制定了把新加坡发展成为一个国际金融中心的经济发展战略。到1970年，新加坡共批准16家国际大银行在该国设立分支机构，这些机构设立的"亚洲货币账户"与非居民外币存款和放款业务，就是亚洲货币市场的开端。

第二阶段，1971—1975年为亚洲货币市场的巩固阶段。

1973年新加坡政府颁布《所得税修正法》，把外币经营所得税率从原来的40%降为10%，鼓励外国银行到新加坡设立分支机构。新加坡金融管理当局还放宽了对外国金融机构亚洲美元业务的管制，规定对亚洲美元存款免缴存款准备金，并允许本地公司和居民在亚洲货币账户上开立外币账户，扩大了亚洲美元市场的经济基础。

第三阶段，1976年以后为亚洲货币市场的稳步发展阶段。

亚洲货币市场的发展大大扩展了新加坡、中国香港等地的国际金融业务。经过10多年的管制之后，1978年3月，香港宣布重新向外资银行颁发银行牌照，使外资银行从当时的40家增加到1995年的154家。新加坡市场的美元资产由1968年的3 000万美元增加到1987年年底的2 174亿美元，美元资产的年增长率达到90%。

随着1972年布雷顿森林体系的崩溃，日本放弃固定汇率转向浮动汇率制，随后日本的国际间资本交易需求迅速增长，原有的金融体系模式已不能适应当时的需要，因此以利率自由化和金融国际化为标志的日本70年代后期的金融改革拉开帷幕。日本在打破了金融机关经营限制之后的20年里，东京市场日元对美元外汇成交量骤增了60多倍，并推动东京成为亚洲最大的国际金融中心,是亚洲货币市场的重要部分。

(二) 亚洲货币市场特点

1. 亚洲货币市场以美元业务为主

亚洲货币市场的经营范围虽然较为广泛,但交易中90%的业务是以美元进行的,涉及其他如德国马克、瑞士法郎、日元、英镑、欧元等十几种货币仅占大约9%的比重。

2. 亚洲货币市场是短期资金市场

亚洲货币市场的经营建立在以下两个基础之上:一方面它接受自由兑换货币的定期和活期贷款;另一方面它又把这些货币资金贷出,提供给亚太地区或者其他地区的企业在贸易中运用。同时亚洲货币市场的同业拆借是这一市场的最大组成部分。在1980年的存款总额中,银行同业存款为408.8亿美元,占总额的75%;在贷款总额中,银行同业拆借为395.5亿美元,占贷款总额的73%。

3. 多以政府诱导形成,发展迅速

亚洲货币市场主要组成部分如新加坡、中国香港、东京等国际性金融中心,都是政府在自身发展需求的基础上,放宽金融管制,给予国际金融机构进驻以优厚待遇,循序渐进逐步建立起来的。同时,在其较为宽松的管制和完善的制度下,发展迅速,目前东京已发展成为仅次于伦敦和纽约的世界第三大金融中心。

第四节 国际金融市场创新

国际金融市场的金融创新是指发生在国际金融市场上的金融技术创新、金融产品创新和组织机构创新。其中金融产品的创新最为活跃,也在国际金融市场创新中起着最主要的作用,金融技术的创新与组织机构的创新两者互相促进协同发展。金融市场组织机构的创新是金融技术创新和金融产品创新的基础和前提,表现为新型金融市场的崛起和市场参与者的扩展。金融技术的创新主要建立在电子信息及网络通信技术的飞速发展之上,为金融市场组织机构创新和金融产品创新提供了有力的支持。金融产品的创新是金融市场创新的价值体现,也是金融创新的最终归宿。

一、国际金融市场创新原因

金融创新已经成为国际金融市场发展的重要特征,它起源于20世纪60年代,发展于20世纪70年代,时至今日金融创新已是日新月异。同其他金融市场的创新相类似,国际金融创新是其发展过程中必要的环节,也是其自身发展内在要求的体现。

(一) 规避管制

逃避金融管制是金融工具不断创新的一个推动力。20世纪30年代起,西方各国就开始实行了一系列的金融管制政策,如美国的Q条例,M条例,1973年的"利息平衡税"等。许多政策限制了银行业务的开展以及国际资本的流动,逃避金融管制的金融创新应运而生。西方很多创新工具都是由美国的金融机构创造的,其原因是当时的美国金融业受政府管制较严,这也是欧洲货币市场形成的重要原因,而欧洲货币市场本身就是成功的国际金融创新范例。另外《巴塞尔协议》对资本充足率等的要求,也使得商业银行纷纷从表外业务寻求利润增长的突破口。因此金融管制是诱发金融创新的主要原因,管制和约束越严格,金融创新的推动力就越大,金融工具创新也愈活跃。

（二）技术革新

随着信息技术的进步和发展，科学技术特别是电子计算机的不断进步与其在经济领域中广泛运用，形成了国际间金融信息、交易网络，如 1990 年芝加哥金属交易所和路透社控股公司联合开办了全球交易体系，它把全球电脑终端联结起来，使加入该系统的会员能在全球进行期货、期权交易。大大降低了交易成本，提高了金融交易的效率，金融业有可能向客户提供各种质优价廉的金融工具与金融服务，为金融全球化发展打下重要的基础。

随着自然科学与社会科学的发展与交融，数学、工程学、心理学中的研究方法逐步渗透到金融学领域，从而形成金融工程、行为金融、金融数学等学科，而这些学科的发展又使金融产品和金融工具的开发设计提供了新的解决方案，为金融问题研究开辟了新的路径。

（三）减少风险

相对于国内金融市场，由于交易手段、交易对象、空间地域跨度等因素不同，国际金融市场存在着利率风险、汇率风险和信用风险。20 世纪 70 年代以后，由于西方国家通货膨胀的加剧及浮动汇率的实施，企业及个人面临了巨大的利率风险和汇率风险，于是刺激了防范金融风险的新金融工具的产生。远期利率协议、利率期货、利率浮动范围限定等的出现是为了应对国际金融中的利率风险；金融期货、期权及外汇远期等新型业务的金融衍生工具的产生是为了满足客户减少国际金融中的汇率风险，以达到保值或盈利的要求；互换中的股权、债权互换等金融工具是为了防范国际金融中的信用风险。各种创新的金融工具中，为减少利率与汇率风险而产生的工具占有相当大的比重。

二、国际金融创新工具

（一）远期合约

远期合约是指交易双方约定在未来的某一确定时间，按约定好的价格买卖标的资产合约。合约中买入标的物的一方称为多头方，卖出标的物的一方称为空头方，在金融市场中，远期合约的标的物就是金融资产。

远期合约最初的雏形始于芝加哥的农产品市场，农民与农产品收购商签订远期合约以规避未来价格涨跌不确定的风险，作为金融衍生工具是最基础最简单的衍生工具。由于远期合约中的标的物种类、数量与质量，交割价格、时间、地点等都是由双方协商约定，这使得远期合约在运用过程中较为灵活，可以满足交易者一些特殊的目的。

但远期合约也存在着明显的缺点。首先，远期合约没有固定的交易场所，不利于信息的传递和交流，因此远期合约市场定价机制相对较低。其次，远期合约中所涉及交割方面的细节是由签订双方出于自身目的协商拟定，导致远期合约千差万别难以交易，因此远期合约流动性较差。最后，远期合约的履行完全是建立在双方的信用之上，当未来价格变动对一方不利时，该方很可能无力或无意履行合约，因此远期合约有较高的信用风险。

在所有金融远期市场中，货币远期市场最为发达，这些市场的参与主体主要是大型银行，尤其是国际性的大银行。在国际金融市场上，主要使用的远期合约有远期利率协议和远期汇率协议，其作用是使银行、其他金融机构或者其他经济主体锁定未来的利率或者汇率，以规避未来市场不确定的波动而带来的风险。远期利率风险和远期汇率风险在交割时不用交割本金，仅交割即期利率汇率与远期协议所约定的利率或汇率之间的差额即可，是一种简便、灵活的避险工具。

（二）金融期货合约

期货实质上是标准化的远期合约，金融期货就是以金融资产为标的物的期货合约。

与远期合约相比，期货合约一般有一个集中交易的场所——期货交易所，期货合约协议中的细则由期货交易所设计，交易时按照每"份"合约进行，采用公开市场原则，交易价格集中反映了合约标的预期价格以及合约的供需情况。其次，期货交易设有结算所，亦称清算所、结算中心、清算中心等，采用多级会员制度，只有拥有会员资格才可进行交易，交易中无论是多头方还是空头方，其交易对手皆为结算所或有结算资格的会员，因而大大降低了违约风险。再次，股指期货交易采用保证金制度，交易的参与者需要交纳一定的履约保证金，结算所每日对交易者的保证金账户进行结算，期货价格下跌时便会从保证金账户中扣减差额，这被称作逐日盯市制度。当保证金账户中的资金低于一定限度时，需要交易者进行追加保证金，若其无力或无意追加，结算所则会对其强制平仓，终止合约，这种制度使得交易所和结算所所承担的风险大大降低。最后，由于期货交易所所提供的期货合约是严格标准化的，因此交易者只能对已有的合约进行交易，而不能根据自己的情况进行设计，相对于远期协议来说不够灵活。

世界上比较重要的交易所有芝加哥交易所、伦敦国际金融期货交易所、瑞士期权与金融期货交易所、东京国际金融期货交易所、新加坡国际货币交易所、悉尼期货交易所等。世界各地交易所的金融期货通常有利率期货、外汇期货、股指期货等。由于交易所采取的标准化合约以及各种严格的交易制度，使期货合约较远期合约拥有更好的流动性、市场化的价格以及极低的违约风险，因此更加适合作为一种避险工具。

（三）互换交易

互换交易是指交易双方通过约定，同意在一定时间内相互进行一连串付款交易的金融交易。互换交易主要有货币互换和利率互换两种类型。

利率互换是指双方同意在未来的一定期限内根据同种货币的同样的名义本金交换现金流，其中一方的现金根据浮动利率计算出来，而另一方的现金流根据固定利率计算。利率互换可进行本金互换也可以不进行，可以是同种货币的固定利率与浮动利率互换，也可以是不同货币之间的固定利率与浮动利率互换，其中后者又称为交叉货币利率互换。利率互换的动机通常是利用比较优势获得更低利率的资金，参与者一般是企业与银行或者企业与企业，银行与银行之间的互换较为少见。

货币互换是指将一种货币的本金和固定利息与另一货币的等价本金和固定利息进行交换。利息互换一般每年一次，本金互换则发生在互换交易之初，并在结束之前一次性换回。直接在两个最终用户之间进行货币互换安排是非常困难的，通常会有一个中介金融机构作为中间人，分别作为两个最终用户的互换对手，中间人通过在互换中赚取买卖差价作为利润。

（四）期权

期权又称选择权，是指赋予其购买者在规定的一定期限，按照事先约定的价格购买或出售某种一定数量的资产的权利，权利拥有人可以执行也可以放弃这项权利，是一种或有权利。期权最大的魅力在于，期权的买方可以将风险锁定在一定的范围之内。从其本质上讲，期权实质上是在金融领域中将权利和义务分开进行定价，使得权利的获得者在约定的时间内决定是否行使其权利进行交易，一旦做出行使权利的选择，权利的出让者必须履行。在期权的交易时，购买期权的合约方称作买方，而出售合约的一方则叫做卖方；买方即是权利的受让人，而卖方则是必须履行买方行使权利的义务人。

1. 期权的分类

（1）按期权的权利划分，期权分为看涨期权和看跌期权。看涨期权的买方拥有在一定时间内以约定的价格买入标的资产的权利；看跌期权的买方拥有在一定时间内以约定的价格卖出标的资产的权利。这两种权利都不需要负担必须履行的义务，也就是说，可以放弃这项权利。

（2）按期权的行权时间划分，期权分为美式期权和欧式期权。美式期权是指在期权合约规定的到期日之前任意交易日都可以行权；欧式期权是指只可以在期权合约规定的到期日行权的期权。

2. 期权合约

期权合约是一种期权的标准化合约，与期货合约类似，期权合约的各项条款是事先规定好的，具有普遍性和统一性，期权合约的价格是在实际交易中竞价形成，并且有较好的流动性。

期权合约主要由三项要素构成：期权费、执行价格、合约到期日。

（1）期权费。又称期权金、权利金，是期权的价格。期权费是期权合约中唯一未被条款化的要素，是在市场活动中所形成，代表着期权买卖双方的供求关系，是期权的买方为了获得期权合约中所赋予有的权利而必须支付给卖方的费用。

期权费包含两个部分：期权的内在价值和期权的时间价值。

内在价值就是立即履行期权合约时刻获得的总利润。当执行期权合约并且可获得利润时，该期权称作实值期权，其内在价值就是履行该合约所获得的利润；若执行期权合约会带来损失时，该期权称作虚值期权；当执行期权合约既不获利亦不会带来损失，该期权称作两平期权。虚值期权与两平期权的内在价值为零。

时间价值从数值上讲，是当一个期权合约是实值期权时，其期权费超过执行期权合约所获得利润的部分；或者是当一个期权合约为虚值期权、两平期权时，该期权的期权费。这是由于，期权在其到期之前，其标的资产的价格存在波动的可能性，因此该期权合约有转变为实质期权的可能，因此，需要对这一未来收益的期望进行补偿，要买入具有更长到期时间的期权合约应该付出更高的期权费。当期权合约处于到期日时，期权合约的时间价值为零。

（2）执行价格。也称行权价格，是指期权合约中所规定买卖标的资产的价格。执行价格一旦确定，在期权合约规定的期限内，无论标的资产的价格是多少，只要期权的买方要求行权，期权的卖方就必须履行此义务，按照执行价格买入或卖出标的资产。

（3）合约到期日。合约到期日是指期权合约必须履行的最后日期。关于合约到期日需要注意的是美式期权与欧式期权对于可行权时间的界定，可参考上文期权的分类。

3. 期权的盈亏

期权交易双方的盈利与亏损取决于期权执行之时，合约中标的资产的市场价格与协议价的价差。期权的买方损失是有限的、盈利理论上是无限的，而期权的卖方盈利是有限的、亏损理论上是无限的。

三、国际金融市场金融创新的影响

（一）促进国际金融市场一体化

国际金融创新的过程中，金融管制放松，从宏观上拉近了各国金融市场的距离，为国际金融市场的一体化打开了方便之门，各国金融市场之间的界限越来越模糊，全球各地金融市场相互贯通。金融市场的电子化、网络化把全球主要金融市场连为一体，打破时差、地理划分的限制，从而成为真正意义上的全球市场，加速了资本在国际间的流动，使得融资成本大大降低，融资渠道多样化，融资效率提高。金融管制的放松和创新活动的空前活跃，以及国际间金融市场联系的日益紧密，为资金流动提供了便利，也为全球金融体系的稳定性和安全性带来了隐患，加大了危机在全球蔓延的速度和波及范围。

（二）给商业银行带来机遇与挑战

随着国际金融市场一体化，银行业务的国际化进程也不断加快，各国银行为了顺应这一潮流维持自身发展，竞相在国外设立分支机构，大批跨国银行纷纷建立，国际金融一体化的趋势要求这些银行从全球战略出发来考虑业务，经营管理具有更高的灵活性，以适应不同国家的要求及应对更广阔的国际间业务的挑战。

（三）金融监管方面的影响

国际金融市场的创新，打破了各金融机构之间传统业务的界限，商业银行和投资银行可以互相涉足对方的领域，加剧了金融机构间对表外业务的竞争；相对于金融产品和金融工具的创新，金融监管的创新相对滞后，加大了监管难度。另一方面由于国际金融市场的创新，各国的法律手段、经济手段、行政手段、管理手段也趋于通用化和国际化。各国金融监管体制和监管内容也日益趋同，普遍强调金融法规监管，行业约束和市场约束方面的相结合。以市场约束为主体的监管体系正在形成，金融监管的国际合作也在不断加强。

（四）金融手段和途径增加

金融市场创新加速了资本流动速度，使得融资成本大大降低，融资渠道多样化，融资效率提高，各种新的金融工具出现，多样化的金融工具，衍生出多样化的投资组合，为融资者提供更充足稳定的资金来源，降低筹资成本，投资者也可以在国际范围内选择投资对象，分散风险，取得更高的收益。推动了金融市场向深度和广度发展。

（五）金融风险

国际金融市场创新过程中形成许多新的金融产品、工具，为投融资双方提供了多种防范风险的有效措施，使得汇率风险，利率风险，信用风险等可以得到一定程度的规避。但从另一方面看，金融创新在转移和分散风险的同时也带来了新的风险，交易风险、表外风险等就十分突出，尤其是金融衍生工具所具有的高杠杆性，使盈利和亏损的可能性都被放大。因此国际金融创新提供了许多规避风险的金融工具，可以为个别机构投资者和个人提供转移分散风险的有效途径，但就整个行业而言，却不能减少金融行业的系统性风险。

本 章 小 结

1. 国际金融市场是居民与非居民之间或非居民与非居民之间从事各种国际金融业务活动的场所。国际金融市场有狭义和广义之分，狭义的国际金融市场指短期金融市场（国际货币市场）；广义的国际金融市场包括国际资金市场（国际货币市场和国际资本市场）、外汇市场、黄金市场以及其他各类衍生金融市场。

2. 传统国际金融市场也称在岸金融市场，是指经营国际金融业务、但受所在国政府政策、法令管辖的国际金融市场。包括国际货币市场和国际资本市场。国际货币市场根据其业务活动的不同，可进一步划分为短期信贷市场、短期证券市场和贴现市场。国际资本市场由国际债券市场、国际股票市场、国际银行中长期信贷市场三部分组成。

3. 传统的国际金融市场的形成依托了所在国的强大经济背景，而新兴的国际金融市场的形成则是体现了市场管理制度的变化。离岸金融市场是随着世界经济的发展，国际金融交易日益摆脱市场国金融法规的管制和约束而形成的。离岸金融市场的出现使国际金融市场的发展进入了一个全新的发展阶段，可分为内外混合型离岸金融市场、内外分离型离岸金融市场、分离渗透型离岸金融市场和避税港型离岸金融市场。

4. 金融创新已经成为国际金融市场发展的重要特征。国际金融市场的金融创新是指发生在国际金融市场上的金融技术创新、金融产品创新和组织机构创新，其中金融产品的创新最为活跃。金融技术的创新主要建立在电子信息及网络通信技术的飞速发展之上，为金融市场组织机构创新和金融产品创新提供了有力的支持。金融产品的创新是金融市场创新的价值体现，也是金融创新的最终归宿。

复习思考题

1. 什么是国际金融市场?它有哪些基本分类?
2. 国际金融市场对世界经济产生了怎样的影响?
3. 什么是欧洲货币市场?欧洲货币市场是由哪几部分组成的?
4. 国际金融市场创新的动力是什么?
5. 国际金融市场上金融产品创新主要包括了哪些内容?
6. 简述欧洲货币短期信贷市场及其业务特点。
7. 离岸金融市场有哪些类型?

第七章 国际资本流动

随着国际经济一体化及科学技术的发展，国际资本流动的规模逐渐超越了国际贸易额，形成了庞大的国际金融市场。国际金融市场使资金供需双方能够便捷地进行交流，增强了交易的深度和广度，使全球经济得到快速发展。然而，与此同时，快速、大额的国际资本流动也通过资本和金融账户直接或间接地对各国的国际收支和国民经济造成了巨大影响。本章主要介绍国际资本流动的基本内容、国际债务与国际债务危机、国际游资和货币危机以及资本外逃的相关内容。

第一节 国际资本流动概述

20世纪70年代布雷顿森林体系瓦解以后，国际资本流动成为一种普遍的经济现象，各国经济的运行方式也发生了根本性变化。本节主要介绍国际资本流动的基本内容，包括国际资本流动的含义、国际资本流动的类型、国际资本流动的原因、当前国际资本流动的特点及国际资本流动的影响。

一、国际资本流动的含义

国际资本流动是指一个国家或地区的政府、企业或个人与另外一个国家或地区的政府、企业或个人之间，以及国际金融组织之间资本的流入和流出。这里的"资本"可以是货币形态的资本，也可以是实物形态的资本（如生产设备、原材料、劳动力等）。国际资本流动是国际间经济交易的基本内容之一。国际资本流动是资本跨越民族的界限在国际范围内运动的过程，是资本要素在不同主权国家和法律体系管辖范围内的输入和输出。资本的本质决定了资本跨国流动的本质，使居民的一部分储蓄或社会剩余劳动积累在不同社会的再生产体系、不同社会的经济分配体系、不同社会的宏观决策体系之间运动。国际资本流动与以所有权转移为特征的商品交易不同，它是以使用权的转让为特征的，但一般仍以盈利为目的。一国或一个地区的国际收支平衡表中的资本与金融项目，集中反映了该国或地区在一定时期内与他国的资本流动的综合情况。

国际资本流动包括国际资本流入和国际资本流出两方面。

（一）国际资本流入

国际资本流入是指外国资本流到本国，即本国输入资本。国际资本流入的内容包括：(1) 本国在外国资产的减少。如本国从外国银行提取存款用于国内投资。(2) 本国对外国负债的增加。如本国获取外国银行的贷款。(3) 外国在本国投资的增加。如外国在本国投资办企业。(4) 外国对本国负债的减少。如外国归还到期的本国贷款。因此，资本流入既包括外国资本流入本国，又包括原来流出的本国资本流入国内。资本流入是收入本国货币或外汇，属于收入项目，应计入本国国际收支平衡表的贷方，或用"+"表示。

（二）国际资本流出

国际资本流出是指本国资本流出到国外，即本国输出资本。国际资本流出的内容包括：

（1）本国在外国资产的增加。如本国在外国投资办企业。（2）本国对外国负债的减少。如本国归还到期的贷款。（3）外国在本国资产的减少。如外国企业撤出在本国的投资。（4）外国对本国负债的增加。如外国从本国获取贷款。可见，资本流出可以使本国资本外流，也可以使原来外国流入的外国资本流出本国。资本流出是付出本国货币或外汇，属于支付项目，应计入本国国际收支平衡表的借方，或用"一"表示。

在把握"国际资本流动"的含义时，还必须清楚的界定以下几个与其相关的概念及其相互关系：

1. 资本输出入与国际资本流动的关系

资本输出入一般只与投资和借贷等金融活动相关联，并且是以谋取利润为目的的资本流动，因而不能涵盖国际资本流动的全部内容，也就是说，国际资本流动不一定就是资本输出入。比如一国用黄金外汇来弥补国际收支赤字，属于国际资本流动，而不属于资本输出，因为这部分黄金外流不是为了获取高额利润，而只是作为国际支付的手段用于平衡国际收支。

2. 资金流动与国际资本流动的关系

资金流动是指一次性的、不可逆转的资金款项的流动和转移，相当于国际收支中经常账户的收支。资本流动即资本转移，是可逆转的流动或转移，如投资或借贷资本的流出伴随着利润、利息的回流以及投资资本和贷款本金的返还。由此看出，国际资本流动与资金流动的主要区别是是否具有可逆转性。

3. 国内资本流动与国际资本流动的关系

国际资本流动与国内资本流动的差异性主要体现在资本拥有者和使用者的居民属性上。首先，国际资本流动是在资本拥有者和使用者出现跨越国界的分离情况下出现的；其次，国际资本流动表现为资金形式的跨国运动，而金融资本流动的结果必然导致以商品和服务为主要内容的实际资源的移动，即实际资本在国与国之间的流动。

二、国际资本流动的类型

国际资本流动的种类很多，根据不同的标准，可以做出不同的划分。

根据流向可以分为资本流出和资本流入，根据资本流动的期限可以分为短期资本流动与长期资本流动；根据资本的属性可以分为官方资本和私人资本；根据资本流动的目的可以分为借贷资本流动和生产资本流动。

上述各种分类又是相互交叉的，譬如可以有官方长期资本流动，也可以有私人长期生产性资本流动，或私人短期信贷资本流动等。

通常我们将资本流动按回流的期限划分为短期资本流动和长期资本流动。

（一）短期资本流动

短期资本流动是指期限在一年以内的资本借助一定的信用工具来实现在国际间的转移。这类信用工具包括：银行票据、商业票据、银行活期存款票据、短期政府债券以及可转让银行定期存单等。因为这些短期资本容易转化为货币，因此，它们可以迅速和直接地影响到一国的货币供应量，这一点与长期资本流动不同。

短期资本流动一般有以下四种情况：

1. 贸易资本流动

这是指国际间贸易往来的资金融通与资金结算而引起的货币资本在国际间的转移。世界各国在贸易往来中，必然会引起国际间的债权债务关系，而为结清这些关系，货币资本必然从一个国家或地区流往另一个国家或地区，形成贸易资本流动。一般来说，这种资本流动，是资本从商品进口国向商品出口国转移,具有不可逆转的特点,因此,严格来说,它属于国际资金流动。

2. 银行资本流动

各国经营外汇业务的银行,由于外汇业务和牟取利润的需要,不断地要进行国际间同业资金的往来,收付、结算、套汇、套利、掉期,外汇头寸的抛补和调拨,短期外汇资金的拆入、拆出等都会产生频繁的国际短期资本流动。

3. 投机性资本流动

投机性资本流动是投资者在不采取抛补性交易的情况下,利用汇率、金融资产或商品价格的波动,伺机买卖、追求高利而引起的短期资本流动。投资者能否盈利全凭其对形势的预期或判断是否正确,若预测有误,必然遭受损失。例如投资者将资金投向疲软的货币,预期该货币汇率不久就要转向,若日后该货币汇率回升则投机盈利。国际市场上能引起投资性资本流动的因素很多,除贵金属及证券价格的剧烈波动能引起投资者的极大兴趣外,国际市场某些重要商品价格的大幅涨跌也能诱使投机者不断买入卖出。这都会造成短期资本市场上的投机性资本流动。

4. 保值性资本流动

这是金融资产的持有者为了资金的安全和保持其价值不下降,而在国际间进行资金调拨转移形成的短期资本外流。某国或某地区政治局势不稳,可能引起其国内资本或国内的外国资本外流。一国经济情况不好,国际收支状况恶化,那么其货币必定是趋于贬值,于是其国内资金就会向币值稳定的国家移动。另外,国家如果宣布实行外汇管制、限制资金外流或增加某些征税时,也可能引起大量资本外流,形成突发性的大规模短期资本流动。

(二) 长期资本流动

长期资本流动是指期限在一年以上的资本流动,它包括对外直接投资、对外间接投资和国际贷款。

1. 对外直接投资

对外直接投资是指一国企业或个人对另一国或地区的企业等经济组织(机构、社团等)进行的投资。对外直接投资可以取得对方或东道国企业的全部或部分管理和控制权,进而取得企业经营利润。国际货币基金组织给对外直接投资下的定义是:在投资者母国以外的国家所经营的企业拥有持续收益的一种投资,其目的在于对该企业的经营管理拥有有效的发言权。除此之外还有利润再投资。投资者在国外企业投资所获利润并不汇回国内,而是作为保留利润投入该企业或其他企业,这也是直接投资的一种形式,虽然这种投资并不引起一国资本的流入流出。

2. 对外间接投资

对外间接投资也称为证券投资,它是指以取得利息或股利等形式的资本增值为目标,以被投资国的证券为购买对象的投资。国际货币基金组织给间接投资下的定义是:间接投资是为了获得投资收入或资本收益的一种投资,而不是对企业的经营有直接兴趣。对购买有价证券的国家来说是资本流出,对发行有价证券的国家来说则是资本流入。

国际证券投资可分为国际股票投资和国际债券投资。国际股票投资是指在股票市场上购买外国企业的股票。国际债券又分为外国债券和欧洲债券。

间接投资和直接投资的区别表现为以下两个方面:

(1) 有效控制权的区别

根据国际货币基金组织的解释,有效控制权是指投资者拥有企业一定数量的股份,因而能行使表决权并在企业的经营决策和管理中享有发言权。国际直接投资以股权方式参与而取得对企业的控制权，有别于非股权参与的控制权。如果没有股权参与，即使能通过其他途径或方法对企业产生影响，也不能称为直接投资。在国际直接投资活动中，投资者对企业的控制权一般与投资者对企业拥有的股份成正比，拥有的股份越多，控制权越大。国际货币基金组织认为，投资者在所投资的企业中拥有25%或更多的股份，可以作为有效控制的标准。

（2）国际直接投资的性质和过程比国际间接投资复杂

国际直接投资从本质上说是生产资本在国际间的流动和转移，它不但包括货币形式的资本转移，还包括生产资本的物质形态转移和无形资产的输出。在整个经营过程中国际直接投资的收益是浮动的，随投资企业经营状况变化而变化。因此，从国际直接投资的股权确认、谈判过程以及实际操作过程等各个方面看，国际直接投资都比国际间接投资复杂，其风险也要大于国际间接投资。间接投资者对于投资对象企业并无实际控制权和管理权。所以只能收取债券和股票的利息或红利。国际间接投资的收益是相对固定的。

3. 国际贷款

国际贷款主要由政府贷款、国际金融机构贷款、国际银团贷款和出口信贷构成。政府贷款是一个国家的政府向另一个国家提供的贷款，其目的是为了促进本国商品和劳务的出口以及企业的对外投资等，一般是发达国家向发展中国家提供的双边贷款，即两国政府机构之间的资金借款。国际金融机构贷款是国际金融机构向其成员国政府提供的贷款。国际银团贷款是指由一家银行牵头，多家银行参加，共同对一个借款人提供贷款，并且共同分担贷款风险。银团贷款不限定用途，借款人可以自由使用资金，而且贷款额度也不受限制。出口信贷是与国际贸易直接相关的中长期贷款。出口信贷是商业银行对本国出口商或外国进口商及其银行提供的贷款，其目的是为了解决本国出口商的资金周转困难，或是满足外国进口商对本国出口商支付贷款的需要。出口信贷一般有三个特点：特定用途贷款、利率低和有偿还担保。

三、国际资本流动的原因

（一）国际资本流动的根本原因

国际资本流动的形成，是一种需求与供给关系产生的结果。正因为存在这样的一种供求关系，才从根本上导致了国际资本流动。

1. 资本需求

资本需求是多方面的，但是发展中国家的资本需求最为明显。在发展中国家，由于国内储蓄不足以支持经济发展或起飞阶段所需要的投资需求，收入不足以支付进出口所需要的资金，因此为了开发本国资源、本国新产品、扩大生产能力以及引进先进技术和先进的管理经验，需要利用外资弥补经济发展的资金缺口，从而形成了对国际资本持续的需求。同时，国际投机者，尤其是以对冲基金为代表的机构投机者，在进行投机交易时，需要动用巨额资金，对国际资本的投机性需求非常大。

2. 资本供给

在国际资本流动中，长期资本与短期资本流动的具体原因各不相同，但从总体上看，其原因不外乎两个：一是追求利润，二是规避风险。第二次世界大战后，由于世界经济发展的不平衡，各国资本的预期收益率必然会形成差异。资本追逐利润最大化的本性驱使它从一国流向另一国。若一国资本的预期收益率高于他国，在其他因素相同的情况下，他国资本就会流入该国；反之，若一国资本的预期收益率低于他国，或者在相同收益率下，风险也高于他国，不仅外国资本会从该国抽走，而且本国资本也会存在外逃现象。

在国际资本流动中，追逐利润并非单纯的唯一动机。对投资者来说，还要考虑资本的相对安全性、在某国或地区风险因素超过投资者所能承受的范围时，资本外流也就产生了。因此，任何国际资本的流入流出，都是追求利润和规避风险的权衡结果。而也正是因为这两个原因的存在，使谋求流动的国际资本始终存在，产生资本供给。

（二）具体影响因素

在基本原因之外，国际资本流动还受到很多具体因素的影响，主要体现为以下几个方面：

1. 利率

利率水平的高低不仅制约资本的收益率，而且也直接影响资本流动的方向。当今世界各国经济发展的程度不同，各国之间的利率水平不同，因而存在利差。这样资本就会在利润机制的驱动下，从利率较低的国家或地区流向利率较高的国家或地区，直到利差消失为止，投资的利润在这个过程中达到最大化。

2. 汇率

汇率的高低和稳定与否也决定着资本的流动，尤其是短期资本的流动。20世纪70年初以来，世界普遍实行浮动汇率制，各国货币汇率经常波动，且浮动较大。一些国家把本币币值定得过高。如果一国汇率不稳定，本国资本所有者可能预期到所持的资本价值将发生贬值，就会把手中的资本或货币资产转化为另一种货币资产而存于国外，从而使资本向汇率较为稳定的国家或地区流动。因此，为了避免贬值所造成损失或为了获得升值所带来的收益，投资者会根据自己对汇率的预期，将自己的资金在不同货币之间进行转换，从而使资本在国际间发生流动。

3. 财政赤字与通货膨胀

财政赤字与通货膨胀在一定条件下是相互联系的，这两者都会引起国际资本流动。如果一国发生财政赤字，而这个赤字又以发行纸币来弥补，这必然对通货膨胀造成压力。一旦发生严重通货膨胀，居民为了避免所持资产贬值，减少通货膨胀带来的损失，就会把国内资产转化为外国债券。如果财政赤字是以出售债券或向外国借款来弥补，那么也可能导致国际资本流动。因为居民可能预期到在将来某个时期，政府又会靠发行纸币来抵偿债务或征收额外赋税来偿付债务，这样又会促使居民把手中的资产由国内转到国外。

4. 政府的经济政策

一国的国际资本流动与该国的宏观政策有着很大的联系。例如，当一国采取金融自由化政策时，意味着对资本的流入流出不加过多干预，此时国际资本对该国的流出与流入往往比较频繁，规模也比较大。如今，许多发展中国家为了弥补本国储蓄不足，制定了许多鼓励外资流入的政策，这对于加快国际资本流动产生了极大影响。在世界经济处于萧条或国际经济关系不稳定的时候，国家经济政策对国际资本流动的影响作用就更加明显了。

5. 政治风险、经济风险以及战争风险的存在

政治风险是指一国的投资气候恶化而可能使投资者所持有的资本遭受损失。这里的投资气候，是针对被投资国的政局是否稳定、法律是否健全以及政治态度是否友好等方面而言的。投资气候好坏是判断政治风险程度的一个重要标准。经济风险是指一国由于投资条件发生变化而可能给投资所有者招致的损失。这里所指的投资条件涉及被投资国的经济状况是否良好、经济前景是否广阔、基础设施是否完善、居民与非居民的资产是否安全等方面的内容。投资条件的好坏是判断投资经济风险大小程度的一个重要标准。战争风险，是指可能爆发或已经爆发的战争可能对资本造成的影响。例如海湾战争就使国际资本流动发生了重大变化，在战争期间许多资金流往以美国为主的几个发达国家，战后又使大量资本涌入中东，尤其是科威特等国。

四、国际资本流动的特点

（一）国际资本流动规模越来越大

20世纪80年代以来，国际资本跨国流动日趋活跃，对世界经济的发展产生了重大的作用。进入90年代以后，国际资本流动有增无减，并以更迅猛的态势得到长足发展，国际资本流动的规模越来越大。以发展中国家资本净流入量为例，在20世纪70年代，发展中国家资本净流入量为100亿~200亿美元，约占发展中国家国内生产总值的1%；到1997年，发展中国家的资本净流入量已达到2 800亿美元，约占发展中国家国内生产总值的4%。由于各国逐步放松对外汇市场和资本市场的管制，同时在金融市场全球化、一体化、自由化和金融化创新与技术革新的推动下，国际金融市场发生了巨大的变化，国际资本流动的规模表现出明显的扩大趋势，增速有明显提高。据《2010年中国跨境资金流动检测报告》统计，2010年我国的资本净流入累计7 030亿美元。

从其他统计角度和数据来看，也同样印证了国际资本流动规模的扩大化趋势。首先，以外汇市场的急剧膨胀为例，1999年全球每日外汇交易量达到1.2万多亿至1.5万多亿美元。其次，据统计，自20世纪70年代以来，国际资本流动平均增长13.67%，而全球国民生产总值平均增长3.58%，全球贸易增长6.58%。此外，国际市场上游资充斥，热钱交易量逐年上升。根据国际清算银行和世界贸易组织的一份统计资料显示，全球货币日平均交易量曲线一直呈大幅上涨趋势，2007年全球外汇市场日成交额达3.2万亿美元。

（二）国际直接投资逐渐复苏

第二次世界大战后，直接投资成为国际资本流动的主要形式，发达国家的国际资本流动中75%左右是对外直接投资。全球对外直接投资迅速增长的动因是发达国家的产业转移和跨国公司的资源全球配置。国际直接投资从1996年到2000年不断增长，1996年是3 861.4亿美元，到2000年变成14 919.34亿美元，较1996年增长了3.9倍。但是2000年以后，受西方国家经济发展不景气的影响以及跨国并购的收缩，国际直接投资突然大幅下降，2001年国际直接投资为7 351.46亿美元，2002年为6 510亿美元，到2003年跌至5 600亿美元，达到1998年来最低纪录，仅相当于2000年的47%。全球对外投资的锐减是由于流入发达国家的外国直接投资减少所致，而发展中国家作为一个群体却呈现出上升态势。经历了亚洲金融危机的发展中国家，其应对外部冲击的能力得到显著增强，汇率制度更为灵活，吸收并消化外部震荡的能力上升，管理危机的水平明显上升，并且一些区域内的经济金融合作开始发挥积极作用。经济增长势头的好转使流入发展中国家的外国直接投资出现复苏。据统计，外国直接投资量增长了9%，共计达到1 720亿美元。世界银行的《2003年全球发展金融》报告指出，美国、日本和许多欧洲国家当时的经济衰退以及这种衰退造成的低利率，在很大程度上推动了国际资本流入发展中国家。

（三）私人资本取代官方资本成为国际资本流动的主要形式

第二次世界大战后相当长的一段时期内，资本的跨国流动曾以包括各国政府和国际经济组织在内的官方资本占据主导地位。随着20世纪80年代末私人资本市场的恢复。90年代，私人资本流动得到了迅速的发展，体现在各种基金、大银行、非银行金融机构，甚至大企业为主体的私人资本逐渐取得了国际资本流动的主导地位。1993年，发展中国家吸收的私人资本为1 600亿美元，比1992年增长了55%；1994年为1 680亿美元，1995年为1 670亿美元；到了1996年，据国际金融学会的测算，流入31个新兴市场的私人资本达到创纪录的2 248亿美元，而同一时期官方机构所提供的资本仅为140亿美元。1998年，在流向发展中国家的资金中，有

90%来自私人投资者。进入新世纪,以跨国公司为主体的私人资本成为国家与国家之间、区域集团之间贸易投资的主流,跨国公司对外直接投资总额已占全球国际直接投资总额的80%。可以说,国际直接投资几乎是私人跨国公司的对外投资。数据显示,2007年国际私人资本的流动已占全球资本流动的3/4左右。

(四) 发达国家依然是国际资本流动的绝对主体

从全球资本流动的地域结构看,自20世纪80年代末以来,发展中国家普遍实行了结构性改革,推行市场化和自由贸易,放宽了对资本输出入的限制;此外,由于国内经济形势的好转,国际资本流动出现向发展中国家倾斜的趋势,但这并没有改变发达国家在当今国际资本市场上的主体地位,截至目前,发达国家依然是国际资本流动的绝对主体。

1996年,发达国家吸收国际直接投资占世界国际直接投资总额的比重高达65%。发达国家对外直接投资流量占世界国际直接投资总量的比重达到85%。到2002年,全球资本市场85%以上的资本流动和全球投资约80%的资金额仍集中于发达国家。尤其是作为金融霸主的美国,即使处于低利率时期,国际资本的流入仍然有所增加。据统计,2001年美国的资本净流入约为1.89万亿美元,其中官方资本8 115亿美元,占41%;2003年,美国的资本净流入达到2.43万亿美元,其中官方资本1.22亿美元,约占50%;2003年美国吸收的资本占全球所有国家资本流入总量的71.5%。同时,我们还应注意到,许多发展中国家将公司上市转移到了西方国际金融中心以寻求更多国际资本,出现了资本从发展中国家流向发达国家的"倒流"现象;不仅如此,发达国家防止高新技术外流,考虑获得高额利润而实行企业的全球战略调整,即随着生产设备自动化程度提高,亚洲国家劳动力便宜的优势明显减弱。因此,随着欧美加息和资本市场回报提高,大量国际资本流向发达国家的势头将会越来越强。

(五) 对服务业和资本技术密集型产业的投资比重加大

从国际资本流动的行业结构来看,对服务业和资本技术密集型产业的投资比重加大。近年来,发达国家对发展中国家基础部门的投资出现增长的趋势,跨国公司成为承担基础设施建设的主要力量之一。跨国公司为了寻求市场和生产要素的最佳配置,在世界范围内设置分级机构,将产业内的分工扩展为国际分工,在世界范围内组织生产和销售已成为国际经济发展的趋势。另外,在第三次科技革命尤其是信息革命的推动下,跨国公司的投资战略也发生了显著的变化。从1995年起,世界经济出现了第五次国际并购浪潮。在此次国际并购浪潮中,平行型并购行为增加。传统的垂直型投资是以利用有关国家和地区的自然资源和廉价劳动力为出发点,而水平型直接投资中,子公司或附属公司从事着与总公司基本一样的经营活动,这种资本流动是以扩大产品的销售市场进而获取高利润为宗旨的。分析跨国公司的上述行为,我们就可看出,在跨国公司建立的初期和中期,跨国公司更看重的是资本输入国廉价的劳动力和原材料,而现代跨国公司更看重的是投资国的市场。这表明,以劳动力和资源成本低为基础的制造业产品出口优势正在弱化,知识和技术密集型产品的出口已成为各国发展出口的重要策略,信息正在取代廉价劳动力成为吸引国际直接投资的主要因素,国际直接投资开始向服务业和技术密集型产业倾斜。

据世界银行的统计资料显示,20世纪50~80年代,全球外商直接投资集中于初级产品加工业和原材料加工业;进入20世纪90年代后,全球外商直接投资的重心开始由原材料加工业向加工工业、初级工业向高附加值工业、传统工业向新兴工业、制造业向服务业转移,其中第三产业的金融、保险、旅游和咨询等服务业和资本技术密集型产业是当前国际直接投资的重点领域。另据统计,自1990年以来,发达国家的投资50%以上投放在现代服务业以及相关产业上,主要发展中国家对外直接投资在服务业上的比重也达到了30%左右。从对全世界外国直接投资存量的占比来看,在1970年初期,服务业部门仅占全世界外商直接投资存量的1/4,

2000年这一比例上升到接近1/2，而2002年则达到了60%的比例，约占4万亿美元；在同一时期由9%下降到6%。2001年至2002年服务业占外商直接投资总流入量的2/3，价值约为5 000亿美元。由此可以看出，服务业和技术密集型产业存在吸收外商直接投资的巨大空间。

五、国际资本流动的来源

国际资本从本质上说是由国内资本转化而来的，当一国资本跨出国境时，就成为国际资本的一个组成部分。因此，国际资本流动的最基本来源是世界各国所形成的国际储蓄，国际储蓄中用于国际投资的部分即形成了国际资本流动。具体地讲，主要有以下几种：

（一）国际商业金融机构的信贷

国际商业金融机构完全按照国际金融市场运作规则，以追求利润最大化为目标，根据国际间存在的利率差异，从利率相对较低的国家吸收资金，然后投放到利率相对较高的国家，从而形成了大规模的国际资本流动，它是国际资本流动的主要来源之一。

（二）各国政府的信贷与融资

各国政府出于政治、经济和人道主义援助的目的，对其他国家提供优惠贷款、出口信贷和技术援助等，这些都构成了国际间的资本流动。同时，政府也会通过发行政府债券等形式在国际金融市场上进行融资，这也会导致国际资本流动。

（三）国际金融组织的贷款和融资

国际金融组织通常以股本、捐赠或债券融资等方式从成员国筹集资金，同时又以提供贷款或援助的形式向成员国提供资金，从而成为国际资本流动的又一主要来源之一。

（四）跨国公司的资本输出入

由于跨国公司的经营战略是国际化经营，因此跨国公司通常以直接投资或购买外国企业股份的形式向东道国输出产业资本，由此产生了与产业资本运动有关的大量的国际资本流动。第二次世界大战以后，由于国际分工与协作的发展以及经济国际化、全球化发展趋势不断加强，因而由跨国公司所导致的国际资本流动一直呈现上升的趋势，在整个国际资本流动中起着重要的作用。

（五）社会资本的投融资

由于不同国家的利率和汇率存在差异，社会资本往往会出于逐利、避险或投机的目的而在国际间大规模的流动。在当今各国不断扩大对外开放的情况下，这种形式的国际资本流动的比例越来越大，它构成了国际资本流动的主要来源之一。

六、国际资本流动的影响

（一）国际资本流动的积极影响

国际资本流动的积极影响，在客观上促进了世界经济的发展。具体表现为以下几个方面：

1. 促进全球经济效益的提高

国际资本流动促进全球经济效益提高的原因如下：第一，资本流动大多伴有生产要素的转移，这将有利于生产要素在全球范围内的合理配置，能产生较高的经济效益。第二，伴随资本流动而发生的，是先进技术与管理知识的扩散与传播，也会促进全球经济效益的提高。第三，资本流动推动了国际分工的深化。资本流动会带动资本输出国出口贸易与国民收入的增加。各国国民收入的增加，又反过来促使国际贸易扩大和国际经济联系的加强，增强了各国之间经济的互相依存和经济合作关系，从而推动国际分工在全世界范围内展开，有利于提高全球经济效益。当然，这种经济影响主要是针对长期资本流动而言的，短期资本流动一般没有这种影响。

2. 调节国际收支

资本流入意味着本国收入外汇，而资本流出则意味着本国支出外汇。因此，资本流动具有调节国际收支的作用。然而，短期资本流动的这个作用却是短暂的，长期资本流动在这方面的作用才有持久性，这主要是因为长期资本流动期限长，而且长期资本流入可增大资本输入国的投资能力，扩大生产和增加出口，从而起到改善国际收支的作用。

3. 缓和各国的内部和外部冲击

内部冲击是指经济衰退和危机、农业歉收等自然灾害。外部冲击是指国际市场商品价格的巨大波动。国际资本流动缓和内部冲击和外部冲击的原因在于，资本输出有带动出口贸易发展的作用，而资本输入则能使资本输入国获得进出口贸易的资金融通，进而有利于进出口贸易的扩展。出口贸易规模的扩大能使本国更多的商品销往国际市场，使资本再循环顺畅进行，这就有助于缓和经济衰退和经济危机。进口贸易的正常进行与发展，有助于缓解自然灾害造成的商品短缺。国际货币基金组织发放的"出口波动补偿贷款"、"缓和库存贷款"和"石油贷款"都是为缓和国际商品市场价格波动对其成员国造成的冲击而设立的。

4. 加速各国经济的国际化进程

第二次世界大战后，资本流动国际化已经形成一个趋势，20世纪90年代以来更是有增无减。资本流动国际化的外部环境与内部条件不断充实，如全球金融市场的建立与完善、高科技的发明与运用、新金融主体的诞生与金融业务的创新，以及知识的积累、思维的更新等都使资本流动规模更大、流速更快、影响更广，而其所创造的雄厚物质基础又反过来推动生产国际化与市场国际化，使各国经济在更高的水平和更广的空间上发展。

（二）国际资本流动的消极影响

国际资本流动的消极影响表现为以下几个方面：

1. 易于造成货币金融混乱

短期资本的大量流入，会导致资本输入国利率水平的降低和通货膨胀的加剧；短期资本流动的大量流出，会导致资本流出国利率水平的升高。短期资本流动在这方面的消极影响最为明显。

2. 不利于本国经济的发展

在货币资本额一定的条件下，大量资本输出会使本国国内投资下降，减少国内就业机会，降低国内财政收入，对本国经济发展造成压力。

3. 易于陷入经济附庸的地位

利用外国直接投资，虽然有助于加速资本输入国的经济发展，但如果资本输入国缺少正确的政策，管理不善，使用不当，不仅会使本国资源遭到掠夺，无法建立自己的优势产业而且可能会使本国的部分产业，甚至国家的经济命脉受到外国垄断资本的控制，国家主权受到侵犯，处于依附发达国家的地位。

4. 外债负担加重会陷入经济危机

对资本输入国来说，除外国的直接投资以外，流入的所有其他类型的资本都属于外债，都需要还本付息。如果外债金额过大，超过了本国还本付息的能力，那么资本输入国就会陷入债务危机。

第二节　国际资本流动的基本格局

国际资本流动的规模、结构、形式和流向等与世界政治经济形势的发展演变有着密切的联系。在不同的历史时期，国际资本流动的总体格局通常存在着很大的差异。从总体上看，国际资本流动大体可以划分为四个阶段：19世纪70年代至1914年第一次世界大战爆发前、两次世界大战期间、第二次世界大战结束至20世纪80年代以及90年代以后。在这期间，国际资本流动出现了四次高潮，分别是1870—1914年、1918—1929年、1973—1982年和20世纪90年代。因此，为了全面地了解国际资本流动的发展情况，本节首先对19世纪70年代以前的国际资本流动的情况作一简要介绍，其次分别介绍19世纪70年代以后的四个阶段的国际资本流动的基本格局。

一、19世纪70年代以前的国际资本流动概况

国际资本流动的历史可以追溯到14世纪，最初的国际资本流动通常是伴随着国际贸易发生的。当时，西方各国的社会生产力和商品经济有了一定程度的发展，于是各国之间出现了一定规模的贸易往来。之后，随着各国社会生产力和商品经济的不断发展，不仅西方国家之间的国际贸易不断扩大，并且逐渐形成了许多地区性的贸易中心。国际贸易的发展催生了经营票据、存款、贷款、保险等业务的发展，虽然在这个时期这些金融业务的发展还比较简单，但是它们表明了资本的跨国界流动已经开始。

16世纪欧洲出现了"商业革命"。"商业革命"的出现促使西欧商人开始使用暴力手段来掠夺美洲、亚洲和非洲等相对落后国家或地区的金银，从而使大量的金银流入到欧洲国家。由于受早期重商主义的影响，这一时期西欧各国仅仅重视金银的输入，而基本禁止金银的输出。英国"工业革命"的出现改变了这种状况，由于英国和其他西欧国家的工业和经济的发展，英国等西欧国家开始向国外输出资本。

二、19世纪70年代至1914年第一次世界大战爆发前国际资本流动的基本格局

1870—1914年是国际资本流动史上的第一次高潮。在这段时期内，国际资本之所以会出现大规模的流动，是因为资本主义正处于自由竞争向垄断发展阶段。大量的垄断资本为了攫取高额垄断利润，竭力地向殖民地、附属国或地缘接近的资源丰富的国家输出资本。当时的资本输出国主要有英国、法国、德国。在全部资本输出中，英国占50%以上的份额，法国和德国分别占20%和15%的份额。

从资本流向来看，占资本输入第一位的是北美洲和大洋洲的一些国家，它们占世界资本输入的50%以上；其次是东欧、俄国和北欧国家，它们约占25%；最后是殖民地和半殖民地国家，它们占比不到20%。在此期间，中国也引入了约16亿美元的外国资本，用于推动"洋务运动"。

三、两次世界大战期间国际资本流动的基本格局

第一次世界大战结束后，国际资本流动出现了第二次高潮。由于英国在战争中大伤元气，而美国则从原来的债务国转变为债权国，从而使美国取代英国成为第一资本输出国，英国排名第二。美国通过购买拉美和欧洲的债券的形式将资本输出到这些国家或地区，而英国则主要将资本输出到殖民地和半殖民地国家。

从资本的流向看，拉美和西欧国家是主要的国际资本输入国，其中德国是最大的借款国。在此时期，中国又引入了约16亿美元的外国资本，用于发展民族工业，初步奠定了民族工业

的基础。

由于本时期内发生了 1929—1933 年的世界经济危机，因此，除了几个工业国家拖欠战时债务和赔款外，拉美大多数落后国家也发生了不能够按期还本付息的债务危机。因此，世界经济危机过后各国采取了严格的外汇管理措施，限制资本自由流动，因而使国际资本流动呈现萎缩状态。在此期间，国际金本位制度第一次受到真正的冲击，国际资本流动的动因从过去的主要追求超额利润转向主要寻求安全的避难场所。

四、第二次世界大战结束至 20 世纪 80 年代国际资本流动的基本格局

第二次世界大战结束后的最初一段时间内，由于受战争的影响，发达国家忙于恢复和重建国内经济，而新独立的民族国家又处于相对封闭的发展状态，因此国际资本流动呈萎缩之势。1944 年 7 月，在美国的布雷顿森林市召开的国际货币会议，确立了以美元-黄金本位为特征的新的国际货币体系，使美元成为世界货币。因此从第二次世界大战结束到 1973 年该体系正式崩溃为止的近 30 年时间内，国际资本流动主要是以美国对外投资和对外援助为主体的"美元"的国际流动。

布雷顿森林体系瓦解后，国际货币呈现多元化趋势。同时，由于经过几十年的发展，欧洲、日本和许多新兴发展中国家的经济日益发展起来，它们不断地加入到国际资本供需行列，从而加速了国际资本在各国之间流动。特别值得指出的是在 1973—1982 年期间发生的两次世界石油危机，使石油价格大幅度地提高，从而使中东产油国积累了大量的石油美元。这些石油美元通过欧洲美元市场，流入到西方国家银行，再由西方国家银行以贷款的形式流入亚洲和拉美等国家，对这些国家的经济起飞产生了极大地推动作用。这次大规模的以石油美元为主体的国际资本流动，掀起了国际资本流动的第三次高潮，但因 80 年代初期拉美国家发生的债务危机而告终。

进入 20 世纪 80 年代后，由于两次石油危机造成石油价格大幅度上涨，使许多非石油输出国产生了长期的国际收支逆差。再加之通货膨胀的影响，从而导致许多发展中国家，特别是拉美国家，出现了严重的偿债困难，最终于 1982 年导致了拉美国家债务危机的发生。拉美债务危机产生后，虽然债务国与债权国、债权银行与国际金融机构共同采取了一系列措施，并于 1988 年年末至 1989 年年初基本上遏制了危机的进一步蔓延，但是它给国际资本流动带来了一定的负面影响。在此期间，不仅国际资本流动规模明显减小，而且国际资本流动一直处于不稳定状态。

五、20 世纪 90 年代以来国际资本流动的基本格局

20 世纪 90 年代由于各国金融和贸易自由化步伐不断加快，拉美一些国家债务重组取得进展，亚洲等一些发展中国家宏观经济调整取得成效，美国等西方国家在电子信息技术和新经济的影响下克服了长期的经济"滞胀"局面，恢复了经济增长，以及以欧盟为代表的国际区域经济合作的发展，使得国际资本流动取得了前所未有的发展。当然，在这期间也爆发了几次世界性的金融危机，如 1992 年的英国金融危机、1994 年的墨西哥金融危机、1997 年的亚洲金融危机、1998 年的俄罗斯金融危机、1999 年的巴西金融危机、2001 年的阿根廷金融危机、2002 年的巴西和乌拉圭金融危机、2008 年的全球金融危机，这几次危机对国际资本流动的规模、方向和结构产生了一定的影响。

然而，总体来说，由于世界各国的贸易自由化和资本与金融账户开放步伐的不断加快，20 世纪 90 年代以来国际资本流动达到了前所未有的规模。与 20 世纪 80 年代相比，国际资本流动的增速明显加快，对各国经济乃至世界经济的稳定和发展产生了重要影响。

第三节 国际债务与国际债务危机

国际资本流动有时会触发或加剧国际金融市场的动荡。自 20 世纪 80 年代以来,外债危机问题愈演愈烈,全球性的债务危机接踵而来,几乎阻塞了世界范围内的资本流动。本节主要介绍国际债务的概念、国际债务的衡量指标及国际债务危机。

一、国际债务的概念

根据国际货币基金组织、国际清算业务、世界银行和经济合作与发展组织的有关资料,一国的国际债务可以定义为对非居民用外国货币或本国货币承担的具有默契性偿还义务的全部债务。这一定义对国际债务有两个基本的判断:一是债权必须是非居民对本国居民的负债,包括外币负债均不在国际债务之列;二是债务必须具有契约性偿还义务,按此定义国际债务不包括外国直接投资,因为它不是"具有契约性偿还义务"的债务。如中外合资经营企业、中外合作经营企业、外商独资经营企业等。国家对这些企业的外商投资,不承担偿还的义务,而是根据有关法律、企业或公司的章程、合同、契约、由参加合营、合作双方共负盈亏。外商独资企业则由投资者自负盈亏从企业盈利或收益中偿付外国投资者的股息、红利或应分配的收益。虽然这类外资不构成国家的债务,但外资所得的股息、红利或分配的收益,以及经营、合作期满后本金的汇回,都属于国家的外汇支出。我国在计算国际收支时,需把这些列为外汇支出并按期支付。

国际货币基金组织和经济合作与发展组织计算国际债务的口径大致分为以下几项:
(1) 官方发展援助,即经合组织成员国提供的政府贷款和其他政府贷款;
(2) 多边贷款;
(3) 国际货币基金组织的贷款;
(4) 债券和其他私人贷款;
(5) 对方政府担保的非银行贸易信贷;
(6) 对方政府担保的银行信贷;
(7) 无政府担保的银行信贷;
(8) 外国大使馆、外国企业和个人在一国银行中的存款;
(9) 公司、企业等从国外非银行机构借入的贸易性贷款。

我国国家外汇管理局对外债下的定义为:外债是指中国境内的机关、团体、企事业单位、金融机构或其他机构,对国外的国际金融组织、外国政府、金融机构、企事业单位或其他机构,以外国货币承担的具有契约型偿还义务的全部债务。

我国外债具体包括以下几种:
(1) 双边政府贷款;
(2) 国际金融组织贷款;
(3) 国外银行等金融机构贷款;
(4) 在国外发行的债券;
(5) 买方信贷;
(6) 延期付款;
(7) 国际金融租赁中直接用现款偿还的部分;

(8) 补偿贸易中用现汇偿还的部分；

(9) 向国外企业或私人的借款以及外国企业或私人在境内的存款；

(10) 其他，包括向外资银行的同业拆借，已在境外注册的驻外机构调入境内实际需要的借款，中方替外方担保、由中方实际履行偿还义务的款项等。

从我国对外债所下定义以及实际操作过程中可以看出，我国对外债的定义，除包括外债的一般特性，即按居民、非居民区分和偿还义务的契约性外，还具有如下特征：

(1) 借款形式为货币；

(2) 由于目前人民币在国际上不能完全自由兑换，所以规定了外债的币种是外币而非本币；

(3) 对中国境内的外资和中外合资银行的债务视作非居民管理；

(4) 外汇担保只有在实际履行偿还义务时才构成外债，否则应视为或有债务，不在外债统计监测范围内。

从上述的解释我们可以看出，国际债务与国际资本是有区别的，两者是两个相互联系但又完全不同的概念。国际资本比国际债务的范围广。国际资本包括需要偿还的借贷资本和一般不采取偿还方式的直接投资；而国际债务只是那些需要还本付息的资本流动。同理，一个国家利用的外资和外债也是两个互相联系但又完全不同的概念。外资比外债的范围广。外资包括直接投资，而外债是外资当中需要还本付息的那一部分。

二、国际债务的衡量指标

一国借用外债的规模，受国际资本的可供应量、国内资金缺口和经济的承受能力的制约。所谓承受能力包括两个方面，即当前的吸收消化能力和未来的偿还能力。吸收消化能力指国内资金配套，基础设施完善程度，原材料和能源供应，适用技术的吸收能力等。偿还能力取决于投资效益、出口增长和国内储蓄水平等因素。因此，借用外债关键在于对引进的外国技术有效地吸收消化，增加国民收入，提高出口创汇能力。

国际上对一国外债的承受能力和偿还能力的衡量指标，通常有以下几种：

(一) 偿债率

偿债率是一国当年应偿还的外债本息额占当年商品、劳务出口额的比率。这是衡量偿还能力的主要参考指标。其公式为：

$$偿债率 = 当年偿还本金与利息 / 当年商品与劳务出口收入 \times 100\% \tag{7.1}$$

国际上一般认为偿债率在20%以下是安全的。20%称为国际债务警戒线。当然20%的限度也只能作为参考，并非一旦超过20%就一定会发生债务危机。因为一国的偿债能力既取决于所借外债的种类、数量、期限，还取决于一国的经济增长速度和出口增长速度等因素。

(二) 债务率

债务率又称债务出口比率。它是一国当年外债余额占当年商品劳务出口收入的比率。这是衡量一国负债能力和风险的主要参考指标。其公式为：

$$债务率 = 当年年末外债余额 / 当年商品与劳务收入 \times 100\% \tag{7.2}$$

国际上公认的债务出口比率为100%，超过100%为外债负担过重。

(三) 负债率

负债率是外债余额与国内生产总值的比率。有时也指外债余额与国民生产总值的比率。用公式表示为：

$$负债率 = 当年年末外债余额 / 当年国民生产总值 \times 100\% \quad 或$$

$$\text{负债率} = \text{当年年末外债余额} / \text{当年国内生产总值} \times 100\% \qquad (7.3)$$

负债率用于衡量一国对外资的依赖程度，或一国总债务风险。外债余额占 GDP 的比率，一般参考安全值为 10% 以下；外债余额占 GNP 的比率 20% 以下，若超过参考指标，就可能对外资过分依赖，当金融市场或国内经济发生动荡时，容易出现偿债困难。

（四）短期债务比率

短期债务比率是在当年外债余额中，一年和一年以下期限的短期债务所占的比率。它是衡量一国外债期限结构是否安全合理的指标。其公式为：

$$\text{短期债务比率} = \text{当年年末外债余额中短期债务余额} / \text{当年年末外债余额} \times 100\% \qquad (7.4)$$

国际上公认的短期债务比率为 25% 以下。

（五）其他衡量指标

除了上述几种常见的衡量指标，还有一些其他的指标可供参考。比如：（1）一国当年外债还本付息额占 GNP 的比率，根据经验数据，该比率在 5% 以下是安全的。（2）外债总额与本国黄金外汇储备额的比率，该比率一般控制在 3 倍以内等等。

上述几个指标中，偿债率是用以衡量外债偿还能力的一个最主要的指标，相比而言，其他指标是辅助和补充性的指标，常见的说法是，偿债率控制在 20% 以下为宜，如超过 20%，说明债务偿还会出现问题。换句话说，一个国家的外债规模应控制在外债本息偿还额不宜超过年外汇总收入——当年商品和劳务出口收入的 20%。世界银行曾分析了 45 个国家的债务情况，偿债率超过 20% 的 17 个国家中，15 个国家出现了严重的债务问题，以致不得不重新安排债务。无疑，利用上述偿还债务的比率或指标，特别是偿债率来衡量一国的外债偿还能力有重要的参考作用，但它们不是决定性的或是唯一的指标，这是因为它们存在一些局限性：（1）上述指标所显示的是过去的情况，并不包括将来形式的发展。出口商品产销的变化、出口市场的兴衰、商品价格的升降等因素，都直接影响未来出口收益的增减。而这些因素的变化在相当的程度上是不受本国主观努力所左右的。对未来形式发展缺乏预见性是偿债率和其他类似比率或指标所欠缺的。（2）以出口收入为基础的偿债率只是显示了国际收支的一个方面，并没有考虑到国家进口商品和劳务的因素，也没有包含国际储备状况。而这些都是影响一国国际支付能力的重要因素。如果一国的偿债率超过 20%，但外汇储备充足，人均国民收入水平较高，今后经济发展速度快，外债偿还也不会出现问题。（3）能否持续的有保证的借入外债，也是外债偿还能否不出问题的因素之一。因此，将一国外债偿还能力局限于以外汇收入来衡量显然是有局限性的。

总之，由于外债问题牵涉面广，可变因素多，因此对一国的外债水平或外债偿还能力不能用一个比率或一组比率来衡量。需要从更多方面、更多角度去衡量一国的外债水平和偿还能力。

三、国际债务危机

（一）国际债务危机的概念与特点

所谓国际债务危机，是指在国际债权债务关系中，债务国因经济困难或其他原因，不能够按照债务契约规定，按时偿还债权国的债务本金和利息，从而导致国际金融业陷入资金危机，并严重影响国际金融和国际货币体系稳定的一种经济现象。

国际债务危机主要有以下特点：

(1) 债务规模巨大；

(2) 债务高度集中；

(3) 涉及的范围和影响面广；
(4) 债务危机的发生与国际债务结构发生变化有很大关系。

（二）国际债务危机产生的原因

1. 国际债务危机产生的内因

(1) 外债规模过大以致超越了经济承受能力

20世纪70年代发展中国家的债务规模越来越大，这种现象的出现与当时的国际资金供求关系状况有关。从国际资金需求方面看，20世纪70年代的世界经济衰退和石油价格上涨，使许多非产油发展中国家出现了严重的国际收支赤字。加之这些发展中国家都采取了追求高速经济增长的发展战略，在当时国内资本比较短缺的情况下，需要大量地利用外资来发展经济。由于当时发展中国家对外国直接投资控制较严，利用外国政府和国际金融组织贷款又有限，但相对而言，在国际资本市场上借入资金比较有利，因此大量举借外债来解决国际收支困难和进行国内建设就成为优先选择手段。从国际资金供给方面看，当时欧洲美元市场有了一定程度的发展，而由于两次石油大幅度涨价使石油生产国积累了大量的美元，这些美元急需通过欧洲美元市场贷放出去，因而国际资金供应充足，利率也比较低。这为发展中国家大规模举借外债创造了资金供给条件。

在上述供求两方面因素的作用下，许多急需资金的发展中国家，通过国际金融市场大量举借外债，并出现了加速累积的趋势。再加上债务结构发生利于债务人的变化，导致了一定时期内债务规模的增大。由于外债规模的不断增大，发展中国家对国际金融市场的依赖性增强。因此，一旦国际金融和经济环境发生变化，势必会引发国际债务危机。

(2) 外债利用和管理失当

许多发展中国家长期以来实行的是进口替代的工业化发展战略。这种依赖贸易保护所实现的工业化发展，最终导致了生产的低效率，以及资源配置结构和生产结构的扭曲。更重要的是，许多债务危机发生国并没有将外债资金全部有效地投入于生产开发性和创汇营利性的项目，而是用于一些规模庞大而又不切实际的长期建设项目，甚至有些国家将外债资金用于不动产或外国证券方面的投资。由于借入的外债利用效率很低，因此必然会造成债务偿还困难的局面。

在外债管理方面，也存在许多问题。首先是外债的统计、监督和管理制度不健全，在外债规模、外债结构、外债投向、外债使用和外债风险等方面，缺乏科学完善的管理制度。其次是出现债务规模过度膨胀和债务结构恶化的情况时，有关管理部门没有作出积极有效地反应。

(3) 国内经济政策失误

20世纪70年代以后，许多债务国实行了扩张性的财政政策和货币政策，同时实行了不适当的汇率制度和外汇管制措施。扩张性的财政政策和货币政策造成了严重的政府财政赤字，从而引发了国内的通货膨胀。而不适当的汇率制度和外汇管制措施则使本币的币值高估，其结果不仅严重削弱了本国商品出口的国际竞争力，加重了国际收支失衡，而且也导致了金融结构的扭曲，促使国内资本外逃，使外债问题更加严重。

2. 国际债务危机产生的外因

(1) 世界经济衰退，严重恶化了发展中国家的国际收支状况

20世纪70年代两次世界石油大幅度涨价，不仅直接造成了非产油发展中国家进口费用的增加，扩大了这些国家的国际收支逆差，也引发了20世纪80年代初的世界经济衰退。在世界经济出现衰退的情况下，西方发达国家为了转嫁经济危机，纷纷实行贸易保护主义政策。其结果导致了发展中国家出口产品价格大幅度下降，出口收入大幅度减少，从而削弱了发展中国家的偿债能力，严重恶化了发展中国家的国际收支状况。

(2) 主要工业国家为反通胀而采取的紧缩性货币政策，大大加重了债务国的偿债负担

20世纪80年代初，英美等主要发达工业国家，为了抑制日益严重的通货膨胀，采取了紧缩性的货币政策，这使得国际市场利率急剧上升。由于发展中国家的借款大部分是国际商业银行提供的，而且大多是采用浮动利率计息的债务，因此国际金融市场利率的上升，必然会大大加重20世纪70年代借款的债务国的偿债负担。尤其是美国货币市场利率的提高还吸引了大量的国际资本流向美国，引起了美元的升值。而发展中国家的债务主要是美元债务，所以美元升值进一步加重了发展中国家的债务负担。

(3) 国际金融市场的动荡加剧了国际债务危机的产生

20世纪70年代的两次石油大幅度涨价，导致了大量过剩的石油美元的产生，推动了欧洲美元市场的发展。由此使得国际商业银行从欧洲美元市场获得了大量的石油美元，这为向发展中国家提供大量贷款创造了条件。与此同时，许多发展中国家为了大力发展国内的长期大型项目建设，不得不向国际商业银行大举借款，因而在整个70年代和80年代初期，国际商业银行对发展中国家的贷款迅速增加。然而，1982年后，由于国际贷款的风险增大，国际商业银行随即大幅度地减少了对发展中国家的贷款，从而使发展中国家的资金周转困难，加剧了国际债务危机的产生。

(三) 国际债务危机的解决方案

1. 债务转换

(1) 债务-股权转换

债务-股权转换即债务资本化，指投资商购入债权银行对债务国的债权，再将债权通过债务国的中央银行调换成当地货币，然后在债务国购买等值的股票或直接投资取得当地企业的股权。

利用债务资本化的债务处理方式，对债务人、债权人和投资者都有好处。对于债务人，能以本币将外币债务收回，减少了外债，促进了投资。对于债权人，能以低于账面的价格卖出到期未能实现的债权，收回大部分资金。对于投资者，能以低于账面的价格买入债权，又以账面价格转换成当地货币进行投资。

(2) 债务-自然环境转换

债务-自然环境转换主要是指环境保护组织在二级流通市场上购买债务国欠银行到期的债务，然后减免债务国的部分或全部债务，但债务国政府必须将免除债务的这部分资金用于环保项目。类似的债务转换还有债权-平衡增长转换、债权-教育转换等。

(3) 债务-出口转换

债务-出口转换是指进口商以低于票面的价值购买所要进口商品国家欠银行到期的债务，再将这笔债务按接近票面的价值付给债务国的中央银行，并利用当地货币收入支付给出口商。

2. 债权交换

债权交换是指债权人按一定的折扣将所持债务交换为附有担保品的其他债券。这种交换要求新债券必须是较为可靠的资产，即要求具有流动性，可以转让交易，相对旧债更安全。

3. 债务回购

债务回购是指债务国以一定的折扣用现金购回所欠的债务。债务回购一般要求债权银行免去贷款的某些条款，或重新安排债务协议。

4. 二级市场债务交易

除上述协议外，债权银行可以同其他银行、非银行金融机构和投资者在二级流通市场上交易欠发达国家的债务。

（四）国际债务危机的性质

关于国际债务危机的性质，在国际金融理论中有两种不同的理论解释：一种是流动性理论，一种是清偿力理论。

流动性理论认为，发展中国家的债务危机是由于外汇资金周转失灵所导致的，而外汇资金周转失灵又与世界经济衰退有关。因此，发展中国家的债务危机只是暂时性的问题。只要债权国和债务国对债务偿还期做出重新安排，并给债务国以资金融通，就可以使债务国度过危机，缓解危机所造成的不良影响。从长远来看，它们有能力偿还债务。持有这种观点的主要是国际货币基金组织和世界银行等国际金融组织的官员。

清偿力理论与流动性理论相反，认为发展中国家的债务危机不是因为外汇周转失灵，而是由于清偿能力不足。因此，仅仅通过重新安排债务和资金融通等措施，只能解决暂时的资金周转问题，而不可能从根本上解决发展中国家的债务问题。在实际利率很高的情况下，发展中国家的债务负担不但不会减轻，反而会随时间的推移变得越来越重，债务问题会日益恶化，从而引起更为严重的后果。发展中国家只有进行彻底的经济结构调整，促进经济长期持续增长，增强偿债能力，才能够从根本上解决债务问题。

实际上，从短期看，发展中国家的债务问题属于流动性问题。但从长期看，它又属于清偿力问题。发展中国家之所以会陷入债务危机之中，从根本上说，主要是由于发展中国家的经济结构单一、资金短缺、技术落后。而这又与发达国家和发展中国家之间存在的长期不合理的经济贸易关系是分不开的。从这一意义上讲，国际债务不仅是经济问题，而且也是政治问题。要从根本上解决发展中国家的债务问题，必须改变发达国家与发展中国家之间的不平等的国际经济和贸易关系，将债务问题与世界经济的长期发展结合起来考虑，帮助发展中国家发展经济，彻底解决发展中国家的债务问题。

（五）国际债务危机的启示

从20世纪80年代发展中国家发生的债务危机可以得到以下几点启示：

（1）发展中国家在经济发展过程中必须采取稳健的经济政策。在生产力没有真正得到发展的情况下，长期推行扩张性的经济政策，试图通过大规模借用外债来维持较高的经济增长，必然要背上沉重的债务负担。

（2）完善外债管理制度，加强对外债的监督和管理。从借、用、还等环节，以及外债规模、外债结构、外债投向、外债风险等方面，对外债实行全过程管理，以保证外债合理健康地利用。

（3）根据本国的外债承受能力，适当地控制外债规模，保持外债的合理增长。国际上公认的债务规模的合理指标是，负债率为20%以下，债务率为100%以下，偿债率为20%以下，短期外债的比率为25%以下。

（4）合理利用外债，提高外债的使用效率。将外债用于投资效益好、出口创汇能力强的投资项目，以提高外债的使用效益和外债的偿还能力。

国际资本流动受市场机制的驱动，资金在一般情况下流向高收益、低风险的国家。一旦投资利润受到威胁，私人贷款资金会立即撤离，从而起到加剧国际收支失衡的作用。发展中国家在外部融资能力突然下降的情况下，因不具备发达国家有效的汇率调节机制，因此只能靠紧缩国内总需求以及调整经济结构来调节国际收支。

（六）我国的外债管理

1. 我国对外债务状况

（1）外债规模连年扩大

我国外债规模连年扩大。20世纪80年代初期，我国借用外资每年不到100亿美元，到

1995年突破1000亿美元,1997年末达到了1309.6亿美元,比1979年增加1287.8亿美元,增长59倍,平均每年递增25.5%,增长速度高于国民生产总值的增长速度。特别是20世纪90年代以来,债务余额迅速增加,1997年我国债务余额占发展中国家债务总额的比例为7.4%,我国已成为发展中国家中的债务大国。2006年年末我国外债余额为3229.88亿美元。2010年年末我国外债余额为5489.38亿美元。截至2011年6月末,我国外债余额为6425.28亿美元。

(2) 外债期限结构不合理

从外债期限结构来看,我国短期外债占外债余额的比重从2001年的40%几乎逐年上升,到2010年高达的68%,超过20%的警戒线。截至2010年末,我国外债余额为5489.38亿美元,同比增长28%。按期限结构划分,中长期外债(剩余期限)余额为1732亿美元,占外债余额的32%;短期外债(剩余期限)余额为3757亿美元,占外债余额的68%。

(3) 外债来源结构不太合理

在我国外债来源构成中,主要是外国政府贷款、国际金融组织贷款和国际商业贷款。若国际商业贷款比重偏大,则势必增加债务成本,增大偿债风险。尽管我国政府严格控制商业贷款的增长,但国际商业贷款比重仍然较高。以2010年为例,登记外债余额中,国际商业贷款余额为2701亿美元,占80%,所占比重较上年末上升6个百分点;外国政府贷款和国际金融组织贷款余额为676亿美元,占20%。

(4) 债务指标良好

从外债监测指标看,除短期债务比率较高外,其他各项指标良好。2010年我国外债偿债率为1.63%,债务率为29.25%,负债率为9.34%,短期外债与外汇储备的比例为13.19%,均符合国际标准。

2. 我国外债管理中存在的主要问题

(1) 现存外债结构不合理

国际商业贷款比重偏大,债务成本高,客观上增加了偿还外债的潜在风险。在我国外债来源构成中,主要是外国政府贷款、国际金融组织贷款和国际商业贷款,前两类贷款一般都具有援助性质,贷款的特点是利率比较优惠、使用期限较长。而国际商业贷款利息率由市场决定,通常较高,贷款期限也以中短期为主。因此,若国际商业贷款比重偏大,则势必增加债务成本,增大偿债风险。20世纪90年代以来,尽管我国政府严格控制商业贷款的增长,但国际金融组织和外国政府贷款所占比重基本没有大的增长变化,而国际商业贷款比重仍然占有主导地位。以2007年为例,在3736亿美元的外汇债务余额中,国际金融组织贷款和国外政府贷款约占15.64%,而融资成本较高的国际商业贷款则超过了60%以上。

(2) 外债流入速度加快

我国的经济不可能长期保持高速增长,而亚洲金融危机的爆发又影响我国的出口创汇能力,外债的过快积聚加重了我国的偿债负担。按债务人类型分析,我国的外商投资企业的外债增长最快,占全国外债总额的比重逐年升高。由于我国对外商投资企业的对外借款不纳入国家外债规模管理,对其借入外债实行事后登记政策,不必向国内企业那样事前报批。因此,外商投资企业外债中有不少是国内企业通过外商投资企业对外筹资,由中方机构提供担保,这部分外债逃避了外汇管理局的监管,成为我国外债管理的一个难点。

(3) 现行外债统计范围偏窄,有待进一步完善

一是人民币对外负债未纳入外债统计。人民币对外负债主要表现为境内机构在境外发行的人民币债券、非居民在境内的人民币存款、边境贸易中的人民币债务等等。将本币负债纳入外债,既是世界银行、国际货币基金组织等国际组织的要求,也是各国普遍采用的口径,随着资本项目的逐步可兑换进程的推进和人民币在境外交易中认可度的提高,此类债务呈现类型多样

化、数额逐渐增大的特点，纳入外债统计的必要性和紧迫性进一步加强；二是对外担保、远期信用证等或有负债以及外商投资企业未分配利润、长期应收款等"隐性外债"均未纳入外债统计。这部分具有实质外债性质的资金具有较强的不确定性，且游离于外债统计监测和管理之外，一旦我国经济形势变化，外国投资者可随时将资金汇出，从而引发国内金融经济动荡。

（4）隐性外债问题严重

隐性外债是指处于国家对外债的监督管理之外且不反映在国家外债统计监测系统之中的实际对外负债。它是我国当前外债管理中存在的一大问题，由于这些外债没有在国家外汇管理局注册，政府很难掌握这些外债的数额，无法进行控制。未经注册的外债在不受监控的情况下增加，将在很大程度上威胁到整个国家的金融安全与稳定。

我国隐性外债的主要表现形式有两种：一是假合资，真融资；二是境内机构未经批准对境外借款予以担保。由于隐性外债未纳入国家和地方国民经济和政府社会发展中长期计划，又脱离了政府各职能部门的有效管理和监督，还绕开了外债登记，使国家公布的对境外实际负债的数字失真，可能导致国家宏观债务经营管理偏离预期的目标。国家进行外债管理的一个目的是为了减轻贷款单位的债务负担，提高偿债能力。而隐性外债的利率一般较高，许多外债的投资项目是非创汇项目，这就大大提高了借债成本与风险。而且由于大量的隐性外债还款合同属私下签订，还款时的突发性风险很大，过大的债务风险和较高的还款成本有可能使国家的外债管理政策在执行中出现偏差，严重的话，将会造成偿债危机。

第四节 投机性资本流动与货币危机

投机性资本流动是以追逐利润为目的、投机性极强的短期资本流动。大量的资本流动会通过资本和金融账户直接或间接地对各国的国际收支和国民经济造成巨大影响，容易引发货币危机。本节主要介绍投机性资本的含义、投机性资本对国际金融市场发展的负面作用、货币危机的含义、货币危机的发生机制、货币危机的危害、货币危机的解决方案及货币危机理论。

一、投机性资本的含义

投机性资本俗称"游资"，是指与实际生产、交换没有直接联系而以货币金融形态存在于国际金融市场，以追逐利润为目的、投机性极强的短期资本流动，又称"热钱"。它有以下几个特征：

（1）高风险性；

（2）高杠杆性；

（3）高流动性。

二、投机性资本流动对国际金融市场发展的负面作用

过度的投机性资本流动导致证券投资功能异化。投机性资本一般是巨额资本的组合，通常以各类投资基金的名义出现。它们的规模之大，轻而易举就能引发一国证券市场的剧烈震荡。尤其当国际游资进行过度投机操作时，它们对证券投资功能异化的不利影响更加明显。国际炒家为了追求利润的极大化，不惜耗费巨资破坏相关市场的平衡机制，使之朝有利于投机的方向倾斜。而这种过度投机的操作方式最终将市场引入背离经济发展的运行轨道，并最终给金融危机的爆发留下隐患。这主要表现在：

（一）国际资本的过度投机误导国际资本配置，破坏实质经济发展

国际资本的过度投机，会将大量资本投入于缺乏相应资源配置的市场，例如国际炒家们投资房地产，可以脱离实际的把价格哄抬到很高，在这个高价背后，却没有实质性的、兴旺的房地产业作为支撑。实质经济无实质的发展，从而给一国造成虚假繁荣。当投机性资本获利退出后，留下的是大堆的泡沫。如果一国的金融机制非常脆弱，那么危机的发生在所难免。

（二）投机性资本过度投机违背货币流通规律，破坏国际收支平衡

货币流通应以商品或劳务的流通为基础，购入商品，资本流入，卖出商品则资本流出。但是投机性资本的过度投机往往短促而又急速，加之数额巨大，使得该国短期资本流动变化无常，货币收支项目平衡机制严重失调，政府的控制难度增加。

（三）投机性资本过度投机制造市场虚假繁荣，破坏价格均衡机制

价格与货币的内在关系可以简单表示成货币数量增加，商品价格上升；货币数量减少，商品价格下跌。但是，由国际投机资本造成的价格上扬并不遵循这个规律。就向我们前面讲的房地产投资的例子，因为投机者要牟利，因此他们不顾一切地投入巨额资金推高房产价格，当该国的居民普遍认为经济回暖价格上扬而进入市场投资时，恰恰是炒家们绝佳的出货时机。一旦投机性资本得手携利退出，房地产市场泡沫瓦解，价格会立刻下降，由此会引发一系列的连锁负面效应。

（四）投机性资本的过度投机还会引起外汇市场价格波动，破坏外汇市场稳定

在东南亚金融危机当中，像索罗斯在中国香港、泰国、印尼的大举进攻都是从破坏这些国家和地区的外汇制度开始的，它的目的就是要引起该国汇率制度震荡，从中利用汇率商品获取利润。这场冲击使得这些市场外汇储备大量流失，外汇兑换比例严重失控，最终造成货币大规模贬值，直接对这些国家和地区的经济构成威胁。

三、货币危机的含义

货币危机概念有狭义和广义之分。狭义的货币危机与特定的汇率制度（通常是固定汇率制）相对应，其含义是，实行固定汇率制的国家，在非常被动的情况下（如在经济基本面恶化的情况下，或者在遭遇强大的投机攻击情况下），对本国的汇率制度进行调整，转而实行浮动汇率制，而由市场决定的汇率水平远远高于原先所刻意维护的水平（即官方汇率），这种汇率变动的影响难以控制，这一现象就是货币危机。广义的货币危机泛指汇率的变动幅度超出了一国可承受的范围这一现象。

四、货币危机的发生机制

货币危机的发生机制有以下三种：

（1）由政府扩张性政策导致经济基础恶化，从而引发国际投机资金冲击所导致的货币危机。

（2）在经济基础比较健康时，主要由心理预期作用而带来的国际投机资金冲击所引起的货币危机。

（3）蔓延型货币危机。在全球经济一体化的今天，一国发生货币危机极易传播到其他国家，这种因其他国家爆发的货币危机传播而发生的货币危机被称为"蔓延型货币危机"。货币危机最易传播到以下三类国家：第一类是与货币危机发生国有较密切贸易往来的国家。第二类是与货币危机发生国存在较为相近的经济结构和发展模式的国家。第三类是过分依赖国外资金流入的国家。

五、货币危机的危害

货币危机无论是对危机发生国还是全球经济都会产生重大的影响和严重的危害,具体体现在以下两个方面:

(一) 货币危机发生过程中出现的对经济的影响

为了抵御货币危机引起的资金外流,政府会采取提高利率的措施,并且其对外汇市场的管制可能会持续很长时间,这会对经济产生消极影响。同时,危机期间大量资金会在国内外频繁流动,从而扰乱该国的金融市场秩序。此外,货币危机期间的不稳定局势会对公众的正常生产经营活动带来很大干扰,使一国的经济秩序陷入混乱状态。

(二) 货币危机发生后对经济的影响

货币危机容易诱发金融危机、经济危机乃至于政治危机、社会危机。外国资金往往在货币危机发生后大举撤出该国,给经济发展带来沉重打击。货币危机导致以本币衡量的对外债务大量增加。货币危机发生后被迫采取的浮动汇率制,往往因为政府无力管理而波动过大,给经济带来不利影响。

六、货币危机的解决方案

(一) 汇率制度变更

汇率制度变更是多数国家在危机爆发后采取的第一个措施。亚洲国家多属于外向型经济,从 20 世纪 70 年代末期一直实行与以美元为主的一篮子货币挂钩的固定汇率制。随着经济形势的变化,这一汇率制度最终瓦解。

1997 年 7 月 2 日,泰铢终于顶受不住投机攻击,暴跌 18%。泰国央行被迫作出了放弃固定汇率制的决定。当日,泰国央行在财政部的背书下发表声明,宣称泰铢汇率将"由市场机制和国内外货币市场供需情况决定"即实行"管理浮动",取代从 1984 年开始实行的泰铢对一篮子货币的固定汇率制。

在变更汇率制的过程中,应汲取以下经验教训:

(1) 在实行固定汇率制的同时不能完全放弃对汇率的调控。

(2) 一旦发生危机,越早变更汇率越有利。这样不仅能减少外汇储备的流失,还能让本币汇率在市场力量下尽快回到均衡水平,有利于危机的缓解。

(3) 实行浮动汇率制后,各国和各地区经历了货币贬值。但是各国的贸易赤字不断缩小,外汇储备流失减少,国际经济组织对危机防治的信心增强;各国货币政策的独立性得到恢复,各国货币当局能够灵活运用利率杠杆促进经济发展。

(二) 适度的资金流动管制

(1) 限制远期外汇交易和非贸易性的外汇交易。

(2) 限制国内公司和银行过度的外汇头寸暴露,或是对外汇头寸暴露设置时限。

(3) 对所有的短期资本流入征税。

(4) 调高同业拆借利率,增加投机成本,同时提高外汇储蓄利率,吸引资本流入。

(三) 金融体系的改革

(1) 建立存款保险机制

亚洲各国采用存款保险机制无非是希望存款者在重组过程中保持对市场的信心。然而,亚洲的存款保险机制所采用的形式并不一定是成立一家专业公司,还包括政府的口头或书面承诺。

(2) 直接对金融机构提供资金支持

七、货币危机理论

货币危机理论的发展可以分为三个阶段：第一阶段，以克鲁格曼模型为主，被称为"第一代货币危机理论"；第二阶段从20世纪80年代中期开始，以奥伯斯特费尔德的"预期自我实现型货币危机"为代表，被称为"第二代货币危机理论"；第三阶段从1997年亚洲金融危机开始，虽然那时起涌现出很多不同的观点，但至今还没有一种被公认为"第三代货币危机理论"。于是这些观点统称为"货币危机新论"。

（一）克鲁格曼模型理论

1. 理论框架

克鲁格曼理论认为，政府过度扩张的财政货币政策会导致经济基础恶化，它是引发对固定汇率的投机攻击并最终引发危机的重要原因。可以借助国际收支的货币分析法来分析这种货币危机发生的过程，并假设货币分析法的假设前提仍然成立。

首先，假定一国的货币需求稳定，而货币供给则由国内信贷及外汇储备两部分构成。在其他条件不变时，该国居民将会通过外国居民购买或出售商品、劳务、金融资产等国际收支活动引起外汇储备变化，从而使货币供给和货币需求达到均衡。在该国货币供求平衡时，如果政府持续扩张国内信贷来融通财政赤字，就会带来货币供给的增长。由于居民会通过国际收支自动使货币供给和货币需求保持均衡，根据货币分析法可知，国内信贷扩张必然伴随着外汇储备的减少。但是，一国的外汇储备总是有限的，在其他条件不变时，国内信贷的持续扩张必然最终导致该国外汇储备持续下降。然而外汇储备是政府维持固定汇率制的重要工具，当政府不持有外汇储备时，势必只能听任外汇市场的汇率自由浮动。因此，一国持续扩张的货币政策导致该国外汇储备下降从而放弃固定汇率制时，由汇率自由浮动确立的汇率水平会有大幅度的贬值。

以上分析没有考虑投机者的心理预期因素。但是，如果投机者对经济基本面因素有比较正确的预期，必然会对未来汇率的大幅贬值提前作出反应。如果市场上的投机者在某一时刻一致抛售本币、抢购外汇，就形成了对该国固定汇率制的投机攻击。为了说明投机攻击的时间选择问题，引入一个概念——影子浮动汇率。影子浮动汇率是指在没有政府的干预下，外汇市场自由浮动时确定的汇率水平。信贷扩张会使影子汇率水平不断降低，当影子浮动汇率降至与固定汇率相等的那一点时，投机者就会发动攻击，但名义汇率水平本身在此时尚未发生变化，政府就会动用储备来保卫固定汇率。随着投机攻击进一步加强和羊群效应的扩大，政府储备会迅速耗尽，于是固定汇率制崩溃，汇率大幅度贬值。因此，投机者的预期加速了固定汇率制的崩溃。

2. 理论特点

克鲁格曼模型对货币危机的分析具有如下特点：

（1）在货币危机的成因方面，认为货币危机的发生是由政府宏观政策与维持固定汇率这两种政策目标之间发生冲突所引起的。这一分析将国际收支问题视为货币供求的自动调整过程，国内信贷扩张是导致储备流失的重要原因，因此货币危机是由政府的扩张政策所致。

（2）在货币危机发生机制方面，强调投机攻击导致储备下降至最低限是货币危机发生的一般过程。在这一过程中，央行基本处于被动的地位，预期只是提前了货币危机的发生时间，储备存量则是决定评价是否放弃的中心变量。

（3）在政策含义方面，克鲁格曼模型最主要的结论是：紧缩性财政货币政策是防止货币危机发生的关键。

(二) 预期自我实现型模型理论

1. 理论框架

第二代货币危机理论认为投机者之所以对货币发起攻击，并不是由于经济基础的恶化，而是由贬值预期的自我实现所导致的。从理论上讲，当投机攻击爆发后，政府可以通过提高利率以抵消市场的贬值预期，吸引外资获得储备来维持平价。但是，如果提高利率维持平价的成本大大高于维持平价所能获得的收益，政府就会被迫放弃固定汇率制。反之，投机者是否继续攻击也视投机者带来的成本收益而定。因此，固定汇率制是否能够维持是成本——收益比较分析的结果。

投机冲击的出现有可能与经济基础无关，而是在国际短期资金流动独特的内在规律下，主要由心理预期因素导致的。因此，一国可能在没有实施扩张性政策、外汇储备充足的情况下，突然面临投机冲击而发生货币危机。投机者对一国货币的冲击步骤往往是首先在该国国内货币市场上借入本币，再在外汇市场上对本币进行抛售。如果这一攻击能取得成功，投机者会在本币贬值后再用外汇购回本币，归还本币借款。这样，投机者攻击的成本是由本币市场上的利率所确定的利息，预期收益则是持有外汇期间外币市场上的利率所确定的利息收益以及预期本币贬值幅度确定的收入。投机者的策略实际上也是比较投机活动的成本和收益。只要投机预期攻击成功后该国货币贬值幅度超过该国提高利率后两国利率之间的差幅，投机者就会进行投机攻击。如果投机者预期该国货币贬值幅度足够大，那么在利率提高到该国政府可以承受的上限后，投机者仍可接受这一利息成本，继续进行投机攻击，以迫使政府最终放弃固定汇率。然而，投机者最终能否取得成功，取决于投机者掌握的投机资金数量、羊群效应是否发生、政府态度的坚决性，以及政府之间的国际协调和合作是否及时有效。从理论上讲，政府总可以将利率提高一定水平来维持固定汇率制度。然而，当政府被迫放弃固定汇率制时，一定是因为提高利率来维系固定汇率制的成本大大高于收益。

政府面临投机冲击时，是否提高利率维持固定汇率实际上是对成本和收益的权衡过程。当维持固定汇率的收益超过其成本时，政府应将其维持，反之则放弃。

2. 理论特点

（1）货币危机发生的隐含条件是宏观经济中多重均衡的存在。经济中共存在两重均衡，分别对应着公众对固定汇率制能否维持的不同预期，每种预期都是自我实现的。其中，"好的均衡"使公众的贬值预期为零，从而使汇率保持稳定；另一种均衡则是贬值预期，当这种预期达到一定程度时，政府将不断提高利率以维护平价直至最终放弃，这种均衡的结果就是货币危机。

（2）政府为抵御投机冲击而持续提高利率直至最终放弃固定汇率制是货币危机发生的一般过程。预期因素决定了货币危机是否发生，发生到什么程度，而利率水平则是固定汇率制放弃与否的中心变量。具体而言，在公众预期货币将贬值时，货币危机的发生机制表现为一种恶性循环：政府通过提高利率来维持平价→增加政府采用固定汇率制的成本→加强市场的贬值预期→促使利率进一步上升。然而，货币危机是否发生取决于政府和投机者之间的动态博弈过程。

（3）防范货币危机的主要政策措施是提高政府政策的可信性。可信度越高，货币危机发生的可能性也就越小。

（三）货币危机新论

1. 道德风险论

所谓道德风险，是指当事人的权利和义务不相匹配而可能导致他人财产或权益受到损失。在金融危机中，"道德风险"表现为政府对存款者所作的担保使金融机构进行风险很高的投资行为，造成了巨额的呆坏账，引起公众的信心危机和金融机构的偿付力危机，最终导致货币危机，持有这种观点的主要代表是麦金农和克鲁格曼。

根据该理论，货币危机的发展包括以下几个阶段：

第一阶段，金融机构在隐含担保的条件下进行投资决策。对金融机构而言，它在成功的时候将得到超额收益，但如果失败，损失的并不是其自有资金，而是将资金存放在金融机构的存款者。因此，金融机构将选择风险性较高的投资项目。

第二阶段，尽管金融机构进行了扭曲的投资决策，但由于隐含担保的存在，人们仍然放心地将资金贷放给这些机构，进一步激发了金融机构的过度借贷。这使得各种资产价格迅速上涨，引起了整个经济的投资热潮，金融泡沫由此产生。

第三阶段，在泡沫经济持续了一段时间之后，金融机构对资产价格上涨而形成的"良好"财务状况开始关注和警觉。这种警觉渐渐演变为普遍的金融恐慌，高风险的投资项目出现漏洞，泡沫开始破裂。在此过程中，首当其冲的是资产价格。资产价格的下降使中介机构的财务状况迅速恶化，出现偿付危机。此时，虽然金融机构的经营状况已经岌岌可危，但是人们期待已久的政府援助并没有出现，引起金融市场的动荡，资产价格进一步下降。金融机构的偿付问题很快蔓延开来，金融体系崩溃，货币危机爆发。

因此，道德风险论的结论是：政府的隐含担保导致的道德风险是引发危机的真正原因，货币价值的波动只不过是危机的一个表现形式而已。但是，如果政治或经济制度向有利的方向发展时，道德风险的危害性就会被削弱。

2. 基本因素论

基本因素论是最经典最古老的金融危机理论之一。亚洲金融危机爆发后，理论界对传统的基本因素论进行了修订增加了其他的解释。多米尼克·萨尔瓦多和考塞提等学者就是这一学说的重要代表。基本因素论的基本论点有：

（1）一国的基本因素是决定危机是否爆发的最关键因素，也是导致危机蔓延和恶化的根本原因。

（2）基本因素的恶化包括外部不平衡（经常项目赤字、实际汇率升值）和内部不平衡（金融体系的不健康运行、政府为了援助不良贷款而产生的巨额隐含财政成本的相对较低的外汇储备）。基本因素的恶化可以用一个由多重宏观和金融指标组成的指标体系进行量化，并可根据指标体系的数值变化预警危机的爆发。

（3）基本因素不能准确的预测出一国何时爆发货币危机，但能表明危机的趋势。

（4）投机攻击、政治危机或政治问题是触发金融危机的催化剂。

3. 金融恐慌论

金融恐慌论对资本流动恶化危机的作用进行了比较完整的描述。该理论认为，亚洲各国在危机前夕大多经历了一个资金迅速流入的过程，但是外资的流入是很脆弱的，极易受到"金融恐慌"的影响而发生逆转，一旦发生大规模逆转，危机就会发生。

美国经济学家瑞德里克和萨克斯在1998年对金融恐慌论进行了论述和修正。新一代金融恐慌论的观点可以概括如下：

（1）在危机之前一段较短的时间内突然流入的外资潜伏着巨大的危险。20世纪90年代后亚洲各国的经济金融形势出现了巨大变化，金融市场开始成熟，投机需求不断增长，外资流入迅猛攀升。然而，这些外资多为短期资金，而且大多投向风险性较强的行业，因此非常容易发生逆转。

（2）危机爆发前后，金融市场上出现了一系列的导致金融恐慌的触发事件。这些事件包括金融机构和企业的破产、政府违背自己的承诺或金融市场上投机者的恶意炒作。

（3）危机爆发后，一系列因素使金融恐慌不断放大恶化了危机。以下几个因素放大了金融恐慌：政府和国际社会的政策失误；亚洲各国政局出现动荡；信用评级机构对亚洲各国的国家信用实行了降级处理；资本外逃本身加剧了金融恐慌的严重性，形成恶性循环；危机在亚洲地区的蔓延。

从以上的分析中，金融恐慌论提出了以下的政策建议：

一是资本市场会发生多重均衡，因此要对金融体系进行改革令其健康发展，以防患于未然；二是国际金融市场容易受到金融恐慌的影响，因此必须有一个公平有效的组织充当最后贷款人，及时防止金融恐慌的爆发和扩大；三是政策制定者必须全面而又谨慎的制定和采取措施，并在危机初现端倪时就采取微调的手段，防止短期行为对市场的情绪产生不利影响。

第五节 国际资本流动理论

自国际资本流动现象产生以来，经济学家们就试图从理论上对这种经济现象进行解释。目前已经产生了各种不同的理论，它们分别从不同的角度探讨了国际资本流动问题。其中，最重要和比较系统的理论是对国际资本流动成因的解释。由于国际投资构成了国际资本流动的主体，因此本节主要从国际直接投资和国际间接投资两方面进行介绍。

一、国际直接投资理论

国际直接投资理论的内容比较丰富，其中比较有影响的理论有垄断优势论、产品周期理论、内部化理论、边际产业扩张论和国际生产折中理论等。此外，还有主要论述发展中国家对外直接投资的理论，如小规模技术理论和技术地方化理论等。本节仅对其中的一些理论作一简要评述。

垄断优势论最初由斯蒂芬·海默于20世纪60年代提出，以后金德尔伯格又对其进行了补充、发展和完善。该理论以美国为对象，在批判传统的要素禀赋论的基础上，试图从产业组织方面来解释对外直接投资的决定因素。海默认为，决定企业对外直接投资的因素是企业所拥有的垄断优势，如商标、专利、新技术、管理经验、信息、国际声望、雄厚的资金、规模经济等。由于市场存在不完全竞争，这些优势足以克服跨国企业在东道国投资所遇到的各种不利因素。海默的理论虽然还不十分完善，但是它奠定了对外投资理论的基础，尤其是提出了进一步研究的方向。此后，许多经济学家发表了大量的文章，一方面对垄断优势论进行了补充和发展[①]，另一方面在批判地吸收海默的研究成果的基础上提出了许多新的解释。垄断优势论较好地解释了发达国家大型跨国公司的对外投资，但是它无法解释没有垄断优势的中小企业（尤其是发展中国家的企业）为什么也进行对外直接投资。

产品周期理论是弗农于1966年提出的。弗农指出，垄断优势论并不能很好地解释跨国公司为什么要通过在海外建立子公司占领市场，而不是通过产品出口和技术转让获利。弗农认

---

① 对垄断优势论进行补充和发展的有：约翰逊提出跨国公司的垄断优势主要来源于跨国公司对知识资产的控制，凯伍斯强调拥有使产品发生差别的能力是跨国公司所拥有的最重要的优势，尼克博克提出跨国公司对外直接投资是寡占反应行为的结果，赫尔施从成本的角度提出跨国公司对外直接投资是出口贸易与对外直接投资比较的结果，卢特认为跨国公司的垄断优势在于其拥有的综合知识资产，艾利伯提出安全通货论来补充垄断优势论等等。由于这些理论的提出，使垄断优势论得到了不断的发展和完善。

为，这种现象只能由产品周期理论来解释。弗农认为，产品再生产正像人一样具有生命周期，一个产品的出现一般要经过产品创新、成熟、标准化和衰退四个阶段，直至最终完全退出市场。在产品创新阶段，由于厂商完全控制技术秘密，产品在国内生产十分有利。在产品成熟阶段，市场上出现了仿制者和竞争者，这时如果出现了国外生产成本比国内低的情况，那么企业就会到国外投资。在产品标准化阶段，产品生产已完全普及和标准化，厂商已失去垄断优势，价格竞争占主导地位，这时厂商便投资于原材料和成本相对较低的欠发达国家和地区。在产品衰退期，产品在国际市场上逐渐失去销路，直至最后被淘汰。产品周期理论有力地解释了发达国家的制造业对外直接投资的原因，但它无法解释采掘业和服务业对外投资的原因，更无法解释发展中国家向发达国家反向投资的原因。

内部化理论是巴克莱、卡森和拉格曼等人于20世纪70年代中后期提出的。所谓内部化，是指在企业内部建立市场，以替代外部市场。巴克莱等人认为，由于外部市场存在不完全性的矛盾，因而存在市场失灵和交易成本增加的问题。这就促使企业到国外进行直接投资，建立企业内部市场，从而克服外部市场不完全性的矛盾。内部化理论对企业跨国投资提出了一种综合性的解释，但它未能解释企业跨国直接投资的区位分布问题，以及许多因素（非经济因素）对国际直接投资的影响。

边际产业扩张论是日本经济学家小岛清在分析日本的对外投资情况的基础上于20世纪70年代提出的。小岛清认为，对外直接投资应该从投资国已经处于或即将处于比较劣势的产业（即边际产业）依次进行。与海默从产业组织角度和弗农从国际贸易角度分析发达国家之间的以水平分工为基础的国际直接投资不同，小岛清是从国际分工的比较成本原理的角度分析发达国家对发展中国家的以垂直分工为基础的国际直接投资。他的分析更符合像日本这类国家的中小企业对外直接投资的实际情况。但这一理论的不足之处在于其未能解释发展中国家对外投资的现实，也不能解释20世纪80年代以后日本对外投资的现实。

国际生产折中理论由约翰·邓宁于1976年提出。邓宁认为，垄断优势论、产品周期理论和内部化等理论各有所长，但都是对国际直接投资所作的部分分析，缺乏将国际直接投资、对外贸易和对外技术转让结合起来进行分析。邓宁在综合上述理论的基础上提出了国际生产折中理论。该理论的核心内容为一国企业的对外直接投资是由所有权优势、内部化优势和区位优势三个基本因素共同决定的。邓宁的国际生产折中理论具有很强的实用性，但是它仍不能解释发展中国家对外投资的现实。此外，该理论将利润最大化作为跨国公司对外投资的主要目标也与事实不符[①]。

上述理论主要解释了发达国家的对外直接投资问题。近些年来发展中国家对外直接投资发展很快，于是出现了主要解释发展中国家对外直接投资的理论。威尔斯的小规模技术理论认为，发展中国家跨国企业的比较优势是拥有为小市场需要提供服务的小规模生产技术、发展中国家在民族产品的海外生产上具有的优势和低价产品营销战略，发展中国家跨国企业的竞争优势正是来自具有上述特点的低生产成本，这种低生产成本是与其母国的市场特征紧密相关的。拉奥的技术地方化理论强调技术引进的再生产过程，他认为欠发达国家的对外技术引进、消化和吸收不是一种被动的模仿和复制，而是技术的改进和创新，这种创新往往受当地的生产供给、需求条件和企业特有的学习活动的影响，正是这种创新活动给企业带来了新的竞争优势。此外，还有规模经济理论、市场控制理论和国家利益优先取得论等从不同的角度解释了发展中国家的对外直接投资。

[①] 除上述理论外，还有竞争优势理论、投资诱发要素组合理论、产业双向投资理论、纵向一体化直接投资理论和横向一体化直接投资理论等。

二、国际间接投资理论

国际间接投资理论是传统的国际投资理论，在国际投资理论史上占有重要的地位。国际间接投资理论包含的内容很多，本节仅对几种主要的国际间接投资理论作一介绍。

现金移动理论是大卫·李嘉图于1809年在《金块的价格》中较早提出的一种国际间接投资理论。李嘉图认为，由于一价定律的作用，各国之间进出口商品价值不同，必然引起现金在各国之间的移动；现金在各国之间移动又必然会调节商品进出口。该理论说明国际间现金移动服从于国际贸易的需要。李嘉图的现金移动理论作为其比较利益论的派生学说，较好地解释了一国利用现金来弥补国际收支逆差和调节国际收支的问题，但它没有说明国际资本流动的本质。

费雪以国际资本市场完全竞争为假设，指出由于存在利率水平和利率期限结构的差异，资本会从拥有生产现时商品优势的国家流向拥有生产未来商品优势的国家。费雪的国际资本流动理论对分析早期的国际资本流动有一定的合理性，但是它没有考虑国际投资风险对国际资本流动的影响，它也无法解释期限相同的金融资产如何在国际间流动。另外，利率自由化和完全竞争的国际资本市场假设不符合实际。未来商品生产的比较优势也不足以成为资本流入国吸引外资的决定因素。

曼德尔的一般货币资本流动理论认为，按照O-H-S模型，如果两国的生产函数相同，则国际贸易与国际投资具有替代关系。国际资本流动起因于国际贸易障碍，那么在自由贸易条件下不会发生国际资本流动。曼德尔的理论对于贸易导向型的国际投资具有较强的解释力，但其关于两国生产函数相同的假设不完全符合实际。

麦克杜格尔的国际资本流动理论，从经济学的角度研究国际资本运动的有关效果。麦克杜格尔认为，资本在各国间自由流动之后，可使资本的边际生产力在国际上得到平均化，从而可以提高世界资源的利用效率，增加全世界的财富总量，提高各国的经济效益。在麦克杜格尔模型的基础上，一些经济学家提出了最佳对外投资课税论来对此进行补充和完善。这一理论说明了各国政府对国际投资实行一定限制的必要性。

托宾-马克维茨的国际资本流动理论认为，为了分散投资风险，必须使国际证券投资分散化。如果两个国家的资产收益不完全相关，那么两国的投资者通过互相交换一定量的资产，双方均可减少投资风险。因此，资本会从实际利率高的国家流向实际利率低的国家。在信息不充分的条件下，国际投资中专业化和分散化是一致的，都是为了规避风险，都能促进国际资本流动。托宾-马克维茨理论对于分析战后日益增长的国际资本交叉流动有积极意义。但是，资本国际间双向流动及其证券化的原因是多方面的，风险和信息只是其中的原因。此外，该理论认为如果发生国际资本单向流动，那么两国的投资收益必定完全相关，这一点与国际间接投资的实践不符合。

钱纳里和斯特劳特的"双缺口"模型指出，当一国经济发展中出现储蓄缺口时，可以通过外汇缺口来弥补（即投资与储蓄之差等于进口与出口之差）。这一理论解释了发展中国家利用外资来弥补国内资金短缺的必要性。然而，该理论假定储蓄缺口、外汇缺口的各个变量是独立的，不存在任何替代关系，这与事实是不符的。此外，储蓄缺口并不能成为国际资本流动的决定因素，因为资本并不一定从储蓄高的国家流向储蓄低的国家[①]。

---

① 除上述理论外，还有债务周期理论、购买力转移理论、借贷互利理论、国际借贷论、促进国民收入理论和城市化国际资本流动理论等，这些理论都分别从不同的角度解释了国际间接投资现象。

第六节 资本外逃

资本外逃是大部分发展中国家发展过程中一个必定要经历的现象。这种现象如果得不到解决就会影响发展中国家的经济发展，严重的时候可能影响一个国家的经济体系的稳定甚至可能导致一个国家政权的动荡。本节介绍资本外逃的含义、资本外逃的测算、资本外逃的主要方式和渠道、资本外逃的影响因素、我国资本外逃的状况、资本外逃的经济影响及抑制资本外逃的对策。

一、资本外逃的含义

资本外逃指一国或经济体的境内及境外投资者由于担心该国将发生经济衰退或其他经济、政治的不确定性而大规模抛出该国国内金融资产，将资金转移到境外的行为。

在我国，资本外逃是指未经批准的、违法违规的资本外流，是超出政府实际控制范围的资本流出。资本流出不能都看做是资本外逃。资本流出中大部分是经过批准的合规的流出。比如，经过批准的外债还本付息、对外直接投资、金融机构资产存放或拆放境外同业、购买外国证券、贸易信贷等。即使在未经批准的违规流出中，也有一些用于正常投资和经营，之所以违规流出，主要是躲避繁杂的审批程序或者是为了降低其他交易费用。资本外逃不仅存在于发展中国家，也存在于发达国家。资本外逃也不仅仅是为了逃避外汇管制，也可能是为了规避国内政治和经济风险，逃避税收征管，或是为了洗钱和转移资产。

二、资本外逃的测算

资本外逃行为的隐蔽性以及各国国际收支统计的不完善使资本外逃的测算难度加大，常用的测算资本外逃的方法有以下几种：

（一）直接法

直接法又称为卡廷顿法，即通过国际收支平衡表直接估算，估算模型为

资本外逃 = 错误与遗漏账户余额 + 私人非银行部门短期资本流出

（二）间接法

这是世界银行提出的测算资本外逃的方法，即将一国外资来源和外资运用之间的差额视为该国资本外逃的规模。估算模型如下：

$$资本外逃 = (\Delta D + \Delta FDI) - (\Delta CAD + \Delta R)$$

其中，ΔD 表示外债增加额；ΔFDI 表示外国直接投资净流入；ΔCAD 表示经常账户赤字；ΔR 表示储备资产增加额。

（三）摩根法

美国摩根保证信托公司对世界银行的方法进行了修正，摩根公司认为银行系统和货币当局所持有的短期外币资产主要是为了进行外汇交易，不构成恐慌或怀疑性的资本外逃，应予以扣除。因此，估算模型为：

$$资本外逃 = (\Delta D + \Delta FDI) - (\Delta CAD + \Delta R) - 银行体系和货币当局所持有的外币资产$$

（四）克莱因法

克莱因认为，外国直接投资收入中的再投资部分不应计入资本外逃，经常项目的旅游净收入和边境贸易部分因不通过官方市场也不应计入，由此可得资本外逃的估算模型为：

资本外逃 = (ΔD + ΔFDI) - (ΔCAD + ΔR) - 银行体系和货币当局所持有的外币资产 - 旅游和边贸收入 - 其他资本收入

三、资本外逃的主要方式和渠道

目前我国实际存在的资本外逃方式多种多样，分析来看，主要有以下五类：

（一）以"价格转移"等方式通过进出口渠道进行资本外逃

"价格转移"是各国不法企业常用的转移资金和利润的方式，具有相当的隐蔽性。高报进口骗汇，低报出口逃汇，一直是我国资本外逃的主要渠道。同时，出口不收汇，进口不到货，假造贸易单证骗汇，或将外汇截留境外等违法行为，也是我国资本外逃的重要方式。

（二）虚报外商直接投资形成事实上的外逃

较为典型的做法是：中、外方合谋，以高报外方实物投资价值或中方替外方垫付投资资金的方式，通过设立合资企业向境外转移境内资产或权益。同时，由于一些社会中介机构为外商投资企业虚假验资，产生外商直接投资高报。这些虚增投资最终都会以利润汇回或清盘形式要求换汇汇出，从而形成迂回的资本外逃。

（三）通过"地下钱庄"和"手机银行"等境内外串通交割方式进行非法资本转移

所谓"地下钱庄"的做法是，换汇人在境内将人民币交给地下钱庄，地下钱庄则将外汇打入换汇人所指定的境外账户。2010年广东有关部门查获的两个地下钱庄，就是采取这种方式进行非法交易，涉嫌金额都在20亿元人民币以上。所谓"手机银行"，就是专做外汇非法交易的掮客，与境外机构或个人建立了非常紧密的联系，只需打个电话，就可以做成一笔汇兑生意，境内是人民币从一个账户转到另一个账户，境外是外币从一个账户转到另一个账户。在我国沿海的个别地区，这些人几乎成为半公开的经纪人，并建立了"良好的信誉"。此外，还有一些境内企业与业务伙伴等较熟识的境外企业进行所谓的"货币互换"，境内企业直接在境内为境外企业提供人民币进行各种支付，境外企业在境外以约定的汇率折成外币偿还。

（四）金融机构和外汇管理部门内部违法违规操作形成的资本外逃

银行等金融机构或外汇管理部门在办理结售付汇业务或有关审批手续时，可能放宽真实性审核标准，为客户违规划汇资金，或者内部个别工作人员与不法分子串通，为资本非法转移提供方便。同时，金融机构也存在违法违规资金划拨的可能。一些金融机构无单证或单证不全售汇，乱放外汇贷款，滥开信用证等，也造成了国家资产和外汇损失。

（五）通过直接携带的方式进行资本外逃

目前，我国允许境内居民个人携带5 000美元外币（超过的需要银行或外汇管理局开具外汇携带证），用于境外经常项目支付。但是，如果当事人使用这笔资金购买证券或转存银行，那就成为资本项目支出。对于那些频繁出入境的人员来说，多次合法携带的资金就可能是一个较大的数目。实际操作中，违规超限额携钞出境的现象也十分常见，另外，旅行支票和外币信用卡理应用作境外个人消费，但也可能转成资本，形成资本外逃。

四、资本外逃的影响因素

从理论上分析，东道国宏观经济状况直接影响了国内资本的收益与风险状况，它无疑是影响资本外逃最为主要的因素，同时，制度因素也是影响发展中国家资本外逃的主要因素。

（一）宏观经济因素

宏观经济政策失误、缺乏效率或政府政策的不确定性引起的经济不稳定是发生资本外逃的一般性因素，居民为了避免宏观经济不稳定带来的财富价值减少或持有财富的风险增加，采取在国外持有资产或将资产转移到国外的策略,由此产生了资本外逃。

1. 汇率因素

一般来说,一国货币的汇率越稳定,无论用该货币作为国际经济交往的支付手段,还是作为世界货币,其所面临的不确定风险就越小,由汇率波动所产生的交易损失和价值损失就越小。因此,从减少交易风险和价值保值的角度讲,人们往往愿意持有那些汇率比较稳定的货币,而不愿意持有波动频繁的货币,特别是那些经常贬值的货币。东南亚国家资本的大量流出引发了1997年亚洲金融危机,而资本的大量流出恰恰是由于预期汇率的变化造成的。因此,汇率因素是影响资本外逃的重要因素。

2. 国内外利率水平差异

根据国际资本流动的套利模型,利率差异使得国际间存在套利机会,进而导致了资本的国际间流动,因此,国内利率水平低于国外利率水平是国内居民以国外资产替代国内资产的主要诱因,而且,国内外利率水平差异越大,资本外流规模就越大。

3. 国内生产总值

国内生产总值(GDP)对资本外逃的作用可以从两个方面来看:一方面 GDP 的不断增加,国民经济增长、财富的积累使得国内的资本向国外流动以寻求更有利的投资回报,从而对资本的外流起到推动作用;另一方面,国民经济的发展导致人们对国内经济前景的良好预期,吸引更多的资本内流,从而对资本外逃产生抑制作用。因此 GDP 对一国资本外流的影响具有不确定性,它可以促进也可以抑制资本外逃。

4. 财政赤字

大量财政赤字的存在,使政府通过正式纳税或采取通货膨胀税进行融资,引起国内资产贬值或税负增加,从而驱动资本外逃。因此,财政赤字与资本外逃应是正相关关系。

5. 通货膨胀率

通货膨胀会侵蚀资产或财富的实际价值,因而较高的通货膨胀水平会刺激有条件的本国居民将资产转移至国外,导致本国资本外逃。也就是说通货膨胀率与资本外逃之间应该是正相关关系。从实际数据看,中国的资本外逃额与通货膨胀率在很多年份都呈现出一种此消彼长的态势。

6. 外债状况

当一国的外债呈现增长态势,则意味着未来本国资产的实际税负将会增加。当预期税负达到一定程度时,可能会导致本国资本外逃。从这个角度讲,外债状况与资本外逃存在着正相关关系。当然,不能否认的是,本国外债的增加也可能是由资本外逃引起的,即由于资本外逃增加,外汇储备下降,则不得不增加外债来为进口融资,因而,资本外逃与外债增加之间也可能互为因果关系。

7. 外汇储备状况

一国的外汇储备变动状况对汇率走势影响很大,对资本外逃的影响也比较大。一般来说,外汇储备愈高,则本币贬值的风险愈小,因而,对资本外逃会产生一定的抑制作用。资本外逃与外汇储备之间应该是负相关关系。

(二)制度因素

制度因素主要是与资本外逃国家的政治经济制度和体制相联系的特殊因素。

1. 引入外资与外资差别待遇政策

若资本外逃由本国投资环境引起,则当宏观经济环境改善、直接投资增加时,本国资本外逃降低。若资本外逃由内外资差别待遇或非法资本洗钱活动引起,则外商直接投资(FDI)增加的同时资本外逃大量增加。为了吸引 FDI,长期以来,我国中央与地方政府对 FDI 实行各种特殊的优惠政策，这种内外有别的优惠政策使得内资在市场竞争中处于不平等的地位。为了享受外资身份带来的"超国民待遇"，国内居民将资金转移到国外后以"外资"身份重新回流的动力，以进行制度"寻租"。为消除内外有别的投资政策的弊端，1994年，中央政府统一了内外资所得税率。

2. 政治和国际金融风险因素

政治和国际金融风险可能带来宏观经济的不稳定，进而诱发资本外逃。

五、我国资本外逃的状况

从资本外逃的总量来看，从1988年至2005年期间，资本外逃累计达到8 538.89亿美元，平均每年474.38亿美元。资本外逃的总量不小，而且各年度的资本外逃数量具有很大的波动性。我国资本外逃的规模在1998年达到了一个高峰，1999年又明显下降。1997年亚洲金融危机发生后，形势发生变化，对人民币贬值预期加剧，导致境外"热钱"在1998年大量抽逃，国内资本也有一部分避险性质的资本外逃。2001年有所回落之后，我国资本外逃规模又一次大幅度上升。

进入21世纪以来的几年，是人民币所处环境剧烈变动的时期。短短几年之内，人民币从预期贬值变为预期升值。而各种迹象也表明，我国的跨境资本流动方向在这几年已经发生了变化。我国外逃的资本有着极强的套利性。具体而言，当持有美元的收益高于持有人民币的收益时，就会出现资本外逃。而且，美元相对人民币的超额收益越高，我国资本外逃的量就越大。美元的超额收益率从1999年开始逐渐降低，到2002年年末低于0。从2003年到2006年前半年，持有人民币的收益高于持有美元的收益。随后的半年，两个收益率持平。与之相对应的是，2003年资本外逃变为资本流入，且此态势保持到2006年前半年。随后，又出现资本外逃。如果将反向的资本外逃理解为热钱流入的话，那么2003年到2005年，共有约2 280亿美元的热钱流入我国。

六、资本外逃的经济影响

（一）资本流出的突然增大必然对国内金融市场形成冲击

资本外逃使一系列市场变量，如利率、汇率变得十分不稳定，利率上升压力增大，汇率存在贬值压力，外汇储备有更大的流失压力。当存在较大规模的资本外逃时，政府借款的难度也会相应加大，在很多情况下，即使政府以较高的成本借入了外汇资金，这些资金也可能通过特定的途径重新流失。

（二）降低经济增长的潜力

从长期看，资本外逃会降低经济增长的潜力。我国目前总体上还处于资本缺乏阶段，要实现国民经济持续快速健康发展，就必须要有足够的资本投入。而国内资本流向国外，是将国内储蓄分流，必然相应减少国内的投资，无疑极大地削弱了我国经济建设的物质基础，从而影响了经济的增长。

（三）侵蚀税收的基础

大规模的资本外逃将造成国内储蓄下降，投资和生产萎缩。失业增加，国民收入减少，这必然影响到国内税源。外逃的资本以"外资"身份返回享受税收优惠，使国家税收流失，减少了财政收入，又制造了假的外资引入，形成了不公平的竞争环境。

（四）可能成为金融危机的引爆点

国际货币基金组织的调查报告表明：持续、大量的资本外逃是引发金融危机的导火索。当前我国的金融体系仍存在许多薄弱之处,如果资本外逃不能得到控制,就会产生居民对银行的不信任,大规模的套现使得银行运作出现危机,这样就会影响整个金融体系的稳定。

七、抑制资本外逃的对策

要抑制资本外逃,应该联系资本外逃的成因,从体制和政策环境等深层次上采取政策,从根本上阻止资本外逃。抑制资本外逃的对策有以下几个方面:

(一) 加强宏观调控,保证宏观经济运行平稳

要为国内外资本创造安全可靠的投资环境和经济金融环境,改变居民和企业对经济的不信任,减少国内资本外逃的驱动力,增大对国际资本的吸引力。

(二) 对导致资本外逃的相关经济体制进行改革

推行金融改革,积极稳妥地放松外汇管制,减少在利率管理、市场准入、投资限制等方面的直接管制和行政干预。将利率和汇率形成机制市场化,维持稳定而合理的实际汇率。

(三) 统一对内资和外资的待遇

取消内资和外资之间的待遇差别。引进外资要依靠"市场导向",依靠我国良好的投资环境和巨大的市场潜力。

(四) 推进税制改革,完善税收制度

逐渐缩小外资与内资之间的税收差距,从而减少资本外逃;建立私有财产、产权保护制度,形成良好的法律环境,消除私人资本外逃的动机。

(五) 完善金融监管,加强机构合作

我国应该完善包括金融系统、司法机构、税务部门、海关、财政部在内的联合金融监管网。在反洗钱金融监管小组的基础上,加强与国内相关机构的合作,加强与国际反洗钱组织的合作。

本 章 小 结

1. 国际资本流动是指一个国家或地区的政府、企业或个人与另外一个国家或地区的政府、企业或个人之间,以及国际金融组织之间资本的流入和流出。这里的"资本"可以是货币形态的资本,也可以是实物形态的资本(如生产设备、技术、原材料、劳动力等)。它是国际间经济交易的基本内容之一。国际资本流动是资本跨越民族的界限而在国际范围内运动的过程,是资本要素在不同主权国家和法律体系管辖范围之内的输入和输出。

2. 从资本流动的期限长短来看,国际资本流动可以分为长期资本流动和短期资本流动两种形式。长期资本流动的期限在 1 年以上,主要包括国际直接投资、国际间接投资和国际贷款三类。短期资本流动的期限在 1 年或 1 年以下,各种短期金融资产如现金、活期存款以及所有货币市场上的金融工具等流动即属此类,短期资本流动主要包括贸易资本流动、短期证券投资、短期贷款、保值性资本流动和投机性资本流动等几种形式。

3. 对于资本短缺的国家来说,合理地利用外债可以有效地促进本国的经济发展。外债使用既可以取得一定的经济收益,也要付出一定的成本。外债使用的经济收益主要包括可以弥补国内建设资金的不足和增加投资能力,可以增加国内就业,可以推动对外贸易发展,可以促进金融业的发展。外债使用的成本主要有还本付息,借用某些带有附加条件的外债有可能损害债务国的经济甚至国家主权利益。一国必须根据外债使用的经济收益与成本的比较来确定外债的

合理使用规模。

4. 国际债务危机是指在国际债权债务关系中，债务国因经济困难或其他原因，不能按照债务契约规定，按时偿还债权国的债务本金和利息，从而导致国际金融业（主要是银行业）陷入资金危机，并严重地影响国际金融和国际货币体系稳定的一种经济现象。

5. 国际资本流动对一国和世界经济有重要的影响。特别是在当今国际资本流动规模越来越大的情况下，国际资本流动对各国和世界经济产生了深远影响。国际资本流动对经济的影响包括积极影响和消极影响两个方面。

6. 国际资本流动是解释国际资本流动原因、动机、方式、变动因素及影响的国际金融理论。一般分为国际直接投资理论和国际间接投资理论。

7. 资本外逃指一国或经济体的境内及境外投资者由于担心该国将发生经济衰退或其他经济或政治的不确定性而大规模抛出该国国内金融资产，将资金转移到境外的行为。在我国，资本外逃是指未经批准的、违法违规的资本外流，是超出政府实际控制范围的资本流出。资本外逃会对一国国际收支和经济长期稳定发展造成很大冲击，因此世界各国越来越重视对资本外逃的监管。

复习思考题

1. 简述国际资本流动的概念和类型。
2. 简述国际资本流动的原因。
3. 简述国际债务危机产生的原因。
4. 国际债务危机的解决方案有哪些？
5. 衡量一国债务危机的指标有哪些？
6. 简述国际资本流动理论。
7. 简述资本外逃的影响因素及其危害。

第八章 国际货币体系

随着金融市场全球化和国际贸易的发展，国家货币关系日益成为世界经济中一个非常重要而复杂的问题。各个国家为了实现内外均衡的目标，需要对一系列问题进行协调。在这种协调过程中，有些是实现内外均衡目标过程中最为基本的问题，譬如汇率制度、货币本位、国际收支的调节方式等。对于国际间政策协调来说，需要对这些问题进行制度安排。这种制度安排，我们称之为国际货币体系。国际货币体系由支配各国货币的规则和机构，以及国际间进行各种交易支付所依据的一套安排和惯例构成，它不仅对各国的外汇政策、汇率制度、国际收支的调节、储备资产的构成与运用有着巨大的影响，而且对世界范围内贸易格局的形成与经济的发展有着深远的影响。

本章将着重讨论：国际货币体系概述；国际金本位制度；布雷顿森林体系；牙买加体系；国际货币体系改革；金融全球化与国际货币体系改革。

第一节 国际货币体系概述

国际货币体系在国际金融领域内具有基础性的制度性规范作用。它对国际支付结算、国际资本流动、各国国际收支的调节以及货币汇率的调整等，都会产生重大的影响。国际货币体系的形成主要有两种方式：第一种方式是依靠市场自发形成，当越来越多的参与国遵照某些程序而给予其法律约束力的时候，一种国际货币体系就形成了；第二种方式是建立的国际货币体系。即依靠政府的力量，建立起一套各国共同遵守的制度和规范，并在实践中不断完善和发展。

一、国际货币体系的概念

国际货币体系（International Monetary System）是指国际货币制度、国际货币金融机构以及相应的国际货币秩序与规则的总称。这里的体系，是指某种有规则有秩序的整合体。

国际货币体系的形成离不开资本主义经济的发展。它与以货币为媒介的资本主义经济往来密不可分。随着资本主义经济的发展，国际经济往来愈发频繁，参与的国家和货币的种类也越来越多，国际货币体系的法律和行政色彩也相应增加、内容覆盖面也日益广阔。于是，国际货币体系应运而生。

二、国际货币体系的内容

国际货币体系主要包括以下内容：

1. 汇率的确定与维持。本国货币与其他国家货币之间的汇率如何确定？这个问题涉及这样一些内容：货币比价波动的界限、货币比价确定的依据、货币比价的调整以及维持货币比价所采取的措施等。另外，还包括一国对外支付是否受到限制，一国货币可否自由兑换成支付货币，本国货币与其他国家货币之间的汇率如何确定，以及汇率的维持主要依靠何种手段和措施等问题。

2. 国际收支调节机制。国际收支及其调节是国际货币制度最主要的问题。当一国国际收支出现不平衡时，各国应采取什么方式弥补这一缺口，各国之间的政策措施又应该如何相互协调，又如何使各国在国际范围内公平地承担调节国际收支的责任。

3. 国际储备资产的确定。一国政府应持有何种为世界各国所普遍接受的资产为储备资产，用以维持国际支付原则和满足国际收支的需要。还包括用什么货币作为国际支付货币，新的储备资产如何创造与供应等问题。

4. 国际货币事务的协调与管理。它的实质是协调各国国际货币活动和与此有关的经济政策。在各国确立和实行其汇率制度、国际储备制度、国际收支调节机构的过程中，由于彼此在经济利益和货币主权等方面难免存在差异甚至矛盾，因此，建立国际货币事务的协调与管理机制就十分有必要了。这种协调与管理通常是通过国际货币机构和组织进行的，具体落实在制定各方所共同认可和遵守的规则、惯例和制度上。

三、国际货币体系的作用

1. 首先，确定国际清算和支付手段的来源、形式和数量等，为世界经济的发展提供必要的国际货币，并确定国际货币及其同各国货币的相互关系的准则，促进世界的发展。例如，当确定黄金或特别提款权作为世界清算和支付手段的来源时，国际货币体系就必须就黄金或特别提款权本身的定价方式、应用范围，以及各国货币与黄金或特别提款权的比价关系和兑换方式作出具体的规定。

2. 其次，确定国际收支的调节机制，以确保世界经济的稳定和各国经济的平衡发展。国际收支的调节机制主要包括以下内容：汇率机制是一种对逆差国的资金融通机制和国际货币发行国的国际收支纪律约束机制。国际货币体系在确定国际收支调节机制方面的作用主要表现为：其一，它根据世界经济形势和各国经济发展的具体状况，来确定世界范围的汇率制度。其二，当确定某国发生国际收支逆差时，它能在什么样的条件下从何处获得资金及资金的数量和币种来弥补国际收支逆差，从而避免采取不必要的调节措施或有损别国的政策。其三，它能确定适当的约束机制来约束国际货币发行国的国际收支行为，以维护国际金融领域的稳定。

3. 最后，确立有关国际货币金融事务的协商机制或建立有关的协调和监督机构，以监督各国的行为、提供磋商的场所、制定各国必须共同遵循的基本行为准则，并在必要时提供帮助。

四、国际货币体系的划分

国际货币体系是历史的产物。可以说，它与以货币为媒介的国际经济往来是同时产生的。只不过早期的货币体系主要是依靠约定俗成的做法形成的。随着国际经济交往的不断增长，参与的国家及货币种类越来越多，国际货币关系也越来越复杂，国际货币体系的法律和行政色彩也相应增加。因此，一种体系可以是习惯缓慢发展的结果，也可以是某些法律文件和行政合作的结果，还可以是以上两者的结合。

确定一种货币体系的类型主要依据三条标准：第一，货币体系的基础即本位货币是什么；第二，参与国际流通，支付和交换媒介的主要货币是什么；第三，主要参与国际流通，支付和交换媒介的货币与本位币的关系是什么，包括双方的比价如何确定，价格是否在法律上固定，以及在相互之间多大程度上可以自由兑换。综合以上标准，国际货币体系可划分为三种类型：国际金本位制度、布雷顿森林体系和牙买加体系。

第二节 国际金本位制度

1816年，英国制定了《金本位制定法案》，率先采用金本位制度。到19世纪80年代，资本主义比较发达的国家如法国、意大利、比利时、荷兰、德国及美国先后实行了金本位制，至此，金本位制度成为世界性的货币制度。各国实行金本位制的时间见表8-1。

表8-1　各国实行金本位制的时间

国家	实行金本位制的时间	国家	实行金本位制的时间	国家	实行金本位制的时间
美国	1879年	俄国	1898年	英国	1816年
墨西哥	1905年	德国	1871年	丹麦	1873年
巴拿马	1904年	挪威	1873年	瑞典	1873年
荷兰	1875年	比利时	1874年	日本	1879年
乌拉圭	1876年	意大利	1874年	瑞士	1874年

金本位制是指以黄金作为本位货币的一种制度。在金本位制下，流通中的货币除金币以外，常常存在着可兑换为黄金的银行券及少量其他金属辅币，但是只有金币才能完全执行货币的全部职能，包括价值尺度、流通手段、贮藏手段、支付手段和世界货币。国际金本位制就是以各国普遍采用金本位制为基础的国际货币体系。

一、金本位制度的类型

金本位制度按其货币与黄金的联系程度可划分为金币本位制、金块本位制和金汇兑本位制三种类型，且这三种类型就是金本位制历史演变过程。

（一）金币本位制

第一次世界大战以前，资本主义各国普遍实行的金本位制就是金币本位制。在该制度下，国家通过法律的形式规定铸造一定形状、重量和成色的金币，作为具有无限法偿效力的本位货币自由流通；金币和黄金可以自由输出和输入国境；金币可以自由铸造，也可以将金币熔化为金条和金块；银行券可以自由兑换为金币或等量的黄金；由于本位货币的名义价值和实际价值相等、国内外价值趋于一致，因此，具有贮藏货币与世界货币的职能。

在金币本位制下，金币是按既定金币的重量成色自由铸造的，因此，这就使金币的国内价值相当稳定。同时，由于黄金可以在国际间自由流动，而货币汇率决定于黄金平价，变动又只限于黄金输送点界限以内，因而汇率也比较稳定。

（二）金块本位制

第一次世界大战以后，在1924年至1928年资本主义相对稳定时期，一些国家虽然恢复了金本位制，但实际上都无力恢复金币本位制，而是改行金块本位制。金块本位制是指国家不再铸造金币，也不允许居民自由铸造金币，而由各国中央银行或其他有政府批准的发行纸币的银行发行具有一定含金量的银行券在市场上流通，并可按官价兑换黄金的货币制度。其特点是：

（1）金币虽然是本位货币，但在国内不流通金币，只流通纸币。
（2）由国家储存金块，作为储备；
（3）不许自己铸造金币，但仍规定纸币含金量；

(4) 纸币不能自由兑换金币。

(三) 金汇兑本位制

第一次世界大战以前,许多弱小国家以及殖民地和附属国都实行这种货币制度。金汇兑本位制又称为虚金本位制,在该制度下,本国货币直接与实行金币本位制或金块本位制的国家的货币挂钩,从而间接地与黄金相联系。金汇兑本位制的特点是:

(1) 规定国内货币单位和含金量为计算标准但不铸造金币;

(2) 在国内流通银币,银币有无限法偿权,银币与金币有法定比价;

(3) 确定与本国经济有密切关系的金本位国家为依附对象,把本国货币同所依附国家货币保持固定比价,并在所依附国家的金融中心储存黄金与外币。本国货币并不直接与黄金挂钩,而是通过他国货币与黄金间接地挂钩。

(4) 黄金只有在最后关头才充当支付手段,以维持汇率的稳定。

1992年热那亚会议之后,除美、英、法等国实行与黄金直接挂钩的货币制度以外,其他欧洲国家的货币均通过间接挂钩形式实行了金汇兑本位,国际金汇兑本位于1925年逐渐建立起来。布雷顿森林体系就是一种典型的金汇兑本位制。

第一次世界大战结束后,有些原来实行金币本位制的国家试图恢复金本位制,但由于客观条件的限制,实际上实行的是一种金块本位制与金汇兑本位制的混合制度。

二、国际金本位制的特点

1. 黄金充当国际货币,是国际货币制度的基础。在金本位制度下,由于金币可以自己铸造,金币的币值与黄金含量可以保持一致,金币的数量就能自发的满足流通中的需要;由于黄金可以自由输出入,就能够保持本币汇率的稳定。总之,金本位制度是一种相当稳定的货币制度。

2. 各国之间的汇率非常稳定。各国货币之间的汇率由它们各自的含金量对比所决定。金本位制度是严格的固定汇率制。各国货币都规定含金量,各国货币所含金量之比即为铸币平价,铸币平价决定这两种货币汇率的法定平价。在金本位制度下,市场汇率的波动以黄金输送点为界限。由于黄金可以自由输出,因而具有国际结算的功能。如果汇率涨幅过高,人们就宁愿不购置外汇,而改用黄金进行结算;反之则相反。

3. 自动调节国际收支。英国经济学家大卫·休谟认为,金本位制度下存在一个"物价——铸币流动机制"。当一个国家黄金外流时,国内货币供应量下降,物价就下降,成本降低,这样就会减少进口,扩大出口,黄金就会流入。相反,当一个国家黄金流入时,国内货币供应量增加,物价上涨,成本提高,这样就会增加进口,减少出口,黄金就会流入。这样,就会达到自动调节国际收支平衡的目的。

三、国际金本位制的作用

国际金本位制实施的时候正处在一个相对和平的年代,因此,它对促进各国经济的增长,保持物价和汇率的稳定,促进国际贸易的发展,维护世界经济的平稳运行,都是功不可没的。具体来讲,它的作用主要表现在以下四个方面。

1. 保持各国汇率的稳定,使各国间的贸易顺利进行。金本位制实行以后,各国汇率由它们的含金量决定。因此,现实汇率往往围绕着这个含金量之比而上下波动,所以波动幅度比较小,汇率相对稳定。汇率的相对稳定,为国际贸易的进行创造了有利的条件,极大地促进了国际贸易的发展。

2. 促进国际资本的流动,合理配置国际资本。一国发生收支逆差时,外汇的供应就会小于需求,当外汇下跌超过黄金输出点时,就会引起黄金外流,减少货币数量。这样导致金融市场银根紧缩,短期内资金利率上升。当国内利率高于国外利率时,就将产生套利活动,短期内促使资金内流。这样国家之间资本就会加剧流动,国际资本流动到需要它的地方去,从而促进国际资本的合理配置。

3. 调节国际收支,平衡各国的经济发展。在金本位制下,各国的国际收支是自发调节的。因为国际收支不平衡,会引起黄金的流动,进而引起国内货币数量的变化,导致贸易双方国家国内物价和收入的变化,进而引起政府调节国际收支的不平衡,制止黄金的流动。从而平衡各国的经济,减小发展的差距,一定程度上使弱小国家的力量得到增强。

4. 协调各国经济政策,促进共同发展。实行金本位制的国家,把对外平衡作为经济政策的首要目标,而把国内平衡放在次要位置。因此,国际金本位制使主要资本主义国家有可能协调其他各国的经济发展政策,促进世界各国的共同发展。

5. 抑制国内物价上涨,平衡经济发展。由于全世界的中央银行都必须固定其货币的含金量,所以它们不会允许其货币供给比实际货币需求增长得更快,因为过快的货币增长最终会抬高包括黄金在内的所有商品和服务的价格。因此,金本位制天然地能够对中央银行通过扩张性货币政策引起国内价格上涨的做法予以限制。这种限制会使一国货币的实际价值更加稳定和更具可预测性,从而进一步加强从使用货币中发展起来的商品交换经济。

四、国际金本位制的优缺点

在金本位制度下,金币的自由铸造,具有调节市面上货币流通量的作用,保证了各国物价水平的相对稳定;金币的自由兑换保证了黄金与其他代表黄金流通的金属铸币和银行券之间的比价相对稳定;黄金的自由输出入,则保证了各国货币之间的比价相对稳定;由于金本位制内在的对称性,导致该体系中没有一个国家有特权地位。

只要各国遵循金本位制的规则,维持货币发行的黄金准备以及货币可自由兑换成黄金,汇率就可以保持固定不变。然而,坚持金本位制意味着一个国家不能控制它的货币政策,因为它的货币供给由国家之间的黄金流动决定的。并且,世界各国的货币政策在很大程度上受到黄金生产和开发的制约。

任何事物都有两面性,国际金本位制也不例外,既有优点,也有缺点。金本位制度的缺陷主要表现在:

(1) 由于自动调节机制的作用,国际收支的调节必须通过国家之间物价水平的变动,使得进出口贸易发生变化后才能实现,相关国家实际上为平衡国际收支付出了国内经济失衡的代价。国内经济往往成为国际收支平衡的牺牲品。

(2) 货币数量的增长主要依赖黄金产量的增长,然而,黄金产量的有限性使金本位制的物质基础不断削弱。再加上资本主义国家发展的不平衡和经济实力的悬殊差距,使得国际金本位制度更加难以维持。

(3) 金本位制大大限制了使用货币政策对付失业的能力。如果面临世界性的经济衰退,对所有国家而言,共同扩大货币供给或许更好,即便这将抬高用各国货币表示的黄金价格。

(4) 只有当黄金和其他产品或服务的相对价格稳定时,将货币与黄金挂钩的做法才能确保总体价格水平的稳定。

(5) 当各国经济增长时,除非能不断地发现新的黄金,否则中央银行无法增加其持有的国际储备。

（6）金本位制给了主要黄金产出国，如俄罗斯和南非，通过出售黄金来影响世界宏观经济状况的巨大能力，造成不公平。

五、国际金本位制的崩溃

第一次世界大战前夕，国际金本位制度已经出现了崩溃的迹象：银行券的发行日益增多，黄金的兑换区域困难，黄金的输入也受到越来越多的限制。一方面世界黄金的产量满足不了世界经济增长的需要；另一方面，较发达的国家通过贸易顺差的持续积累和其他特权，使黄金分布非常不平衡。随着战争的爆发，各国为了筹集战争资金，又增加了银行券的发行。到第一次世界大战爆发时，各国相继终止了银行券与黄金的兑换，并禁止黄金的出口，国际金本位制度宣告瓦解。第一次世界大战后的 20 世纪 20 年代，资本主义世界处于相对稳定时期，各国先后恢复了金本位制，但是却不是原来的金币本位制，而是金块本位制。比如德国，采取的是金汇兑本位制，而英国则采取的是金块本位制。国际金本位制在此基础上恢复运转，但是其实它已经是被削弱了的金本位制。1929 年—1933 年资本主义世界发生了世界性的经济危机，伦敦发生挤兑风潮，英格兰银行因应付不了黄金、外汇的兑付，于 1933 年 3 月宣布银行券停止兑现，禁止黄金输出。至此，英国的金块本位制宣告结束。1935 年 3 月，比利时宣布货币贬值。法国因为黄金外流过多，而不得不于 1936 年 8 月采取法郎贬值的措施，实际上是放弃了金本位制。荷兰、意大利、瑞士都是紧随其后放弃了金本位制。美国经济实力比较强，虽然黄金储备比较多，可是也经不起经济危机的冲击，不得不宣布纸币停止兑现，禁止黄金输出。实际上也是放弃了金本位制。至此，国际金本位制彻底宣告崩溃，从此，资本主义世界分裂为相互对立的货币集团和货币区，国际金本位制退出历史舞台。

纵观国际金本位制崩溃的原因，主要有以下两点：

（1）在资本主义世界，各国政治经济发展极为不平衡，黄金越来越多地集中在少数几个资本主义大国手中。使得国内纸币与黄金的兑换愈发困难，黄金的国际流动受到了限制。

（2）金本位制的比赛规则在经济危机的冲击下遭到严重破坏。金本位制的比赛规则之一是各国的黄金与金币的流出入不受限制。然而，在金融危机期间，由于资本大量外逃，使得这一比赛规则遭到严重破坏。

这些迹象都表明，在当时的情况下，金本位制已经应付不了当时的经济危机，需要有一种新的货币体系来取代它，因此，金本位制的崩溃就成为历史的必然。

第一次世界大战结束后，世界货币体系的重建问题受到各国的重视。1922 年，在意大利热那亚召开了世界货币金融会议，讨论重建国际货币体系的问题。这次会议吸引了战前国际金本位制的教训，确定了一种节约黄金的国际货币制度——国际金汇兑本位制。

国际金汇兑本位制是一种既以黄金为基础，又节约黄金的货币制度。当国际收支发生逆差时，一般先动用外汇储备，如果仍不能平衡，就用黄金作为国际清算的最后手段。从节约黄金的角度讲，这个货币制度在一段时间内是成功的。但从根本上讲，在国际金汇兑制度下，黄金数量依然满足不了世界经济增长和维持汇率稳定的需要。世界经济增长本来就使黄金显得相对不足，再运用黄金来干预外汇市场以保持固定汇率，又使黄金显得相对不足，尤其是当汇率发生频繁波动时更是如此。

国际金汇兑本位制度结束后，资本主义世界的货币金融一直处于混乱状态。为了恢复国际货币秩序，各国纷纷加强外汇管制，实行竞争性贬值和外汇倾销。但是，这个协议因第二次世界大战的爆发很快被瓦解了。

第三节　布雷顿森林体系

在第二次世界大战还没有结束的时候，同盟国即着手拟定战后的经济重建计划，希望能够避免两次大战之间的那种混乱的世界经济秩序。重建计划主要由英美两国推行，其目标在于寻求国际间的经济合作和解决全球经济问题。1944年7月，44个同盟国的300多位代表出席在美国布雷顿森林召开的国际金融会议，商讨重建国际货币制度。在这次会议上产生的国际货币体系因此被称为布雷顿森林体系，根据会议条款所成立的国际货币基金组织是布雷顿森林体系赖以维持的主要运行机构。

一、布雷顿森林体系的建立

第二次世界大战主要西方国家之间的力量对比发生了巨大变化。英国在战争期间受到巨大的创伤，经济遭到严重破坏。而此时的美国已经成为资本主义世界最大的债权国和经济实力最雄厚的国家，其工业制成品占世界工业制品的一半，对外贸易占世界贸易总额的三分之一以上。

在建立国际货币秩序问题上，英美两国从各自的利益出发设计了新的国际货币制度。1943年4月7日，两国分别发表了各自的方案，即英国的"凯恩斯计划"和美国的"怀特计划"。

"凯恩斯计划"是由英国财政部顾问凯恩斯制定的。该计划主要内容为：（1）设立一个世界性的中央银行"国际清算同盟"，总部设立在伦敦和纽约两地，理事会会议在英美两国轮流举行。（2）由"国际清算同盟"发行以一定量黄金表示的国际货币"班柯"（Bancor），作为各国中央银行或财政部之间结算使用。（3）会员国货币按一定比价与班柯建立固定汇率，这个汇率是可以调整的，但不能单方面进行竞争性货币贬值，改变汇率必须经过一定程序。（4）各国中央银行在国际清算同盟中开立中立账户，彼此间用"班柯"进行清算，发生盈余则将盈余存入账户，发生赤字时则按规定的份额申请透支或提存，各国透支总额为300亿美元。如清算后一国的借贷余额超过份额的一定比例，则盈余国和逆差国均需对国际收支不平衡采取调节措施。

凯恩斯计划提出的国际货币制度，在国际货币、汇率和调节三个方面，是针对国际金本位制和20世纪30年代的体系弊端而设计的。凯恩斯计划基于当时英国的困境，尽量贬低黄金的作用，并不要求缴纳黄金；强调透支原则和双方共负国际收支失衡调节的责任，主张恢复多边清算，取消双边结算。该计划明显反映出英国想与美国分享国际金融领导权的意图。

美国也不甘示弱，财政部顾问怀特提出了另一方案，即《国际稳定基金计划》通常称为"怀特计划"。怀特计划的主要内容为：

（1）设立一个国际货币稳定基金组织。资本总额为50亿美元，由成员国按规定的份额缴纳。由会员国用黄金、本国货币和政府券认缴。认缴份额的多少根据成员国的黄金外汇储备、国际收支和国民收入等因素决定。然后根据各个成员国认缴份额的多少决定其投票权。基金组织的办事机构设在认缴份额最多的那个国家。

（2）创设一种与美元相联系的国际货币——尤尼他（unitas）作为计量单位，各国货币与尤尼他保持稳定的汇价。每单位"尤尼他"等于10美元或含纯金137格令（1格令=0.0648克纯金）。未经基金组织成员国3/4的投票权通过，成员国货币不得贬值。

（3）会员国为平衡临时性的国际收支逆差，可用本国货币向基金组织申请购买所需要的外币，但数额最多不得超过它向基金组织认缴的份额。

(4) 基金组织的主要任务是稳定汇率，并给会员国提供短期信贷，帮助会员国解决国际收支不平衡问题。同时取消外汇管制、双边结算和复汇率等歧视性措施。

"怀特计划"是从美国的利益出发的，其目的是通过实施该计划，使美国控制住该基金组织，从而获得金融领域的统治权。

由于英国的政治、经济、军事实力远不如美国，英国最终妥协。1944年7月间，在美国新罕布什尔州的布雷顿森林举行了44国代表参加的联合国货币金融会议（即布雷顿森林会议）。会议签署了《国际货币基金组织协定》和《国际复兴开发银行协定》，确定了以美元为中心的国际货币体系，即布雷顿森林体系。

二、布雷顿森林体系的内容

(一) 设立机构

1.《布雷顿森林协定》建立了一个长期性的国际金融机构——国际货币基金组织（International Monetary Fund, IMF），对国际货币事务进行磋商。1945年该组织有30个创始成员国，目前成员国发展到186个。国际货币基金组织的主要任务是对各成员国的汇率政策进行监督。国际货币基金组织的基本职能是：其一，在汇率政策、经常项目的支付和货币的可兑换性问题上，确定行为规则；其二，为各会员国提供资金的融通。其三，为了监督成员国遵守其规则，IMF也要承担收集和处理国际经济数据的工作。国际货币基金组织是布雷顿森林体系赖以维持运转的基本机构，而且是战后国际货币体系的核心，对维持国际金融秩序的稳定发挥了重要的作用。

2.《布雷顿森林协定》也创立了国际复兴开发银行，通常称之为世界银行（World Bank）。它的总部在华盛顿特区，主要职责是提供长期贷款，帮助发展中国家修建水利、公路和提供其他能促进经济发展的资本。这些贷款资金主要来源于世界银行在发达国家的资本市场上发行的债券。

3.《布雷顿森林协定》还成立了关税与贸易总协定（GATT），它的总部位于瑞士日内瓦，负责管理国家间的贸易规则（关税与配额）。后来，该组织演变成世界贸易组织（World Trade Organization, WTO）。时至今日，该组织依然在世界经济贸易中发挥着巨大的作用。

(二) 本位制度

在本位制方面，布雷顿森林体系规定美元与黄金挂钩。各国确认1美元的含量为0.888671克纯金，35美元兑换1盎司黄金的官价。美国承担向各国政府或中央银行按官价兑换美元的义务。同时，为了维护这一官价不受国际金融市场金价的冲击，各国政府须协同美国政府干预市场的金价。

(三) 汇率制度

在汇率制度方面，布雷顿森林体系规定国际货币基金组织的成员国货币与美元挂钩，即各国货币与美元保持固定汇率。各国货币与美元的汇率按照其与美元的含金量之比确定，或者不规定本国货币的含金量而只规定与美元的汇率。实行可调整的固定汇率制，《布雷顿森林协定》规定，各国货币对美元的汇率，一般只能在平价的基础上上下各1%的幅度内波动。如果市场汇率超过平价的1%的波动幅度，各国政府有义务在外汇市场上进行干预，以维持汇率的稳定。实际上，如果成员国汇率的变动超过10%就必须得到国际货币基金组织的批准。因此，布雷顿森林体系下的汇率制度被称为"可调整的钉住汇率制度"。

(四) 储备制度

在储备制度方面，美元取得了与黄金同等的国际储备资产地位。黄金是基础，美元是最重要的储备资产。黄金起着两方面的重要作用：其一，各成员国货币的价格都以黄金或美元表示，而美元的价格也以黄金表示，因此，各国货币的平价实际上都同黄金联系起来。其二，黄金是储备资产的重要组成部分，是国际收支结算的最后工具。

（五）国际收支调节

布雷顿森林体系关于国际收支调节主要有两个内容：

第一，国际收支逆差国可以向国际货币基金组织取得贷款来弥补逆差，但是贷款是有条件的。

第二，可以通过汇率的调整来纠正国际收支的基本不平衡。

《国际基金组织协定》第8条规定，会员国不得限制经常项目的支付，不得采取歧视性的货币措施，要在兑换的基础上实行多边支付。但有三种情况例外：（1）国际货币基金组织不允许会员国政府在经常项目交易中限制外汇的买卖，但容许对资本移动实施外汇管制。（2）会员国在处于战争过渡时期的情况下，可以延迟履行货币可兑换的义务。（3）会员国有权对"稀缺货币"采取暂时性的兑换限制。

三、布雷顿森林体系的运作

在布雷顿森林体系下，只要当一个国家遭受了"根本性失衡"，即国际收支长时间地大规模逆差或者顺差时，汇率才允许变动。当一国出现国际收支逆差，国际储备减少时，为了维持固定汇率，IMF会用其他成员国缴纳的国际储备向逆差国贷款。利用对借款国规定的贷款条款，IMF可能要求逆差国实行紧缩性的货币政策，以加强该国消除国际收支逆差。如果IMF的贷款不足以阻止货币贬值，这个国家才被允许降低其货币价值，设定一个新的、较低的汇率。

四、布雷顿森林体系的特点、作用及缺陷

（一）布雷顿森林体系的特点

布雷顿森林体系与第二次世界大战前的国际货币制度有很大的不同。主要表现在以下几个方面：

第二次世界大战后美元是唯一的主要储备资产，而不是战前与其同样处于统治地位的英镑、美元和法郎。美国被确定为储备货币国。

1. 在国际准备金中，美元和黄金并重，而不只是黄金。美元的国际地位大大提高。

2. 布雷顿森林体系是一种大大削弱了的金汇兑本位制。第二次世界大战前，美、英、法三国都允许居民兑换黄金，而第二次世界大战后，被确定为主要储备货币国的美国只同意外国政府在一定条件下用美元向美国兑换黄金，而不允许外国居民用美元向美国政府兑换黄金，所以这是一种大大削弱了的金汇兑本位制。

3. 第二次世界大战前的国际货币制度没有一个国际金融机构来维持国际货币秩序，而第二次世界大战后建立了国际货币基金组织，使之成为国际货币制度日常运转的中心机构。

4. 由于人为规定汇率波动幅度，汇率的波动是在基金组织的监督下，由各国干预外汇市场来调节的。

5. 第二次世界大战前的国际货币体系并没有一个统一的国际组织进行组织和监督，而布雷顿森林体系建立了一个永久性的国际金融机构，设立了国际货币基金组织、国际复兴开发银行等国际金融机构，并且签署了一系列协议，保证了统一的国际金汇兑本位制各项原则、措施的实行。为现代国际货币管理制度的建设打下了基础。

（二）布雷顿森林体系的作用

布雷顿森林体系的建立是符合当时世界经济发展形势的。第二次世界大战结束后，参战各国的经济遭到严重破坏，各国急需建立一个多边支付体系和多边贸易体系，以促进贸易的发展和经济的恢复。在当时，只有美元才有能力在全球范围内向这样一个多边贸易体系提供所需要的多边支付手段和清算手段。布雷顿森林体系就在此时应运而生。该体系不仅促进了战后各国经济的恢复和加强了世界各国之间的经济贸易的往来，而且对世界经济的发展也起到了极大的促进作用。尤其是20世纪50年代和60年代，布雷顿森林体系运行良好，对战后稳定国际金融和稳定世界经济秩序，起到巨大作用，使得这一时期成为资本主义发展的又一个黄金时期。具体说来，布雷顿森林体系的作用主要表现在以下几个方面：

第一，促进了战后经济的迅速恢复，使各国综合国力得到增强。布雷顿森林体系建立的以黄金美元为基础的黄金—美元本位制，稳定了国际货币秩序，美元作为支付、清算和储备货币被输送至世界各地，弥补了当时国际清偿力不足，有力地促进了世界经济的恢复和发展。

第二，促进了国际贸易和投资的发展，加强了各国经济往来。布雷顿森林体系下，汇率相对稳定，有利于核算进出口成本和利润；外汇风险小，促进了国际投资。国际贸易和投资的增长速度大大超过了战前，也超过了同期世界工业生产的增长速度。

第三，促进了国际货币合作，保证了国际货币关系稳定，缓解了国际收支危机。国际货币基金组织是使得布雷顿森林体系得以正常运转的基本组织，该组织给各成员国提供的各种类型的贷款，可以暂时缓解国际收支逆差造成的问题，有助于促进世界经济的增长。尽管基金组织成员有着各自不同的利益，但是相互协调和监督机制避免了"以邻为壑"等现象的发生，维持了各国货币合作，稳定了国际金融秩序。

然而，值得指出的是，布雷顿森林体系是以美元为核心的国际货币制度，它给美国带来了巨大的利益。首先，它用美元直接对外支付，而不是用黄金支付，这样它用美元就可换来很多资源。其次，由于美元是主要国际储备资源，各国外汇储备中有很大一部分是美元。这其中的一部分以存款的形式存放在美国银行，各国之间美元债权债务的结算必须通过美国银行进行，从而大大加强了美国作为国际金融中心的地位。再次，美国在国际货币基金组织中拥有最多的份额和最大的表决权，美元在国际间具有凌驾其他货币之上的特殊地位。这些为美国操纵国际货币事务、干预国际货币关系、谋取特权创造了有利的条件。

（三）布雷顿森林体系的缺陷

尽管布雷顿森林体系对当时世界经济的运行发挥了积极作用，然而这个体系也有其自身的缺陷，这些缺陷主要表现在以下几个方面：

第一，布雷顿森林体系下国际储备制度不稳定，无法解决"特里芬难题"，这是该体系的根本缺陷。美元作为一国货币，其发行必须适应美国经济发展的需要，受制于美国的货币政策和黄金储备；美元作为世界货币，其发行又必须适应世界经济发展的需要，以促进世界经济发展为前提。然而，战后黄金生产增长缓慢，与国际贸易增长相适应的国际储备的增长，只有依靠美元的增加。这种情况使得美元面临一种两难的困境：一方面，为满足国际贸易和世界经济增长的需要，美元的发行量必须增加；另一方面，美元的发行量增加使得美元与黄金的兑换性难以维持。这种困境是美国耶鲁大学经济学教授特里芬（Robert Triffin）于1960年在其名著《黄金与美元危机》中首先提到的，故称为"特里芬难题"。特里芬难题决定了布雷顿森林体系的不稳定性和崩溃的必然性。

第二，国际金汇兑本位制导致了在基准货币国家美国与各个依附国家之间存在着相互牵连的危险性。布雷顿森林体系实行的固定汇率制，使得各国货币钉住美元，造成其他国家对美国的依附关系，也就是说，美国的货币政策的变化会对其他国家经济造成巨大影响。该体系要求各成员国在其货币对美元汇率变动超过一定幅度时,各国政府有义务在外汇市场上进行干预活动。若美元汇率下跌,其他国家的官方机构就要大量抛出本国货币,买进美元,促使美元汇率回升,结果因为这些国家货币流通量过多,加剧了通货膨胀。

第三,国际调节机制的缺陷。布雷顿森林体系下的汇率比较稳定,但是,由于缺乏弹性,因此限制了汇率对国际收支的调节作用。成员国国际收支暂时性的不平衡可以通过国际货币基金组织融通资金来调节,根本性的不平衡则靠调整利率来纠正。因为它仅注重国内单方面的政策调节,实践证明,这种调节机制并不成功。当一国的经济出现暂时性的失衡时,为了纠正这种状况,往往会导致国内经济失衡。逆差国往往因为采取紧缩性政策而导致了经济衰退,而顺差国则采取扩张性政策从而导致了通货膨胀。

第四,该体系下各国利益分配的不均衡,在客观上破坏了国际货币合作的基础。美国是最大的受益者,它可以对国际收支逆差奉行"漠不关心"的政策,用美元换回大量资源,其他国家则饱受美元泛滥之苦,引起美元危机,破坏了各国合作的基础。

以上这四点给布雷顿森林体系的崩溃埋下了隐患,是布雷顿森林体系崩溃的原因。

五、布雷顿森林体系的崩溃

随着经济的不断发展,布雷顿森林体系的缺点也逐渐暴露起来,并越来越严重,最终导致了这一体系的崩溃。其中美元危机是一条中心线索。通过比较分析历次美元危机和布雷顿森林体系崩溃之间的关系,可以加深对国际货币体系的认识,从总体上深入了解国际货币体系,预测今后国际货币体系发展方向。

从20世纪50年代开始,美元开始出现过剩的状况,美国的黄金储备大量外流,同时,美国对外债务上升,从而出现了美元危机。美元危机是指美元按固定比价保持与黄金可兑换性的危机,实际上是对美元失去信心,导致抛售美元的危机。因此各国不愿意持有美元,纷纷抛售美元。布雷顿森林体系的根基开始动摇。美元危机的出现是布雷顿森林体系崩溃的直接原因。美元危机的爆发主要有三次。

(一)第一次美元危机

第一次比较严重的美元危机爆发于1960年。美国于1950年发动对朝鲜的战争,军费开支剧增,国际收支出现逆差,黄金储备大量外流,到1960年其黄金储备只有178亿美元,而当时美国的负债就有210亿美元。人们纷纷抛售美元,抢购美国的黄金和其他经济处于上升阶段的国家的硬通货。美国要求其他西方国家和美国共同来稳定金融市场。采取的主要措施有:

第一,建立黄金总库,稳定黄金价格。黄金总库是1961年10月美国联合联邦德国、英国、法国、意大利、荷兰、比利时、瑞士八国中央银行达成共同拨付2.7亿美元的黄金来稳定金价的一项协议。黄金总库实质上是用其他国家的黄金来补充美国的黄金库存,以稳定黄金—美元本位制。总库所需黄金由八国分摊,并且指定英格兰银行为总库的代理机构。当金价上扬时候,就卖出黄金,所需黄金由各国中央银行按比例分摊;当金价下跌时候就买入黄金,也按比例卖给各个中央银行。目的是使伦敦黄金市场的金价稳定在35.20美元1盎司的水平上。

第二,建立"借款总安排",获取资金支持。1961年11月,国际货币基金组织在法国巴黎与10个工业化国家(美国、英国、加拿大、联邦德国、日本、法国、意大利、荷兰、比利时、瑞典)成立"十国集团",并达成"借款总安排"的协议。协议规定,当国际货币基金组织出现流动性问题可能引起汇率波动时,可向这些国家借入60亿美元的资金,贷给发生危机的国家,以稳定该国的货币。在这十国当中,美国出资20亿美元,英国和联邦德国各出资10亿美元,法国和意大利各出资5.5亿美元,日本出资2.5亿美元,荷兰和加拿大各出资2亿美元,比利时出资 1.5 亿美元,瑞典出资 1 亿美元。借款总安排实际上是从其他国家获取资金支持,缓和美元危机。

第三,签订《货币互换协议》。1962 年 3 月,由美联储与其他 14 个主要国家签订互借资金稳定外汇的协定,彼此在规定的期限和额度范围内提供等额短期资金,以稳定相互间的货币汇率。

上面各项措施只能缓和美元危机,而不能从根本上消除美元危机。

(二) 第二次美元危机

20 世纪 60 年代美国卷入越南战争。战争的扩大,使得美国财政金融状况进一步恶化,黄金储备进一步减少。国内通货膨胀加剧,美元不断贬值,美元与黄金的比价又一次受到质疑。1968 年,外汇市场上的投机浪潮转向美元,爆发了第二次较大规模的美元危机。巴黎黄金市价一度上涨到 44 美元兑 1 盎司黄金。为了挽救这种混乱的局面,美国采取了一系列措施,主要有:

第一,黄金双价制。即在官方之间的黄金市场上,实行 35 美元等于 1 盎司的黄金比价;在私人黄金市场上,不实行 35 美元等于 1 盎司的黄金比价,金价听凭供求关系决定。在两种市场上实行两种不同的价格制度。从此,自由市场的金价由供求关系决定,与官价完全背离。在实行黄金双价制的条件下,美元实际上已经贬值,美元的可兑换性进一步受到限制。黄金双价制不仅意味着布雷顿森林体系崩溃的开始,还表明,在黄金产量增长落后的情况下,维持固定金价的任何企图都是短暂的,不可避免的将带来市场的混乱;以黄金这一单一商品作为全球货币体系的基础虽然具有短期稳定的特点,但是终究因为金价无法稳定而使货币体系走向崩溃。

第二,特别提款权。1965 年美国提出设立特别提款权,即在一定条件下,持有国有权用其兑换基金组织指定的成员国的可自由兑换的货币的权利,主张使它同美元、黄金一起作为国际储备资产。特别提款权本身不是一种货币,因而也不是持有人对基金组织的债权。特别提款权是按照各成员国在国际货币基金组织中的份额比例无偿分配的,美国获得的特别提款权自然也最多。因此特别提款权的发行,既扩大了国际货币基金组织的贷款能力,又增加了美国的国际储备,在一定程度上缓和了美元危机。

美元的危机程度,同流出美国的美元程度有关系。流出的美元超过美国黄金储备的余额被称为"悬突额",悬突额是衡量和预测美元危机的很好的指标。表 8-2 为我们给出了 1962 年到 1972 年这 10 年间的美元悬突额。

表 8-2 1962—1972 年美元悬突额

单位:亿美元

年份	黄金储备	美元输出	美元悬突额
1962	160.0	115.3	-44.7
1963	156.0	131.6	-24.4
1964	154.7	160.8	+6.1
1965	140.7	172.7	+32.0
1966	132.4	209.6	+77.2
1967	120.7	233.2	+112.5
1968	108.9	264.5	+155.0

(续 表)

年份	黄金储备	美元输出	美元悬突额
1969	118.6	376.6	+258.0
1970	110.7	312.7	+202.0
1971	102.1	269.1	+167.0
1972	96.6	344.3	+247.7

注：1. 黄金储备按照每盎司等于35美元计算。
2. 美元输出以美国对外短期流动负债衡量，指累计额。
3. 美元悬突额等于美元输出额减黄金储备，正号表示该部分美元输出额已经失去了美国黄金储备的保证。
4. 1949年美国黄金储备为246亿美元，1945年美国黄金储备为201亿美元。
资料来源：国际货币基金组织，国际金融统计年鉴，1992年，716～717页。

从上表可以看出，美元悬突额在20世纪60年代中不断增加，这意味着布雷顿森林体系赖以维持的基础日益被削弱，它面临最终崩溃只是时间早晚问题。

（三）第三次美元危机

尽管采取了上述措施，可是美国的国际收支恶化状况还是没有得到解决，美元的地位岌岌可危。第三次美元危机于1971年爆发，此次危机比任何时候都激烈。外汇市场上抛售美元抢购黄金的风潮一浪高过一浪。危机爆发前夕，美国对外短期负债与黄金储备的比率已经达到战后历史上的最高点，见表8-3。

表8-3 伦敦黄金市场金价的变动（1965—1974）（年底价格）

单位：每盎司黄金的美元价格

1965年	1966年	1967年	1968年	1969年	1970年	1971年	1972年	1973年	1974年
35.12	35.19	35.20	41.90	35.20	37.37	43.63	64.90	112.25	186.50

资料来源：国际货币基金组织，国际金融统计年鉴，1992年，712页。

面对此情此景，美国政府又采取了一系列措施。

（1）新经济政策。停止外国中央银行用美元按官价向美国兑换黄金，并征收10%的进口附加税，以避免美国的国际收支进一步恶化。还压迫联邦德国和日本等国实行货币升值，以图改善美国的国际收支状况。美国国内冻结工资和物价90天。这些政策效应被称为"尼克松冲击"。这样，布雷顿森林体系的两大支柱之一——美元可兑换成黄金，就此崩塌了。美国的"新经济政策"使国际金融秩序陷入一片混乱，引起许多西方国家的不满，于是，大多数国家实行浮动汇率制，任其按市场供求状况自由涨落，中央银行不加干涉。这样固定汇率制受到挑战。布雷顿森林体系的另一个支柱——其他国家货币与美元保持固定汇率，面临着崩溃的危险。

（2）在国际金融市场极度混乱的情况下，"十国集团"经过4个多月的争论，于1971年12月18日在华盛顿史密森学会大厦举行的国际金融会议上，达成了《史密森协议》。主要内容如下：第一，美元对黄金贬值7.89%，黄金官价从每盎司35美元提高到每盎司38美元，停止各国按官价向美国兑换黄金；第二，各国货币对美元的汇率也做了调整，日元升值7.66%，原联邦德国和瑞士法郎各升值4.16%，比利时法郎、荷兰盾各升值2.76%，意大利里拉、瑞典克朗各贬值1%，英镑和法国法郎不贬值也不升值。第三，将市场汇率由原来的波动幅度不超过平价的上下1%扩大到上下各2.25%。第四,美国取消10%的进口附加税。

《史密森协议》勉强维持了布雷顿森林体系下的固定汇率,重申了美元与黄金的脱钩,但是美元同黄金的可兑换性就此终止了。它破坏了布雷顿森林体系的基本原则,是布雷顿森林体系崩溃的重要里程碑。该协议是在十分仓促的情况下产生的,没有涉及国际货币制度的根本性变革,却反映出了各国的矛盾和斗争。

美元停止对黄金的兑换和固定汇率制的垮台,标志着布雷顿森林体系的基础已经全部丧失,第二次世界大战后建立起来的以美元为中心的布雷顿森林体系,已经经受不住国际货币局势的考验,终于在国际金融动荡中彻底崩溃了。

第四节 牙买加体系

布雷顿森林体系崩溃以后,国际间为建立一个新的国际货币体系进行了长期的讨论和协商。1971年10月,国际货币基金组织理事会提出了修改《国际货币基金组织协定》的意见。1972年7月,理事会决定成立"二十国委员会",来具体研究改革国际货币制度的方案。该委员会和后来代替这个委员会的"临时委员会"为改革做了大量的准备工作。1976年1月,成员国在牙买加的首都金斯顿举行会议,讨论修改《国际货币基金组织协定》的条款,会议达成了《牙买加协议》。同年4月,国际货币基金组织理事会又通过了以修改牙买加协议为基础的国际货币基金协定第二次修正案,并于1978年4月生效。自此,国际货币基金组织进入了一个新的阶段——牙买加体系。

一、牙买加体系的主要内容

《牙买加协议》涉及黄金、汇率制度、扩大基金组织对发展中国家的资源融通,特别提款权作为主要储备资产,以及增加会员国在基金组织份额等问题。其中,汇率制度和黄金问题是其核心内容。它不仅对第二次修正国际货币基金协定有指导意义,而且对形成目前国际货币金融关系的格局有一定作用。其主要内容如下:

第一,黄金非货币化。废除黄金条款,取消黄金官价,实行黄金非货币化,使黄金与货币完全脱离关系,让黄金成为一种商品。黄金不再是平价的基础,也不能用它来履行对国际货币基金组织的义务,成员国货币不能与黄金挂钩。各会员国中央银行可按市价自由进行黄金交易。国际货币基金组织所拥有的黄金应逐步加以处理,其中1/6(2500万盎司)按市价出售,以其超过官价(每盎司42.22美元)部分作为援助发展中国家的资金。另外1/6按官价由原缴纳的各会员国买回,其他部分约1亿盎司,根据总投票权85%的多数做出处理决定,向市场出售或由各会员国购回。

第二,浮动汇率合法化。会员国可以自由选择任何汇率制度,可以自由浮动汇率或选取其他形式的固定汇率制度。但会员国的汇率政策应受国际货币基金组织的监督,以防采取损人利己的政策措施。会员国在制定汇率政策时,要与国际货币基金组织协商,国际货币基金组织有权要求会员国解释他们的汇率政策。国际货币基金组织要求各会员国在物价稳定的基础上寻求持续的经济增长,稳定国内的经济以促进国际经济的稳定,并尽力缩小汇率的波动幅度,避免操控汇率来调整国际收支或获取不公平的经济利益。协议还规定实行浮动汇率制的会员国根据经济条件,应逐步恢复固定汇率制度,在将来经济出现稳定局面以后,经国际货币基金组织85%多数票通过,可以恢复稳定的但可以调整的汇率制度。这部分条款是将已经实施多年的有管理的浮动汇率制度予以法律上的认可，但同时又强调了国际货币基金组织在稳定汇率方面的监督和协调作用。

第三，提高特别提款权的国际储备地位。协议修订了特别提款权的有关条款，规定未来的国际货币体系应以特别提款权为主要储备资产。协议规定各会员国之间可以自由进行特别提款权交易而不必征得货币基金组织同意。国际货币基金组织与会员国之间的交易以特别提款权替代黄金，国际货币基金组织一般账户中所持有的资产一律以特别提款权表示。同时，在国际货币基金组织一般业务交易中扩大特别提款权的使用范围，并且尽量扩大特别提款权的其他业务使用范围。另外，国际货币基金组织应随时对特别提款权制度进行监督，适时修改和增减有关规定。

第四，扩大对发展中国家的资金融通，以出售黄金所得收益设立信托基金，以优惠条件向最贫穷的发展中国家提供贷款或援助，以解决其国际收支困难。扩大国际货币基金组织信用贷款的额度。由占会员国份额的100%增加到145%，并放宽"出口波动实偿贷款的额度"，由占份额的50%提高到75%。

第五，增加会员国的基金份额。各会员国对货币基金组织所缴纳的基本份额，由原来的292亿特别提款权单位增加到390亿特别提款权单位，增加了33.6%。各会员国应缴份额所占的比重也有所改变——石油输出国的比重增加一倍，由5%增加到10%，其他发展中国家保持不变，除前联邦德国和亚洲的日本略有增加以外，主要西方国家都有所降低。

从上面的五点内容看来，《牙买加协定》对有关黄金、特别提款权和汇率的条款进行了修改，推动了国际货币制度的改革。但是，它的改革没有取得重大的突破，没有从根本上解决国际货币体系存在的问题。

二、牙买加体系的特点

牙买加体系实际上是以美元为中心的多元化国际储备和浮动汇率的体系。黄金的国际货币地位逐渐消失，美元的国际货币地位正在削弱，德国马克与日元以及特别提款权和欧洲货币单位等储备货币地位不断增强。牙买加体系主要有以下特点：

（一）多元化的国际储备体系

根据《国际货币基金组织协定》，未来的国际货币体系应以特别提款权为主要储备资产，但事实上，国际货币基金组织在1981年以后很少分配过新的特别提款权，特别提款权在世界各国国际储备中的比重不仅没有上升，反而有下降的趋势。世界货币贮备体系呈现多元化的格局，以前美元一枝独秀的局面被以美元为首的多种储备体系所取代。在国际货币体系中包括美元、日元等在内的自有外汇占主要地位，瑞士法郎，法国法郎，荷兰盾和英镑等货币的地位有所提高。特别提款权以及基金组织的储备头寸占有一定比例，它们仍然在国际货币体系中占有一席之地。

（二）多样化的汇率制度

根据1978年国际货币基金组织协议修正案，国际货币基金组织成员国可以自行安排汇率制度。从各国的实际情况来看，受经济开放程度和资本自由流通条件的影响，不同的国家选择了完全不同的汇率制度。有些学者把这种汇率制度安排称为"无体制的体制"也有人称为"混合体制"。发达国家一般采用单独浮动，欧洲国家采取单一货币浮动，也有些国家采取有管理的浮动汇率制。发展中国家大多采取钉住汇率制，它们主要钉住美元、欧元或者自选货币篮子。

1999年国际货币基金组织将汇率制度细分为没有独立法偿货币的汇率制度，货币局制度，传统的钉住汇率制，钉住水平带的汇率制，爬行钉住，爬行的带状汇率制，没有事先宣布的管理浮动制以及独立的浮动制共八种。其中，自由汇率制和固定汇率制是两种极端的情况，被视为汇率制的"两极"，其他几类介于两种汇率制之间，被称为"中间汇率制"。

（三）多种国际收支的调节手段

在布雷顿森林体系中，国际收支的调节依靠国际货币基金组织信贷或者调节汇率来实现。但由于基金组织资金来源有限和汇率调整的困难，使国际收支调节的效果难以保证。鉴于此，牙买加体系允许会员国通过汇率、利率、国际金融市场以及国际货币基金组织的协调作用等多种手段来调节国际收支，以图建立一个灵活有效的国际收支调节机制。

（1）汇率调节

汇率调节就是当一国经常账户出现逆差时，该国货币就会贬值，从而使本国产品在国际市场上价格下降，因而会刺激出口，而进口产品价格上升，使国内对进口的需求下降，这样就可以缩小贸易逆差。由于主要国家采取浮动汇率制，因此，汇率调节成为调节国际收支的主要方式。

（2）利率调节

通过适当的财政政策和货币政策使利率按照预期方向变化，可以刺激资金流入国际收支逆差国，改善国际收支状况，促进逆差国经济发展。当然，运用这一政策也有很多限制性的条件。

（3）国际金融市场调节

通过国际金融市场的融资和国际商业银行的借贷，使国际收支盈余国资金流向国际收支逆差国，从而使国际收支恢复平衡。比如，20世纪70年代国际金融市场和国际银行将大量的"石油美元"集中起来贷给逆差国，实现了"石油美元"的回流。

三、牙买加体系的评价

根据历史经验，一种健全的国际货币体系应具备以下条件：（1）拥有稳定的货币发行基础，以保证国际货币体系的相对稳定；（2）国际储备在国际管理下，能够随着国际贸易的增长而不断和适度的增加，以免发生世界性通货膨胀和发生国际清偿力不足问题；（3）国际金融机构应具有有效调节和纠正各国国际收支的能力。牙买加体系成立以后，确定了浮动汇率制的地位，实现了多种储备货币共存，同时，浮动汇率制在理论上具有自动调节国际收支的功能，该体系被认为满足了上述三个条件。自成立至今的三十多年里，牙买加体系对维持国际货币秩序和稳定世界经济均起到了积极的作用。其积极作用主要表现在以下几个方面。

首先，多元化的储备体系不仅满足了国际经济增长的需求，还降低了单一中心货币对世界储备稳定性的影响，并在一定程度上解决了"特里芬难题"。在多元化储备体系条件下，即使某一国货币发生贬值，也不一定会危及储备体系的稳定性。当某一储备货币发行国出现国际收支逆差，该储备货币发生信用危机时，其贮备货币的地位会有所下降，而让位于其他货币信用良好的储备货币。当某储备货币国不断盈余难以提供足够的货币清偿力时，又有其他储备货币补充清偿力的不足。于是，多元化储备制度在世界经济繁荣和衰退时都可以比较适应。此外，多元化的储备体系为一国进行外汇管理提供了更多的手段，减少了单一货币本位下汇率变动带来的风险。

其次，以主要货币汇率浮动为主的多种汇率安排体系能够比较灵活地适应世界经济多变的状况。主要储备货币的浮动汇率可以根据市场供求状况自动进行调整，从而灵敏地反映经济状况，有利于国际贸易和国际金融的进行。具体表现在：第一，各国货币的汇率可以根据市场供求状况灵活调整，使得各国货币的币值得到充分体现与保证，有利于国际贸易与金融及其他经济交往的进行。第二，这种灵活的混合汇率体制可以使一国的宏观经济政策更具有独立性与有效性，不必为了维持汇率的稳定而放弃国内的经济目标。当国际收支出现严重逆差时，不一定必须采取紧缩性宏观经济政策来维持本国货币汇率的稳定；同时，一国的宏观经济政策往往易于取得较好的效果。第三，在浮动汇率为主的混合汇率体制下，各国还可以减少为了维持汇率稳定所必须保留的应急性外汇储备，可以减少由于这部分资财脱离生产而造成的损失。

最后，多样化的国际收支调节手段，比较适应世界经济发展不平衡、各国经济发展水平相差悬殊、各国经济发展模式、政策目标以及各国经济环境各异的特点，从而有效缓解了布雷顿森林体系时期国际收支调节失灵的困难。这些调节的方式除了向国际货币基金组织贷款，变动外汇储备，运用国内财政政策、货币政策工具外，还可以采取变动汇率从国际金融市场融资等方式。这些工具既可以单独使用，又可以综合运用，相互补充，为更好的调节国际金融市场提供了更多灵活的手段。

然而，牙买加体系仍然存在许多问题，主要表现在以下三个方面。

第一，汇率秩序的混乱。牙买加体系明确规定，国际合作的基本目标是经济稳定而不是汇率稳定，于是更具弹性的浮动汇率制在世界范围内逐步取代了固定汇率制。从理论上讲，浮动汇率制会给各国宏观经济决策者以更大的自主权，会取消布雷顿森林体系下的不对称性，这样既可以调节国际收支，又可以解决固定汇率制下的根本性不均衡。但是从实际情况看，在浮动汇率制下，汇率波动频繁而且剧烈，使进出口商难以核算成本和利润，难免蒙受外汇损失，因而会使国际贸易和金融市场受到影响，同时加大了国际储备风险和债务风险，对发展中国家极为不利；浮动汇率加剧了世界性通货膨胀，因为浮动汇率总的来讲是提高了各国的物价；国际货币基金组织对国际储备的控制被削弱了，浮动汇率使得一些国家可以长期实施通货膨胀政策而不必考虑国际支付问题；汇率的经常变动，不仅影响了对外贸易和资本流动，而且使发展中国家的外汇储备和外债问题也变得更加复杂；世界经济全球化和一体化趋势的发展，使各国在浮动汇率制下也不能充分实行独立的经济政策。

第二，储备货币管理的难度增加。多元化的储备体系具有内在的不稳定性。首先，由于实行了浮动汇率制，主要储备货币的汇率经常变动，因此，对发展中国家是非常不利的。发展中国家经济基础薄弱，又缺乏对金融动荡的经验和物质准备，所以往往成为各种外部冲击最早最直接的攻击对象。其次，储备货币的多样化增大了国际金融市场上的汇率风险，使其资金移动频繁，增加了各国储备资产管理的难度。最后，多种储备货币并没有从根本上解决储备货币同时承担世界货币和储备货币双重身份所造成的两难。国际收支的调节机制仍不健全。牙买加体系允许会员国可以动用汇率、利率、国际金融市场以及国际货币基金组织贷款来调节国际收支，从理论上讲应该是个有用的调节机制，但实际上表明，这一机制仍然不健全。自1973年以来，国际收支失衡的局面一直没有改善，而且还日趋严重，致使逆差国储备锐减，债台高筑，顺差国储备猛增，有的成为重要资本输出国，甚至于最大债权国。

第三，在浮动汇率之下，汇率应该是国际收支调节的主要手段。但事实上，汇率机制的调节作用并没有预期的那么大。对于发展中国家来说，其进口需求弹性一般都很低，此外，汇率的过度浮动只是增加了市场上的不稳定性，甚至恶化了相关国家的国际收支状况。利用利率机制实际上主要是通过国际收支资本账户的盈余和赤字来平衡经常账户的赤字和盈余。但是，利率对国际收支的影响并不是单向的。例如，一国为了改善国际收支的逆差，而实施高利率政策，在吸引资金流入的同时也促使外汇市场上对该国货币的需求大于供给，从而导致该国的货币升值，货币的升值不利于该国对外贸易的收支，进而使调节国际收支的效益难以保证。

利用国际金融市场来调节国际收支就是通过国际借贷来平衡国际收支，顺差国贷出资金，而逆差国借入资金调整阶段性的国际收支失衡。但是,巨额的资金经过国际金融市场在国际间频繁的转移,不仅导致国际金融领域动荡和混乱,还曾经酿成20世纪80年代初发展中国家的债务危机。根据国际货币基金组织的协议,它不仅为赤字国提供贷款,还引导和监督赤字国和盈余国双方进行国际收支调整,以便双方对称地承担国际收支的调整义务。但是,由于国际货币基金组织的资金来源有限,使得"稀缺货币条款"难于实施。国际货币基金组织虽然在调节国际收支失衡,尤其是帮助发展中国家,解决国际收支困难方面做了大量工作,但所起的作用,相对于世界性国际收支失衡来说,仍然是有限的。

第五节 国际货币体系改革

牙买加体系运行的30多年以来,对其改革的呼声从未停止过。尤其是亚洲金融危机的爆发,使现行国际货币体系的缺陷暴露得更加明显,改革的要求日益强烈。不同的利益集团,专家学者以及国际组织提出了许多改革的主张及方案。

一、亚洲金融危机前的国际货币体系改革主张

(一) 创立国际商品储备货币

对于许多发展中国家来说,由于出口初级产品和原材料的世界市场价格总是处于剧烈波动中,它们的国际收支状况常常恶化。以阿尔伯物·哈特,尼古拉·卡尔多和简·丁伯根等部分经济学家提出创立以商品为基础的国际储备货币,以便解决初级产品波动和国际储备不稳定的问题。改方案的主要内容包括:(1)建立一个世界性的中央银行,发行新的国际货币单位,其价值由一个选定的商品篮子决定,商品篮子由一些基本的国际贸易产品特别是初级产品构成。(2)现有的特别提款权将被融合到新的国际储备制度中,其价值重心由商品篮子决定。其他储备货币将完全由一商品为基础的新型国际货币所取代。(3)世界性的中央银行将用国际货币来买卖构成商品货币篮子的初级产品,以求达到稳定初级产品价格,进而达到稳定国际商品的目的。

这种改革方案在理论上虽然是较理想的,但在实际上可行性不大。建立世界性中央银行和储存大量初级产品是该方案的两个基本前提,但显然在现实中是很难实现的。

(二) 国际货币基金组织的"代替账户"

1979年国际货币基金组织临时委员会在贝尔格莱德召开的年会上,提出了提供设立账户以吸收各国手中过度积累的美元资产,并提出了特别提款权成为国际储备资产的建议。所谓"替代账户"就是在国际货币基金组织设立一个专门账户,发行一种特别提款权存单,各国中央银行可将手中多余的美元贮备折成特别提款权存入该账户内,再由国际货币基金组织用吸收的美元投资于美国财政部发行的长期债券,所得利息返还给替代账户的存款者。替代账户的作用是吸收过剩的美元储备供给,并借以提高特别提款权的国际储备地位。

但是,由于特别提款权本身不具备优于美元的特性,尤其是美元汇率在1980年的一段时间特别坚挺,各国中央银行乐于持有美元而不愿意交换特别提款权,替代账户的作用并没有产生预期的效果。

(三) 恢复金本位制

20世纪70年代,美英等国普遍遇到了经济增长速度下降,通货膨胀上升以及汇率大幅度波动的难题,有些学者和政策官员把这种现象归咎于浮动汇率和黄金非货币化的结果。1981

年美国哥伦比亚大学教授罗伯特·蒙代尔提出了要在美国恢复黄金兑换的建议。此后，美国又收到了数份要求恢复金本位制和实行某种形式的金本位制的提案。美国总统里根对这些提案表示支持，于1981年7月下令成立了一个17人的黄金委员会，专门研究在美国恢复金本位制的可能性。

赞成实行金本位制的人认为，只有恢复了纸币与黄金之间的兑换关系，才能使人们相信其持有的资产的购买力是有保证的，从而可以达到增加储蓄和投资，促进经济增长，实现充分就业的目的。反对实行金本位制的人认为：（1）20时间70年代以来，金价起伏不定，很难确定准确的金平价，金平价过高会导致大量的人向政府出售黄金，从而使货币增长量过快；金平价过低则导致人们向政府购买大量的黄金，这样就会使政府的黄金储备枯竭。（2）黄金生产的不稳定使其不能成为现代国际货币的基础，并且世界经济的增长总是快于黄金产量的增长，有限的黄金存量将成为制约经济增长的因素。如果总是随着世界经济的增长不断调节金价，又会使金本位制稳定可靠的特点消失。

（四）建立黄金信用储备制度

特里芬在1982年《2000年的国际货币制度》疑问中提出了这一设想。他认为国际货币改革的基本出路在于建立超国际的国际信用储备制度，并在此基础上创立国际储备货币。国际储备货币不应由黄金和其他贵金属或任何国家的货币充当，特里芬建议各国应将其持有的国际储备以存款的形式上缴，由国际货币基金组织保管，使国际货币基金组织成为各国中央银行的清算机构。如果国际货币基金组织或其他类似的国际金融机构能将所有的国家都吸收为成员国，那么国际间的支付活动就反映为国际货币基金组织的不同成员国家储备存款账户金额的增减。国际货币基金组织所持有的国际储备总是由各国共同决定，并按世界贸易和生产发展的需求加以调整。储备的创造可以通过对会员国放款，介入各国金融市场购买金融资产，或定期发行新的储备提款权来实现。但是不应受黄金生产或任何国际收支状况的制约。特里芬对建立上述集中的国际储备制度的可行性及前景十分乐观。他认为集中储备政策的过程将在2000年完成，储备中心创立以后，就有可能创立国际中心货币，并使之在世界范围流通。

特里芬的方案要求各国中央银行服从一个超国家的国际信用储备机构，这需要密切的国际货币合作；而且以统一的世界货币来取代现有的其他储备货币，也会遇到相当的阻力。

（五）设立汇率目标区

1983年约翰·威廉姆森和伯格斯坦提出了设立目标汇率，提出使实际汇率对基本汇率的偏离幅度不超过10%的建议。此后，威廉姆森又对其设想进行修改和补充，并于1987年与米勒一起提出了汇率目标区的行动计划。

汇率目标区主要分为"硬目标区"和"软目标区"。"硬目标区"的汇率变动浮动较窄，不常修订，目标区的内容也对外公开，一般是通过货币政策将汇率维持在目标区。"软目标区"的汇率变动幅度较宽，而且经常修订，目标区的内容也不对外公开，不要求必须通过货币政策加以维持。汇率目标区与管理浮动汇率制的主要区别在于，实行汇率目标区的国家当局没有干预外汇市场维护汇率稳定的义务，也不需要货币当局作出任何形式的干预承诺。

汇率目标区的特点是不仅综合了浮动汇率制的灵活性和固定汇率制的稳定性，而且还能促进各国宏观经济政策的协调。但实施起来有许多困难，如均衡汇率的确定，维持目标的有效方法等。

二、亚洲金融危机后出现的国际货币体系改革的主张

1997年爆发的亚洲金融危机，可以说是发展中国家走向经济开放，实行钉住汇率制度后

所发生的最猛烈的一次金融危机。这次危机暴露了国际货币制度在经济全球化中的种种缺陷。

大量投机性资本快速而无序的流动使国际货币体系的监管体系面临考验。20世纪90年代以来资本全球流动的规模急剧扩大的速度大大加快。据测算，投机性短期资本的数量已达到日均万亿美元之巨。这些短期游资规模巨大，流动迅速，哪里有机可投就流向哪里，一有风吹草动又迅速撤离，往往对相关国家和地区造成突然冲击，使经济金融动荡不安。而国际货币体系和以自由化为目标的国际货币基金组织不仅对这种快速而无序的资本流动缺乏有效地监管机制，反而基本上采取放任自流的态度。

巨额的国际资本流动容易造成发展中国家的经济泡沫，使国际货币基金组织和世界银行等国际金融机构对成员国经济发展提供咨询的专业能力受到考验。在金融全球化和金融自由化的过程中，一些国家盲目开放资本账户，大量投机性短期外资的不断涌入，投入到股票市场，房地产市场，引起了房地产价格和股票价格暴涨，形成了虚假繁荣。其结果既严重误导了国家的货币政策，也严重误导了国际货币基金组织和世界银行等国际金融机构的决策，为危机埋下祸根。

危机的蔓延和传播的速度大大加快，使国际货币基金组织的快速反应能力和应对能力受到考验。由于微电子技术和信息技术的发展，资金能够瞬间完成世界范围内的调动，使金融危机在国际蔓延和传播加快。1997年7月发端于泰国的金融危机迅速传染了东南亚各国，其后又冲击了俄罗斯并在一定程度上扩散到拉丁美洲就充分表明了这一点。

针对上述问题，在改革国际货币这一问题上又出现了许多新的观点，概括起来，这些观点主要集中在两个方面：一是对现行的国际货币体系进行调整和改造，二是建立新的国际货币体系。国际货币基金组织，发达国家集团，发展中国家集团都认为，现有的国际货币体系需要改造，但由于各自利益不同，所以具体的改革主张并不一致。

国际货币基金组织、发达国家、发展中国家的改革方案和意见简单归纳如下：

国际货币基金组织的改革方案。国际货币基金组织的方案可以概括为：加强国际货币基金组织在国际货币体系中的作用。1998年2月，国际货币基金组织提出了旨在强化货币基金组织作用的六点建议：第一，通过披露所相关的经济和财政资料，对各国的经济政策进行更加有效的检测；第二，实行地区性监测和政策协调；第三，由国际货币基金组织和世界银行制订金融系统的监管方案以实施更为有效地监管；第四，建立有效地债务处理方法以防止债务危机；第五，加强国际金融组织的作用，并增强其资金实力；第六，继续推进资本自由化。国际货币基金组织还提出，为了担负起以上责任，应当将目前国际货币基金组织的临时委员会升级为具有决策功能的委员会。

发达国家的改革意见。发达国家都认为新的国际货币体系应当以开放、稳定和有序为特点。不过，在如何实现这一目标上意见并不一致。美国不愿意放弃自己在国际货币体系中的霸权地位，提出应进一步推行金融和经济自由化并在更大范围内实现浮动汇率；欧盟和日本则希望削弱美国的势力，提出对市场实行国际干预和监管，并限制汇率波动范围，在各主要货币间设定参考汇率。

发展中国家的改革主张。发展中国家在金融危机中饱受其害，因此强烈要求，对短期国际资本要加强监管，对资本市场的开放应当循序渐进，同时希望发达国家能够担当起应有的责任。

三、建立新的国际货币体系

这一意见主要是由理论界提出来的，其具体实施方案又分为三种：

第一，成立新的更有约束力的国际金融协调机构。这类方案的倡导者认为，目前的国际金融市场缺乏完善的监管体系，各国各自为政，彼此之间也没有形成有效的合作，不足以维护国际金融秩序。因此，各国应当让渡更多的主权，成立一个新的具有权威性的国际金融组织来负责对全球金融事务实施监管、仲裁和协调、解决债务危机、货币危机，并在法律上对各国具有绝对的约束力。

第二，重新回到布雷顿森林体系。布雷顿森林体系以严格的固定汇率制度为特征，而这正是牙买加体系所欠缺的，所以应当重新回到固定汇率制度，来维护国际金融市场的稳定。

第三，实行全面的浮动汇率制。这种观点正好与第二类方案相反。持该观点的认为，亚洲金融危机之所以爆发，是因为亚洲各国实行僵化的钉住汇率制度，如果早些实行浮动汇率，就不会出现这样的问题。

要建立一个新的国际货币体系不仅难度大，而且成本高，上述三种方案仅仅是理论上的论述，却没有付诸实践。但是，从目前来看，总体上是倾向于第一种方案。

四、国际货币体系改革的前景

牙买加体系的成立对国际货币体系的稳定起到了应有的作用，但是改革现行的国际货币体系的呼声却从来没有停止过，并且是一浪高过一浪。国际货币体系改革的核心问题有三个，分别是本位货币、汇率制度和国际收支的调节机制。

（一）本位货币

只要不是实行完全没有干预的金本位制或者完全的自由浮动汇率制，一国就必须持有国际储备资产。目前，国际储备的主要问题还是美元的地位过于突出，作为最主要的国际储备货币发行国，美国的国际收支状况仍然影响着国际储备的增长。在没有找到一种更好的国际储备资产来取代美元之前，各国不得不持有美元，不得不依靠美元来从事国际经济交易。因此，许多有关国际货币改革政策的方案和建议，都围绕以什么资产来代替美元的问题。

从已经出台的改革方案来看，就国际本位货币的改革主张大致有以下几种：国际金本位制、国际金汇兑本位制、以美元为基础的国际货币体系。归根结底，这些货币改革计划的实质，不外乎是强调黄金的货币作用，或者是否定黄金的货币职能，或者两者的折中。

从现实情况看，无论是美元还是日元，作为某一国货币总是难以避免汇率波动、价值不稳定的缺陷，难以担当起国际储备货币的重任，而符合货币特别提款权由于其价值稳定的特点，非常适合充当国际储备资产。但，特别提款权存在非实物化、分配有失公平、使用不方便等缺陷。

（二）汇率制度

在汇率制度的改革上，实行完全的固定汇率制或完全的浮动汇率制都存在这样或那样的弊端，赞成这两种极端制度的也是少数。从目前发达国家经常联合干预外汇市场、发展中国家大多数实行钉住汇率的事实来看，很显然稳定汇率、缩小汇率波动幅度是国际社会的普遍愿望。因此，汇率制度的改革集中在确定汇率波动幅度的大小或者采取何种方式实行可调整的固定汇率制上。

目前的浮动汇率制是一种混合的体制。现行体系中汇率制度与汇率安排可能会出现变化，主要强调加强货币间的协调，可能会建立一种稳定汇率的政策协调机制。虽然汇率目标区的主张未能被几个大国广泛地接受，但是欧盟、日本均有稳定其货币汇率的愿望。随着欧元的出现，欧元成为美元的有力竞争者，美元的地位有所降低。这样，美国就不能不与欧盟、日本加强汇率协调，建立一种稳定的汇率协调机制。不过，这种稳定是相对而言的，窄幅汇率目标区的前景似乎不太可能出现,并且汇率稳定只是相对和有限的。

(三) 国际收支的调节

根据《牙买加协议》各国可以动用汇率手段来调节国际收支。但事实上,如前所述,动用汇率手段来调节国际收支存在诸多局限。现阶段,国际金融市场上的私人资本对顺差国和逆差国的国际收支发挥了相当大的调节作用。也就是说,目前庞大的国际收支不平衡主要是依靠国际货币体系以外的力量来进行调节的。比如日本,巨大的对外贸易顺差就是靠增加国内需求减少出口来降低顺差。

今后的国际货币体系必须建立一种机制,使顺差国的盈余能暂时调剂逆差国的逆差,使逆差国的逆差和顺差国的顺差都有所减少。顺差国和逆差国共同承担起调节国际收支的任务,从而保证国际收支失衡的问题得到有效的解决。一种比较可行的方案是国际货币基金组织扩展现有的功能,增强其国际货币协调和最终贷款者的功能。一旦国际货币基金组织这两方面的能力得到增强,组织成员国在发生危机或国际收支严重困难时提供资金援助的能力将会得到增强,从而减少各个成员国的损失,发挥应有的作用。

第六节 金融全球化与国际货币合作

一、金融全球化

金融全球化是自 20 世纪 70 年代末以来世界金融发生深刻变革的最新发展趋势。进入 20 世纪 90 年代以来,金融全球化更是呈现出加速发展的势头,特别是自东南亚金融危机爆发以来,它更成为人们关注的焦点问题。金融全球化是当今国际金融领域最引人注目的趋势之一,它不仅是一个金融活动超越民族国家界限的过程,也是一个风险发生机制相互联系而且趋同的过程。区域货币金融合作是国际金融领域另外一个重要趋势,参照最优货币区理论,许多区域进行着不同层次的货币合作。金融全球化是未来金融发展的最主要趋势。

(一) 金融全球化的概念

金融全球化是 20 世纪 90 年代以来国际金融界谈论最多的话题。这固然很强烈地反映了若干发达国家和国际经济组织的意向,但主要是无数私人资本通过市场的逐步一体化而推动的。或者,可以把金融全球化看做是金融业在全球范围内的一体化,是世界各国和地区放松金融管制,开放金融业务,放开资本项目管制,使资本在全球各个金融市场自由流动,最终形成全球统一金融市场,统一货币体系的趋势。金融全球化有三个重点:(1) 金融全球化不仅是一个金融活动超越国界的过程,而且也是一个风险发生机制相互联系而且趋同的过程;(2) 金融全球化的微观动机是若干反经济组织谋取利益的自发活动;(3) 金融全球化是一个不断深化的有着明显阶段性的自然历史过程。

金融全球化的趋势并非自发形成的,它与经济全球化的发展紧密相关。正如金融是现代经济的核心一样,金融全球化也是经济全球化的核心,但金融全球化又有其自身规律和丰富内容,也就是说,金融全球化是经济全球化的一个方面,是经济全球化的组成部分,是经济全球化的高级阶段,但它同时又具有自身发展规律,并在很大程度上独立于实质经济。据统计,目前全世界的金融交易量大约是商品交易量的 25 倍;在巨额的国际资本流动中,只有 10% 与实质经济的运动(实质交易和投资)有关。从世界范围来看,越来越多的资本流动和外汇买卖严重脱离了生产和贸易活动。

(二) 金融全球化的表现形式

金融全球化的表现形式是多种多样的。具体来说,主要包括以下几个方面:

第一,资本流动全球化。这是金融全球化最突出的表现。在布雷顿森林体系下,国际资本流动是受到严格控制的。布雷顿森林体系崩溃以后,较富裕的国家开始解除对资本的控制。进入20世纪80年代后,国际资本流动呈现不断加速和扩大的趋势。许多发展中国家在80年代末和90年代初也开始开放其资本账户及相应的资本市场。90年代以来,在经历了80年代末短暂的调整之后,国际资本流动再次表现出强劲的增长势头,巨额资本瞬间可以实现跨国流动。同时,国际资金也从发达国家逐步流向发展中国家,尤其是新兴市场国家和地区。在资本流动全球化大潮的推动下,国际金融领域正逐步向货币自由兑换,资本自由进出和资本在行业间自由转移的方向发展。

第二,金融市场全球化。全球性金融市场的形成和发展,是国际资本流动的基础和载体。目前的国际金融中心已经不再局限于少数几个发达国家的金融市场,而是开始向全世界各地分散。与此同时,由于电子技术的广泛应用,计算机和卫星通信网络正在把遍布世界各地的金融市场和金融机构紧密联系在一起,全球性的资金调拨和融通几秒钟便可以完成,从而形成一个多时区,多方位的全球金融市场,各金融市场之间价格的关联程度增强。伴随着全球金融市场的日趋活跃,世界金融市场的交易量也随之迅速膨胀,特别是离岸金融市场,发展更是迅速。

第三,金融机构全球化。随着全球竞争的加剧和金融风险的增加,为了融资和业务竞争的需要,一些国家的银行和金融机构纷纷在其他金融市场开设分支机构,拓展海外业务。与此同时,国际上许多大银行都把扩大规模,扩展业务以提高效益和增加抗风险的能力作为发展战略,于是出现了全球性银行业合并和兼并的浪潮,使得超巨型跨国商业银行和投资银行不断涌现。

第四,货币体系全球化。全球贸易和资本流动需要全球货币体系即国际货币体系的支持。从历史发展看,国际货币体系经历了从金本位到1945年布雷顿森林体系,从布雷顿森林体系解体到牙买加体系形成的过程。目前,美元在国际货币体系中占据着半壁江山。货币体系全球化的推进不仅是金融全球化的表现形式,也是其不断发展的必然结果和趋势。

第五,金融协调和监管全球化。资本流动,金融市场,金融机构和货币体系全球化必然要求有相应的国际金融协调监管机制和机构,而成立于1930年的国际清算银行也是国际金融协调机构之一,由该机构发起拟定的《巴塞尔协议》、《有效银行监管的核心原则》和《巴塞尔新资本协议》被越来越多的国家所接受,这标志着全球统一的金融监管标准趋于形成。

第六,金融危机的全球化。金融全球化固然便利了金融往来和金融融资,但大量而迅速的全球资金流动,也将各国的经济更紧密地联系在一起,使各国间经济的联动性不断增强,经济波动和经济危机的传递性越来越明显。一旦一国出现金融动荡,便会迅速引起连锁反应,危及全球金融系统的稳定。1997年泰国首先爆发金融危机,随后迅速"传染"到菲律宾、印度尼西亚、马来西亚及整个东南亚地区,后来韩国,日本也相继发生金融危机,这次危机影响整个亚洲乃至世界经济体系和金融秩序的稳定。

(三)金融全球化的成因

金融全球化的过程虽早已开始,但它最终形成于20世纪70年代以后。其主要的形成原因有以下几点:

第一,经济全球化是带动金融全球化的根本动因。金融全球化是经济全球化的重要组成部分,经济全球化的发展趋势决定了金融也必将走向全球化。经济全球化进程中生产力超越国界发展,国际贸易,直接投资迅猛增长,金融资本在全球范围内大规模流动,这些都要求金融体系的深化和创新,在制度,结构,范围和内容上符合经济全球化的客观要求。比如从国际资本流动来看,2004年流入美国,欧元区和新兴市场的资本分别为14 332亿美元,8 905亿元,5 736亿美元,流出的规模也各自在8 000亿美元以上。这说明经济全球化的确带动了金融全球化的发展。

第二，技术革新和进步为金融全球化发展提供了保证。信息、网络技术的高速发展及其在金融领域的广泛应用为金融全球化的实现创造了条件。从20世纪70年代起，电子计算机开始在世界金融业中应用。信息处理，电脑和电信技术的发展使得信息费用每年以15%～25%的比例下降。低成本且传播迅速的电信为创造全天候的全球金融服务起了重要作用。它增加了信息量，鼓励了金融机构广泛应用新工具，并且在某种程度上还改变了金融市场的职能。金融信息传递和处理的全球网络的形成，一方面，使世界各金融市场在时间和空间上相互连接，形成统一的整体，使跨国银行提高了对任何一个金融市场行情变化的快速反应能力，并大大降低了交易的成本；另一方面，也使银行能够开展诸如"利率互换"，"货币互换"等需迅速传递和处理的金融创新业务。

第三，金融管制的放松为实现金融全球化扫清了政策性障碍。在过去，世界各国都对本国金融实行严格控制，跨越国境的金融交易通常与各国的国内金融市场相对割裂开来，采取一种相对独立于各国金融体系的形式来进行，并受到本国法规和国际惯例两套各不相同的规则制约。20世纪70～80年代以来，发达国家逐渐放松了金融管制，发展中国家则进行了以金融深化为目标的金融体制改革。比如1974年，美国取消了利息平衡税，1980年又取消了存贷利率限制；1979年，英国取消了对资本流动的所有限制，1986年又实施了"金融大震荡"，解除了伦敦证券交易所会员限制，废除了经济人最低佣金制；日本继20世纪80年代推行金融国际化进程之后，在90年代又进一步实施了金融改革计划，包括开放外汇市场，废除外汇交易许可证制度，取消东京外汇市场固定买卖时间，允许银行，以及证券和保险业务交叉。1999年，美国也颁布了《金融服务现代化法案》，拆除了银行业和证券业之间长达66年的"格拉斯-斯蒂格尔墙"，使混业经营取得了法律上的支持。这些措施使世界主要金融市场的差异缩小。

第四，金融创新促进了金融全球化发展。综观金融发展史，金融发展的每一次高潮无一不是由金融的制度创新和工具创新推动的。从欧洲货币市场到各种金融衍生工具的创立，金融全球化的浪潮一浪高过一浪。据统计，目前国际金融市场上已知的金融衍生工具有1200多种，而且这些工具还在不断地排列组合，几乎每天都在创造新的金融品种。虽然金融创新提供了高效率、低成本的避险手段，提高了金融机构和金融市场的运作效率，促进了全球性市场的形成。但与此同时，金融创新也放大了金融风险。这些新兴的金融工具往往存在诸多不足，如设计不完善，操作复杂，规则不健全，监管滞后等，再加上金融投资的杠杆作用，使得金融衍生产品的交易极易失去控制，从而使规避风险的手段反而成为新风险的发源地。为了规避新的风险，又会有新一轮的创新。

第五，跨国公司的迅猛发展带动了金融全球化。跨国公司的迅猛发展是经济全球化的一个重要表现。目前，三分之一的全球产量，三分之二以上的全球贸易，90%左右的对外直接投资由跨国公司直接控制或与他们有关，其对国际贸易和直接投资所产生的推动力十分巨大，与之相关的金融活动也无时无刻不在发生着。于是，便要求金融业要适应跨国公司发展及其业务的需要，为之提供全面、及时的金融服务。此外，在跨国公司内部，经济资源的配置直接跨越了国家和地区的界限。与此同时，通过其与各国民族企业的生产、加工和销售的联系，跨国公司开发了各国经济在产业层次、企业层次、产品层次、工艺层次的全面联系，因而推动金融全球化的直接动力是跨国公司的发展。

（四）20世纪90年代以来金融全球化的主要特征

第一，离岸金融市场不断衰落，金融衍生产品市场不断崛起。从发展历史来看，离岸金融市场是资本追求金融自由化的产物，它以全球大多数国家（尤其是主要工业化国家）实施严格金融管制为前提。当各个国家纷纷放弃国内金融管制后，在岸市场和离岸市场运行法则和经营条件逐渐趋于一致时，离岸金融市场的作用就会逐渐消失或者大大降低，离岸和在岸的区别也逐步拉平，连业务也可能逐步回归为在岸业务，使得在离岸金融市场获取超额利润的机会和条件会逐渐减少，离岸金融市场的吸引力也就逐渐下降。另外，随着金融衍生产品的不断推出，整个金融交易的结构发生了不利于传统存贷业务的转变，各国的大银行均逐渐减少了银行间市场的业务量，同时把大量业务转向金融衍生产品市场。

第二，私人资本取代官方资本，成为全球资本流动的主体。官方资本主要指的是国家之间双边和多边的援助，国际经济组织（如世界银行、国际货币基金组织等）的开发贷款等。私人资本主要是指商业银行贷款以及通过发行股票和各种债务工具所引起的资金流动。从1970年到1981年，流入新兴市场的资本中有49.5%是官方资本，现在，私人资本则占新兴市场资本流入的80.6%。

第三，机构投资者异军突起。在全球资本流动私人化的浪潮中，最引人瞩目的现象就是机构投资者的地位急剧上升，管理的资产庞大，尤其是亚洲金融危机后，资产管理产业更增加了几分传奇色彩。可以说，机构投资者的产生和发展，对于市场交易量、证券发行格局、国际资本流动、市场稳定性以及产业组织和公司治理结构都有重大影响。

第四，国际游资实力膨胀。20世纪90年代以来，随着金融工具日新月异、金融资产迅速膨胀、国际资本私人化和大量资金在境外流通，只需一个电话或一个按钮就完成了巨额资金的流动，天文数字的交易瞬间完成。其次，国际游资日益呈现出集体化倾向。由于机构投资者的迅速发展，游资实力雄厚，而且均由金融高手管理。这些投机专家往往判断趋同，而且有许多资金会跟着这些精英而流动，为其马首是瞻，如索罗斯的领导效应，因此游资的集体化倾向将更加明显。再次，交易的杠杆化特征明显，其中以金融衍生工具的杠杆交易特征最显著。最后，发展中国家，尤其是新兴市场、国家和地区日益成为游资肆虐的对象。毫无疑问，这些游资使证券市场的供求关系得到调节，使金融市场的流动性和活力明显加强，但是其危害性也不容忽视，经济泡沫化、来回无规则波动、货币政策失灵以及传播扩散效应是游资引发的主要后果，国际金融风险因此加剧。

（五）金融全球化的影响

金融全球的产生与发展对整个国际社会产生了深远的影响。一般来讲，这种影响是双重的，既有积极的影响，也有消极的影响。

1. 金融全球化的积极影响

（1）金融全球化是世界经济一体化的必然要求，国际贸易的不断扩大势必要求资本要素在世界范围内调节和流动，使一国的经济发展不完全受制于国内的储蓄和积累，如韩国在1962—1983年的20多年间，平均经济增长率为8.3%。其中依靠外资取得的平均增长率为5.2%。墨西哥、巴西等国曾在利用外资促进本国经济发展方面取得过骄人的成绩。因此，金融全球化为世界各国的投、融资带来了极大的便利条件，促进了国际投资的发展，为发展中国家的经济发展提供了前所未有的机遇，使这些国家经济结构发生根本改变，由以农业为主的传统经济转变为以工业为主的现代经济，还使一些国家步入新兴市场国家行列。

（2）金融全球化促进了贸易全球化和自由化的发展，深化了国际分工。世界各国商品和服务之间的交换是以各国间货币的交换为媒介的，没有货币交换就无法实现商品的交换。商品交换是货币交换的基础，反过来货币交换又会促进商品交换的发展，反之，一个国家开放程度越低，就越会限制本国对外贸易的发展。第二次世界大战后，国际金融市场不断发展和完善，促使国际贸易迅速发展，也使各国对对外贸易的依存程度不断提高，国际分工日益深化，各国的比较优势得到了充分的发挥。

（3）金融全球化促进了全球经济资源的优化配置，提高了世界经济的发展水平。金融全球化深化了国际分工,突出发挥了各国的比较优势,促进资金在国际间的流动。金融全球化打破了国际资本市场相互隔离的局面,为各国的资本供给者和需求者在无障碍的国际金融市场中选择多样化的金融工具进行投资和筹资活动提供了便利条件。促进了资本的跨国流动。因此,金融全球化使各国间生产要素的流动更加合理,资源配置更趋优化,从而提高了世界经济的发展水平和整体福利。

(4)同业竞争更加符合国际规范。随着金融全球化进程的加快,商业银行之间的同业竞争更多地体现为金融市场上的国际竞争。为使同业竞争符合公平、公正与公开的基本原则,世界贸易组织要求成员国对外来金融机构给予国民待遇,同时成员国要保证经济与金融政策法规高度透明,以使国内外金融机构在信息对称的条件下进行决策与经营。除此之外,国际货币基金组织和国际清算银行等国际金融组织还对各国金融机构的行为进行规范,世贸组织也对金融服务贸易中的冲突与摩擦进行具有强制性的仲裁。所有这一切都有利于维护国际金融的纪律和秩序,使国际金融同业竞争更加规范化。

2. 金融全球化的消极影响

由于东南亚金融危机在全球引起人们对金融、经济的恐慌,所以人们对金融全球化的疑虑越来越多,有关金融全球化的消极影响和不同国家在其中获得的利益成为国际金融界争论的热门话题。

全球资本流动尤其是大量投机性短期资本的流动,往往对一些国家和地区造成突然冲击,使其陷入金融、经济动荡或危机。国际投机家往往凭借其拥有的支配地位来牟取暴利,加剧市场波动。国际游资的投机性、流动性和逐利性时期时刻关注着各地金融市场的动向和政府决策的制定,一旦发现失误,国际游资铺天盖地的强入会使任何一个金融体系濒临崩溃。1992—1993年欧洲货币体系危机、1997—1998年亚洲金融危机中都可以看到索罗斯管理的量子基金等投机资本的影子。而且,金融危机爆发以后会迅速"传染"到其他国家或地区,演变成更大范围内的金融危机,甚至直接威胁世界经济、金融的稳定与安全。

金融全球化对各国经济发展、经济结构和经济政策产生较大的冲击。目前,金融全球化发展趋势已对各国经济发展速度、经济结构变化方向、经济政策以及效应等产生越来越明显的影响。由于在全球化的金融市场中,资本流动非常便利,这使得许多国家,尤其是发展中国家希望通过吸收外资来促进经济发展和提高就业。但是,一旦外资撤离又会使一些国家经济遭受严重打击。

二、区域货币合作

世界经济全球化和区域经济一体化是当今世界两大引人注目的趋势,在金融领域体现为金融全球化和区域货币合作的迅猛发展。区域货币合作的理论基础是最优货币区理论。这一理论一经提出,就引起了热烈争论。欧洲货币合作和欧元的诞生受到了该理论的启发。欧元诞生后,世界其他地区有可能模仿欧元的成功而尝试进行地区的货币合作。区域性的货币合作能够加强参与合作国家的货币金融安全,这在亚洲货币合作上体现的相当明显。

(一)最优货币区理论

最优货币区理论是国际货币合作的基本理论,该理论旨在说明在什么条件下,某一区域实行固定汇率和货币同盟是最佳的。该理论由蒙代尔(Robert Mundell)提出,其核心内容是:在具备一定条件的区域内,各国放弃本国货币,采取统一的区域货币,有利于安排汇率,以实现就业稳定和国际收支平衡的宏观经济目标。在最优货币区内,一般的支付手段或是一种单一的共同货币,或几种货币,这几种货币之间具有无限可兑换性,其汇率再进行互相钉住,保持不变,但是区域内国家与区域以外的国家间的汇率保持浮动。这一理论一经提出,就引起了广泛的关注和争论,至今仍然在不断地完善和发展。关于最优货币区理论的分析方法,主要有传统分析法和综合分析法,现简要介绍如下:

1. 传统分析法

最初,理论界分歧的焦点集中于最优货币区的适用标准,具体而言,传统理论对最优货币区的标准确定可以分为以下几种。

(1) 要素流动性分析。这是1961年由罗伯特、蒙戴尔提出的一种最优货币区理论,他主张用生产要素的高度流动性作为确定最优货币区的标准。蒙代尔指出,浮动汇率只能解决两个不同货币区之间的需求转移问题,后者只能通过生产要素的流动解决。因此,若要在几个国家之间维持固定汇率,并保持物价稳定和充分就业,就必须要有一个调节需求转移和国际收支的机制,而这个机制只能是生产要素的高度流动。

(2) 经济开放度标准。1963年,罗纳德提出,应该以经济的高度开放作为确定最优货币区的标准。美金农将社会总产品划分为可贸易商品和不可贸易商品,经济开放程度与可贸易商品在社会总产品的比重呈正相关,比重越高,经济越开放。他认为,一个经济开放的小国难以采用浮动汇率的两个理由是:首先,由于经济高度开放,市场汇率的波动就会引起国内物价不断的波动;其次,在一个进口占消费很大的比重的且高度开放的小国中,汇率波动对居民实际的消费影响非常大,致使存在于封闭经济中的货币幻觉消失。汇率变动也不能纠正外部失衡。

(3) 低程度的产品多样性分析。1969年彼得·凯南提出,应以低程度的产品多样性作为最优货币区的标准。在固定汇率之下,如果某一国产品高度多样化,某一出口商品在整个出口中所占的比重不大,其需求的下降不会对国内就业产生很大的影响;相反,对低程度产品多样性的国家来说,其出口产品的多样性也是低程度的,若外国对本国出口商品的需求下降,汇率必须做较大幅度的变动,才能维持原来的就业水平。

(4) 国际金融一体化的分析。1969年,詹姆斯·伊格拉姆指出,在决定货币区的最优规模时,有必要考察一国的金融特征。1973年,他正式提出,以国际金融高度一体化作为确定最优货币区的标准。伊格拉姆认为,一个区域内各国国际收支的不平衡同资本流动有关,尤其同缺乏长期证券的自由贸易有关。如果国际金融不是充分一体化,那么外国居民将以短期外国证券作为主要的交易对象,因为买卖短期证券的外汇风险可以通过远期市场的抛补避免。但这样一来,各国长期利率的结构就会发生明显的变化。相反,如果国际金融市场一体化,只要国际收支平衡,利率的小幅变动,就会引起均衡性资本的大规模流动,从而避免汇率的波动。

(5) 政策一体化程度分析。1970年,爱德华·托尔和托马斯·维莱特提出,应以政策一体化作为确定的标准。他们认为,一个具有不太完善的内部调节机制的货币区能否成功,关键在于其成员对于通货膨胀和失业率的看法,以及对这两个指标之间交替能力的认识是否具有合理的一致性,换句话说,一个不能容忍失业的国家是难以同一个不能容忍通货膨胀的国家在政策上保持一致的。

(6) 通货膨胀率相似性分析。1970年和1971年,G. 哈伯德和G·M·弗莱明分别提出以通货膨胀的相似性作为确定的标准。他们认为,国际收支失衡最可能由各国的发展结构不同,工会力量不同和货币政策的不同所引起,后者除了会导致国际收支基本账户的失衡外,还会引起短期资本的投机性移动。因此,如果区域内各国通货膨胀趋于一致,就可以避免汇率的波动。

2. 综合分析法

传统的最优货币区理论提出了各种各样的衡量指标,所有这些指标,虽然都从一个角度或多或少地反映出国际经济形势的客观变化,但却无法对区域性货币合作作出完美的理论解释说明。20世纪90年代以来，最优货币区理论随着各国经济一体化程度的加深而向综合分析方向发展，即综合分析加入货币区的收益和成本。

一个国家或地区选择加入某一货币区的收益包括许多方面：（1）降低交易成本的直接受益和间接收益，即消除了兑换成本和在不同市场上价格歧视；（2）汇率稳定减少了公司未来收益的不稳定性，增加了社会福利收益；（3）因减少汇率波动而形成稳定的价格机制，降低投资风险，增加经济主体关于价格系统决定的可靠性；（4）因汇率风险的降低而导致的外贸交易额和贸易量的增大；（5）降低成员国外债风险；（6）货币合作使成员国之间的金融约束力和政策协同力增强。收益与国际贸易和生产要素的流动成正相关关系，如果该国与货币区之间的经济一体化程度提高，则其加入货币区的收益也随之上升。

加入某一货币区，那么有可能使一国或地区支付成本和承担损失，具体表现在：（1）如果工资是刚性的，且要素流动性是有限的，则会出现由于需求在国家间的移动而导致的经常账户的失衡；（2）一国不仅失去了自由选择本国通货膨胀率和失业率来调节本国经济的权力，而且必须遵守货币联盟统一的政策目标；（3）因放弃本国货币或本地区货币将造成铸币税的损失；（4）各国不同的财政体系和市场制度带来金融监管和中央银行职能有效性的弱化。

三、欧洲货币一体化

（一）欧洲货币一体化进程

欧洲货币一体化起源可以追溯到20世纪60年代以前，如1950年建立的欧洲支付同盟及1958年欧洲经济共同体各国签署的《欧洲货币协定》。但这些组织或协定在内容上虽有以后货币一体化的形式，却无其实质。它们的出发点在于，促进成员国贸易和经济的发展，恢复各国货币自由兑换，而不涉及各国的汇率安排和储备资产形式。

跛行货币区虽然开始了欧洲货币一体化的尝试，但由于其内部缺乏支持其稳定存在的基础，在整个货币一体化的发展进程中，它的地位并不重要。

从取得实质性进展而言，欧洲货币一体化经历了以下几个演变阶段：

1. 第一阶段（1972—1978年）：维尔纳计划

布雷顿森林体系瓦解之际，欧洲经济共同体国家为了减少世界货币金融的不稳定对区域内经济造成不利影响，同时也为了实现西欧经济一体化的整体目标，于1969年提出建立欧洲货币联盟的建议。1970年10月，欧共体负责此项工作的专门委员会向理事会提交了一份《关于在共同体内分阶段实现经济和货币联盟的报告》。由于此专门委员会由当时的卢森堡首相兼财务大臣维尔纳负责，所以该报告又被称为"维尔纳报告"。该报告作部分修改后，于1971年2月9日经欧共体部长会议通过。

虽然在美元危机、石油危机及经济危机的多重冲击下，这一计划最后以夭折而告终，但这种尝试为以后的欧洲货币一体化发展提供了宝贵的经验。同时，在计划的第一阶段中建立的联合浮动制、欧洲货币合作基金、欧洲货币计算单位等，成为未来欧洲货币体系的基础。

2. 第二阶段（1979—1998年）：欧洲货币体系

联合浮动极易受美元汇率波动冲击，为制止汇率剧烈波动，促进欧共体成员国经济的发展，欧共体各国在1978年12月5日的布鲁塞尔首脑会议上达成一致，决定于1979年1月1日建立欧洲货币体系。后因前联邦德国与法国在农产品贸易补偿额问题上发生争执，该体系延至1979年3月才正式建立。欧洲货币体系主要由三个部分构成：欧洲货币单位；欧洲货币合作基金；稳定汇率机制。

3. 第三阶段（1999— ）：欧洲单一货币

自 20 世纪 80 年代下半期起，欧洲经济一体化步伐开始加快。1985 年 12 月，欧洲理事会卢森堡会议通过《单一欧洲法案》。该法案规定，于 1992 年实现的欧共体内部统一大市场是一个没有内部边际的地区，区域内实行商品、人员、劳务和资本的自由流通。据此，进一步加强欧洲货币体系就成为形成统一内部市场、实现资本流动完全自由化的必要条件，卢森堡会议也将欧洲货币体系确定为深化货币合作的出发点。1988 年 6 月，欧共体汉诺威首脑会议决定，成立由当时的欧共体委员会主席雅克德洛尔主持的"经济和货币联盟委员会"。1989 年 6 月，该委员会向欧洲理事会马德里会议提交了《欧洲共同经济体经济和货币联盟的报告》（又称"德洛尔报告"），并获批准。

鉴于各成员国对"德洛尔报告的"的反应各不相同，为实现欧洲经济和货币联盟，推进欧洲的统一，欧共体成员国的首脑们又于 1991 年 12 月在荷兰的马斯特里赫特城召开会议，在"德洛尔报告"的基础上签署了《欧洲联盟条约》（又称《马斯特里赫特条约》，简称马约）。马约的核心内容是：（1）于 1993 年 11 月 1 日建立欧洲联盟，密切各国在外交、防务和社会政策方面的联系；（2）于 1998 年 7 月 1 日成立欧洲中央银行，负责制定何时实施欧洲的货币政策，并于 1999 年起实行单一货币；（3）实行共同的外交和安全防务政策等。马约的签署与实施，标志着欧洲货币一体化进入了一个新的阶段。

（二）欧洲货币体系

欧洲货币体系主要包括三方面的内容，即欧洲货币单位，欧洲货币合作基金，稳定汇率机制。

1. 欧洲货币单位。欧洲货币单位类似于特别提款权，其价值是欧共体成员国货币的加权平均值，每种货币的权数根据该国在欧共体内部贸易中所占的比重和该国国民生产总值的规模确定。根据规定，中的成员国货币权数每 5 年调整一次，但若其中任何一种货币比重的变化超过 25%，则可随时对权数进行调整。

欧洲货币单位的作用主要有三种：（1）作为欧洲稳定汇率机制的标准。成员国在确定货币汇率时，以欧洲货币单位为依据，其货币与欧洲货币单位保持固定比价，然后，再以此中心汇率套算出同其他成员国货币的比价。（2）作为决定成员国货币汇率偏离中心汇率的参考指标。（3）作为成员国官方之间的清算手段，信贷手段以及外汇市场的干预手段。

2. 欧洲货币合作基金。为了保证欧洲货币体系的正常运转，欧共体还于 1979 年 4 月设立了欧洲货币合作基金。欧洲货币合作基金的主要作用是向成员国提供相应的贷款，以帮助它们进行国际收支调节和外汇市场干预，从而来保证欧洲汇率机制的稳定。欧洲货币合作基金给成员国提供的贷款种类因期限而有所不同：期限最短的 45 天以下（含 45 天），只向稳定汇率机制参加国提供；9 个月以下的短期贷款，用于帮助成员国克服短期国际收支失衡问题；中期贷款的期限为 2～5 年，用于帮助成员国解决机构性国际收支问题。

3. 稳定汇率机制。稳定汇率机制是欧洲货币体系的核心组成部分。根据该机制的安排，汇率机制的每一个参加国都确定本国货币同欧洲货币单位的（可调整的）固定比价，即确定一个中心汇率，并依据中心汇率套算出与其他参加国货币之间的比价。欧洲货币体系的汇率机制运作如下：各成员国之间的汇率波动不得超过围绕固定汇率的一个窄幅。（这个限制通常是正负 2.25%，但 1993 年 8 月提高到正负 15%）。当两国货币之间的汇率超过了这个限制，两国的中央银行必须干预外汇市场。

（三）欧洲单一货币

按照欧盟制定的时间表，1999 年 1 月 1 日正式启动欧洲货币一体化的第三阶段，发行统一的欧洲货币——欧元，欧元作为 11 个参加国（包括比利时、德国、西班牙、法国、爱尔兰、意大利、卢森堡、荷兰、奥地利、葡萄牙和芬兰11国)的非现金交易的"货币",以支票、信用卡、股票和债券等方式进行流通。在2002年7月1日后,欧元11国各自的货币停止流通,由欧元完全取代。

1. 欧元诞生以来的表现。自1999年1月欧元作为账面货币问世、2002年元旦欧元纸币与铸币正式投入流通以来,欧元对美元的汇率总体走势呈U型波动,大致可分为3个阶段:

第一阶段:1999年1月初,欧元对美元的汇率以1:1.18高位开始,随后一路滑落,到2000年10月26日跌至最低点1:0.82,跌幅超过30%;

第二阶段:在接下来的两年里,欧元对美元的汇率在低状态中稍有回升,2001年欧元对美元的平均汇率为1:0.89,2002年平均汇率为1:0.94;

第三阶段:从2002年上半年开始,欧元对美元走强,至2003年5月攀升到1:1.19,超过了起始价1:1.18,到2004年12月29日欧元对美元的汇率创1:1.3646的历史最高位。

可以看出欧元对美元的汇率总体走高。到2005年年初,欧元对美元的汇率对比2000年末的1:0.82的最低点,已升值了62.3%,即使与1999年1月1日欧元诞生日的汇率1:1.1747相比,欧元也升值了14.7%。

2. 欧元对国际货币体系的影响

欧元所代表的经济实力决定了欧元在国际货币体系中的地位,这种地位使欧元与美元构成了国际货币体系的两强格局,从而对国际货币体系产生巨大的影响。

欧元对国际货币体系的影响主要体现为权力效应和示范效应。欧元的权力效应首先是欧元改变美元在国际货币体系中的权力地位,一种货币在国际使用范围有多大取决于经济实力、币值稳定、对外经济关系的密切程度和金融市场的结构。由于欧元所代表的经济实力以及欧元作为国际货币地位的确立决定了欧元在国际货币中的权力,同时也就决定了欧元对国际货币体系的影响力。欧元区经济实力的支持以及欧洲各国货币在世界货币体系中的实际地位,决定了欧元的崛起和强大是不可避免的,虽然这个过程需要一定时间。当然也不排除出于共同利益的需要,在许多场合欧元与美元将会进行合作。但2009年爆发的欧债危机也给欧元和欧盟造成不小的冲击。

欧元的示范效应是世界其他地区有可能模仿欧元的成功而尝试进行地区性的货币合作,因为区域性的货币合作是为了加强参与合作国家货币的安全地位。示范效应的另一个机制是货币合作能够降低经济交往的成本,从而给各参与方的经济增长都会带来好处。在早先阶段,货币安全的需要是欧元示范效应发挥作用的主要机制,这在亚洲货币合作上体现得最为明显。除了亚洲货币合作之外,非洲也出现了类似的发展。在2000年9月的苏尔特非洲特别首脑会议上,利比亚提出全非洲"联合计划",要求建立"非洲合众国";在2001年3月的苏尔特首脑会议上,非洲国家计划改造于1963年成立的非洲统一组织,转而建立非洲联盟。2001年5月生效的非洲联盟将遵循欧洲联盟的模式,建立议会、中央银行、货币基金和法院。

四、亚洲货币合作概况

(一) 亚洲地区货币合作的必要性和可行性

亚洲金融危机改变了亚洲各国政府对区域金融合作一度所持有的消极态度。亚洲各国开始积极讨论亚洲货币合作的必要性和可行性,并对货币合作的形式提出了很有意义的构想。

第一,从外因来看,区域性货币合作一体化成为新的潮流,亚洲不可能一直孤立于这股潮流之外。在经济、金融全球化的发展形势下,为避免金融震荡,最有可能采取的措施是建立区域性货币联盟,区域性货币一体化将形成新的发展动力。随着欧元影响力的扩大,可能会形成一个以欧洲货币联盟为中心，包括欧盟其他成员、中东欧法郎区、地中海以及洛美协定国家的欧元集团。新的世界货币体系中将出现欧元与美元"二元化"现象。这幅前景使亚洲各国产生了危机感，若不加强本地区的货币合作，将被置于十分不利的境地。自1997年亚洲金融危机爆发以来，经济联系十分密切的亚洲各国更深刻地认识到，亚洲国家必须加强本地区内的金融协调与合作，创立一个稳定的亚洲统一货币，从而稳定亚洲金融市场，促进亚洲经济健康发展。

第二，从汇率制度来看，过分依赖美元的汇率安排威胁到了亚洲经济的稳定发展。许多亚洲国家或地区实行的是钉住美元的固定汇率制，如港币、泰铢等。当大量国际游资冲击时，亚洲国家货币兑美元就被迫大幅贬值，币值的突然下降带来了地区内的经济恐慌，股价巨幅下跌使经济发展遭到严重打击。因此，要消除汇率风险、降低经济交往的不确定性，唯一途径就是消除美元的影响，从过于依赖美元的汇率中解脱出来，创立亚洲统一货币。

第三，从货币合作的成本和收益来看，区域内的货币合作和单一货币的实施会使成员国之间的交易成本大大降低，还可以进一步稳定汇率，彻底消除汇率波动的风险，从而扩大区域内贸易和投资的规模，促进经济的发展。货币合作的主要成本在于成员国丧失了各自货币政策的主权，但随着区域经济一体化程度的不断提高，这一成本会变得相对较小。

在分析了亚洲地区经济发展的现状，明确了亚洲地区货币经济合作的必要性后，亚洲各国开始探讨进行货币经济合作的可行性：

第一，从区域经济一体化角度看，亚洲的区域内贸易与投资比较发达，国与国之间有着较强的依存度。东亚地区地域辽阔，自然资源丰富但分布不均匀，而且有关国家和地区的经济具有较强的互补性。如中国和亚洲"四小虎"自然资源比较丰富，而日本和亚洲"四小龙"的自然资源相对缺乏，因此，区域内贸易额增长非常快，净出口产品和资源的互补性很强。同时，亚洲地区内的投资合作往来也日益增多。亚洲经济发展特有的"雁型"模式为地区经济合作与技术交流开辟了广阔的前景。东南亚金融危机之后，随着亚洲各国经济的复苏，该地区又成为世界上最大投资目的地。从投资来源情况看，亚洲地区的内部投资也很活跃。区域内长久的贸易合作及发达的投资往来，表明亚洲经济一体化程度在不断提高，亚洲经济正逐步走向"自立"。这为进行货币合作、组建货币联盟、建立单一货币提供了必要的基础。

第二，根据最优货币区的理论，具有下列特征的国家适合组成货币合作区：经济开放程度较高、劳动力和资本流动性较强、工资价格具有充分弹性、货币政策目标相似。

（1）对外经济开放程度。由于贸易自由化、生产国际化与跨国投融资活动总是相伴相随的，因此，确定一国对外开放程度不应仅仅以对外贸易占GDP的比重来衡量，而应综合考虑一国的贸易、投资、金融三方面与世界经济融合的情况，以准确反映经济一体化的程度。东亚地区的综合开放度是很高的，但各经济体差异较大，就平均水平而言，东亚地区的开放度要高于西欧地区，这说明以出口为主体的亚洲"四小龙"及东盟各国基本属于开放经济，对汇率波动十分敏感。因此，迫切需要稳定汇率，进行货币合作。

（2）工资价格弹性。东亚地区三个方面的特征使它们的工资和价格具有较大的弹性。首先东亚地区是具有较高增长速度的发展中地区，一些国家的工业化刚刚完成，而另外一些国家则正处于工业化的进程中。工业化的发展进程总是伴随着农村劳动力向城市的大批量转移为动力的，这种转移在满足了工业化过程中对城市劳动力的巨大需求的同时，也保证了劳动力市场的充分弹性。其次，东亚国家和地区一般都不制定最低工资、就业保障等法规，工资基本由劳动力市场的供求关系决定，劳动力市场不发生扭曲。最后，由于亚洲国家工会的力量与欧美国家相比较弱小，谈判能力低；失业保险制度也不健全，导致工资刚性不强。而工资是构成企业成本的最重要部分，工资的较高弹性保障了产品价格的较高弹性。

(3) 要素市场的灵活性。要素市场越灵活，资本及劳动力的流动性越高，成员国财政转移的程度越大，这些国家就越有可能组成最优货币区。亚洲各国和地区目前限制劳动力流动的因素很多，包括语言障碍、法律障碍、文化障碍、政治障碍等，导致东亚整个地区劳动力的流动程度很低。亚洲各国和地区金融发展的水平存在很大差异，而且亚洲区域中的中国、韩国、日本都存在一定程度的金融抑制，资本流动存在一定的障碍，致使整个亚洲地区的资本流动性不高。

(4) 经济发展水平的一致性。东亚地区在亚洲金融危机之后GDP逐年增长，但有一定差异；失业率均在3%~6%，消费者物价指数均在较大的幅度内波动；基本利率除了菲律宾和印度尼西亚外，其他国家的利率水平较为接近；外债占GDP的比率除了菲律宾、泰国、印度尼西亚外其余均在欧盟国家所制定的60%以下；汇率波动幅度也不大。这些充分说明东亚地区的经济指标在逐步接近，经济发展水平正趋于一致，在走向统一货币的道路上已打下坚实的基础。

(5) 政策目标的相似性。政策目标的相似性越高，在对付经济冲击时各国政策协调越容易，货币合作就越容易成功。衡量各国政策目标是否一致的一个重要指标是通货膨胀率。对1992—1998年东亚国家的消费价格指数进行比较时发现，东亚国家可以分为两组：低通货膨胀率组包括日本、新加坡、马来西亚、泰国、韩国等；高通货膨胀率组包括印度尼西亚、中国、菲律宾。东亚国家在通货膨胀率方面的明显差异，为建立统一货币区后的政策协调带来了一定困难。

综合以上几个方面可得出这样一个结论，即亚洲地区的经济互补与相互依存度正在不断提高，但在生产要素的流动性以及政策目标的一致性方面还不完全满足最优货币区理论。因此，目前的亚洲地区距离统一货币的建立还有很大一段距离，同时，也不具备建立一个真正意义上有制度保障、以汇率目标区为主体的、如同欧洲货币体系的货币合作机制的条件。确切来说，目前亚洲地区还处于货币合作的前期准备阶段：货币合作经常在两国或三国之间进行，以两国或几国签订协议的形式存在；还没有形成关于汇率稳定的框架协议，只是在进行汇率稳定的尝试性合作；最优货币区的条件还没有完全具备。

(二) 亚洲货币合作所取得的进展

亚洲金融危机爆发后，东亚各国各地区经过痛苦反思，在很大程度上认识到区域货币合作对经济稳定和发展的重要性，因而自1999年东亚经济步入复苏的阶段开始，他们通过一系列紧锣密鼓的集体行动，在区域货币合作的短期制度安排方面取得了许多重大进展。主要体现在以下几个方面：

1. 信息沟通与共同监督机制。就东亚各经济体而言，货币合作乃至构建区域货币体系的最直接的短期目的就是防范、化解可能出现的金融风险或金融危机，对未来金融危机的预防是当前人们关注的首要问题。而金融危机的传染性与区域性，决定了各国只有进行充分的信息沟通，对经济形势进行共同监测并协调其政策措施，才能有效地预防危机的爆发。东亚各地区现已在信息沟通方面取得了一定进展，主要体现在"马尼拉框架协议"和东盟监督进程的发展两个方面。

2. 政策当局交流与协调政策。2000年9月，APFC财长会议要求"高杠杆"融资机构改进风险管理并改善信息披露；2001年5月11日东盟"10+3"集团一致同意，强化对区域内资本流动的监控并加强经济监管领域的合作，加强对离岸金融中心和高杠杆率的金融机构的联合监管。在开展区域货币合作的进程中，仅有信息沟通而无进一步的经济政策交流与协调，各国仍难以对金融形势的变化做出协调一致的反应，难免会发生不对称冲击。因此，与信息沟通相比，政策协调的意义更加重要。

3. 区域融资便利机制。整个东亚地区并不缺乏金融资源，本地区各个国家和地区持有的外汇储备超过 5 万亿美元，如果有一个区域性的最后贷款人，能充分有效的利用这一资源，就可以在很大程度上抵御外部金融冲击。这就要求东亚地区建立起一种提供紧急融资便利的机制。

4. 区域金融市场一体化。目前，东亚国家一方面以较高成本吸引外资，另一方面又保留大量较低收益的外汇资产；一方面拥有巨额外资储备，另一方面又无力抵抗投机冲击。其重要原因之一，就是东亚的投融资市场比较分散，一体化程度不高。因此，各国、各地区应共同努力，通过金融部门的协调，逐步建立东亚统一的金融市场。近年来，东亚地区在发展区域债券市场方面已取得一定进展。

本章小结

1. 国际货币体系是指国际货币制度、国际货币金融机构以及相应的国际货币秩序与规则的总称。国际货币体系主要包括汇率制度、国际储备资产、国际结算原则和国际收支调节方式。国际货币体系先后经历了国际金本位制、布雷顿森林体系和牙买加体系。

2. 第二次世界大战之前的国际货币体系主要是国际金本位制。国际金本位制度主要有金币本位制、金块本位制和金汇兑本位制三种形式。国际金本位制采取固定汇率制，黄金是唯一的储备货币和最终结算手段，价格——铸币机制是国际收支失衡的自动调节机制。它是一个比较稳定的货币体系，但缺陷是世界黄金的产量制约了世界经济的增长。

3. 布雷顿森林体系下的汇率制度是可调整的固定汇率制度，是美元与黄金保持固定比价、其他各国货币与美元保持固定比价的双挂钩制度。布雷顿森林体系对战后世界经济的发展起到了很好的促进作用，但其根本缺陷——特里芬难题，最终导致了其崩溃。

4. 牙买加体系实行的是浮动汇率制，多元化的国际储备货币，国际收支调节机制更加灵活多样。世界经济与金融的快速发展也凸显了牙买加体系的种种缺陷，所以国际社会一直在积极探索国际货币体系的改革。

5. 随着经济的发展，金融全球化和区域货币合作是当前国际货币体系发展的新趋势。金融全球化强调世界各国在金融领域的相互协调与依存，其基础是金融区域化合作，欧洲货币一体化是区域货币合作的成功典范。

6. 欧洲货币体系是区域性的货币体系，其主要内容包括欧洲货币单位、稳定汇率机制、欧洲货币合作基金。欧元作为欧洲货币联盟唯一的货币，于 1999 年 1 月 1 日诞生，是国际货币体系改革史上的一个重要里程碑。

复习思考题

1. 简述国际货币体系的含义及其主要内容。
2. 简述国际金本位制的基本形式和主要内容。
3. 布雷顿森林体系和牙买加体系的主要内容和特点。
4. 简述布雷顿森林体系瓦解的主要原因。
5. 欧洲货币体系的主要内容。
6. 分析欧元诞生对世界经济的影响。

第九章 国际金融机构

　　国际金融机构是指为了稳定和促进世界经济的发展而从事相关国际金融活动及其协调管理国际金融关系的国际组织机构，分别有全球性的国际金融机构和区域性的国际金融机构。它们在国际货币合作和世界经济的发展中发挥了重要作用，其中影响力最大的就是国际货币基金组织与世界银行集团。国际货币基金组织、世界银行集团与关税与贸易总协定，共同构成第二次世界大战后国际经济秩序的三大支柱。国际货币基金组织与世界银行是在布雷顿森林会议以后同时产生的两个国际金融机构，两者紧密联系，相互配合。国际货币基金组织主要任务是为成员国提供解决国际收支暂时不平衡所需的短期外汇资金，以消除外汇管制，促进汇率稳定和国际贸易的扩大。世界银行则主要负责成员国的经济复兴与开发，致力于消除贫困，提高人们的生活水平，并向成员国，特别是发展中国家提供中长期贷款、咨询服务和项目援助，以促进它们在经济方面走上稳定、持续发展的道路。除了全球性的国际金融机构以外，还有许多区域性的国际金融机构，如亚洲开发银行、泛美开发银行、阿拉伯货币基金组织等。它们推动了区域经济的发展和货币合作。

第一节 国际货币基金组织

一、国际货币基金组织的成立与宗旨

（一）国际货币基金组织的成立

　　国际货币基金组织（International Monetary Fund，IMF）是根据布雷顿森林会议所签订的《国际货币基金协定》建立的政府间的全球性国际金融机构。在第二次世界大战结束前，经济实力在战争期间迅速膨胀的美国，迫切需要建立一个以其为主导的国际机构并创建以此为核心的国际金融新秩序，来实现其在战后控制金融活动、扩大商品和资本对外输出的目标。受战争重创的欧洲工业国面临在战后尽快恢复经济的任务，也希望借助国际金融机构的建立来满足其对资金及国际金融秩序的需要。在这样的背景下，美国和英国为重建国际货币制度，结合各自国家的利益，分别提出了《怀特方案》和《凯恩斯方案》。1944年7月1日~22日在美国新罕布什尔州的布雷顿森林召开了44个国家参加的联合国货币金融会议。在美国强大的政治和经济影响力下，会议通过了以《怀特方案》为基础的《联合国货币金融会议书》，以及《国际货币基金协定》和《国际复兴开发银行协定》两个附件，统称为《布雷顿森林协定》。依据布雷顿森林会议签署的《国际货币基金协定》于1946年3月正式成立了国际货币基金组织，总部设在美国首都华盛顿。国际货币基金组织建立之初，只有39个成员国，中国是创始成员国之一。以后成员国的数量逐渐增多，至今基金组织的成员国已发展到186个国家[①]，其中包括中国在内的39国为创始成员国。

（二）国际货币基金组织的宗旨

1. 通过设立一个就国际货币问题上进行磋商和协作的常设机构，促进国际合作。

---

① 引自：http://www.imf.org。

2. 促进国际贸易的扩大和均衡发展，借以达到高水平的就业率与实际收入，并扩大成员国的生产能力，以此作为经济政策的主要目标。

3. 促进汇率稳定和成员国之间有秩序的汇率安排，避免竞争性货币贬值。

4. 建立一个成员国之间经常性交易的多边支付体系，并极力消除阻碍世界贸易发展的外汇管制。

5. 在适当的保证下，向成员国提供临时性资金融通，使它们在无需采取有损于本国和国际经济繁荣的情况下纠正国际收支的平衡。

6. 力争缩短成员国国际收支失衡的持续时间，并减轻其程度。

根据上述宗旨，国际货币基金组织履行的主要职能是：① 制定成员国间的汇率政策和经常项目的支付以及货币兑换性方面的规则，并进行监督；② 对发生国际收支困难的成员国在必要时提供紧急资金融通，避免其他国家受其影响；③ 为成员国提供有关国际货币合作与协商等会议场所；④ 促进国际间的金融与货币领域的合作；⑤ 促进国际经济一体化的步伐；⑥ 维护国际间的汇率秩序；⑦ 协助成员国之间建立经常性多边支付体系等。

二、国际货币基金组织的结构

国际货币基金组织由理事会、执行董事会、总裁和各业务机构组成。此外，根据业务需要，理事会和执行董事会可以任命若干特定的常设委员会，理事会还可以设立临时委员会。

（一）理事会（Board of Governors）

理事会是国际货币基金组织的最高权力机构，由各成员国各派一名理事和副理事组成，任期5年，其任免由成员国决定，理事、副理事可以连任。各国委派的理事一般是成员国中央银行行长或者财政部部长，有投票表决权。副理事在理事缺席时才有投票权。理事会每年秋季举行定期会议，讨论决定批准接纳新成员国、修改基金份额以及国际货币制度等重大问题。理事会日常行政工作由执行董事会负责，该机构由24名成员组成。

（二）执行董事会（Executive Board）

执行董事会是个常设机构，负责处理IMF的日常业务。理事会日常行政工作由执行董事会负责，该机构由24名成员组成。其中，出资份额最多的美国、英国、法国、日本、德国、沙特阿拉伯各指派一名；中国和俄罗斯为单独选区，可各自选派一名；其余16名成员由包括若干国家和地区的16个选区分别选派1名，每2年改选1次。总裁在通常情况下不参加董事会的投票，但若双方票数相等时，总裁可投决定性的一票。执行董事会的职权主要有：接受理事会委托定期处理各种政策和行政事务，向理事会提交年度报告，并随时对成员国经济方面的重大问题，特别是有关国际金融方面的问题进行全面研究。

在执行董事会与理事会之间还有两个机构：一是国际货币基金组织理事会关于国际货币制度的临时委员会，简称临时委员会（Interim Committee）。二是世界银行和国际货币基金组织理事会关于实际资源向发展中国家转移的联合部长级委员会，简称发展委员会（Development Committee）。这两个委员会都是部长级委员会，每年开会2～4次，讨论国际货币体系和开发援助等重大问题，其通过的决议最后往往就是理事会的决议。除此之外，基金组织内部还有两大利益集团——"七国集团"（代表发达国家利益）和"二十四国集团"（代表发展中国家利益），以及许多常设职能部门。

（三）总裁（Managing Director）

总裁是IMF的最高行政长官，负责基金组织的日常工作。总裁下设副总裁协助工作。总裁由执行董事会推选产生，任期5年，并兼任执行董事会主席。总裁可以出席理事会和执行董事会，但平时没有投票权，只有在执行董事会表决双方票数相等时，才可以投决定性的一票。基金组织成立以来，总裁一直由欧洲成员国的人士出任。

（四）业务机构

基金组织设 5 个地区部门（非洲、亚洲、欧洲、中东和西半球）和 12 个职能部门（包括行政管理、中央银行事务、汇兑与贸易关系、对外关系、财政事务、国际货币基金学院、法律事务、研究、秘书、统计、司库和语言服务局）负责经营日常业务活动。此外，IMF 还有 2 个永久性的海外业务机构，即欧洲办事处（设在巴黎）和日内瓦办事处，并在纽约联合国总部派遣一位特别代表。

三、国际货币基金组织的资金来源

国际货币基金组织资金来源主要有以下三个方面：

（一）份额

份额是国际货币基金组织主要的资金来源，是成员国加入 IMF 时必须认缴的款项，在性质上相当于股份公司的入股金，份额一旦缴纳后即成为基金组织的财产。每个成员国缴纳份额的大小取决于成员国在世界经济贸易中的相对规模，综合考虑成员国的国民收入、外汇储备、对外贸易量的大小等多方面因素。各成员国在国际货币基金组织的份额，决定其在国际货币基金组织的投票权、借款的数额以及分配特别提款权的份额。成员国应缴的份额，每隔 5 年进行一次审定与调整。

基金组织规定，每一成员国有 250 票基本投票权，另外每 10 万特别提款权份额增加一票，所以成员国的份额越大，表决权越大。基金组织的一切重大问题都要有 80% 的多数票才能通过。目前美国所占的份额最多，投票权也最大。中国现有份额为 63.692 亿特别提款权[①]。

（二）借款

IMF 的另一个资金来源是借款。IMF 通过与成员国协商，向成员国借入资金，作为对成员国提供资金融通的来源。它不仅可以向官方机构借款，也可以向私人组织借款，包括商业银行借款。

（三）信托基金

1976 年 1 月，IMF 决定将其六分之一的库存黄金分四年按市场价格出售，将所得利润（市价超过 42.22 美元官价的部分）作为信托基金，用于向最贫困的成员国提供信贷。这是一项特殊的资金来源。

（四）其他来源

除了上述资金来源外，IMF 还包括一些经常性收入（如发放贷款活动中所得的利息收入）和各种捐款等。

四、国际货币基金组织的业务活动

（一）汇率监督与政策协调

为了保证有秩序的汇兑安排和汇率体系的稳定，IMF 对成员国的汇率实行监督，避免成员国通过操纵汇率或采取歧视性的汇率政策以牟取不公平的竞争利益，使得国际货币体系能够正常运行。

---

① 引自：http://www.imf.org。

在布雷森体系下，IMF 在汇率方面监督的重点是督促和帮助各成员国维护各自的货币平价，成员国要改变汇率，必须与 IMF 协商并取得批准。在目前的浮动汇率制条件下，成员国调整汇率无需再征求 IMF 的同意，但 IMF 仍有权对成员国的汇率政策进行监督和评价，并且监督的重点转向成员国的汇率安排和汇率波动及对成员国的内外政策对国民经济增长、国际收支、财政稳定和就业的影响进行全面评估。

除了对汇率政策监督外，IMF 原则上每年与各成员国进行一次磋商，对成员国经济和金融形势以及有关经济政策进行评价。通过这种磋商机制，IMF 不仅可以系统地了解各成员国的经济发展水平以及经济政策的制定和执行情况，从而使 IMF 能够与各成员国建立亲密的协作关系，而且能迅速地处理成员国申请贷款的要求，以便指导和帮助这些成员国完成经济结构和经济政策的调整，实现货币汇率稳定的目标。此外，IMF 每年还会派出经济学家组成的专家小组到成员国进行调研，并同一些特别重要的国家进行特别协商。从多年的运作实践看，IMF 在维护国际金融秩序稳定，协调各国政策上起着重要的作用。

（二）储备资产的创造

IMF 在 1969 年 9 月的年会上通过了十国集团提出的"特别提款权"（Special Drawing Rights，SDRs）方案，决定设立特别提款权，以补充国际储备不足的问题。特别提款权于 1970 年 1 月正式成立开始发行。成员国可以自愿参加特别提款权的分配，目前除少数国家外，其余成员国都是特别提款权账户的参加国。

特别提款权由 IMF 按成员国缴纳的份额无偿分配给各参加国，分配后即成为成员国的储备资产。当成员国发生国际赤字时，可动用特别提款权用于支付国际收支逆差或用于偿还 IMF 的贷款。但它不能兑换黄金，不能直接用于国际间的贸易或者非贸易支付。因此，它只是在 IMF 特别提款权账户的一种账面资产。

（三）贷款业务

根据 IMF 协定，当成员国发生国际收支暂时性的不平衡时，IMF 向成员国提供短期短款。与一般的金融机构不同，IMF 的贷款有以下特点：

1. 贷款对象：贷款对象只限于成员国政府部门，如财政部、中央银行、外汇平准部门等政府机构。

2. 贷款用途：贷款用途限于弥补成员国因经常项目收支而发生的国际收支逆差。

3. 贷款期限：贷款期限一般为 3~5 年，其中有 3 年宽限期，属于中期贷款。成员国不能长期占用 IMF 的信贷资金。

4. 贷款限额：贷款额度受成员国缴纳的份额限制，与成员国在 IMF 缴纳的份额成正比。

5. 贷款的发放与收回：贷款的发放与收回，采取"购买"（Purchase）和"购回"（Repurchase）的方式。"购买"指成员国需要借款时，要用本国货币向 IMF 换取其他成员国的货币或特别提款权；"购回"指借款的成员国归还时，必须用原来借取的其他成员国货币或特别提款权换回本国货币。

IMF 的贷款种类较多，总体上可分为普通贷款和专门贷款两类。

1. 普通贷款

普通贷款也称为普通提款权，是 IMF 最基本的贷款，期限为 3~5 年，利率随期限递增。成员国贷款累计数的最高额度为成员国缴纳份额的 125%。普通贷款由储备部分贷款和信用部分贷款构成。

（1）储备部分贷款（Reserve Tranche）。储备部分贷款占普通贷款总额的 25%，正好等于成员国用 SDRs 或可兑换外币向 IMF 缴纳的份额部分。由于这部分贷款的提取有充足的保证，所以成员国可以自由动用。因此，此贷款是无条件的，成员国只需事先通知 IMF 便可借用，它被视为是各国政府的自有储备。

(2) 信用部分贷款（Credit Tranche）。信用部分贷款的额度为100%，即普通贷款的最高额度125%减去25%储备部分贷款后剩下的100%部分。这部分贷款分为四个档次，每档25%，贷款条件逐渐升高，年限3～5年，多采用备用信贷的形式提供。

2. 专门贷款

(1) 进出口波动补偿贷款。它设立于1963年2月，是因初级产品出口收入短期下降而发生国际收支困难的初级产品出口国，可在普通贷款之外另申请的专用贷款。1981年该贷款范围扩大，成员国进口成本过高而面临国际收支不平衡时，也可申请此项贷款。其期限为3～5年，最高贷款额为成员国所缴纳份额的100%。该贷款于1988年8月改名为"进出口波动补偿与偶然性收支困难贷款"。

(2) 缓冲库存贷款。它是1969年6月应发展中国家要求而设立的一项专门贷款，用于满足初级产品出口国家为稳定国际市场上初级产品价格，而建立缓冲库存的资金需要。其最高借款额度为成员国份额的45%，期限3～5年。另外，由于此项贷款与出口波动贷款关系密切，故限定这两项贷款总额不得超过借款国份额的105%。

(3) 石油贷款。它是1974年6月至1976年5月间，专门为解决石油危机所致的国际收支不平衡而设的临时性贷款。贷款对象既有发展中国家也有包括因为石油涨价而出现国际收支不平衡的发达国家。

(4) 中期贷款。它是1977年9月设立的一项专用贷款，主要解决成员国长期性、结构性国际收支失衡。其资金需求量比普通贷款所能借到的额度要大，可达成员国所缴纳的份额的140%，但又规定了普通贷款与中期贷款两项总和不得超过成员国所缴纳的份额的165%。IMF对这项贷款控制较为严格，要求成员国必须提交为实现宏观经济计划所采取的政策措施，并根据成员国家实现计划目标、执行政策的实际情况，分期发放贷款。期限为4～10年，10年内分16次归还。

(5) 信托基金贷款。它设立于1976年1月，用于援助1973年人均国民收入低于300美元和1975年人均国民收入低于520美元的国家的一种优惠贷款。资金来源为IMF拍卖持有黄金所得利润建立起来的"信托基金"，年利率仅为0.5%，期限10年，后5年开始还款，每年归还一次。

(6) 补充贷款。它是1977年4月设立的，又称维特芬贷款，用于补充普通贷款和中期贷款之不足，帮助成员国解决持续严重困难的国际收支问题。

(7) 扩大贷款。它是1981年5月基金组织实行扩大贷款政策而设立的一种贷款，是补充贷款承诺完毕后，以同样条件提供的一项贷款，因而该贷款实质上起着补充贷款的作用。

(8) 结构调整贷款和强化的结构调整贷款。两项贷款分别设立于1986年和1987年，用于帮助低收入的发展中国家实施宏观经济调整规划。前者的最高限额为份额的70%，后者一般为份额的250%。

(9) 体制转型贷款。该贷款设立于1993年，主要是对前苏联、东欧等转轨国家给予财政援助。

(10) 紧急贷款机制。这是IMF为解决成员国出现的突发性金融危机，防止危机在更大范围内蔓延而设置的贷款。它在1994年年底的墨西哥金融危机和1997年的亚洲金融危机以及2010年爆发的欧债危机等的解决中发挥了一定作用。

第二节 世界银行集团

世界银行集团（World Bank Group，GBW）由国际复兴开发银行（International Bank for Reconstruction and Development，IBRD）、国际开发协会（International Development Association，IDA）、国际金融公司（International Finance Corporation，IFC）多边担保机构（Multilateral Investment Guarantee Agency，MIGA）、国际争端解决中心（International of InvestmentDisputes，ICSID）五部分组成，其中前三个机构为世界银行的主要机构。其成立的最初目标是为战后欧洲复兴提供资金支持，1948年"马歇尔计划"中的欧洲复兴资金落实后，其目标转向世界性经济援助，通过提供生产性项目贷款和对改革计划提供指导，帮助发展中国家提高生产力，促进社会进步和经济发展，改善人民生活。

一、世界银行

（一）世界银行的建立和宗旨

世界银行（World Bank）是国际复兴开发银行（International Bank for Reconstruction and Development，IBRD）的简称，同IMF一样它也是布雷顿森林协议的产物。世界银行成立于1945年12月31日，第二年六月开始营业，总部设在华盛顿，并在纽约、日内瓦、巴黎及东京等地设有办事处。1947年成为联合国的专门机构之一。在世界银行协定上签字的创始成员国为37个，目前世界银行成员国已达186个[①]。世界银行和国际货币基金组织是两个联系紧密、协调配合的国际金融机构；参加世界银行的国家必须是国际货币基金组织的成员，而IMF的成员国不一定是世界银行成员。中国是世界银行的创始成员国之一，1949年以后，台湾当局长期占据世界银行的中国席位，1980年5月15日世界银行集团执行董事通过决议，恢复我国的合法席位。

世界银行作为一个全球性政府间的国际金融组织，主要是为了资助成员国使其经济获得复兴和发展，对成员国提供中长期贷款，资助其兴办特定的基本建设工程。具体而言，世界银行的宗旨是：（1）对用于生产目的的投资提供便利，以资助成员国的复兴和开发，并鼓励不发达国家生产和资源的开发；（2）通过保证或参与私人贷款和私人投资的方式，促进私人对外投资；（3）向成员国提供广泛的技术援助，并用鼓励国际投资已开发成员国生产资源的方法，促进国际贸易长期均衡地增长和保持国际收支平衡；（4）提供贷款保证并与其他方面的国际贷款密切配合。可见，向成员国提供中长期信贷，促进成员国的经济复兴与开发，是世界银行的根本目的和根本任务所在。

（二）世界银行的组织机构

1. 机构设置。世界银行由理事会、执行理事会、行长和业务机构组成。

理事会是世界银行的最高权力机构，由每一成员国选派理事和副理事各一人组成，任期5年，可以连任。副理事在理事缺席时才有投票权。理事会的主要职权包括：批准接纳新成员国，增加或减少银行资本，停止成员国资格，决定银行净收入的分配以及其他重大问题。理事会与国际货币基金组织每年联合召开一次年会，必要时召开特别会议。

执行理事会是世界银行负责处理日常事务的常设机构，行使由理事会授予的职权。按照世

---

① 引自：http://www.ifc.org。

界银行章程规定，执行理事会由24名执行董事组成，其中5人由持有股金最多的美国、日本、英国、德国和法国委派。另外19人由其他成员国的理事按地区分组选举，其中中国、俄罗斯和沙特阿拉伯作为独立选区，可单独推选一位执行董事。

世界银行行政管理机构由行长、若干副行长、局长、处长、工作人员组成，协助行长工作。行长由执行董事会选举产生，是银行行政管理机构的首脑。他在执行董事会有关方针政策指导下，负责银行的日常行政管理工作，任免银行高级职员和工作人员。行长同时兼任执行董事会主席，但没有投票权。只有在执行董事会表决中双方的票数相等时，可以投关键性的一票。

世界银行的办事机构十分庞大，除了在华盛顿设有总部外，还在许多成员国设有办事处、派出机构和常驻代表。总部是世界银行的执行机构，负责业务经营，在总部内按地区和专业设有50个局和相当于局的机构，分别有18名副行长领导。

2. 成员国及其投票权。按照世界银行协议规定，一个国家在加入世界银行之前必须首先加入IMF，而IMF的成员国不一定都要加入世界银行。世界银行的重大事项都由成员国通过投票表决的方式决定。根据规定，每个成员国都享有基本投票权250票。此外，每认缴股金10万美元增加一票。一般情况下，一国认缴股份的多少根据该国的经济和财政力量，并参照它在IMF认缴的份额的多少来确定。目前，美国的股份最多，投票权也最多，大约占投票权的17%左右，对世界银行的业务活动具有绝对的控制权。

（三）世界银行的资金来源

世界银行的资金主要来自五个方面：成员国缴纳的银行股份、转让债权、借款、业务净收益和贷款资金回流，其中借款是世界银行的主要来源。

1. 成员国缴纳的银行股份。与IMF相似，世界银行也是采用成员国入股方式组成的企业金融机构，每个成员国认缴数额的多少取决于该国的经济实力和财政力量，并以他们各自在国际货币基金组织中所摊份额为准，由世界银行与有关国家协商确定。世界银行建立之初，法定资本为100亿美元，各成员国认缴股金总额为76亿美元，实缴股金为认缴股金的20%，其中2%以黄金或美元缴纳，18%以本国货币支付，其余80%为待缴股金，在世界银行因偿还债务或保证贷款而催缴时，以黄金、美元或指定货币支付。世界银行为了满足老成员国增加认缴股份和新成员国认缴股份的需要，理事会对银行的法定资本进行了多次增资。

2. 转让债权。它是世界银行的另一个资金来源，其主要内容是银行将贷出款项的债权转让给私人投资者，收回一部分资金，以扩大银行贷款资金的周转能力，进而扩大银行贷款能力。

3. 借款。世界银行不同于商业银行那样能吸收短期存款，在国际金融市场发行中长期债券是其筹资的主要来源之一，世界银行对外贷款的70%都是靠发行债券筹集的资金。世界银行发行债券取得借款的方式有两种：一是向成员国政府、政府机构或者中央银行出售债券；二是通过投资银行等包销向私人投资市场出售债券。通过这种方式筹措的资金期限较长。在这两种方式中，后一种发行债券的比例不断提高。

20世纪60年代前，这些债券大部分在美国资本市场发行，此后逐渐推广到欧洲、日本和欧佩克国家的资本市场发行。由于世界银行贷款业务的不断扩大，加上世界银行拥有国际上至高无上的债信评级，其向国际金融市场借款与日俱增，如1999财政年度，世界银行的借款总额高达1 157.39亿美元，其中短期借款为53.28亿美元，长期借款为1 104.11亿美元。

4. 业务净收益。世界银行业务收益主要有投资收益和贷款收益两部分，收益扣除支出即是业务净收益。世界银行从1974年开始营业以来，除了第一年小有亏损外，此后每年利润都相当可观，且逐步增长。截至1992年6月30日，世界银行留存净收益约为132亿美元，这些收益大部分留作世界银行的贷款资金。

5. 贷款资金回流。世界银行将按期收回的贷款资金供周转使用。

（四）世界银行的业务活动

世界银行在成立初期贷款投向集中于西欧国家，在第二次世界大战后由其提供约5亿美元的长期贷款，帮助西欧国家战后经济复兴。此后世界银行的主要业务转为向亚、非、拉发展中国家发放贷款，以促进其经济的发展和生产力的提高。起初世界银行的贷款援助项目多集中于基础设施，特别是运输（公路、铁路、港口、航空设施等）和电力这两个项目。但是，这一贷款政策从根本上忽视了对发展中国家的农业投资，造成有些发展中国家粮食不能自给自足。后来世界银行把项目的重点放在农业和农村发展项目，以技术支持、提供贷款等方式支持各种以脱贫和提高发展中国家人民生活水平为目标的项目和计划。

世界银行的业务活动主要包括贷款、投资担保、调解国际投资争端和技术援助等，其中贷款是其主要的业务。下面主要介绍世界银行的贷款业务。

1. 世界银行的贷款条件

（1）只有成员国才能申请贷款。世界银行只向成员国政府、中央银行担保的公、私机构提供贷款。即使是预期不久将成为成员国的新独立国家，也只能在成为正式成员国后才可申请贷款。除了借款人是成员国政府本身外，成员国国内的公、私机构向世界银行借款时，都必须由成员国政府（或者是中央银行）提供担保。

（2）贷款一般与世界银行审定、批准的特定项目相结合。贷款必须用于借款国家的特定项目，并经世界银行审定在技术上和经济上可行，并且是借款国经济发展优先考虑的项目。只有在特殊情况下，世界银行才发放非项目贷款。

（3）贷款必须专款专用，并接受世界银行的监督。世界银行不仅在使用款项方面进行监督，同时在工程的进度、物资的保管、工程管理等方面也进行监督。世界银行一方面派遣人员进行现场考察，另一方面要求借款国随时提供可能影响工程进行或偿还借款的有关资料，根据资料与实际状况，世界银行可建议借款国政府对工程项目作政策性的修改。

（4）贷款的期限较长，最长可达30年。贷款利率从1976年7月起实行浮动利率，随金融市场利率变化定期调整，基本按世界银行在金融市场借款的成本再加利息0.5%计算。与一般国际贷款收取承担费相似，世界银行对已订立借款契约而未提取的部分，按年征收0.75%的手续费。

（5）申请贷款的国家确实不能以合理的条件从其他方面取得贷款时，世界银行才考虑发放贷款、参加贷款或提供保证。

（6）贷款只能带贷给有偿还能力的成员国。

2. 世界银行的贷款特点

（1）贷款期限较长。世界银行贷款期限为20～30年，宽限期5～10年，最长可达30年。

（2）贷款利率实行浮动利率。贷款利率随金融市场利率的变化做定期调整，每半个月或者半年调整一次，但利率一般低于市场利率。但对已订立借款契约而未提取的部分，按年征收0.75%费率的手续费。

（3）贷款多为项目贷款。贷款只提供基本的外汇资金，不提供国内配套的资金。外汇部分约占项目总额的30%～40%，个别项目可达50%。但在特殊情况下，世界银行也提供项目所需要的部分国内费用。借款国必须向银行提供有关财政、经济以及贷款项目等情况和全部资料。

（4）借款国承担汇率风险。世界银行贷款以美元计价，但使用不同的货币对外发放。世界银行与借款国的协议贷款数额以美元计价，借款国如需用其他货币时，按当时汇率付给它所需的货币。借款国还款时必须以同样的货币还本付息,按当时的汇率折合成美元。因此,借款国要承担汇价变动的风险。

(5) 贷款程序严格,审批时间较长。借款国从向世界银行提出申请到最终获得贷款,一般要一年半到两年的时间。世界银行的贷款一般经济效益较好,这是与贷款申请审批手续严谨、科学分不开。

(6) 贷款必须专款专用,并接受世界银行的监督。为了保证贷款的合理使用,世界银行按工程项目进度发放贷款,并对贷款的使用和项目实施状况进行监督。世界银行每两年就对其贷款项目进行一次大检查。

(7) 世界银行的贷款一般不能拖欠或者改变还款时期,贷款必须如期归还。

3. 世界银行的贷款种类

世界银行的贷款分为项目贷款、非项目贷款、技术援助贷款、联合贷款、第三窗口贷款和部门贷款等几种类型的贷款,其中项目贷款是世界银行贷款的主要组成部分。

(1) 项目贷款。项目贷款又称特定投资贷款,目前是世界银行最主要的贷款,指世界银行对成员国工农业生产、交通、通信以及市政、文教卫生等具体项目所提供的贷款的总称。为了确保能按时回收资金贷款,世界银行对项目的可行性研究十分重视。申请项目贷款要遵循严格的程序,并接受世界银行的严格审查和监督。

(2) 非项目贷款。非项目贷款是世界银行为支持成员国现有的生产性设施需进口物资、设备所需外汇提供的贷款,或是为支持成员国实现一定的计划所提供的贷款的总称,如调整贷款和应急性贷款。调整贷款是世界银行在20世纪80年代初设立的,用以支持发展中国家解决国际收支困难而进行的经济调整,并促进它们宏观或部门经济政策的调整和机构改革;应急性贷款是为支持成员国应付各种自然灾害等突发性事件而提供的贷款。

(3) 技术援助贷款。它首先是指在许多贷款项目中用于可行性研究、管理或计划的咨询,以及专门培训方面的资金贷款;其次还包括独立的技术援助贷款,即为完全从事技术援助项目提供的资金贷款。其贷款类型包括两种:一是对投资项目的准备、设计和执行过程的技术援助提供贷款;二是对加强组织机构建设或政策研究、制定国民经济与社会发展规划等技术援助提供贷款。

(4) 联合贷款。它是世界银行同其他贷款者一起共同为借款国的项目融资,以有助于缓和世界银行资金有限与发展中成员国资金需求不断增长之间的矛盾。它起始于20世纪70年代中期。联合贷款的一种方式是,世界银行同有关国家政府合作选定贷款项目后,即与其他贷款人签订联合贷款协议。然后,世界银行和其他贷款人按自己通常的贷款条件分别同借款国签订协议,分头提供融资。另一种联合贷款的方式是,世界银行同其他贷款者按商定的比例出资,由世界银行按其贷款程序与商品、劳务采购的原则同借款国签订借贷协议。两种方式相比,后一种方式更便于借款国管理,世界银行也倾向于采用这种方式。

(5) 第三窗口贷款。它是世界银行于1975年12月开办的、在一般性贷款之外的一种中间性贷款,它是世界银行原有贷款的一种补充,其贷款条件宽于世界银行的一般性贷款,但优惠条件不如协会贷款,而介于这两种贷款之间。为发放这项优惠贷款,世界银行设立了由发达国家和石油输出国捐资的"利息补贴基金"(Interest Subsidy Fund),由该基金付给世界银行4%的利息补贴,借款国负担世界银行一般性贷款利息的4%。"第三窗口"贷款的期限可长达25年,主要援助低收入(1972年人均GNP低于375美元)国家。它只开办了两年,到1977年年底结束。

(6) 部门贷款。部门贷款主要包括部门投资及维护贷款、部门调整贷款和金融中介贷款。部门投资及维护贷款这类贷款重点用于改革部门政策和投资重点,如交通运输部门贷款、农业部门贷款和教育部门贷款等,贷款期限一般为 3~5 年。部门调整贷款主要用于支持一具体部门的全面政策和体制的改革,贷款执行期限一般为 1~4 年。金融中介贷款是指世界银行将资金贷给借款国的中间金融机构,再由中间金融机构转贷给本国的资金需求者,这样的中间金融机构如开发性金融公司和农业信贷机构等。

二、国际开发协会(IDA)

(一)国际开发协会的建立和宗旨

国际开发协会成立于 1960 年 9 月 24 日,是世界银行的一个附属机构,总部设在华盛顿。国际开发协会是专门向低收入发展中国家提供优惠长期贷款的一个国际金融组织。按照规定,凡世界银行会员均可加入协会,但世界银行的成员国不一定必须参加协会。

协会的宗旨是:对欠发达国家提供比世界银行条件优惠、期限较长、负担较轻并可用部分当地货币偿还的贷款,以促进它们经济的发展和居民生活水平的提高,从而补充世界银行的活动,促成世界银行目标的实现。

(二)国际开发协会的组织机构

国际开发协会的组织机构与世界银行相似,最高的权力机构是理事会,下设执行董事会,负责日常业务活动。国际开发协会的正副理事和执行董事由世界银行的正副理事和执行董事兼任,经理、副经理由世界银行行长、副行长兼任,办事机构的各个负责部门也都由世界银行相应的部门的负责人兼任。因此,协会会员在法律和会计上是独立的国际金融组织,但在人事管理上却是世界银行的附属机构,故有"第二世界银行"之称。

(三)国际开发协会的资金来源

国际开发协会的资金主要来源于以下四个方面:

1. 成员国认缴的股本。协会原定法定资本为 10 亿美元,以后由于成员国增加,资本额随之增加。成员国认缴股本数额按其在世界银行认购股份的比例确定。协会的成员国分为两组:第一组是工业发达国家和南非、科威特,这些国家认缴的股本需以可兑换货币支付,所缴股本全部供协会出借;第二组为亚、非、拉发展中国家。这些国家认缴股本的 10% 需以可兑换货币进行缴付,其余 90% 用本国货币缴付,而且这些货币在未征得货币所属国同意前,协会不得使用。

2. 成员国提供的补充资金。由于成员国缴纳的股本有限,远不能满足成员国不断增长的信贷需求。同时,协会又规定,该协会不得依靠在国际金融市场发行债券来募集资金。因此,协会不得不要求成员国政府不时地提供补充资金,以继续进行其业务活动。提供补充资金的国家,既有第一组会员,也有第二组少数国家。

3. 世界银行的拨款,即世界银行从其净收入中拨给协会的一部分款项,作为协会贷款的资金来源。

4. 协会本身业务经营的净收入,这部分资金所占比例较小。

(四)国际开发协会的主要业务活动

国际开发协会的主要业务活动是向低收入的发展中国家提供长期优惠性贷款。其贷款的主要条件和特点是:

1. 贷款对象:主要是低收入的贫穷国家,但其规定的贫困标准也是不断变化的。协会贷款对象规定为成员国政府或公、私企业,但实际上均向成员国政府发放。

2. 贷款用途:协会贷款的用途与世界银行一样,是对借款国具有优先发展意义的项目或发展计划提供贷款,即贷款主要用于发展农业、工业、电力、交通运输、电信、城市供水以及教育设施、计划生育等。

3. 贷款利率：在这个贷款期限内免收利息，但对已经拨付的部分每年收取 0.75% 的手续费，这实际上是低利率贷款。

4. 贷款期限与偿还：协会贷款的期限分为 25、30、45 年三种，宽限期 10 年。偿还贷款时，可以全部或部分使用本国货币。

国际开发协会的贷款称为信贷（Credit），以区别于世界银行提供的贷款（Loan）。它们之间除贷款对象有所不同之外，主要的区别在于：协会提供的是优惠贷款，被称为软贷款（IDA Credit），而世界银行提供的贷款条件较严，而被称为硬贷款（Hard loan）。

三、国际金融公司（International Finance Corporation，IFC）

（一）国际金融公司的建立和宗旨

根据协定，世界银行只能向成员国政府提供贷款，如向私人企业等机构贷款，须有政府提供担保，这在一定程度上限制了世界银行业务的发展。因此为了扩大对成员国私人企业的国际贷款，美国国际开发咨询局于 1951 年提出在世界银行下设立国际金融公司的建议。国际金融公司于 1956 年 7 月成立，成立之初有成员国 31 个，目前国际金融公司共有 182 个成员国[①]。我国于 1980 年 5 月恢复在 IFC 的合法席位。

国际金融公司的宗旨是：通过对发展中国家，尤其是欠发达国家和地区的重点生产性企业提供无需政府担保的贷款与投资，鼓励国际私人资本流向发展中国家，支持当地资金市场的发展，推动私人企业的成长，促进成员国经济发展，从而补充世界银行的活动。

（二）国际金融公司的组织机构

国际金融公司在法律和财务上虽是独立的国际金融组织，但实际是世界银行的附属机构。它的管理办法和组织结构与世界银行相同。世界银行行长兼任公司总经理，也是公司执行董事会主席。公司的内部机构人员多数由世界银行相应的机构人员兼任。按照公司的规定，只有世界银行成员国才能成为公司的成员国。

（三）国际金融公司的资金来源

国际金融机构的资金主要来源于以下三个方面：

1. 成员国认缴的股金：公司最初的法定资本为 1 亿美元，分为 10 万股，每股 1 000 美元。成员国认缴股金须以黄金或可兑换货币缴付。每个成员国的基本票为 250 票。此外，每认 1 股，增加 1 票，成员国认缴份额的多少也决定了其投票权。

2. 通过发行国际债券，在国际资本市场借款。

3. 国际金融公司贷款与投资的利润收入。

（四）国际金融公司的主要业务活动

与世界银行和国际开发协会相比，国际金融公司的贷款具有以下特点：

1. 贷款对象：主要是亚、非、拉地区的不发达成员国的私营企业和中小企业。这些企业的贷款不需要政府机构担保，但借款企业须向国际金融公司提供质押担保。

2. 贷款用途：主要用于制造业、加工业和采掘业、旅游业以及开发金融公司，再由后者向当地企业转贷。

3. 贷款利率：贷款的利率不统一，视投资对象的风险和预期收益而定，但一般高于世界银行贷款的利率。对于未提用的贷款资金，公司按年率收取 1% 的承诺费。

---

① 引自：http://www.ifc.org。

4. 贷款期限与偿还：国际金融公司贷款的期限一般为 7~15 年，还款时需用原借款货币进行支付。

5. 贷款数额：国际金融公司贷款一般每笔不超过 200~400 万美元，在特殊情况下最高也不超过 3 000 万美元。

国际金融公司办理贷款业务时，通常采用与私人投资者、商业银行和其他金融机构联合投资的方式。这种联合投资活动，即扩大了国际金融公司的业务范围，又促进了发达国家对发展中国家私人企业的投资。除贷款外，国际金融公司还可以对私人企业进行投资入股，参股比例一般不超过 25%，但收益率一般要求在 10% 以上，因此对投资项目的选择较为严格。

四、多边担保机构（Multilateral Investment Guarantee Agency，MIGA）

多边投资担保机构是世界银行集团最新的成员，创建于 1988 年，该机构的任务是通过减少非商业投资障碍鼓励股本投资和其他直接投资流入发展中国家。为执行上述使命，多边投资担保机构向投资者提供非商业风险的担保；为设计和执行与外国投资有关的政策、规划以及程序提出建议；就投资问题在国际商业界与有关国家政府之间发起对话。

多边投资担保机构对以下 4 类非商业性风险提供担保：

1. 由于投资所在国政府对货币兑换和转移的限制而造成的转移风险。
2. 由于投资所在国政府的法律或行政行动而造成投资者丧失其投资所有权、控制权的风险。
3. 在投资者无法进入主管法庭，或这类法庭不合理的拖延或无法实施这一项已作出的对他有利的判决时，政府撤销与投资者签订的合同而造成的风险。
4. 武装冲突和国内动乱造成的风险。

多边投资担保机构政策与咨询服务的范围从研究和技术援助到与有关国家政府联合发起召开促进投资的会议。国际金融公司和多边投资担保机构合作开发这项服务，这种服务为发展中成员国制订投资法、政策和规划提供咨询和技术援助。

五、解决投资争端国际中心（International Center for Settlement of Investment Disputes，ICSID）

解决投资争端国际中心是世界银行下属的非财务机构。它是根据解决各国与其他国家国民之间投资争端公约而于 1966 年建立的机构。我国于 1990 年 2 月在该公约上签字。解决投资争端国际中心的任务是调节和仲裁政府和外国投资者之间的纠纷，从而使国际投资更多地流向发展中国家。为了推动其促进投资目标的实现，它还在国际投资法领域开展一系列的研究和出版工作。

解决投资争端国际中心的国际投资法出版物包括半年度法律刊物《解决投资争端国际中心评论——外国投资法刊物》以及世界投资法和投资条约多册汇编。

第三节 区域性国际金融组织

一、亚洲开发银行

(一) 亚洲开发银行的建立和宗旨

亚洲开发银行 (Asian Development Bank, ADB) 简称"亚行",是西方国家和亚洲及太平洋地区发展中国家联合创办的一个区域性政府间金融开发机构,是仅次于世界银行的第二大开发性国际金融机构。它是根据1963年12月在马尼拉由联合国亚太经济与社会委员会主持召开的第一届亚洲经济合作部长级会议的决议,于1966年11月正式成立,同年12月19日开始营业,总部设在菲律宾首都马尼拉。

凡属于联合国亚太经济与社会委员会的成员国和准成员国,以及参加联合国或者联合国专门机构的非地区经济发达国家,均可加入亚行。亚行在建立初期,有成员国34个,其中22个来自亚太地区,12个来自西欧、北美地区。自1996年,亚行的成员国增加到67个,其中47个来自亚洲地区,19个来自西欧、北美地区[1]。台湾当局在亚行成立时以中国的名义加入,我国于1986年3月正式被亚洲开发银行接纳为会员,中国台湾地区以"中国台北"的名义继续留在行内。

亚洲开发银行的宗旨是,向成员国或地区提供贷款、投资和技术支持,协调成员国和地区成员在经济、贸易方面的政策,并同联合国及其专门机构进行合作,以促进亚太地区的经济发展。为了实现上述宗旨,亚行的主要任务是:1. 为亚太地区发展中成员国或地区成员的经济发展筹集与提供资金;2. 促进公、私资本对亚太地区各成员国投资;3. 帮助亚太地区各成员国或地区成员协调经济发展政策,以更好地利用自己的资源在经济上取长补短,并促进其对外贸易的发展;4. 对成员国或地区成员拟定和执行发展项目与规划提供技术援助;5. 以亚洲开发银行认为合适的方式,同联合国及其附属机构,与亚太地区发展基金投资的国际公益组织以及其他国际机构、各国公营和私营实体进行合作,并向他们展示投资与援助的机会;发展符合亚洲开发银行宗旨的其他活动与服务。

(二) 亚洲开发银行的组织机构

亚洲开发银行是以成员国投资方式组成的企业性金融机构,下设有理事会、董事会和办事机构。

理事会是亚行的最高决策机构,一般由各成员国财长或中央银行行长组成,每个成员在亚行有正、副理事各一名。亚行理事会每年召开一次会议,通称年会,当出席会议的理事投票权合计计数占投票权的2/3以上时即构成法定人数。理事会的主要职责是:接纳新会员、改变注册资本、选举董事或行长、修改章程等。

董事会是亚行的执行机构,由理事会按照不同地区选取产生,任期2年,可以连任。董事会现有12名董事组成,其中8名来自本地区,其余4名来自非本地区。董事会的最高领导是董事会主席,由亚行行长兼任。我国自1986年加入亚行以来,作为单独地区指派董事和副董事。

行长是亚行的法定代表和最高行政负责人,负责亚行的日常业务以及亚行其他行政官员和工作人员的聘任与辞退。行长必须是本地区成员国的公民,由理事会选举产生,任期5年,可以连任。行长可以参加理事会,但无表决权,但在董事会表决有关两方票数相等时,可以投决

---

[1] 引自:http://beta.adb.org。

定性一票。自亚行建行以来，历任行长均由日本人兼任。

总部是亚行的执行机构，负责亚行的业务经营活动。除总部外，亚行还在借款多的国家和地区设有常驻代表处。

亚行每年 4 至 5 月在总部或成员国轮流举行年会。主要议题是探讨亚太地区的经济金融形势、发展趋势和面临的挑战，推动亚行作为地区性开发机构在促进本地区社会经济发展方面发挥作用。同时会议还将对亚行年度业务进行审议，并通过亚行年度报告、财务报告、外部审计报告、净收入分配报告、预算报告等。

（三）亚洲开发银行的资金主要来源

亚洲开发银行的资金主要来源于以下三个方面：

1. 普通资金

普通资金来源于亚行的股本、借款、普通储备金、特别储备金、净收益和预缴股本等，是亚行进行业务活动最主要的资金来源。

（1）股本。亚行建立时法定股本为 10 亿美元，分为 10 万股，每股面值 10000 美元。凡参加亚行的成员国都应认缴亚行的股本。亚行首批认缴股本中，成员国的实缴股本和待缴股本各占一半。实缴股本每次缴纳 20%，分 5 次缴纳。其中 50% 以黄金或可兑换货币支付，其余 50% 以本国货币支付。亚行理事会每 5 年对法定股本进行一次审查，根据业务经验的需要，决定是否增资和调整认缴股本的分配。目前日本、美国和中国是亚行主要的出资国，其认缴的股份分别占总股份的 15%、14.8% 和 7.1%。

（2）借款。亚行建立初期，主要依靠自由的银行资本对外发放贷款。自 1969 年亚行开始从国际金融市场借款。亚行借款的方式主要有三种：一是以发行债券的方式从国际资本市场上筹措资金；二是与有关国家政府、中央银行以及其他金融机构直接安排证券销售吸收资金；三是直接从商业银行借款。

（3）普通储备金。根据亚行规定，亚行理事会每年从亚行的业务净收益中划拨一部分作为普通储备金。

（4）特别储备金。亚行对 1983 年 3 月 28 日以前发放的未偿还的普通贷款资金除收取利息和承诺费外，还收取一定数量的佣金作为特别储备金。但从 1985 年开始，停止收取这项费用。

（5）净收益。亚行对其经营的业务净收益不进行分红或再分配，都归入自由资金。

（6）预缴股本。亚行成员国所认缴的股本采取分期缴纳的方法，在法定认缴日之前缴纳的股本称为预缴股本。

2. 开发基金

（1）亚洲开发基金。亚洲开发基金创建于 1974 年 6 月，基金主要是来自亚洲开发银行发达成员国或地区成员的捐赠，用于向亚太地区贫困国家或地区发放优惠贷款。同时亚洲开发银行理事会还按有关规定从各成员国或地区成员缴纳的未核销实缴股本中拨出 10% 作为基金的一部分。此外，亚洲开发银行还从其他渠道取得部分赠款。

（2）技术援助特别基金。亚洲开发银行认为，除了向成员国或地区成员提供贷款或投资以外，还需要提高发展中成员国或地区成员的人力资源素质和加强执行机构的建设。为此，亚洲开发银行于 1967 年成立了技术援助特别基金。技术援助特别基金主要用于资助发展中成员国购置设备、培训人员、聘请咨询专家、从事部门研究并制定有关国家或者部门的发展计划。该项基金的一个来源为成员国的捐款；另一来源是亚行理事会按照银行章程规定，从各成员国缴纳的未核销实缴股本中拨出的 10% 款项。

（3）日本特别基金捐款。在 1987 年举行的亚洲开发银行第 20 届年会上，日本政府表示，愿出资建立一个特别基金，用于加速亚行内发展中成员国的经济增长，亚洲开发银行理事会于

1988年3月10日决定成立日本特别基金。主要作用有两种：第一，以赠款的形式，资助成员国或地区成员的公营、私营部门的开发项目。第二，以单独或联合赠款的形式，对亚洲开发银行向公营部门开发项目进行贷款的技术援助部分予以资助。

（4）日本扶贫基金。2000年5月23日，亚行决定建立"日本扶贫基金"，用以资助亚行的扶贫项目。该项基金是根据日本大藏大臣宫泽喜一在亚行第33届年会上的提议建立的。日本计划向亚行捐款100亿日元，用于帮助亚行发展中成员的扶贫项目和其他社会发展项目。基金重点支持那些直接向贫困人口提供经济和社会服务的项目，帮助贫困人口获得自我发展的能力，使亚行贫困成员的脱贫计划能持续进行。

3. 联合融资

亚行的联合融资是指一个或一个以上的外部经济实体与亚行共同为某一开发项目融资。具体来说，亚行安排联合融资的渠道主要有：

（1）主要工业发达国家的政府机构；

（2）主要发达国家的商业银行；

（3）多边国际组织，如联合国开发计划署、欧盟等；

（4）有关国家如比利时、奥地利、加拿大、意大利和日本的出口信贷机构。

（四）亚洲开发银行的主要业务活动

亚行对发展中成员国的援助贷款形式主要有贷款、股本投资、技术援助、联合融资四种形式。

1. 贷款

亚洲开发银行的主要业务是向发展中成员国提供贷款。贷款对象为成员国政府及所属机构、本地区公私企业以及与开发本地区有关的国际或地区组织。

亚行所发放的贷款按条件划分，有硬贷款、软贷款和赠款三种。硬贷款是由亚行普通资金提供的贷款，贷款期限为10～30年，含2～7年的宽限期，贷款利率每半年调整一次，为浮动利率。软贷款为优惠利率贷款，是由亚行开发基金提供的贷款，贷款期限为40年，含1年宽限期，仅提供给人均国民收入低于670美元且还款能力有限的发展中成员国家，不收利息，仅收1%的手续费。赠款由技术援助特别基金提供，用于技术援助。

按贷款方式划分，亚行贷款有项目贷款、规划贷款、部门贷款、开发金融机构贷款、综合项目贷款、特别项目执行援助贷款和私营部门贷款等。

（1）项目贷款。项目贷款是指为某一具体的发展项目提供的贷款。项目贷款是亚行最主要的贷款。选定的项目贷款必须满足三个条件，即经济效益好、有利于促进借款国的经济发展、借款国要有较好的资信。与世界银行的项目贷款类似，亚行的项目贷款从项目确定到项目完成后的总结评价，中间要经过一系列的工作环节，具体有：项目确定、可行性研究、实地考察和预评估、评估、准备贷款文件、贷款谈判、董事会审核、签订贷款协议、贷款生效、项目执行、提款、终止贷款账户、项目完成报告和项目完成后评价等步骤。

（2）规划贷款。规划贷款是对某成员国或地区成员某个需要优先发展的部门或其所属部门提供资金，以便通过进口生产原料、设备和零部件，扩大现有生产能力，使其结构更趋于合理化和现代化。为了便于亚行监督，规划贷款应采取分期提供资金、分期执行的方式，每一期贷款都同执行整个规划贷款的进程联系在一起。

（3）部门贷款。部门贷款是对与项目有关的投资进行援助的一种方式。这项贷款主要是为了提高所选部门执行机构的技术和管理能力以及进一步完善有关部门发展的金融和其他政策。亚行在确定部门贷款时，主要考虑部门发展政策的适当性，有关机构制定、评价、执行和检验部门发展规划能力以及成员国是否对投资进行了周密的安排。已经为乡村发展、灌溉、供水、排污、高速公路和教育等部门提供过这种贷款。

（4）开发金融机构贷款。开发金融机构贷款是通过成员国或地区成员的开发性金融机构进行的间接贷款，也称中间贷款。我国接受亚行的第一笔贷款就是这种贷款，主要用于小企业改造。

（5）综合项目贷款。综合项目贷款是对比较小的成员国或地区成员的一种贷款方式，采取一种灵活的贷款方式。它是将一批相互补充的小项目捆在一起作为一个综合项目履行贷款手续的一种贷款方式。

（6）特别项目执行援助贷款。特别项目执行援助贷款用于解决借款国在亚行贷款项目执行过程中遇到未曾预料到的困难，如缺乏配套资金而使项目的继续执行受到阻碍所提供的贷款。

（7）私营部门贷款。私营部门贷款是亚行向私人部门提供的贷款，并向获利较多的项目提供的资金。私营部门贷款分为直接贷款和间接贷款两种方式。直接贷款是指政府担保的贷款，或是没有政府担保的股本资金，以及为项目的准备等提供的技术援助；间接贷款主要是指通过开发性金融机构的限额转贷和对开发性金融机构进行的股本投资。

2. 股本投资

股本投资是对私营部门开展的一项业务，也不要政府担保。除亚行直接经营的股本投资外，还通过发展中成员的金融机构进行小额的股本投资。

3. 技术援助

为了能够使发展中国家更有效的利用投资，搞好经济开发项目的建设，亚行多年来除了向发展中国家提供贷款和投资，还向发展中国家提供致力于加强机构建设和提高劳动生产率水平的技术援助。

亚行提供技术援助的目的主要有以下几个方面：（1）提高发展中国家执行机构的技术水平和组织管理能力；（2）更有效地监督、制定和执行发展中国家的开发项目；（3）建立并加强发展中国家的开发性金融机构；（4）帮助发展中国家制定全国和部门的发展规划和策略。

技术援助的形式有多种：（1）项目准备技术援助，用于帮助成员国或地区成员成立项目或项目审核，以便亚行或其他金融机构对项目投资。（2）项目执行技术援助，是为了帮助项目执行机构，包括开发性金融机构，提高金融管理能力，以便保证贷款的使用效率。（3）咨询性技术援助，是用于帮助有关机构，包括亚行贷款的执行机构加强建设，进行人员培养、研究部门政策和策略，以便正确地制定国家总体和部门发展规划及政策等。（4）区域性技术援助，用于资助对涉及区域性发展的重大问题的研究，举办人员培训和涉及这个区域发展规划的专题研讨会等。

4. 联合融资

联合融资是指亚行与一个或一个以上的外部经济实体采取不同的形式共同对某一开发项目或规划提供资金。通过这一方式可以为本地区的经济发展筹集更多的资金。联合贷款主要采取五种形式：（1）平行融资。平行融资是指项目分成若干个具体的独立的部分，以供亚行和其他地区经济实体分别融资。（2）共同融资。共同融资是指亚行与其他经济实体按照商定的比例，对某成员国或其他地区成员的一个项目进行融资。（3）窗口融资。窗口融资是指联合融资的其他经济实体将其资金通过亚行投入有关项目，联合融资的其他经济实体与借款人之间不发生联系。（4）后备融资。后备融资是指开始时亚行负责某项目的全部贷款，但只要找到联合融资伙伴，即将贷款的全部或部分转让给他。

二、非洲开发银行

非洲开发银行（African Development Bank，ADB）是于1964年成立的地区性国际开发银行，非洲开发银行是非洲最大的地区性政府间开发金融机构，1966年7月开始正式营业，该行总部设在科特迪瓦首都阿比让。按成立时的规定，参加该行的只能是非洲独立国家，随着形式的发展，在1979年5月的总裁理事会年会上决定，美国、日本等一批非地区性国家首先成为该行的成员国。我国于1985年也成为其成员国。

（一）非洲开发银行的宗旨

非洲开发银行的宗旨是为非洲成员国经济和社会发展提供投资和贷款，或给予技术援助，充分利用非洲大陆的人力和资源，促进各国经济的协调发展和社会进步，协助非洲大陆制定发展总体战略和各成员国的发展计划，以达到非洲经济一体化。

（二）非洲开发银行的机构

理事会为最高决策机构，由各成员国委派一名理事组成，一般为成员国的财政或经济部部长，通常每年举行一次会议，必要时可举行特别理事会，讨论制定银行的业务方针和政策，决定银行重大事项，并负责处理银行的组织和日常业务。理事会年会负责选举行长和秘书长。董事会由理事会选举产生，是银行的执行机构，负责制定非行各项业务政策。董事会共有18名执行董事，其中非洲以外国家占6名，任期3年，一般每月举行两次会议。行长在董事会指导下组织银行的日常业务工作，行长任期5年。另设副行长1名，协助行长工作。

（三）非洲开发银行的资金来源

非洲开发银行的资金来源分为普通资金来源和特别资金来源。

普通资金来源为：① 核定资本认缴额，最初为2.5亿非洲开发银行记账单位，每记账单位价值0.888671克纯金，核定资本分为2.5万股，每股1万记账单位；② 自行筹措资金；③ 用实收资本或筹措资金发放贷款所获的还款资金；④ 依据该行待缴资本发放贷款或提供担保所获的收入；⑤ 不构成该行特别资金来源的其他资金和收入。

特别资金来源有：① 捐赠的特别资金和受托管理资金；② 为特别资金筹措的专款；③ 从任意成员国筹借的该国货币贷款，用途是从贷款国购买商品与劳务，以完成另一成员国境内的工程项目；④ 用特别基金发放贷款或提供担保所获偿还资金；⑤ 用上述任何一项特别基金或资金从事营业活动获得的收入；⑥ 可用作特别基金的其他资金来源。

（四）非洲开发银行的主要业务

非洲开发银行的主要业务是向成员国提供贷款，用以发展农业、公用事业、工业项目以及交通运输项目。非洲开发银行的贷款分为普通贷款和特别贷款。普通贷款业务包括用该行普通资本基金提供的贷款和担保贷款业务；特别贷款业务是用该行规定专门用途的"特别基金"开展的贷款业务。后一类贷款的条件非常优惠，不计利息，贷款期限最长可达50年，主要用于大型工程项目建设。此外，银行还为开发规划或项目建设的筹资和实施提供技术援助。

三、泛美开发银行

泛美开发银行（Inter-American Development Bank）主要由美洲国家组成，向拉丁美洲国家提供信贷资金的区域金融组织。1959年4月8日20个拉丁美洲国家和美国签订了建立泛美开发银行的协定，12月30日生效。1960年10月1日银行正式开业，该行总部设在华盛顿。该行的创始成员国是包括美国在内的21个国家。

（一）泛美开发银行的宗旨

泛美开发银行的宗旨是，集中美洲内外资金，为拉美地区成员国的经济和社会发展提供项目贷款和技术援助，以促进该地区的经济发展和社会进步。

（二）泛美开发银行的机构

董事会是最高机构，由所有成员国各派1名董事和1名副董事组成，任期5年。董事会讨论银行的重大方针政策问题，每年开会1次。执行理事会是执行机构，负责领导银行的日常业务工作。执行理事正副职除美国和加拿大两国单独选派外，其他国家均由数国组成一组选派理事和副理事。董事会还选出行长1人。银行行长也是执行理事会主席，任期5年。执行理事会根据行长推荐，选派银行副行长，协助行长工作。银行董事会和执行理事会的投票权分为两种：一是基本投票权，每个成员国有135票；二是按认缴资本额分配。美国认缴资本最多，投票权也是最多，其次是阿根廷和巴西。泛美开发银行在美洲各国设有办事机构，代表银行同当地官方和借款者处理有关事务，并对银行资助的建设项目进行监督；在巴黎伦敦也设立了办事机构，以便同区外成员国和金融市场保持经常联系。

（三）泛美开发银行的资金来源

法定资本原定为10亿美元，分为普通资本和特种业务基金。后因美洲以外国家先后参加资金逐渐增加。银行法定资本又分为三种：普通资本，由美洲国家认缴；区际资本，由美洲和美洲以外国家共同认缴；特种业务基金。此外，有的国家还把一些资金交给泛美开发银行掌握使用。它还通过发行债券在国际金融市场筹借资金，并同各国际金融组织保持密切联系。

（四）泛美开发银行的主要业务

泛美开发银行的贷款分为普通业务贷款和特种业务基金贷款。前者贷放的对象是政府和公、私机构的经济项目，期限一般为10～25年，还款时须用所贷货币偿还；后者主要用于条件较宽、利率较低、期限较长的贷款，期限多为10～30年，可全部或部分用本国货币偿还。社会进步信托基金的贷款用于资助拉美国的社会发展和低收入地区的住房建筑、卫生设施、土地和乡村开发、高等教育和训练等方面。其他基金的贷款也各有侧重，参加泛美开发银行的工业发达和比较发达的国家，在银行业务活动中主要是提供资金，它们得到的好处是通过资本输出加强对拉丁美洲各国的商品和劳务的出口。

本 章 小 结

1. 国际金融机构是为了协调国际金融关系、促进世界各国经济交流与合作，由世界各国以股份制的形式共同出资成立的区域性或国际性的国际组织。国际金融机构的重大事项由成员国投票表决，各国出资额的多少决定其投票表决权的大小。国际金融机构为世界各国经济的平衡发展以及维护世界金融体系的稳定发挥了巨大的作用。

2. 国际货币基金组织作为全球政府间的国际金融组织，其宗旨是协调各国的经济政策，维护国际金融秩序，促进世界经济协调发展，并向成员国提供信贷支持，帮助其平衡国际收支。

3. 世界银行集团的主要宗旨是向成员国提供基础性项目的长期贷款，支持成员国长期稳定发展，并促进成员国间的相互投资和贸易往来。

4. 亚洲开发银行、非洲开发银行和泛美开发银行作为区域性的国际金融组织，其宗旨主要是成员国提供贷款、投资和技术支持，协调成员国经济政策，并同其他国际组织合作，以促进本地区经济发展。

复习思考题

1. 国际货币基金组织的宗旨是什么?
2. 简述国际货币基金组织的资金来源和主要业务活动。
3. 世界银行由哪些机构组成? 各部分机构的业务活动主要有哪些?
4. 亚洲开发银行的资金来源和主要业务是什么?
5. 世界银行的贷款条件和贷款特点有哪些?
6. 亚洲开发银行的宗旨是什么?

参 考 文 献

[1] 姜波克，杨长江. 国际金融学（第二版）[M]. 北京：高等教育出版社，2004.
[2] 金奇. 国际金融 [M]. 北京：中国金融出版社，2006.
[3] 刘思跃，肖卫国. 国际金融（第二版）[M]. 武汉：武汉大学出版社，2001.
[4] 陈雨露. 国际金融（第二版）[M]. 北京：中国人民大学出版社，2005.
[5] 易纲，张磊. 国际金融 [M]. 上海：上海人民出版社，1999.
[6] 沈学兵. 国际金融 [M]. 上海：上海财经大学出版社，2004.
[7] 刘思跃，肖卫国. 国际金融 [M]. 武汉：武汉大学出版社，2003.
[8] 骆志芳，王有光，唐建强. 国际金融 [M]. 广州：中山大学出版社，2004.
[9] 窦祥胜. 国际金融 [M]. 北京：经济科学出版社，2007.
[10] 刘惠好. 国际金融 [M]. 北京：中国金融出版社，2007.
[11] 骆志芳. 国际金融 [M]. 广州：中山大学出版社，2004.
[12] 梁峰. 国际金融 [M]. 北京：经济科学出版社，2002.
[13] 侯高岚. 国际金融（第二版）[M]. 北京：清华大学出版社，2009.
[14] 韩玉珍. 国际金融 [M]. 北京：首都经济贸易大学出版社，2002.
[15] 于研. 国际金融 [M]. 上海：上海财经大学出版社，2006.
[16] 殷醒民. 国际金融 [M]. 北京：高等教育出版社，2000.
[17] 何泽荣，邹宏元. 国际金融原理（第三版）[M]. 成都：西南财经大学出版社，2004.
[18] 艾弗雷·克拉克. 国际金融（第二版）[M]. 刘爽等译. 北京：北京大学出版社，2004.
[19] 叶蜀君. 国际金融 [M]. 北京：清华大学出版社，2005.
[20] 何璋. 国际金融 [M]. 北京：中国金融出版社，2006.
[21] 蓝发钦. 国际金融 [M]. 上海：立信会计出版社，2005.
[22] 刘舒年. 国际金融 [M]. 北京：中国人民大学出版社，2000.
[23] 马君潞，陈平，范小云. 国际金融 [M]. 北京：科学出版社，2005.
[24] 潘英丽，马君潞. 国际金融 [M]. 北京：中国金融出版社，2002.
[25] 杨胜刚，姚小义. 国际金融 [M]. 北京：高等教育出版社，2005.
[26] 黄达. 金融学（精编版）[M]. 北京：中国人民大学出版社，2003.
[27] 弗雷德里克.S. 米什金. 货币金融学（第九版）[M]. 北京：中国人民大学出版社，2010.
[28] 保罗.R. 克鲁格曼等. 国际经济学（下册），国际金融部分（第六版）[M]. 2006.
[29] 高鸿业等. 西方经济学（第三版）[M]. 北京：中国人民大学出版社，2004.
[30] 斯蒂格利茨. 经济学（中文版）[M]. 北京：中国人民大学出版社，2000.
[31] www.bank-of-china.com
[32] www.worldbank.org.cn
[33] www.pbc.gov.com
[34] www.cfi.net.cn
[35] www.blogdriver.com
[36] www.boc.cn